TRAUNER VERLAG
BILDUNG

Kultur-Tourismus

CHRISTIAN MATZKA
MICHAEL EIGNER
ALFRED HEINRICH

HLW

Wir weisen darauf hin, dass das Kopieren zum Schulgebrauch aus diesem Buch verboten ist – § 42 Absatz (3) der Urheberrechtsgesetznovelle 1996: „Die Befugnis zur Vervielfältigung zum eigenen Schulgebrauch gilt nicht für Werke, die ihrer Beschaffenheit und Bezeichnung nach zum Schul- oder Unterrichtsgebrauch bestimmt sind."

Dieses Buch wurde auf FSC-zertifiziertes Papier gedruckt.

© 2010
TRAUNER Verlag + Buchservice GmbH,
Köglstraße 14, 4020 Linz
Alle Rechte vorbehalten.

Nachdruck und sonstige Vervielfältigung, auch auszugsweise, nur mit ausdrücklicher Genehmigung des Verlages.

Lektorat: Claudia Kraml
Titelgestaltung und Layout:
Mag. Wolfgang Kraml
Schulbuchvergütung/Bildrechte:
© VBK/Wien
Gesamtherstellung:
TRAUNER DRUCK GmbH & Co KG, Linz

ISBN 978-3-85499-999-7
Schulbuch-Nr. 110.703
www.trauner.at

Impressum

Matzka u. a., Kultur-Tourismus
3. Auflage 2012
Schulbuch-Nr. 110.703
TRAUNER Verlag, Linz

Das Autorenteam

MAG. DR. CHRISTIAN MATZKA
Kirchlich Pädagogische Hochschule Wien/Krems; Universität Wien

MAG. MICHAEL EIGNER
Höhere Bundeslehranstalt für Tourismus und wirtschaftliche Berufe in Wien

MAG. ALFRED HEINRICH
i. R. Höhere Bundeslehranstalt für Tourismus und wirtschaftliche Berufe in Wien

Approbiert für den Unterrichtsgebrauch
an Höheren Lehranstalten für wirtschaftliche Berufe im Unterrichtsgegenstand Kulturtouristik; Bundesministerium für Unterricht und kulturelle Angelegenheiten, GZ 44.558/1-V/1/02 vom 2. Juli 2003

Dieses Schulbuch wurde auf der Grundlage eines Rahmenlehrplans erstellt; die Auswahl und die Gewichtung der Inhalte erfolgen durch die Lehrerinnen und Lehrer.

Liebe Schülerin, lieber Schüler,
Sie bekommen dieses Schulbuch von der Republik Österreich für Ihre Ausbildung. Bücher helfen nicht nur beim Lernen, sondern sind auch Freunde fürs Leben.

Einleitung

Das vorliegende Buch Kultur-Tourismus bietet sowohl den fachlichen Kernlernstoff, der für die Reifeprüfung und Abschlussprüfung notwendig ist, als auch viele Hinweise für die Durchführung von Projekten.

Die Inhalte werden durch zahlreiche auf den Text abgestimmte Abbildungen ergänzt. Fachausdrücke und Fremdwörter werden in den Randspalten leicht verständlich erklärt. Seitenverweise und Piktogramme ermöglichen das schnelle Auffinden verwandter Themenbereiche und erleichtern die Orientierung. Links zu weiterführenden Sites dienen der Informationsbeschaffung und bieten zugleich über den Kernlernstoff hinausgehende Zusatzinformationen.

Die am Beginn eines jeden Kapitels angeführten Zielformulierungen stellen die Lerninhalte kurz vor. Die Projektaufgaben und die Aufgabenstellungen in der Randspalte sowie am Ende der Kapitel sollen die Eigenkontrolle und damit die Selbstständigkeit fördern. Dies ist besonders wichtig, da im Rahmen der Abschluss- bzw. Reifeprüfung ein Projekt präsentiert werden soll.

Folgende Piktogramme wurden für die verschiedenen Bereiche gewählt:

 Meine Ziele

 Ziele erreicht

 Fragen, Aufgaben, Projekte

 Schreibaufgaben

 Wussten Sie, dass ...

 Wissenswertes, Tipps

 Zum selbstständigen Denken, zur Erinnerung

 Diskussionsaufgaben

 Download aus dem Internet

 Verknüpfung zu einem anderen Kapitel

Die im Buch angeführten Beispiele von Städten und Regionen sowie die damit verbundenen Sehenswürdigkeiten, Veranstaltungen usw. dienen lediglich als Einstiegshilfe bei der ersten Auseinandersetzung mit dem Thema Kultur-Tourismus. Sie sind nur ein Bruchteil des kulturellen Angebots, das es in sämtlichen Teilen Österreichs zu entdecken gilt.

Lassen Sie sich inspirieren, entdecken Sie und erleben Sie, aber vor allem genießen Sie die faszinierende Kultur unseres Landes!

Viel Freude und ein erfolgreiches Arbeiten mit dem Buch wünscht Ihnen

Ihr Autorenteam

Inhaltsverzeichnis

Geschichte des Tourismus — 7

1. Frühformen und Anfänge des Tourismus — 8
2. Die Wallfahrt — 8
3. Die Wanderungen und Landpartien des Biedermeier — 9
4. Kuraufenthalte — 10
5. Sommerfrische — 12
6. Wintersport — 13
7. Entwicklung nach 1945 — 14

Was ist Kulturtourismus? — 16

1. Zum Begriff — 17
   - 1.1 Kultur — 17
   - 1.2 Kulturtourismus — 17
2. Die Kulturreise — 18
   - 2.1 Ziele der Kulturreise — 18
   - 2.2 Zweck der Kulturreise — 18
3. Soziokulturelle Grundlagen — 19
   - 3.1 Arbeitszeit und Urlaubsanspruch — 19
   - 3.2 Kostenentwicklung und räumliche Mobilität — 20
   - 3.3 Kulturtourismus und regionale Identität — 20
4. Ansätze des Kulturtourismus — 21

Grundlegende Bereiche der Kulturtouristik — 22

1. Klischees — 23
2. Präsentation kultureller Highlights — 24
   - 2.1 Welterbe — 24
   - 2.2 Wegweiser an Straßen — 25
3. Kulturlandschaft — 26
   - 3.1 Landschaft – Auseinandersetzung zwischen Mensch und Umwelt — 26
   - 3.2 Präsentation einer Landschaft — 26
4. Architektur — 27
   - 4.1 Das Gebäude in seiner Umgebung — 27
   - 4.2 Das Gebäude als Form für eine bestimmte Funktion — 28
   - 4.3 Das Gebäude als Produkt von Technik und Stil — 28
5. Bildende Kunst — 29
   - 5.1 Voraussetzungen — 29
   - 5.2 Kunst in Museen — 29
   - 5.3 Kunst im öffentlichen Raum — 29
   - 5.4 Bildende Kunst und Architektur — 31
   - 5.5 Volkskunst — 32
6. Literatur — 32
   - 6.1 Heimatdichtung — 33
   - 6.2 Orte der Inspiration — 33
   - 6.3 Literarische Szene — 33
7. Darstellende Kunst — 34
   - 7.1 Hanswurst – der österreichische Harlekin — 34
   - 7.2 Traditionsbühnen — 34
   - 7.3 Alternatives Theater — 35
   - 7.4 Österreich wirbelt und wirbt mit seinem Theater — 36
8. Kunsthandwerk — 37
   - 8.1 Kunsthandwerk und ökonomische Tradition — 37
   - 8.2 Handwerksmuseen: Erforschung und Bewahrung von Wissen um handwerkliche Techniken — 37
   - 8.3 Kunsthandwerkliche Kurse: Lernen der handwerklichen Traditionen — 37
   - 8.4 Handwerkliche Produktion von auserlesenen Gegenständen — 38
   - 8.5 Märkte — 38
   - 8.6 Souvenirläden — 38
9. Esskultur — 39
   - 9.1 Essen — 39
   - 9.2 Trinken — 40
   - 9.3 Tischkultur — 41
10. Musik — 42
    - 10.1 Wie wirbt Österreich für sich? — 42
    - 10.2 Musikfestivals — 42
    - 10.3 Konzerte — 43
    - 10.4 Österreich und seine Musiker/-innen — 43

Österreichisches Kulturangebot — 44

1 Kulturelle Angebote — 45

2 Beispiele des kulturtouristischen Angebotes — 47
- 2.1 Themenstraßen — 47
- 2.2 Themenwege — 53
- 2.3 Kreative Kursprogramme — 55
- 2.4 Regionale Küche und kulinarische Kurse — 56
- 2.5 Führungen durch Städte, Burgen und Klöster — 60
- 2.6 Nationalparks — 62
- 2.7 Museumsbahnen und Eisenbahnmuseen — 67
- 2.8 Ausstellungen — 70
- 2.9 Museen — 73
- 2.10 Tiergärten und Tierparks — 78

3 Kultur- und Brauchtumspflege — 80
- 3.1 Bräuche – fünf Beispiele aus Salzburg — 81
- 3.2 Lebendiges Handwerk — 83

4 Spartenspezifisches Management — 84
- 4.1 Festspiele und Festivals — 84
- 4.2 Kleinkunst und Kabarett — 87
- 4.3 Kulturinitiativen — 88
- 4.4 Veranstaltungen für Kinder — 88
- 4.5 Theater — 91
- 4.6 Musikveranstaltungen — 94
- 4.7 Galerien — 96
- 4.8 Kongresse — 96
- 4.9 Messen — 99

Kulturmanagement im Tourismus — 101

1 Eventmanagement und Eventmarketing — 102
- 1.1 Zum Begriff Management im Kulturbetrieb — 102
- 1.2 Zum Begriff Event — 102

2 Touristische Bedeutung von Events und Eventmanagement — 104

3 Beispiele für Events — 106
- 3.1 Sportliche Großveranstaltungen — 106
- 3.2 Ischgl – Erfolg mit Eventmarketing — 108

4 Sponsoring — 109

5 Museumsmanagement — 110
- 5.1 Ansatzpunkte für modernes Museumsmanagement — 110
- 5.2 Beispiele für modernes Museumsmanagement — 111
- 5.3 Marketing der Wiener Kultureinrichtungen — 113

Touristische Präsentation von Regionen — 114

1 Salzkammergut — 115
- 1.1 Grundlagen der Region — 115
- 1.2 Touristisches Angebot — 118
- 1.3 Kulturelles Angebot — 119

2 Semmering — 121
- 2.1 Grundlagen der Region — 121
- 2.2 Touristisches Angebot — 123
- 2.3 Kulturelles Angebot — 124

3 Weinviertel — 125
- 3.1 Grundlagen der Region — 125
- 3.2 Touristisches Angebot — 126
- 3.3 Kulturelles Angebot — 130

4 Sonnenland Mittelburgenland — 133
- 4.1 Grundlagen der Region — 133
- 4.2 Touristisches Angebot — 134
- 4.3 Kulturelles Angebot — 135

5 Steirisch-burgenländische Thermenregion — 138
- 5.1 Grundlagen der Region — 138
- 5.2 Touristisches Angebot — 138
- 5.3 Kulturelles Angebot — 143

6 Lungau — 144
- 6.1 Grundlagen der Region — 144
- 6.2 Touristisches Angebot — 145
- 6.3 Kulturelles Angebot — 145

7 Nockberge — 147
- 7.1 Grundlagen der Region — 147
- 7.2 Touristisches Angebot — 147
- 7.3 Kulturelles Angebot — 148

8 Montafon — 150
- 8.1 Grundlagen der Region — 150
- 8.2 Touristisches Angebot — 151
- 8.3 Kulturelles Angebot — 152

Angewandtes touristisches Marketing — 154

1 **Grundlagen des touristischen Marketings** — 155
2 **Marktanalyse** — 159
3 **Situationsanalyse im Unternehmen** — 160
4 **Marketinginstrumente** — 161
4.1 Produktpolitik — 162
4.2 Preispolitik — 163
4.3 Distributionspolitik — 164
4.4 Kommunikationspolitik — 164
5 **Beispiele des touristischen Marketings in Österreich** — 165
5.1 Die Urlaubsspezialisten (Angebotsgruppen) der Österreich Werbung — 165
5.2 Marketingaktivitäten der Österreich Werbung — 166
5.3 Bearbeitung der Fernmärkte — 168
5.4 Marketing im Internet — 170
5.5 Markenbildung — 172
5.6 Österreich Werbung und Sport – eine Kooperation — 173
5.7 Product-Placement — 173
5.8 Vorteilskarten — 175
5.9 Gastlichkeit als Grundlage erfolgreichen Marketings — 177

Marketing für Teilmärkte — 179

1 **Städtetourismus** — 180
1.1 Großstädte — 180
1.2 Kleinere Städte — 182
2 **Kongresstourismus** — 183
3 **Gesundheitstourismus** — 185
4 **Familientourismus** — 188
5 **Bildungsreisen** — 190
6 **Radtourismus** — 191
7 **Eventtourismus** — 193
8 **Abenteuertourismus** — 197

Neue Trends — 199

1 **Nachhaltiger Tourismus** — 200
1.1 Fallbeispiele eines Ökotourismus — 201
1.2 Fallbeispiele für nachhaltigen Tourismus — 202
2 **Alternative Reiseformen** — 204
3 **Themen- und Freizeitparks** — 207
3.1 Themenparks – Massentourismus in Reinkultur — 207
3.2 Themen- und Freizeitparks in Österreich — 208
3.3 Der Sonderfall: Kulturparks — 211

Tourismuspolitik — 213

1 **Träger der Tourismuspolitik und tourismuspolitische Aktivitäten** — 214
1.1 Die Europäische Union — 214
1.2 Der Bund — 215
1.3 Die Tourismusverbände — 218
1.4 Wirtschaftskammer Österreich — 219
1.5 Länder — 219
1.6 Regionen und Gemeinden — 222
2 **Finanzierung** — 226
2.1 Ortstaxe und Tourismusförderungsbeitrag — 226
2.2 Förderung der Tourismuswirtschaft — 226

Stichwortverzeichnis — 230
Literaturverzeichnis — 238
Bildnachweis — 241
Danksagung — 246

Geschichte des Tourismus

Wallfahrt, Landpartie, Kuraufenthalt, Sommerfrische und Wintersport sind die historischen Säulen der österreichischen Tourismuswirtschaft.

Meine Ziele

Nach Bearbeitung dieses Kapitels kann ich
- die historischen Grundlagen des Tourismus erklären;
- die Entwicklungsphasen des Massentourismus verstehen und erläutern;
- die Entstehung der österreichischen Tourismusräume erklären und traditionelle Fremdenverkehrsorte nennen.

Geschichte des Tourismus

1 Frühformen und Anfänge des Tourismus

Seit Beginn der Menschheit gibt es Tourismus in der Form einer Reisebewegung, die zu einer Ortsveränderung führt. Die Ursachen touristischer Frühformen waren die **Handelsbeziehungen** in der Antike und im Mittelalter entlang der Hauptverkehrsadern über die **Alpen** und entlang der **Donau**. Es entwickelten sich Herbergen für die Händler/-innen und ein reger kultureller Austausch. Die Funde entlang der Alpenübergänge, wie z. B. Brenner und Tauernpass, aus römischer Zeit belegen diese Aussagen.

2 Die Wallfahrt

Reliquien = In der katholischen Kirche bezeichnet man damit Überreste von Heiligen, z. B. Gebeine, Kleidungsstücke oder Geräte.

Bundeslade = heiliger Schrein der Israeliten, in dem die Bundestafeln mit den zehn Geboten im Tempel in Jerusalem aufbewahrt wurden.

www.wolfgangsee.org
www.stwolfgang.at

Der Beginn des Tourismus als Massenphänomen ist mit dem Einsetzen der Wallfahrt anzusehen. Diese Reisen waren und sind religiös motiviert und fanden in der Freizeit statt. Die Reisenden hatten kein wirtschaftliches, politisches oder kriegerisches Interesse. Ziele der Wallfahrt sind heilige Orte (Gnadenorte), Reliquien oder wundertätige Heiligenbilder (Gnadenbilder). Vorbild waren die Reisen der Juden zum Tempel und zur Bundeslade. Auch die Römer und Griechen unternahmen Reisen zu entfernten Tempeln.

Die Christen begannen bereits Ende des 4. Jahrhunderts, Reisen zu den heiligen Stätten in Palästina zu unternehmen. Der erste Höhepunkt war im Mittelalter zu beobachten. Ziel vieler Christen war ein Besuch im Heiligen Land. Die Kreuzzüge sind Ergebnis dieser Entwicklung. Ziele waren auch die Gräber der Apostel in Rom und des heiligen Jakobus in Santiago de Compostela.

Zentrum der mittelalterlichen Wallfahrt in Österreich war **St. Wolfgang** im Salzkammergut. Die Wallfahrt ist seit 1306 bezeugt. Der heilige Wolfgang war Bischof von Regensburg und soll als Einsiedler in St. Wolfgang gelebt haben.

Wallfahrtsort St. Wolfgang

In der Gegenreformation und nach den Türkenkriegen erfuhr die Wallfahrt einen großen Aufschwung. In vielen Regionen gab es lokale Wunder und Gnadenbilder, die von der Bevölkerung verehrt wurden. Die größte Gruppe bilden die **marianischen Wallfahrtsorte**. Der bedeutendste in Österreich ist **Mariazell**. Viele Unregelmäßigkeiten werden berichtet, sodass **Maria Theresia** mehrtägige Wallfahrten verbot, v. a. weil es zu gemischtgeschlechtlichen Kontakten bei der Nächtigung kam.

Joseph II. verbot 1782 die geschlossenen Wallfahrten und hob viele Wallfahrtsorte auf. Erst das 19. Jahrhundert und die Erfahrung zweier Weltkriege im 20. Jahrhundert brachten wieder einen Aufschwung für die großen Wallfahrtsorte. Diese Orte entwickelten sich zu den ersten Tourismuszentren. Einkehrgasthöfe, Devotionalien- und Kleinhandel entstanden.

Devotionalien = Andachtswaren wie Heiligenbilder, Andachtsbilder oder Kerzen.

Traditionelle **Fußwallfahrten** finden heute noch statt, von Maria Alm über das Steinerne Meer nach St. Bartholomä am Königssee, von Ferleiten nach Heiligenblut über das Hochtor oder die **Vierbergewallfahrt** in Kärnten. Diese führt in 24 Stunden über Magdalens-, Ulrichs-, Veits- und Lorenziberg und entstand im 15. Jahrhundert im Umkreis der Karfreitagsprozession.

Pilgerwege in Österreich

Seit dem Mittelalter pilgerten Millionen von Menschen am **Jakobsweg** nach Santiago de Compostela in Spanien zum Grab des heiligen Jakobus.
- In Österreich führt der Weg von Wolfsthal bis Feldkirch. In der letzten Zeit hat das Pilgern am Jakobsweg wieder eine Renaissance erfahren. In den Kirchen am Weg, wie z. B. in der Jakobskirche von Purkersdorf, tragen sich viele Menschen in das Gästebuch ein. Auch in Südösterreich gibt es einen Jakobsweg, der von Graz nach Innsbruck führt.

- Der **Weg des Buches** von Schärding nach Arnoldstein war der Weg der lutherischen Bibel durch die österreichischen Regionen des Geheimprotestantismus.
- Sternförmig führen die **Hemmawege** zum Grab der heiligen Hemma nach Gurk in Kärnten.
- Auch nach Mariazell führen sternförmig Pilgerwege, von denen der bekannteste die **Via Sacra** ist.
- Der St.-Rupert-Pilgerweg führt von St. Gilgen nach Bischofshofen.
- Als **Via Nova** wird der Pilgerweg von Bayern nach St. Wolfgang bezeichnet.
- Von Passau nach Grado führt der **Donau-Alpen-Adria-Radpilgerweg**, der seit 2003 viele radsportbegeisterte Pilger/-innen nach Grado zur Wallfahrtskirche Barbana führt.

www.pilgerwege.at
www.pilgern.at
www.pilgerinfo.at

Beispiel Mariazell und die Via Sacra

Mariazell in der Steiermark gilt als die **Magna Mater Austriae** und ist das Zentrum der mitteleuropäischen Wallfahrt.

www.mariazell.at
www.basilika-mariazell.at

Seit 1330 ist Mariazell als Wallfahrtsort belegt. Schon 1480 besuchten Pilger/-innen aus 16 Ländern den Ort. Ab dem 17. Jahrhundert entwickelte sich die Fußwallfahrt unter Teilnahme der Habsburger entlang der Via Sacra von Wien über Heiligenkreuz, Hafnerberg, Klein-Mariazell, Lilienfeld, Türnitz, Annaberg, Josefsberg nach Mariazell.

Via Sacra = heiliger Weg – Pilgerweg nach Mariazell.

Die Andachtskapellen rund um den Wallfahrtsort wie zwischen Türnitz und Annaberg zeugen von dieser Zeit. 1757 kamen zur 600-Jahr-Feier von Mariazell 373 000 Pilger/-innen!

Wahlfahrtskirche Mariazell

Ziele erreicht?

1. Was ist eine Fußwallfahrt?
2. Verfolgen Sie die Via Sacra auf der Karte in Ihrem Atlas!
3. Welche Bedeutung hatte St. Wolfgang im Mittelalter?
4. Nehmen Sie Kontakt zum Tourismusverband St. Wolfgang auf und erkundigen Sie sich über die gegenwärtige Bedeutung der Wallfahrt in St. Wolfgang!
5. Beschreiben Sie einen Wallfahrtsort Ihrer Wahl hinsichtlich der kirchlichen Traditionen und Einrichtungen! Stellen Sie Kontakte zur Gemeindeverwaltung, zum Tourismusverband und zur Pfarrverwaltung her!

3 Die Wanderungen und Landpartien des Biedermeier

Anfang des 19. Jahrhunderts begannen sich viele Menschen für die Heimat und die nähere Umgebung zu interessieren. Die Ergebnisse des Zeitalters der Aufklärung führten zur **Entdeckung der Natur**. Die damaligen Verkehrsmittel waren Füße, Schuhe und der Stellwagen.

Franz de Paula Gaheis gab zwischen 1797 und 1808 sieben Bände über Wanderungen und Spazierfahrten in die Gegend um Wien heraus. Er bereiste die heutigen Außenbezirke Hernals, Ottakring, Grinzing und Neustift. Das Neue war, dass nicht nur ein Ziel, sondern auch der Weg beschrieben wurde. Der Marsch wurde zur Lustpartie, und Freude an der Natur war in das Erlebnis eingeschlossen.

Franz de Paula Gaheis,
1763–1809,
Lehrer und Schuldirektor in Korneuburg, Mitglied des Piaristenordens, schrieb Bücher zur Unterrichtsmethodik.

Ein weiterer Reisender, der bis in die Gegenwart bekannt ist, ist Joseph Kyselak. Er machte sich 1825 auf eine Fußreise durch Österreich. Die Ergebnisse veröffentlichte Kyselak 1829 in einem zweibändigen Werk. Kyselak verewigte sich an Felswänden und in Höhlen, um in der ganzen Monarchie bekannt zu werden.

Joseph Kyselak,
1799–1831,
Hofkammerbeamter in Wien.

Geschichte des Tourismus

Werder bedeutet Insel. Maria Wörth (Werder) ist der Namensgeber für den Wörthersee („Werdersee").

Eine **österreichische Meile** entspricht 7 585,94 m.

 Verfolgen Sie Kyselaks Weg entlang des Wörthersees! Beschreiben Sie den Weg anhand von gegenwärtigem Kartenmaterial. Bestellen Sie dazu bei den Tourismusverbänden Krumpendorf, Pörtschach und Velden Ortsprospekte!

Dehio = Handbuch, die Kunstdenkmäler Österreichs. Ein Standardwerk, das seit 1932 mehrmals erschienen ist und zur Pflichtliteratur der Kunstinteressierten zählt.

Auf den Spuren Kyselaks von Klagenfurt nach Velden

„Ich verließ Klagenfurt und wanderte am Ufer des der Stadt sich anschließenden Kanals, welchem aus dem Werder- oder Klagenfurter See leider nur bis hierher ein Beet zur Holzzufuhr gegraben wurde, welches weiter fortgeleitet, in kommerzieller Hinsicht der Stadt so nutzbringend hätte seyn können. In einer halben Stunde gelangt man zum See. Trotz seiner zwei Meilen langen und größtentheils eine halbe Meile breiten Ausdehnung, gewährt er nichts weniger, als anmuthig abwechselnde Parthien:

Eine gleichförmige Fläche langweilt den Wanderer über die Gemeinden Gurling und Krumpendorf hinaus. Schöner macht sich der Weg nach dem Dorfe Pörtschach; oben rechts auf der Berghöhe drängt sich einiges Gemäuer aus dem Nadelholz hervor. Es sind die Ruinen von Leonstein.

Immer am Ufer fortschlendernd, gelangte ich über das Dorf Tuppitsch nach dem Postorte Velten, hier endigt der See. Nahrungsbedürfniß nöthigte mich bei einem Fleischer, der zugleich Gastwirth ist, einzukehren."

(Quelle: Gehmacher, Kyselak: Zu Fuß durch Österreich, Wien 1982)

Adolph Schmidl beschrieb in mehreren Bänden zwischen 1835 und 1839 „Wiens Umgebungen auf zwanzig Stunden im Umkreise". Dieses Standardwerk des Biedermeier, in dem sowohl die Reiserouten zu Fuß und mit Stellwagen als auch die Regionen und ihre Kunstwerke beschrieben werden, kann als der **Dehio** dieser Zeit bezeichnet werden.

Schmidl erläutert und bewertet auch die Grundlagen für die Entwicklung von Sommerfrischeorten, wobei Luft und Aussicht die wichtigsten Kriterien dafür sind. Über die Ortschaft Gießhübl bei Perchtoldsdorf schrieb Schmidl 1839 folgende Zeilen:

„So gesund auch die Luft für die Eingeborenen ist, so wäre sie doch für Nichtgewohnte viel zu rauh, um hier Sommerwohnungen zu wählen, wozu die freie Aussicht und die übrigen Annehmlichkeiten der Gegend etwa anlocken könnten."

(Quelle: Schmidl, Adolph: Wiens Umgebungen auf zwanzig Stunden im Umkreise, achter Band, Wien 1839, Reprint Wien Archiv-Verlag 2002)

🎯 Ziele erreicht?

1. Welches Ziel hatten die Wanderungen des frühen 19. Jahrhunderts?
2. Wodurch wurde Joseph Kyselak bekannt?

4 Kuraufenthalte

Die heilende Kraft von Wasser und Luft wurde schon am Ende des 18. und am Beginn des 19. Jahrhunderts von vielen Menschen der Oberschicht erkannt. Mozarts Gattin weilte in **Baden,** Beethoven versuchte in **Piestani** Linderung von seinen Leiden zu erhalten. Franz I. weilte mit seiner Familie in **Baden bei Wien.**

Der Beginn des modernen Kurtourismus könnte mit den Aufenthalten von Erzherzogin Sophie in **Bad Ischl** in Zusammenhang gebracht werden. Da ihre Ehe kinderlos blieb, nahm sie Aufenthalt in Bad Ischl. Sie gebar daraufhin vier Söhne, die Salzprinzen genannt wurden. Der älteste war der spätere Kaiser Franz Joseph I.

Kuraufenthalte wurden zu einem wesentlichen Element der Freizeitgestaltung der Oberschicht im 19. Jahrhundert. In der Donaumonarchie entwickelte sich eine große Zahl bekannter Kurorte wie **Karlsbad, Marienbad, Baden, Bad Gastein, Bad Ischl,** die alle mit Heilwasserquellen ausgestattet sind. Der Urlaub war von der Kur nicht zu trennen. Jeder Urlaubsort machte mit seinen Heilmitteln Werbung.

3 Die Wanderungen und Landpartien des Biedermeier ■ 4 Kuraufenthalte

Kurhaus Bad Ischl

Kurort Reichenau

Von Wien in 1½ Stunden, vom Semmering in einer halben Stunde und von Graz in 3 Stunden erreichbar. Besitzt Hochquellenleitung und elektrische Beleuchtung. Post-, Telegraphen- und Fernsprech-Hauptvermittlungsamt mit ununterbrochenem Tag- und Nachtdienst. Beste Gelegenheit zur Ausübung des Wintersportes, wie Schlittschuhlaufen, Rodeln, Skilaufen. Auskünfte erteilt bereitwilligst die Kurkommission.

Eine Beschreibung des Höhenkurortes Reichenau an der Rax aus dem Niederösterreichischen Ortslexikon, Wien 1933

? Wählen Sie einen Kurort und beschreiben Sie seine historische Entwicklung! Benützen Sie die Schulbibliothek und öffentliche Bibliotheken!

www.badgastein.at

Beispiel Bad Gastein

Der Ruhm der Gasteiner Heilquellen erreichte im 16. Jahrhundert seinen ersten Höhepunkt. In den folgenden Jahrhunderten sorgten der Niedergang des Goldbergbaues und schwere Naturkatastrophen wie die Pest für einen Stillstand in der Entwicklung des Heilbades Gastein.

Erst unter dem Habsburger Erzherzog Ferdinand III. nahm die Entwicklung des Bades wieder einen neuen Aufschwung, den Kaiser Franz Joseph I. mit großem Nachdruck förderte. Durch die Errichtung der Tauernbahn am Beginn des 20. Jahrhunderts war der bis dahin nur mit dem Pferdefuhrwerk erreichbare Kurort nunmehr leicht erreichbar. Gastein wurde zum Ort großer europäischer Politik, in Bismarcks Zeiten war Gastein das „Bad der Diplomaten"!

Im Jahre 1908 wird in Meyers Konversationslexikon das **Wildbad Gastein** als einer der berühmtesten Kurorte Europas bezeichnet.

Folgende Einrichtungen werden beschrieben: eine katholische und eine protestantische Kirche, ein Kurhaus mit Wandelbahn, ein Spital für arme Kranke, die Kaiserpromenade mit einem Denkmal Wilhelms I., die Kaiserin-Elisabeth-Promenade, die Erzherzog-Johann-Promenade, 16 Quellen mit einer Temperatur von 39 bis 49 Grad Celsius. Das Wasser ist geruch- und geschmacklos. In Bädern angewandt, ist es wirksam gegen Nervenkrankheiten, Gicht, Rheumatismus, Nieren- und Blasenleiden.

Jährlich besuchten um die Jahrhundertwende 8 000 bis 9 000 Kurgäste den Ort. Häufiger Gast in Gastein war der deutsche Kaiser Wilhelm I., der 1865 in Gastein mit Franz Joseph I. die **Gasteiner Konvention** unterzeichnete.

Grand Hotel de l'Europe in Bad Gastein

Gasteiner Konvention = Vertrag zwischen Preußen und Österreich (1865); regelte die Herrschaft über die Elbherzogtümer Schleswig (von Preußen verwaltet) und Holstein (von Österreich verwaltet).

🎯 Ziele erreicht?

1. Welche Bedeutung hatte der Kuraufenthalt für die Freizeitgestaltung der finanzkräftigen Bevölkerung im 19. Jahrhundert?
2. Nennen Sie einige traditionelle Kurorte!

Geschichte des Tourismus

5 Sommerfrische

? Begeben Sie sich auf die Spuren der kaiserlichen Familie im Salzkammergut! Suchen Sie Literatur über ihren Aufenthalt in Bad Ischl und beschreiben Sie Sehenswürdigkeiten, die an die Habsburger erinnern!

Kaiservilla in Bad Ischl

Die **Sommerfrische** kann als die erste massentouristische Entwicklung bezeichnet werden. In der zweiten Hälfte des 19. Jahrhunderts wurde ein Aufenthalt auf dem Land über mehrere Wochen und Monate als gesundheitsfördernd angesehen. Oft wurde dieser Aufenthalt mit einer Kur verbunden.

Im Führer „Das Wiental und seine Sommerfrischen" aus dem Jahre 1904 werden die Voraussetzungen für einen Sommerfrischeort beschrieben: Der Ort soll nahe der Stadt und leicht erreichbar sein, eine möglichst gute und billige Verpflegung soll möglich sein. Der Ort soll Annehmlichkeiten bieten und in der Nähe besondere Naturschönheiten aufweisen, und der Gesundheit förderlich sein.

Der Haushalt mit dem Personal wurde für die Zeit des Sommers an einen Urlaubsort verlegt. Statt ein Haus zu mieten, kauften reiche Familien eine eigene **Sommervilla** an ihrem Urlaubsort. Man wollte sich in einer anderen Umgebung doch wie zu Hause fühlen. Diese Entwicklung prägte den Tourismus bis zum Zweiten Weltkrieg.

Schon in der **Barockzeit** verlegten die Adeligen ihren Wohnsitz in die Schlösser außerhalb der Stadt. Aber im 19. Jahrhundert wurde durch die Erfindung der **Eisenbahn** größere Mobilität auch für breitere Schichten möglich. Weiter entfernte Regionen rückten den Städten näher.

Die wohl bekannteste Sommerfrischeregion ist das **Salzkammergut.** Um den Sommersitz der kaiserlichen Familie in **Bad Ischl** entwickelte sich die erste Tourismusregion modernen Zuschnitts. Mit den Touristinnen/Touristen kam die Veränderung.

Sommerfrischeregionen entstanden am **Wörthersee**, in **Zell am See**, am **Semmering**, in **Reichenau an der Rax** und für bescheidenere Ansprüche im **Wiental** und im **Waldviertel**.

Gleichzeitig mit der Sommerfrische und damit unmittelbar verbunden entwickelten sich der **Bergsport und das Bergwandern.** Dies führte zur Erschließung des Alpenraumes. Die Gründung des **Österreichischen Alpenvereins** 1862 war die erste eines alpinen Vereins auf dem europäischen Festland, fünf Jahre nach der Gründung des englischen Alpine Club. 1869 erfolgte die Gründung des Österreichischen Touristenklubs und 1878 die des **Österreichischen Alpenklubs.** Dieser besitzt bis heute das höchstgelegene Schutzhaus in den österreichischen Alpen auf der Adlersruhe am Großglockner in 3 454 m Seehöhe. Im Jahre 1895 gründete die Arbeiterbewegung den Touristenverein **Die Naturfreunde.**

www.alpenverein.at
www.naturfreunde.at
www.touristenklub.at

Diese alpinen Vereine organisieren den **Wege-** und **Hüttenbau** und haben sich heute zu einem Mittler zwischen Natur und Freizeitsport entwickelt. In den Sommerfrischeregionen des 19. Jahrhunderts wurden die Berge erschlossen und begehbar gemacht. Hingewiesen sei auf die Erschließung der Wiener Hausberge, wie Rax und Schneeberg. Erst in späterer Folge entstanden Bergsportregionen wie im Zillertal oder im Ötztal. Dabei sei an den Pfarrer von Vent Franz Senn (1831–1884) erinnert, der maßgeblich zur Erschließung der Stubaier und Ötztaler Alpen beigetragen hat.

Die Schutzhüttenbezeichnungen erinnern an die Aufenthalte der Habsburger, wie Karl-Ludwig-Haus, Otto-Haus und Habsburghaus auf der Raxalpe.

Franz Senn: Pfarrer und Alpinist, Mitbegründer des Österreichischen Alpenvereins, Initiator des Tiroler Bergführer- und Bergrettungswesens, wurde „Gletscherpfarrer" genannt.

Ziele erreicht?

1. Erklären Sie den Begriff Sommerfrische!
2. Welche Aufgaben erfüllen die österreichischen alpinen Klubs und Vereine?
3. Wählen Sie eine österreichische Gebirgsgruppe und beschreiben Sie anhand der Literatur ihre Erschließung! Welche alpinen Vereine sind in dieser Region aktiv?

6 Wintersport

Das erste österreichische Wintersportgebiet war das Gebiet um den **Semmering**. Schon um 1900 gab es eine Sprungschanze, eine Rodel- und eine Bobbahn. 1888 kamen die ersten Skifahrer/-innen in das Semmeringgebiet. Die Pioniere des Skilaufs waren der Grazer **Max Kleinoscheg**, der Mürzzuschlager **Toni Schruf** und der Lilienfelder **Matthias Zdarsky**. Letzterer war der Erfinder der Einstocktechnik und kann als **Begründer des alpinen Skilaufs** bezeichnet werden. 1893 fand das **erste Skirennen** Mitteleuropas in **Mürzzuschlag** statt. 1905 organisierte Zdarsky am Muckenkogel bei Lilienfeld den **ersten Torlauf** der Skigeschichte.

Auch um die Großstadt Wien entstanden Wintersporteinrichtungen wie die Sprungschanze am Himmelhof in Wien 13. Die Wienerwaldwiesen wie die Norwegerwiese waren beliebte Skiwiesen.

1922 gründete **Hannes Schneider** in **St. Anton am Arlberg** die weltberühmte Schischule. Es wurden die Arlbergtechnik mit zwei Stöcken und schon in den 30er-Jahren das Wedeln entwickelt. **Wintersportorte** entstanden in Schruns im Montafon, in **Kitzbühel**, in **Lech**, in **Zürs** und St. Anton am Arlberg. Im Osten Österreichs entstanden Zentren des Wintersports in **Mariazell, Mitterbach, Lilienfeld** und am **Semmering**.

Auch die ersten **Aufstiegshilfen** wurden erbaut. 1926 wurde die **Seilbahn** auf die Rax errichtet, bald darauf in **Kitzbühel** jene auf den **Hahnenkamm**. Der **erste Schlepplift** wurde 1937 in **Zürs** gebaut, er wurde von **Dipl.-Ing. Doppelmayer** entwickelt.

Alpines Skifahren ist ein österreichisches Produkt und der österreichische Skilehrplan ist international zum Vorbild geworden.

Skipioniere Kleinoscheg und Schruf

Planen Sie eine Exkursion in ein Wintersportmuseum und beschreiben Sie die einzelnen Schauräume, z. B. Wintersportmuseum Mürzzuschlag, Zdarsky-Museum Lilienfeld, Skimuseum Altenmarkt im Pongau, Olympiamuseum Seefeld.

Ziele erreicht?

1. Begründen Sie die Feststellung „Skifahren ist ein österreichisches Produkt"!
2. In welchen Gegenden sind die Anfänge des österreichischen Wintersports zu finden?
3. Nennen Sie einige Meilensteine in der Entwicklung des österreichischen Wintersports!

7 Entwicklung nach 1945

Durch die Teilung Europas verloren die Tourismusräume im Osten Österreichs die Nachfrage. Sie wurden zu Naherholungsgebieten mit vielen Freizeitwohnsitzen der Wiener. Im Westen entstand durch die Nachfrage aus dem Wirtschaftswunderland Deutschland eine zusammenhängende Tourismuslandschaft. Die Entwicklung erfasste fast alle Teile der Alpen in Vorarlberg, Tirol, Salzburg und Kärnten.

Ab den 70er-Jahren wurde die Wintersaison immer stärker und Urlaub in Österreich wird mit Winter und Skifahren gleichgesetzt. Der Sommertourismus befindet sich seit damals in der Krise. Die Öffnung des Ostens brachte noch Anfang der 90er-Jahre einen Aufschwung mit dem Höhepunkt 1992. Seit damals sind die strukturellen Schwierigkeiten nicht zu übersehen.

Eine Entwicklung zu Qualitätstourismus, kulturtouristische Aufbereitung der Regionen, zielgruppenorientiertes Marketing und neue Vertriebswege führten in der Saison 1998 wieder zu einem Aufschwung, der bis auf einen kleinen Rückgang im Jahre 2004 bis in das Jahr 2008 weiterhin angehalten hat. Das Nächtigungsplus ist auf die verstärkte Inlandsnachfrage und die Zuwächse bei Gästen aus den Niederlanden, Großbritannien, den neuen EU-Mitgliedsstaaten in Mittel- und Osteuropa, Russland und Italien zurückzuführen.

Der Trend zum Qualitätstourismus hält weiter an. Die Kapazitäten im Bereich der Viersterne- und Fünfsterne-Betriebe wurden im Winter 1998/99 um 3,5 % und im Sommer 1999 um 2,2 % erweitert. Der Trend zu den gewerblichen Unterkünften hält an und es sind weiterhin Nächtigungszuwächse zu verzeichnen. Die Privatzimmervermieter/-innen müssen ständige Nächtigungsrückgänge hinnehmen.

Auch die Wintersaison 1999/2000 war erfolgreich und brachte wegen der guten Schneelage weitere Zuwächse. Bis zum Jahr 2008 überholte die Wintersaison den Sommer in der Zahl der Übernachtungen und gilt auch als die umsatzstärkere Saison.

Skifahren am Arlberg

Jahr	Übernachtungen in Österreich	Durchschnittliche Aufenthaltsdauer
1995	117.114.518	4,8 Tage
1996	112.936.318	4,7 Tage
1997	109.106.011	4,6 Tage
1998	111.156.656	4,5 Tage
1999	112.733.040	4,4 Tage
2000	113.686.490	4,3 Tage
2001	115.110.685	4,3 Tage
2002	116.804.452	4,3 Tage
2003	117.966.984	4,2 Tage
2004	117.251.081	4,1 Tage
2005	119.241.539	4,1 Tage
2006	119.367.919	4,0 Tage
2007	121.417.118	3,9 Tage
2008	126.718.888	3,9 Tage
2009	124.307.317	3,8 Tage
2010	124.880.764	3,7 Tage

(Quelle: www.statistik.at)

2009 – Jüngste Entwicklung im Österreich-Tourismus lässt trotzdem Zuversicht zu

Sein bestes Septemberergebnis seit 1998 konnte heuer der Österreich-Tourismus einfahren. Dabei nahm die Zahl der Nächtigungen im Vergleich zum guten Vorjahresmonat um 1,4 % auf 9,45 Millionen zu. Getragen war die Entwicklung einmal mehr durch Inlandsgäste. Die Inländernächtigungen wiesen Zuwächse von 5,8 % auf 3,01 Millionen Übernachtungen auf und erreichten damit ein neues Allzeithoch. Die Zahl der Ausländernächtigungen hingegen war um 0,6 % oder 6,44 Millionen Übernachtungen geringer. Die Ankünfte legten um insgesamt 1 % auf 2,72 Millionen zu, das viertbeste jemals erreichte Septemberergebnis.

Damit verbessert sich – wie bereits infolge des starken Augusts – die Bilanz der bisherigen Sommersaison (Mai bis September), deren Rückgang auf 55,55 Millionen Gästenächtigungen nur noch eine Abnahme um 1,2 % gegenüber dem gleichen Zeitraum des Vorjahres bedeutet. Sie erreichte aber immerhin das Niveau der späten 1990er-Jahre. Mit 15,15 Millionen Ankünften wurde zudem das Rekordergebnis des Vorjahres um nur 0,5 % oder rund 80 000 Ankünfte verfehlt.

Rückläufig im September entwickelten sich nur Wien und Tirol (wobei Letzteres bei den Ankünften deutlich im Plus lag). Entsprechend positiv sieht man die Situation in den Bundesländern. „Insgesamt ist die bisherige Sommerbilanz sehr erfreulich. Speziell bei den Ankünften konnte mit 3,6 Millionen überhaupt das beste Ergebnis seit 1992 erzielt werden. Bei den Übernachtungen liegen wir mit 15,8 Millionen zwar hinter einem starken Vorjahr mit der Euro 08, aber besser als die Jahre zuvor", sagt Tirols Landeshauptmann und Tourismusreferent Günther Platter.

Mehr als zufrieden ist auch Niederösterreichs Tourismuslandesrätin Petra Bohuslav: „Offenbar sind Inlandsgäste auf den Geschmack gekommen: Wir konnten die Nächtigungen von österreichischen Urlaubern um 8,4 % im September steigern. Wir haben einerseits mit unserer Nahmarktkampagne ‚Gleich sind wir da!' den richtigen Weg eingeschlagen, andererseits hat sich auch der Gesundheitstourismus zu einem sehr stabil wachsenden Markt entwickelt. Das spiegelt sich nun in der Statistik wider."

Das bisherige Sommerergebnis in der Steiermark geht mit satten plus 3,0 Prozent bei den Ankünften und 0,7 Prozent bei den Übernachtungen ins Finale. Der September steuerte bei den Ankünften + 3,6 Prozent bei, bei den Übernachtungen + 1,5 Prozent. Tourismuslandesrat Hermann Schützenhöfer: „Es fehlen uns zwar noch die Oktoberzahlen, aber der steirische Tourismus kann sich mit diesen guten Zahlen gerade in Zeiten mehr als schwieriger wirtschaftlicher Rahmenbedingungen mehr als glücklich schätzen. Österreicher, Holländer, Tschechen und Italiener legten weiter zu, Deutsche zeigten sich stabil treu."

Ebenfalls gut unterwegs ist Kärnten. Mit einem Zuwachs von 5,7 Prozent im September gab es einen Anstieg auf rund 1,118 Millionen Übernachtungen. Tourismuslandesrat Josef Martinz: „Damit lagen wir im September weit über dem Österreich-Schnitt."

(Quelle: www.tai.at [Tourismuswirtschaft Austria International], 30. Oktober 2009)

Urlaub am Bauernhof

Städtetourismus in Wien

Wellness in der Steiermark

Ziele erreicht

1. Warum entstand nach 1945 im Westen Österreichs eine zusammenhängende Fremdenverkehrslandschaft?
2. In welchem Zusammenhang stehen die kürzere Aufenthaltsdauer und die Rückschläge im Sommertourismus?
3. Wie entwickelte sich der Sommertourismus im Vergleich zum Wintertourismus nach 1945?
4. Zeichnen Sie ein Bild der gegenwärtigen Situation im österreichischen Tourismus. Was ist als positiv zu bezeichnen?

Was ist Kulturtourismus?

Kultur als Ergebnis menschlicher Aktivitäten ist gegenwärtig Grundlage touristischen Angebots. Im Rahmen einer Kulturreise werden die Traditionen und die Geschichte einer Region erforscht. Die Ergebnisse der menschlichen Tätigkeit in Vergangenheit und Gegenwart sind Ziel der Kulturreise.

 Meine Ziele

Nach Bearbeitung dieses Kapitels kann ich
- die Begriffe Kultur und Tourismus erörtern;
- die Beziehung von Kunst und Kultur erläutern;
- die soziokulturellen Grundlagen für die Entwicklung von Freizeitverhalten und Tourismus beschreiben.

1 Zum Begriff

1.1 Kultur

Kulturelle Erlebnisse sind nicht von der sonstigen touristischen Entwicklung zu trennen, sondern sind untrennbar mit allen anderen touristischen Teilbereichen verbunden.

In Meyers Konversationslexikon aus dem Jahre 1908 wird Kultur als „Pflege und Vervollkommnung eines nach irgendeiner Richtung der Verbesserung fähigen Gegenstandes, besonders aber die Entwicklung und Veredelung des menschlichen Lebens und Strebens" definiert.

Im Stein-Kulturfahrplan 1970 werden „alle Gebiete des Lebens, wie Politik, Dichtung, Schauspielkunst, Religion, Philosophie, Erziehung, bildende Kunst, Architektur, Musik, Oper, Tanz, Film, Wissenschaft und Technik, die Wirtschaft, der Sport und das tägliche Leben" dargestellt.

Daraus ist ersichtlich, dass Kultur eigentlich jeden Bereich des menschlichen Lebens und der menschlichen Tätigkeit betrifft. So gesehen gibt es für Kulturtourismus keine thematische Einschränkung und alle menschlichen Aktivitäten, die touristisch vermarktet werden können und das Interesse von Touristinnen/Touristen finden, können Inhalt kulturtouristischen Angebotes sein.

1.2 Kulturtourismus

Der Begriff **Kulturtourismus** entwickelte sich in der zweiten Hälfte der 80er-Jahre. Seit Anfang der 90er-Jahre wird der Begriff in der Tourismusbranche verwendet und 1991 fand eine Tagung in Deutschland zu diesem Thema statt. Die TUI brachte 1991 den Prospekt „Kultur und Erleben" heraus.

Gegenwärtig zählt dieser Bereich der Tourismuswirtschaft zu den boomenden Zweigen. Schon 15 % aller Ankünfte sind durch kulturelle Ambitionen bedingt. Keine Touristin/kein Tourist verzichtet auf kulturelle Inhalte, denn auch bei einem Badeurlaub wird der eine oder andere Ausflug unternommen, ein Museum besucht oder das tägliche Leben der Bevölkerung erforscht und besichtigt. Es fand ein Wandel im Verhalten der Touristinnen/Touristen statt: Nach einer Phase der Erholungs- und Konsumreisen beginnt die/der Reisende nun, sich mit Geschichte und Kultur und damit mit Leistungen, Problemen und Perspektiven der Menschheit auseinanderzusetzen. Kulturtouristinnen/Kulturtouristen sind Reisende, die die Kultur zum Ziel haben.

Der Begriff Fremdenverkehr gilt als veraltet und wurde durch **Tourismus** ersetzt.

TUI = Am 1. Dezember 1968 wird die Touristik Union International in Hannover durch die Veranstalter Touropa, Scharnow-Reisen, Hummel-Reisen und Dr.-Tigges-Fahrten gegründet.

www.tui.com

Ziele erreicht

1. Erklären Sie den Begriff Kultur!
2. Seit wann gibt es den Begriff Kulturtourismus und was versteht man darunter?
3. Besuchen Sie ein Reisebüro und verschaffen Sie sich einen Überblick über die angebotenen Kulturreisen!

Kleine historische Städte: Wie Schmuckstücke in ganz Österreich versteckt, bezaubern sie durch ihr ausgeprägtes historisches Stadtbild bzw. durch denkmalgeschützte Stadtteile, die die Besucher/-innen in längst vergangene Zeiten versetzen (Stadtplatz Schärding)

❓ Suchen Sie Spuren von Industrie und Gewerbe der Vergangenheit in der Umgebung Ihres Wohnortes (z. B. Mühlen, Bergwerke oder Fabriken) und erfassen Sie sie in einem Katalog!

💡 Welche persönlichen Motive könnten Sie zu einer Kulturreise veranlassen?

2 Die Kulturreise

Die Kulturreise ist die Weiterentwicklung der Bildungs- und Studienreise. Sie wird mit dem eigenen Pkw, dem Fahrrad, dem Bus, der Bahn oder zu Fuß mit dem Rucksack unternommen. Die Kulturreise kommt damit dem Trend zur **Versingelung** und **Individualisierung** der Gesellschaft entgegen. Man reist in Kleingruppen, zu zweit oder allein.

Die Kulturreise ist die Folge, nicht die Weiterentwicklung der sanften oder nachhaltigen Tourismusentwicklung.

2.1 Ziele der Kulturreise

Kulturreisen werden oft in Regionen unternommen, die sich entweder am Puls der Zeit befinden oder den Höhepunkt ihrer Entwicklung schon hinter sich haben. In jenen Regionen werden die **modernsten Entwicklungen** besichtigt und erforscht, in den anderen die **ehemaligen kulturellen Leistungen,** deren Ergebnisse im Raum sichtbar sind.

Die Entwicklungen der westlichen Gesellschaft werden zum Ziel der Touristinnen/Touristen. Entwicklungen, die die Zerstörung von Natur zum Ergebnis hatten oder haben könnten, sind von touristischem Interesse.

Für Regionen am Rande der wirtschaftlichen Entwicklung bietet die Kulturreise die Chance, mit regionalen kulturellen Inhalten Menschen anzulocken und somit die wirtschaftliche Entwicklung anzukurbeln. Kulturtouristisch boomende Regionen versuchen, durch den Aufbau von Klischees die Vergangenheit zu beschwören und aus ihr Kapital zu schlagen.

Die Chance der Kulturreise liegt im Gegensatz zur elitären Bildungsreise darin, dass breitere Schichten angesprochen werden können. Es obliegt den Tourismusmanagerinnen/Tourismusmanagern, den Tourismusraum so aufzubereiten, dass für jedes Interessengebiet ein Angebot vorhanden ist. Dies erfordert auch einen neuen Zugang durch die Tourismusmanager/-innen. Es muss eine professionelle Auseinandersetzung mit der regionalen Kultur vorgenommen werden, ohne dass ein Ausverkauf der Kultur passiert.

2.2 Zweck der Kulturreise

Die Kulturreise führt zu einem **kommunikativen Tourismus.** Die Kommunikation über Vergangenheit, Gegenwart und Zukunft einer Region ist Inhalt der Reise. Reisen heißt Lernen. Lernen von Geschichte, Gegenwart und Zukunft. Die Auseinandersetzung mit den positiven und negativen Errungenschaften der Menschheitsentwicklung wird das Ziel der Reise. Die Touristinnen/Touristen setzen sich mit der Umwelt, den Mitreisenden und den Bereisten in Verbindung. Ziele des Kulturtourismus sind Vergangenheit, Gegenwart und Zukunft. Die präsentierte Vergangenheit wird angeschaut. Die bestehende Gegenwart wird bewusst. Die mögliche Zukunft wird Gegenstand der Kommunikation und Reflexion (Dreyer, Kulturtourismus).

 Ziele erreicht?

1. Wodurch unterscheidet sich die Kulturreise von der elitären Bildungsreise?
2. Welchen Zweck verfolgt die Kulturreise?

3 Soziokulturelle Grundlagen

Nach den Zerstörungen des Zweiten Weltkrieges lagen die touristischen Möglichkeiten stark darnieder. Der Tourismus hatte mit den Folgen der Kriegszerstörungen, mit Problemen der Lebensmittelversorgung und mit der Teilung Österreichs in vier Besatzungszonen zu kämpfen. Erst mit der Unterzeichnung des Staatsvertrages 1955 stieg der Tourismus sprunghaft an. Mit dem wirtschaftlichen Aufschwung der westlichen Industrienationen in den 50er-Jahren erhöhten sich Einkommen und Freizeit. Bessere Verkehrsverbindungen erleichterten die Anreise. Die großen Transitrouten vom Norden zum Mittelmeer wurden ausgebaut und das Auto ermöglichte Urlaubsfahrten und Wochenendausflüge.

In den 50er-Jahren diente der Urlaub in erster Linie der Erholung, später entwickelte sich der Konsum-, Erlebnis- und Aktivurlaub. Seit dem Beginn der 90er-Jahre sind Kulturtourismus und Kultur Themen der massentouristischen Entwicklung geworden.

3.1 Arbeitszeit und Urlaubsanspruch

Diese Entwicklung muss vor dem Hintergrund der sozial- und arbeitsrechtlichen Entwicklung gesehen werden. Der gesetzlich festgelegte Urlaubsanspruch wurde in Österreich 1948 mit zwei Wochen festgelegt. Dadurch wurde es den Arbeitnehmerinnen/Arbeitnehmern möglich, einen Erholungsurlaub zu genießen. Die Ausweitung auf drei Wochen basierte auf medizinischen Untersuchungen, die ergaben, dass dies die optimale Dauer eines Erholungsurlaubes sei.

Pöstlingbergbahn

In den 60er-Jahren war Österreich ein ausgesprochenes Sommertourismusland mit einer durchschnittlichen Aufenthaltsdauer von mehr als einer Woche. Der Raum der Kärntner Seen boomte. Die Ausweitung des Urlaubsanspruches im Jahr 1976 auf 30 Werktage pro Arbeitsjahr ermöglichte es, mehrere Urlaube zu machen.

Auch die Verkürzung der Wochenarbeitszeit auf 40 Stunden und kollektivvertraglich geregelt nach Branchen auf weniger als 40 Stunden führte zu einer Entwicklung der Freizeitgesellschaft in den 80er- und 90er-Jahren.

Festung Hohensalzburg

Besucherzahlen von Sehenswürdigkeiten

Sehenswürdigkeiten	2000	2008	2009
Schloss Schönbrunn (Wien)	1 584 944	2 581 000	2 467 000
Riesenrad (Wien)	725 000	660 000	640 000
Kunsthistorisches Museum (Wien)	356 767	546 134	513 911
Minimundus (Kärnten)	312 687	256 203	250 845
Pöstlingbergbahn (Oberösterreich)	445 332	370 917	604 231
Großglockner-Hochalpenstraße (Salzburg/Kärnten)	874 874	820 004	832 741
Festung Hohensalzburg (Salzburg)	820 046	930 000	857 096
Hofkirche Innsbruck (Tirol)	163 387	250 000	135 798
Alpenzoo Innsbruck (Tirol)	258 077	255 787	251 868
Swarovski-Kristallwelten (Tirol)	669 000	720 000	700 000
Silvretta-Stausee (Vorarlberg)	394 032	278 000	321 739
Basilika Mariazell (Steiermark)	750 000	1 500 000	1 500 000

(Quelle: Österreich Werbung; Tourismus in Zahlen 2001, 2010, 2011)

Swarovski-Kristallwelten

Was ist Kulturtourismus?

3.2 Kostenentwicklung und räumliche Mobilität

Diese Entwicklung geht mit einer Einkommenssteigerung in weiten Schichten der Bevölkerung einher. Bei steigendem Wohlstand nahm der frei verfügbare Anteil der Einkommen ständig zu; das Freizeitbudget wurde größer.

Veränderungen im Verkehrswesen erhöhten die Mobilität. Der Pkw löste die Bahn als wichtigstes Reisemittel ab. Urlaubsfahrten und Wochenendausflüge mit dem eigenen Auto wurden möglich. Mit den zunehmenden Entfernungen der neuen Reiseziele gewann der Flugverkehr an Bedeutung.

Die Kosten für Raumüberwindung und Reisebewegungen stiegen weniger als die Einkommen. Benzin kostete Anfang der 80er-Jahre im Verhältnis mehr als Ende der 90er-Jahre.

Nomadismus = Lebensform mit saisonbedingtem Wandern und Verlegung des Wohnsitzes. Ursprünglich bei Hirtenvölkern. Heute auch auf die Freizeitgesellschaft angewandt.

Globalisierung = Begriff für die zunehmende Internationalisierung der Produktion, der Beschaffung und des Absatzes von Waren und Dienstleistungen.

Auch die Liberalisierung der Flugmärkte und die Nichtbesteuerung von Kerosin führten zu einer verstärkten Reisetätigkeit. Somit kann heute von einem **Nomadismus** der postmodernen Gesellschaft gesprochen werden. Große Teile der Bevölkerung, laut Umfrage in Österreich 50 %, planen jährlich einen Urlaub. Die Staunachrichten am Freitag, Sonntag und Montag betreffend die Lage auf den Aus- und Einfahrten der großen Städte bestätigen diese Entwicklung. Freizeitgestaltung wird mit Mobilität und räumlicher Veränderung gleichgesetzt.

3.3 Kulturtourismus und regionale Identität

Die fortschreitende **Globalisierung** führt zu einer Entwicklung der neuen regionalen Identität. Der nationalstaatliche Begriff löst sich in einem **vereinten Europa** langsam auf. Offene Grenzen und die gemeinsame Währung lassen neue Regionen entstehen, die sich der gemeinsamen Geschichte bewusst werden.

Dies zeigt sich besonders in Deutschland, wo nach der Wiedervereinigung ein Ost-West- und West-Ost-Tourismus einsetzte, der die kulturellen Sehenswürdigkeiten zum Ziel hatte. Diese Entwicklung konnte auch in den neuen EU-Mitgliedsländern Tschechien, Polen, Ungarn und Slowakei beobachtet werden.

Die schnelllebige Entwicklung erhöht das Bedürfnis nach der Suche der eigenen Wurzeln. Man begibt sich auf die Spuren der gemeinsamen Geschichte und Traditionen. Durch die fortschreitende **Internationalisierung** verschwinden lokale Strukturen und Traditionen. Dies betrifft viele Bereiche, wie Sprache, Dialekte, Bräuche, Speisen, Architektur, Literatur, Malerei und Kunst. Welche nationale Speise außer Pizza kann sich gegen die Fast-Food-Ketten behaupten?

Die Weltkultur wird Bestandteil jeder regionalen Kultur, die durch Medien und Touristinnen/Touristen transportiert wird. Der **Kulturtourismus** als pädagogischer Ansatz zur Kommunikation über den Sinn menschlicher Tätigkeit setzt sich sehr wohl mit **regionalen Strukturen** und **Traditionen** auseinander, die durch den Tourismus gestärkt und gefördert werden. Kulturtouristisches Angebot und kulturtouristische Nachfrage sind die Chance zur Erhaltung der Traditionen und lokalen Besonderheiten, da Touristinnen/Touristen die Einzigartigkeit der Region sehen wollen. Nur Regionen, die sich von anderen unterscheiden können, haben auf den kulturtouristischen Märkten der Zukunft Chancen.

Mit ihren 450 ha Anbaufläche ist die „Weinidylle" das kleinste Weinbaugebiet des Burgenlandes. Trotzdem, oder gerade deshalb, ist das Weinbaugebiet Südburgenland Herkunft großer Weine. Vor allem die Leitsorten Blaufränkisch und Welschriesling werden hier in ihrer typischen Ausprägung gekeltert. Im Laufe der Jahre hat sich die Weinidylle vom reinen Weinanbau zu einer Art Regionsmarke entwickelt. Denn unter dem Dach der Weinidylle sind eine Reihe von Aktivitäten und Initiativen gewachsen, die Ausdruck für eine beschauliche Geisteshaltung in einer idyllisch-romantischen Naturlandschaft sind.

www.weinidylle.at

🎯 Ziele erreicht?

1. In welchem Zusammenhang stehen touristische Entwicklungen und soziale Veränderungen (wie Arbeitszeit, Urlaubsanspruch, Einkommensentwicklung)?
2. Welche Chancen bietet der Kulturtourismus für entwicklungsschwache Regionen?

4 Ansätze des Kulturtourismus

Jede auf Kultur ausgerichtete Reise ist **Kulturtourismus.** Im Sinne der Kulturdefinition ist jede Reise, die sich mit menschlichen Aktivitäten beschäftigt, eine kulturtouristische Reise. Sie findet besonders in den städtischen Zentren statt.

Städtetourismus ist somit die ausgeprägteste Form des Kulturtourismus. In den Städten finden sich auf engstem Raum viele kulturelle Attraktionen. Der Wientourismus boomt und erreicht mittlerweile Nächtigungszahlen von über 7 Millionen pro Jahr.

Beispiel Schloss Schönbrunn – Rekordumsatz trotz Fußball-EM

Fußball-Fans sind wohl nicht an historischen Gebäuden interessiert. Die Euro 2008 bescherte dem Schloss Schönbrunn kurzfristig einen deutlichen Rückgang. Im Juni 2008 fiel die Zahl der Besucher/-innen gegenüber dem Vorjahr um 23 %. Dies trübt aber die Gesamtjahresbilanz der Schönbrunner Schlossgesellschaft (SKB) kaum: Rund 3,3 Millionen Eintritte wurden insgesamt verzeichnet, damit konnte das Niveau von 2007 gehalten werden. Die SKB verzeichnete im Vorjahr den höchsten Umsatz ihrer Geschichte.

www.schoenbrunn.at

Das Schloss Schönbrunn selbst verzeichnete 2,6 Millionen Eintritte. Nach Köpfen gezählt, also ohne Berücksichtigung von Mehrfacheintritten durch Kombitickets, konnten das Schloss und seine Attraktionen 1,98 Millionen zahlende Gäste empfangen, 27 000 mehr als 2007. Der Rest entfiel auf die Hofburg-Museen und das Hofmobiliendepot.

Gesamtumsatz von 33,4 Millionen Euro
Der Gesamtumsatz der Schloss Schönbrunn Kultur- und Betriebsgesellschaft betrug laut Sattlecker 33,4 Millionen Euro, eine Steigerung gegenüber dem Jahr davor von 2,9 %. Preise, so wurde versichert, seien dafür aber nicht erhöht worden. Vielmehr würden die Gäste verstärkt teurere Ticketkategorien kaufen. An den Eigentümer der imperialen Attraktionen – den Bund – wurden 3,4 Millionen Euro abgeführt. Das operative Ergebnis der SKB, also der Gewinn nach Abzug der Aufwendungen, lag bei 15,5 Millionen Euro (2007: 15,2 Millionen Euro). Trotz Krise sollen jedoch die Investitionen nicht gestoppt werden, „um nach der Krise noch besser dazustehen", wie Co-Geschäftsführer Wolfgang Kippes erläuterte. 2008 waren es 10 Millionen Euro, die in diverse Bau- und Sanierungsmaßnahmen gesteckt wurden, heuer und im kommenden Jahr sollen insgesamt 20 Millionen Euro investiert werden. So werden etwa im Westflügel des Schloss-Hauptgebäudes die Räume von Kaiser Franz Joseph komplett restauriert. Schreib-, Arbeits- und Toilettezimmer sowie Stiegenkabinett sollen ihr authentisches Aussehen wieder erhalten. In Planung ist auch ein neues Besucherzentrum mit Ticketverkauf, Gastronomie und Shop.

(Quelle: DiePresse.com, 13. Juli 2009)

Die Reise zu **Festspielen** und **Events** hat sich zu einem wichtigen Bereich entwickelt, wie die vielen Angebote bestätigen. Besonders in den Sommermonaten findet man an vielen Orten Veranstaltungen. Die Aufbereitung der regionalen Kultur führt zu einer Nachfrage an Kulturreisen. Themen werden im Raum dargestellt und für die Touristin/den Touristen nutzbar gemacht.

Im weiteren Sinn ist jede Reise eine Kulturreise, da auch in einem Erholungs-, Abenteuer- oder Konsumurlaub kulturelle Angebote integriert werden. Jede Reise schließt Kultur mit ein, da z. B. der Besuch eines Restaurants auch Kultur ist. **Es gibt keinen Tourismus der Zukunft ohne Kultur.**

Für die Kulturtourismusmanager/-innen bedeutet dies neue Überlegungen und Denkansätze:
- Wie viel Kultur vertragen die Reisenden oder verträgt die Reiseform?
- Welcher Angebotsmix muss entstehen, um das Reiseziel attraktiv zu machen?
- Welche Kultur soll transportiert werden?

Ziele erreicht?

1. Wann wird eine Reise als kulturtouristische Reise bezeichnet?
2. Welche Inhalte kann eine Kulturreise haben?
3. Warum ist der Städtetourismus die ausgeprägteste Form des Kulturtourismus?
4. Finden Sie Themen, die in der Region Ihres Schulstandortes dargestellt werden! Nehmen Sie Kontakt zum örtlichen Tourismusverband oder Kulturverein auf!

Grundlegende Bereiche der Kulturtouristik

In der Tourismusbranche versucht man – wie in jedem kommerziellen Unternehmen – die Produkte den potenziellen Zielgruppen optimal zu präsentieren. Dabei ist es sehr wichtig, auf bereits vorhandenen Erwartungen aufzubauen und diese durch gezielte und durchgeplante Angebote ins richtige Licht zu setzen.

Kulturelle Highlights und die unterschiedlichen Kulturlandschaften eines Landes sind die wichtigsten Gründe für die Auswahl eines kulturtouristischen Zieles. Einmal dort angekommen, werden der Geist und die Sinne der Gäste durch die Architektur, die bildende Kunst, Literatur, darstellende Kunst, das Kunsthandwerk, die Esskultur und die Musik angeregt.

 Meine Ziele

Nach Bearbeitung dieses Kapitels kann ich
- in unkonventioneller Weise an das Thema Kultur herangehen;
- die Vielfalt der Bereiche kultureller Äußerungen eines Landes beschreiben;
- ihre unterschiedliche Gewichtung im Rahmen der Touristik erkennen.

1 Klischees

Klischees begleiten die Menschen ständig im täglichen Leben. Sie erleichtern die Orientierung in verschiedensten Situationen, da sie dazu ein rasches Vorstellungsbild liefern. Insofern sind sie ideale Hilfsmittel, mit denen man ohne lange Überlegungen zu einem schnellen Urteil – oder Vorurteil – gelangt.

Klischee = eingefahrene, überkommene Vorstellung.

Das hat seinen Grund darin, dass das Klischee – wie der Name sagt – wie ein Druckstock wirkt, der Vervielfältigung zulässt. Im Verlauf dieses Vorgangs bleiben letztlich aber vereinfachte Züge eines viel komplexeren Bildes übrig. Jeder weiß, dass es äußerst schwierig ist, lieb gewordene Bilder umzupolen und für neue Erfahrungen aufnahmebereit und neugierig zu bleiben.

„Völkertafel", anonym, Steiermark, um 1720–1730

Klischeehafte Darstellung der Nationalcharaktere aus dem 18. Jahrhundert. Schon die stempelhafte Zuordnung von Eigenschaften zu verschiedenen Völkern zeigt, wie vereinfachend man vorgegangen ist. In ähnlicher Weise verfahren wir auch im Hinblick auf Vorstellungen über ein Land.

Klischees sind gerade in der Tourismusbranche von außerordentlicher Wichtigkeit. Sie liefern der Touristin/dem Touristen ein fertiges Bild und beeinflussen die Assoziationen mit einem Land oder einer Stadt auf entscheidende Weise. Meistens sind sie ausschlaggebend für die Erwartungshaltung, Planung und die Beurteilung des Erfolges eines Urlaubs und dadurch tragen sie entscheidend zur Zufriedenheit oder Unzufriedenheit bei.

Klischee und Tourismus

Aus dem vorhin Gesagten geht hervor, dass Klischees aus dem Tourismusbetrieb kaum wegzudenken sind. Sie dienen zuallererst als **Sprungbrett** für Angebote und Orientierung der Kundinnen/Kunden. Da aber Klischees nur einzelne Aspekte des touristischen Bereiches aufzeigen und den Blick auf anderes verstellen, bewirken sie letztlich eine **Reduzierung** der Erfahrungsmöglichkeiten an den besuchten Orten.

Die raschen Assoziationen, die durch Klischeebilder in der einzelnen Besucherin/im einzelnen Besucher entstehen, eignen sich ideal für eine schnelle und breite Vermarktung, da man auf bereits Bekanntes schnell reagiert.

Andererseits kann es reizvoll sein, durch unkonventionellen Umgang mit solchen Assoziationen die Bereitschaft der Besucher/-innen zu wecken, sich auf Neues und Ungewohntes einzulassen. Nur so gelingt es, das Interesse des Publikums kurzfristig auf eine touristische Attraktion zu lenken und auch langfristig zu erhalten.

In dieser Kombination aus drei unterschiedlichen Bildern wird versucht, die Klischeevorstellungen, die heutzutage mit einem gelungenen Urlaub in Verbindung gebracht werden, zu vereinigen: Bademöglichkeiten, Burgromantik und Bergerlebnisse. Diese Kombination stellt für einen Großteil der Touristinnen/Touristen den Idealurlaub schlechthin dar.

 Sammeln Sie aus Ihren Vorstellungen Bilder, die Sie mit einem Land wie Brasilien assoziieren würden, und vergleichen Sie Ihr Ergebnis mit Tourismuskatalogen für dieses Land!

Ziele erreicht?

1. Definieren Sie den Begriff Klischee!
2. Worin liegen die Gefahren von klischeehaften Darstellungen?
3. Warum sind Klischees für die Tourismusbranche so wichtig?

2 Präsentation kultureller Highlights

Mit berechtigtem Selbstbewusstsein weist man im Tourismusgeschäft auf kulturelle Höchstleistungen der Vergangenheit hin – seien es einzelne Bauten, Orte oder ganze Ensembles. Diese Highlights im Zusammenhang mit dem Tourismus werden nicht nur durch die gängigen Spitzenangebote der einschlägigen Branche abgedeckt. Es gibt noch viele andere Attraktionen, auf die Besucher/-innen erst aufmerksam gemacht werden müssen.

Die folgenden Beispiele sind eine Auswahl von Möglichkeiten, wie offiziell auf sehenswerte Attraktionen aufmerksam gemacht wird.

2.1 Welterbe

UNESCO ist die Abkürzung von „**U**nited **N**ations **E**ducational, **S**cientific and **C**ultural **O**rganization".

www.unesco.org; www.unesco.at

Aufgrund eines internationalen Übereinkommens aus dem Jahr 1972 wird von der **UNESCO** eine Liste des **Kultur- und Naturerbes der Welt** erstellt, in der Kulturdenkmäler (Baudenkmäler, Stadtdenkmäler, Kulturlandschaften etc.) und Naturstätten mit besonderem Wert für die gesamte Menschheit geführt werden. Über Anträge der Mitgliedsstaaten auf Aufnahme in diese Liste entscheidet das aus 21 Ländervertreterinnen/Ländervertretern bestehende Welterbekomitee.

„Mit der Unterzeichnung der Konvention verpflichtet sich jedes Land dazu, die innerhalb seiner Landesgrenzen gelegenen in die Welterbeliste eingetragenen Denkmäler von außergewöhnlicher, weltweiter Bedeutung zu schützen und zu bewahren. Dabei erhalten die Länder nach Maßgabe der Möglichkeiten auch finanzielle, technische oder beratende Unterstützung. Zu diesem Zweck wurde auch ein ‚Fonds für das Welterbe' geschaffen."

Acht österreichische Stätten wurden bis 2010 in die Liste des Welterbes aufgenommen:
- Schloss und Park von Schönbrunn
- Altstadt von Salzburg und Schloss Eggenburg
- Hallstatt und Dachsteinregion – Salzkammergut
- Semmeringbahn
- Altstadt von Graz
- Wachau
- Altstadt von Wien
- Grenzüberschreitende Kulturlandschaft Fertö/Neusiedler See (gemeinsam mit Ungarn)

Jedes Land bewirbt sich um die Aufnahme von Stätten von „außergewöhnlichem universellen Wert" und verpflichtet sich nach der Aufnahme in die Welterbeliste diese zu schützen und zu erhalten.

Altstadtensembles sind homogene, durch Jahrhunderte gewachsene Bereiche. Jede städtebauliche Veränderung in unmittelbar angrenzenden Regionen verändert auch den Gesamteindruck des unter Schutz gestellten Bereiches. Daher sind für diese unmittelbar angrenzenden Zonen bestimmte Vorschriften einzuhalten.

2.2 Wegweiser an Straßen

Fährt man durch Österreich, so fallen immer wieder Wegweiser und Pfeile auf, die auf spezielle kulturelle Besonderheiten aufmerksam machen. Es sind dies besondere Straßen (Barockstraße, Romantikstraße, Industriestraße ...) ebenso wie herausragende Ensembles (Burgen, Barockstädte ...), auf die schon in weitem Umkreis aufmerksam gemacht wird.

Hinweistafeln an Gebäuden

Offizielle Tafeln mit kurzen Erstinformationen über die beschriebenen Objekte weisen auf historisch oder kunsthistorisch wichtige Gebäude hin und machen die Besucher/-innen auf kulturelle Besonderheiten aufmerksam. Auch **Vereine** oder **Interessengruppen**, denen es ein Anliegen ist, auf herausragende Persönlichkeiten hinzuweisen, bringen an Gebäuden Tafeln an, die den Bezug zu dieser Stätte herstellen.

Plaketten

In verschiedenen Ländern – so auch in Österreich – werden kulturhistorisch besonders wertvolle Gebäude mit Plaketten versehen, die – im Falle kriegerischer Auseinandersetzungen – das Ensemble vor Zerstörung schützen sollen. Abgesehen von der realen Wirksamkeit dieser Maßnahmen im Verlauf kriegerischer Auseinandersetzungen dienen sie in Friedenszeiten als zusätzliche Möglichkeit, die Exklusivität des Objektes zu unterstreichen.

Das UNESCO-Welterbe-Signet

Das Emblem des Welterbes soll die Querverbindung von Kultur- und Naturerbe darstellen: Das Viereck in der Mitte ist eine vom Menschen geschaffene Form und der Kreis symbolisiert die Natur

Aktuelle Informationen zum Thema UNESCO-Welterbe finden Sie unter
http://whc.unesco.org/en/35/

Geburtshaus von Wolfgang Amadeus Mozart

🎯 Ziele erreicht?

1. Was ist das Welterbe?
2. Welche Stätten in Österreich wurden von der UNESCO zum Welterbe erklärt?
3. Um welche Welterbe-Objekte in Österreich sind in den letzten Jahren Diskussionen bezüglich der eventuellen Aberkennung des Titels entstanden?
4. Wie wird auf Österreichs Straßen auf spezielle kulturelle Besonderheiten aufmerksam gemacht?
5. Sammeln Sie Texte von Hinweistafeln an Häusern Ihrer näheren Umgebung und erweitern Sie diese zu einem Kurzreferat über Geschichte und Bedeutung dieser Gebäude!

Wachau: typische Kulturlandschaft, Burgruine Aggstein

3 Kulturlandschaft

3.1 Landschaft – Auseinandersetzung zwischen Mensch und Umwelt

Eine **Kulturlandschaft** entsteht aus dem Versuch der Menschen, die Umwelt in ihrem Sinne zu verändern. Dabei bringen sie das **Wissen** und die ihnen zur Verfügung stehende **Technik** zur Anwendung. Das Ergebnis dieser Einwirkung des Menschen auf seine Umgebung sind die verschiedenen Kulturlandschaften. Diese sind seit dem Sesshaftwerden des Menschen bis heute – und in immer rascherem Ablauf – andauernden Veränderungen unterworfen.

So bilden sich im Verlauf der Zeit unterschiedliche **regionale Eigenheiten** heraus, die aufgrund einiger typischer – klischeehafter – Merkmale wahrgenommen werden. Solche Vereinfachung mithilfe von Klischees begünstigt den raschen Reflex, mit dem man dann eine Landschaft in sein eigenes Bild einordnet.

Wichtig ist es, sich immer von Neuem vor Augen zu halten, dass eine Landschaft nicht etwas Starres ist, das irgendwann einmal entstanden ist, sondern – im weiteren Sinn – etwas Lebendiges, das sich immer verändert.

3.2 Präsentation einer Landschaft

Wir können uns einer Kulturlandschaft über Klischees nähern und versuchen, das Typische in ihr zu sehen. So werden oftmals auch touristische Programme erstellt. Strapaziert man gängige Klischees einer Region, so engt man gleichzeitig die Vielfalt des Angebotes ein.

Anspruchsvolleren Kundinnen/Kunden sollten die Eigenheiten der Landschaft oder Region durch das Einbeziehen von Kenntnissen aus der **Geografie, Kulturgeschichte, Geschichte** und der **Technologie** nähergebracht werden. Dieser Zugang erfordert viel Vorbereitung und Vorwissen. Aber so kann eine touristische Fachkraft die Landschaft plausibler präsentieren, weil sie nicht nur auf schon vorhandenem, fremdem, sondern auf dem selbst erarbeiteten Wissen aufbaut.

Mit einem breiten Wissen über eine Gegend kann man auch auf die individuellen Wünsche der Kundinnen/Kunden besser eingehen und so ein angepasstes Programm erstellen, das sich vom billigen Angebot einer Allerweltstour unterscheidet.

> **Ziele erreicht?**
>
> 1. Wann spricht man von einer Kulturlandschaft? Nennen Sie Beispiele aus Ihrer Umgebung!
> 2. Wählen sie eine der Kulturlandschaften aus, die Ihrer unmittelbaren Heimat am nächsten gelegen ist, und sammeln Sie darüber einige Spezialinformationen!
> 3. Wie können Sie eine Kulturlandschaft einem Gast über die gängigen Klischees hinaus präsentieren?

4 Architektur

Wenn Kulturtouristinnen/Kulturtouristen Interesse an einem **Bauwerk** gefunden haben, dann wollen sie sich u. a. über **Geschichte, Stil, Architektinnen/Architekten** und **Auftraggeber/-innen** informieren. In diesem Fall ist es wichtig, über eine grundsätzliche Zusammenfassung des Bauwerkes hinaus auf weitere **architektonische Details** hinzuweisen. Von solchen Details des betreffenden Gebäudes ausgehend, kommt man zu interessanten **Zusatzinformationen,** die sich auf die Geschichte der Besitzer/-innen, andere Arbeiten der Architektin/des Architekten oder Bauwerke ähnlichen Stils beziehen. Gelingt es, den Touristinnen/Touristen auch das eigene Interesse an solchen Fragen zu übermitteln, dann ist die Gewähr gegeben, die Bekanntschaft mit Architektur zum Erlebnis werden zu lassen.

Sosehr Österreich mit seinen **Barockbauten** immer wieder als „das Land des Barocks" – und in entsprechender Weise als „Land der Burgen und Schlösser", „Land der Hämmer" … – bezeichnet wird, sollte das Augenmerk doch auch darauf gelegt werden, dass nicht nur diese herausragenden Beispiele die Architektur Österreichs ausmachen, sondern daneben unzählige andere **Bauten unbekannter Meister** eine entsprechende Würdigung verdienen. Es sollen den Österreichbesucherinnen/Österreichbesuchern nicht nur Vorzeigebauten vorgeführt werden, die berechtigterweise auf Briefmarken sowie in jedem Tourismusführer zu finden sind, sondern sie sollen auch auf die Würde eines Stadtteils, eines Dorfes oder eines alleinstehenden Hauses, das durch anonyme Architektinnen/Architekten entstanden ist, aufmerksam gemacht werden.

Ein Architekturbeispiel für qualitätsvolle Bauten unbekannter Meister: Giebelluken an einer Scheune der Burg Hochosterwitz in Kärnten

Interessiert man sich für Architektur im Rahmen des Kulturtourismus, so ist ein Gebäude in mehrfacher Hinsicht zu betrachten:
- das Gebäude in seiner Umgebung,
- das Gebäude als Form für eine bestimmte Funktion und
- das Gebäude als Produkt von Technik und Stil.

4.1 Das Gebäude in seiner Umgebung

Ein **Bauwerk** sollte nie isoliert betrachtet werden, sondern immer im **Verhältnis zur Landschaft** sowie zu **anderen Bauten** der Umgebung.

Schildalm im Tiroler Lechtal – eine Gebäudegruppe, die sich den extremen klimatischen und landschaftlichen Gegebenheiten anpasst

Der Bau bezieht sich auf die Landschaft in mehrfacher Hinsicht:
- Die **klimatischen Verhältnisse** verlangen bestimmte Bauarten und erzwingen die Suche nach zusätzlichen praktischen Lösungen.
- Der **Zugang zum Wasser** und zu den **Verkehrsadern** ist lebensnotwendig, daher müssen diese zwei Voraussetzungen immer in Betracht gezogen werden, um das Gebäude in der Landschaft erfassen zu können.
- Größe und Beschaffenheit des **Grundes,** auf dem es steht, bestimmen u. a. die Größe und die Form des Gebäudes.

Beim Betrachten des Verhältnisses eines Gebäudes zu anderen Bauten der Umgebung soll das Augenmerk nicht nur auf herausragende einzelne Bauwerke gerichtet werden, sondern auch auf das **Gebäudeensemble.** Dort gruppieren sich die Bauten in einem Ort zu einer Einheit, sei es eine Wirtschaftseinheit (Bauernhaus mit Nebengebäuden) oder zu einem dörflichen (städtischen) Gefüge. Man wird erkennen, dass die Gebäude einander gegenseitig bedingen. Diese Gruppierungen sind eigentlich Stein gewordenes soziales und ökonomisches Gefüge.

Das Linsenangerdorf Immendorf nördlich von Hollabrunn

Woher kommt die Bezeichnung Linsenangerdorf?
Als Anger bezeichnet man einen Dorfplatz in Gemeinbesitz, der von allen Bewohnerinnen/Bewohnern genutzt werden konnte. Oft war der Anger zentral zwischen zwei Häuserreihen angelegt. Diese Siedlungsform bezeichnet man auch als Angerdorf. Hat es die Form einer Linse, so spricht man von einem Linsenangerdorf.

Obwohl alle Bauwerke sich den gleichen Gegebenheiten der Natur anpassen müssen, sind für die Stellung eines Bauwerkes in einem solchen Ensemble zwei Haltungen möglich:
- Entweder mit den anderen Gebäuden zu **harmonieren,** sei es aus sozialem Konsens oder aus wirtschaftlichem Zwang,
- oder bewusst in **Kontrast** zu den anderen zu treten – als Ausdruck einer sozialen oder ökonomischen Differenzierung.

Grundlegende Bereiche der Kulturtouristik

4.2 Das Gebäude als Form für eine bestimmte Funktion

Jedes Gebäude wird nicht nur nach seiner **Größe** und seiner **Schönheit** beurteilt, sondern auch danach, ob es seine **Funktion** entsprechend erfüllt. Erst die Übereinstimmung von Aussehen und Funktion ergibt einen harmonischen Gesamteindruck, der dann durch die stärkere Betonung der einen oder anderen architektonischen Besonderheit oder durch die Auswahl einer reichlicheren Ausstattung erhöht wird.

 Welche Funktion kann man der hier in Vogelperspektive dargestellten Anlage Sachsengang entnehmen?

4.3 Das Gebäude als Produkt von Technik und Stil

Ein Ortsbild oder Landschaftsbild wird immer auch durch seine Bauten bestimmt. Diese werden sowohl von den verwendeten **Materialien** als auch vom herrschenden **Stil der Zeit** bestimmt.

- Jedes **Material** erlaubt oder verbietet bestimmte architektonische Konstruktionen. So wird man schwerlich in Holzbauten tragende Bögen vorfinden, aber mit Sicherheit in Stein- oder Ziegelbauten. Man kann feststellen, dass viele architektonische Elemente ursprünglich keine dekorative Funktion hatten: Sie waren eher durch technische Notwendigkeiten bedingt.
- Das nächste bestimmende Element sind **stilistische Anforderungen der Epoche.** Bauten sind weder im Raum noch in der Zeit isoliert zu betrachten, ihr Gesamtbild wird durch die Tradition der Umgebung, den Geschmack und das technische Können der Zeit bestimmt.

🎯 Ziele erreicht?

1. In welchem Verhältnis ist das Gebäude in seiner Landschaft zu sehen?
2. Welche Kriterien sollte ein Bauwerk erfüllen, damit man von einem gelungenen Objekt sprechen kann?
3. Welchen Einfluss haben Baumaterial und Zeitpunkt der Entstehung auf ein Gebäude?

5 Bildende Kunst

5.1 Voraussetzungen

Österreich hat überreich vorhandene **künstlerische Ressourcen,** die ideal für den Tourismus ausgewertet werden können. Um diese Schätze entsprechend würdigen zu können, sind sowohl kunsthistorische Fachkenntnisse als auch die Fähigkeit, sich im aktuellen kulturellen Angebot zu orientieren vonnöten.

- Für eine qualitätsvolle Präsentation müssen Tourismusverantwortliche **kunstgeschichtliche Kenntnisse** bezüglich des Zeitraums und der Merkmale verschiedener Stilepochen besitzen.
- Genauso wichtig ist es, einzelne **berühmte Künstlerpersönlichkeiten** zumindest einigermaßen zu kennen und in einen historischen Zusammenhang stellen zu können.
- Eine umfassende Kenntnis über die **Schwerpunkte von Sammlungen,** sei es in Museen, Ausstellungshäusern oder Kirchen, bestimmt, auf welche Epoche oder welche Künstler/-innen in der Region die Aufmerksamkeit der Besucher/-innen zu richten ist.

Aktuelle Informationen über die kulturellen Ressourcen und Events einer Region, einer Stadt oder eines Ortes finden sich neben den entsprechenden Internetadressen in Prospekten, Foldern oder anderen Zusammenfassungen, die in den jeweiligen Tourismusbüros zu bekommen sind. Die **Österreich Werbung** gibt u. a. eine monatliche Liste aller kulturellen Veranstaltungen für ganz Österreich heraus, aus der man aktuelle Angebote entnehmen kann. Internetuser/-innen können auch auf den **Homepages** diverser Institutionen, wie z. B. der Bundesmuseen oder der Tourismusverbände, umfassende Informationen abfragen.

➡ Nähere Informationen zum Verein der **Österreich Werbung** siehe Kapitel Grundlagen des touristischen Marketings, Seite 157.

www.khm.at

www.mumok.at

5.2 Kunst in Museen

Neben den großen Museen, die in jedem seriösen Prospekt unseres Landes an prominenter Stelle vertreten sind, wie dem **Kunsthistorische Museum (KHM)** in Wien oder dem **Joanneum** in Graz, gibt es auch kleinere und weniger berühmte Sammlungen, die aber oft kunsthistorisch bedeutende Exponate aufweisen. Die Tendenz in der heutigen Zeit geht in die Richtung von zeitlich begrenzten Ausstellungen zu bestimmten Themen in Ergänzung zur permanenten Präsentation des Fixbestandes eines Museums.

Hier wären die **Landesausstellungen** zu erwähnen, die in Räumlichkeiten präsentiert werden, die speziell für diese kulturellen Zwecke adaptiert (und restauriert) worden sind. Der architektonische Rahmen und das Thema der Ausstellung bilden eine Einheit, die das Publikum anziehen soll.

Ähnlich wie Museen beherbergen auch **Kirchen** Kunstwerke von bedeutendem Wert, seien es Werke der Malerei, Bildhauerei, Schnitzerei oder Glasfenster. Daher sind sie für die Kulturtouristik nicht nur wegen ihrer Architektur von Bedeutung.

5.3 Kunst im öffentlichen Raum

Denkmäler

Denkmäler sind eine Art der **offiziellen Darstellung** der Geschichte eines Landes. An ihnen lässt sich ablesen, welche Persönlichkeiten oder welche Ereignisse es wert sind, in das öffentliche Bewusstsein aufgenommen zu werden. Diese Darstellung ist aber lückenhaft – sie schweigt über vieles und weist nur auf manches hin. Heute sind Denkmäler für viele nur noch eine touristische Attraktion, die zum Fotografieren reizt.

Die meisten Denkmäler unseres Landes wurden in der zweiten Hälfte des 19. Jahrhunderts errichtet. Damals waren sie sehr oft Ausdruck des Drangs nach Selbstdarstellung und pathetischer Überhöhung der herrschenden Klasse. Heute geht man von der Monumentaldarstellung verdienter Persönlichkeiten ab und versucht, Entwicklungen aus der

Alfred Hrdlickas Mahnmal gegen Krieg und Faschismus, Wien

Grundlegende Bereiche der Kulturtouristik

Der Wiener Zentralfriedhof ist nicht nur Stätte der Totenruhe: Die Parklandschaft mit beeindruckender Flora und Fauna stellt einen Ort der Erholung und Besinnung dar.

❓ Welche kulturhistorischen Informationen können aus dem Friedhof Ihres Ortes herausgelesen werden? – Sind dort bekannte Persönlichkeiten begraben, wo können Sie mehr über sie erfahren?

Hochstrahlbrunnen auf dem Schwarzenbergplatz

❓ Suchen Sie mithilfe von Tourismusinformationen für jede Landeshauptstadt Österreichs mindestens eine Brunnenanlage, die für diese Stadt als Postkartenmotiv geeignet wäre oder verwendet wird!

„Wind" von Alois Steger, Italien

jüngsten Geschichte Österreichs in Form von **Mahnmalen** in Erinnerung zu halten. In diesem Zusammenhang gibt es heftige Diskussionen über Thema, Standort, Künstler/-innen oder die Art der Darstellung. An der Heftigkeit der Auseinandersetzung lässt sich ablesen, wie sehr die Bevölkerung an der politischen Diskussion interessiert ist.

Friedhöfe

Fremdenführer verweisen immer häufiger auf **Friedhöfe** als besuchenswerte Ziele. Mehrere Gründe veranlassen Touristinnen/Touristen zum Besuch eines Friedhofes: die Verehrung einer dort begrabenen Persönlichkeit, der künstlerische oder kunsthistorische Wert mancher Gräber und die Suche nach Informationen über die Sozialgeschichte des Ortes aus den Grabinschriften.

Die Friedhöfe sind nämlich Orte, wo die Bürger/-innen sich selbst oder den von ihnen Verehrten ein Denkmal in Form eines Grabmales errichten. Die Öffentlichkeit nützt diese Möglichkeit ebenfalls und errichtet Ehrengräber für verdiente Persönlichkeiten als Ausdruck ihrer Anerkennung.

So wurde bald nach der Eröffnung des Wiener Zentralfriedhofs mit der „Verordnung zur Errichtung von Grabstätten zur Beerdigung hervorragender, historisch denkwürdiger Personen" der Grundstein für die heutigen **Ehrengräber** gelegt. Beispiele für prominente Gräber am Zentralfriedhof sind die letzten Ruhestätten von Johann Nestroy, Hans Moser, Bruno Kreisky, Helmut Qualtinger und Falco.

Brunnen

Öffentliche Brunnen erfüllten früher zwei wichtige Funktionen:
- Sie dienten der **Wasserversorgung** der Bevölkerung und
- förderten die **Kommunikation.**

Gleichzeitig boten sie oft Herrschenden die Möglichkeit, sich selbst oder ihrer Ideologie ein **Denkmal** zu setzen, sei es in Form von Inschriften oder von allegorischen Darstellungen. Brunnen wurden auch errichtet, um an bedeutende Ereignisse zu erinnern, z. B. der Hochstrahlbrunnen in Wien als Erinnerung an die Eröffnung der ersten Wiener Hochquellenwasserleitung.

Die Brunnen der Barockzeit sind auch heute noch herausragende Anziehungspunkte für Touristinnen/Touristen, die sowohl die aufwendige Gestaltung als auch die hervorragende Arbeit der Künstler/-innen bewundern.

Heute entschließen sich immer mehr Gemeinden, auf wichtigen Plätzen Brunnen zu errichten, die häufig von Künstlerinnen/Künstlern der Umgebung geschaffen werden. Sie gestalten das Ortsbild und dienen dem Erholungsbedürfnis der Bevölkerung.

Kunst in der Landschaft

Brunnen sind Beispiele für die Belebung der urbanen Landschaft durch ein Werk der bildenden Kunst. Andererseits kann die freie Natur die ideale Umgebung für Kunstwerke sein. Diese Kunst in der Landschaft kennen wir schon aus der Vergangenheit. **Marterln, Kreuze, Kapellen, Bildstöcke,** die auf den ersten Blick fast unmotiviert in die Natur gesetzt zu sein scheinen. Bei näherer Betrachtung sieht man aber, dass unsere Vorfahren die wichtigen Punkte in der Landschaft – Wegkreuzungen, Flurgrenzen, Orte besonderer Erinnerung – mit religiös motivierten Kunstwerken versehen haben. Die Religion hat hier als eine universale Sprache funktioniert, mit der man anderen Menschen gegenüber seine Gefühle und Bedürfnisse ausgedrückt hat.

Die geistigen Veränderungen der modernen Zeit gehen rasant vor sich und das Verständnis für religiöse Inhalte geht weitgehend verloren, sodass heute diese ursprünglichen Aussagen kaum mehr erkannt werden. Touristinnen/Touristen werden heute hauptsächlich den ästhetischen Eindruck aufnehmen und so die ursprüngliche Bedeutung schwer nachvollziehen können. Sie werden bestenfalls diese Kunstwerke als Ausdruck der Naivität früherer Epochen deuten. Es wird an den Spezialistinnen/Spezialisten liegen, zu versuchen, anhand solcher Zeugnisse auch die geistige Welt unserer Vorfahren den Besucherinnen/Besuchern näherzubringen.

Das Bedürfnis, Kunst in die Landschaft zu stellen, findet auch heute noch Ausdruck. Dieser Tatsache tragen verschiedene Initiativen Rechnung, in deren Rahmen Künstler/-innen eingeladen werden, in einer bestimmten Gegend ihre Werke zu produzieren und dort auch zu präsentieren. Beispiele solcher Initiativen finden wir in Steinbrüchen (St. Margarethen in Burgenland, Lindabrunn in Niederösterreich) genauso wie auf Fluren (Prigglitz in Niederösterreich).

„Wasserfrau Vivian" von Charlotte Seidl, Prigglitz

5.4 Bildende Kunst und Architektur

Bisher wurde bildende Kunst in Museen behandelt, dann in der Landschaft, jetzt soll sie in ihrer Anwendung im Bereich der Architektur betrachtet werden. Sie ist z. B. ein wichtiges Element der **Fassadengestaltung** und hier gebührt ihr nicht nur aufgrund ihrer ästhetischen Möglichkeiten Aufmerksamkeit, sondern auch aufgrund ihres Vermögens, Informationen an die Betrachter/-innen weiterzugeben.

Als in früherer Zeit Analphabetismus in der Bevölkerung weit verbreitet war, erfüllten Bilder und Skulpturen die Aufgabe, den Menschen Inhalte zu übermitteln, die nicht nur das religiöse, sondern auch das politische Gefüge festigten. In diesem Sinn ist zum Beispiel die Außenwand der **Kirche von Schöngrabern** in Niederösterreich als eine romanische steinerne Bibel zu verstehen.

Detail des Reliefs an der romanischen Kirche von Schöngrabern

Für die Kirchen wurden schon im Mittelalter prächtige **Glasfenster** geschaffen, wobei die Motive der Glasmalereien nach religiösen Inhalten gestaltet wurden.

Eine andere Möglichkeit des Fassadenschmucks sind farbige **Glas- bzw. Keramikelemente**. Die **Mosaiktechnik** wurde schon in der Antike entwickelt, aber bei uns hauptsächlich in der Architektur des 19. und 20. Jahrhunderts angewendet (Historismus, Jugendstil, wie z. B. an der Kirche am Steinhof oder am Otto-Wagner-Haus am Naschmarkt in Wien).

Die **Malerei** ist ein anderer wichtiger Zweig der darstellenden Kunst, der in der Architektur auch Anwendung findet. Man wählt sie für die künstlerische Gestaltung von Fassaden, wobei dies auf Probleme der Haltbarkeit stößt. Aus diesem Grund wählte man früher für diese Gestaltung die **Sgraffitotechnik** – hauptsächlich in der Renaissance. Diese Technik verlangt zwar eine sparsame Auswahl der Farben sowie eine flächige Gestaltung der Motive, ist aber in ihrer Wirkung äußerst beeindruckend und haltbar; so sind Sgraffitohäuser immer touristische Attraktionen ersten Ranges (z. B. in Weitra und Gmünd in Niederösterreich).

Otto-Wagner-Kirche am Steinhof, 14. Wiener Gemeindebezirk

Für die Gestaltung der Wände von **repräsentativen Innenräumen** eines Gebäudes ist die **Malerei** die vorherrschende Technik – hauptsächlich als Freskomalerei oder in Form von bemalten **Tapeten**. Diese Gestaltung kann einem Programm folgen, das sich wiederum dem Konzept des Gesamtgebäudes unterordnet. In der mittelalterlichen Kunst dienen Freskodarstellungen in sakralen Räumen – ähnlich wie die Skulpturen an Fassaden – oft als Visualisierung von biblischen Szenen mit der Funktion, der des Lesens unkundigen Bevölkerung die Heilige Schrift näherzubringen. Deshalb werden diese Darstellungen auch **Biblia pauperum** – Bibel der Armen – genannt.

❓ Informieren Sie sich über die Technik der Sgraffitomalerei und suchen Sie einige zusätzliche bekannte Beispiele in Österreich!

Die **Barockzeit** bringt einen Höhepunkt für gemalten Wandschmuck und immer raffiniertere Formen der Darstellung finden Anwendung – bis zu gemalter Scheinarchitektur, in der die Malerei der Innenräume dann dazu dient, die Betrachterin/den Betrachter virtuelle Räume mit allen damit verbundenen Assoziationen erahnen zu lassen. Thematisch finden wir im Barock Darstellungen von Gestalten der griechischen und römischen Mythologie und auch christliche Motive.

Bauernhaus im Kaunertal

5.5 Volkskunst

Ein anderer Bereich der bildenden Kunst, der hier erwähnt werden soll, ist die **Volkskunst.** Hier gibt es keine großen Auftraggeber/-innen, keine bekannten Künstler/-innen, aber Werke, die durch ihre Einfachheit und Unmittelbarkeit die Betrachterin/den Betrachter anrühren. Das Bestechende an der Volkskunst ist die gelungene Ausgewogenheit zwischen **Funktion** und **Ornament.**

Es lohnt sich, im Rahmen eines touristischen Programms Museen einzuplanen, in denen auch diesem besonderen Zweig der bildenden Kunst Raum gegeben wird. Nirgends sonst wird die Art eines Landes, den Alltag zu verschönern, so direkt übermittelt.

Ziele erreicht?

1. Was veranlasst Menschen, Denkmäler zu errichten?
2. Welche Funktionen erfüllen Brunnen auf öffentlichen Plätzen?
3. Welche Möglichkeiten der Fassadengestaltung kennen Sie?
4. Was ist das Typische an Volkskunst?

6 Literatur

Literatur und Reise finden in der heutigen Zeit leicht eine Verknüpfung. Heute kommt kein **Reiseführer** ohne eingestreute literarische Kapitel über das behandelte Thema aus. Diese paaren Sensibilität für die Eigenheiten der Gegend mit gekonnter und pointierter Ausdrucksweise. Von Bedeutung ist auch, ob das literarische Beispiel von einer ortsansässigen oder einer ortsfremden Person verfasst wurde, wobei der Blick von innen oder von außen unterschiedliche Eindrücke vermittelt, die dann durch den charakteristischen Stil der Literatin/des Literaten zusätzlich gefärbt werden.

Walther von der Vogelweide, aus der Manessischen Liederhandschrift

Schon das **mittelhochdeutsche Nibelungenlied** – von einer der Handschriften wurde vor einiger Zeit in der Bibliothek des Melker Stifts wieder ein Fragment gefunden – nimmt Bezug auf den Raum des heutigen Österreich. In diesem berühmten Heldenepos wird die Fahrt Kriemhilds zu König Etzel geschildert, auf der verschiedene österreichische Ortschaften wie Pöchlarn, Traismauer, Tulln und Wien ganz im Sujet der mittelalterlichen höfischen Kultur vorgestellt werden. Darin werden die Orte namentlich genannt, aber nicht genauer beschrieben, da sie nur als Kulisse für die Ereignisse der Handlung dienen.

Auch der Minnesänger **Walther von der Vogelweide** hatte seine Wurzeln im österreichischen Raum: Wie er selbst angibt, hat er am Hof zu Wien „singen und sagen" gelernt.

Machen wir einen großen Sprung vom Mittelalter ins 20. Jahrhundert und greifen einige Beispiele von Verbindungen von Orten mit literarischen Werken auf. Die Wiener **Strudlhofstiege** im gleichnamigen Roman des **Heimito von Doderer,** der **Grimming** im Roman von **Paula Grogger,** das **Schloss Mirabell** oder der St.-Peters-Friedhof in Salzburg in Gedichten von **Georg Trakl** sind Beispiele aus unserem Jahrhundert, wie sich Dichter/-innen auf konkrete Orte beziehen und ihnen durch ihr Werk einen dichterischen Stempel aufgedrückt haben.

Die 2009 renovierte Wiener Strudlhofstiege

6.1 Heimatdichtung

Heimatdichter/-innen machen die Orte ihrer Herkunft zum Thema ihres Schaffens. Das berühmteste österreichische Beispiel ist **Peter Roseggers „Waldheimat"** – der Titel dieses Buches hat sogar einer ganzen Gegend den Namen gegeben. Man kann in **Krieglach** und der gesamten Umgebung auf den Spuren der Geschichten Peter Roseggers wandern. Dies bietet eine willkommene Möglichkeit, sich seiner Beschreibung des Lebens der bäuerlichen Menschen, der Natur des Mürztales und der Umgebung zu erinnern und sie mit der heutigen Situation dieser Gegend zu vergleichen.

Geschickte Kulturmanager/-innen werden in der Lage sein, aus Hinweisen auf Orte und Regionen, die sich aus einem literarischen Werk herauslesen lassen, ein anspruchsvolles kulturtouristisches Programm zu erstellen. Ziele sollen immer das Wecken der Neugier auf Unbekanntes und die Vermittlung der Tatsache sein, dass es neben einfach klingenden Informationen noch viel Neues und Wissenswertes zu erfahren gibt.

6.2 Orte der Inspiration

Es kommt immer wieder vor, dass Schriftsteller/-innen sich zu einer Region hingezogen fühlen und dort literarisch besonders produktiv sind. In der heutigen Zeit lässt sich dieser Umstand für einzelne Regionen zu touristischen Zwecken sehr gut auswerten, indem die Namen dieser Literatinnen/Literaten vornehmlich als Werbeträger eingesetzt werden. Zum Beispiel benennt man Wege, Aussichtspunkte oder Plätze nach Dichterinnen/Dichtern, zu denen diese in Bezug zu bringen sind, was dem Ort mehr Attraktivität verleiht.

Andererseits bieten einem interessierten Publikum Anekdoten auch immer zusätzliche Informationen über den Ort. Die besondere Rolle, die der Ort in der Biografie einer bekannten Persönlichkeit gespielt hat, ist oft willkommener Anlass, genau dort über ihr Werk wissenschaftliche Tagungen oder Symposien zu veranstalten, wie etwa die Abhaltung der Thomas-Bernhard-Tage in Ohlsdorf (dem ehemaligen Wohnort des Dichters) beweist.

6.3 Literarische Szene

Es hat immer Orte gegeben, an denen Dichter/-innen ihresgleichen getroffen haben. In der Stadt waren und sind es natürlich die Kaffeehäuser, die ein ideales Ambiente für geistige Auseinandersetzungen bieten. Im Wien der Jahrhundertwende waren Kaffeehäuser wie das **Café Central** oder das **Café Herrenhof** Treffpunkt für Literaten wie Karl Kraus, Alfred Polgar, Anton Kuh und Egon Friedell. In dieser Atmosphäre des „Abgeschlossenseins von der Außenwelt" entstanden ihre Feuilletons, Aphorismen und Satiren. Das Café war „eine Weltanschauung, und zwar eine, deren innerster Halt es [war], die Welt nicht anzuschauen" (Alfred Polgar, Theorie des Café Central). Die **„Kaffeehausliteraten"** waren Analysten und Chronisten ihrer Zeit, die früher als viele andere die drohenden Vorzeichen der kommenden Jahre erkannten.

Diese Lokale, die bereits in einer Unzahl von Büchern erwähnt worden sind, locken heute wiederum Scharen von Touristinnen/Touristen an. In Wien erscheinen Monatsprogramme über spezielle Veranstaltungen in diesen berühmten, aber auch in weniger bekannten Kaffeehäusern.

Peter Rosegger (1843–1918)
Erzähler, Lyriker, Publizist und Volksschriftsteller. Seine autobiografischen Erzählungen „Als ich noch ein Waldbauernbub war" wurden zu einem der größten Bucherfolge seiner Zeit.

Wohnhaus von Peter Rosegger in Krieglach, Steiermark

Beispiele für Orte der Inspiration:
- Kirchberg am Wechsel, NÖ, für Ludwig Wittgenstein
- Prein a. d. Rax, NÖ, als Inspirationsort für Heimito von Doderer
- Thalhof in Reichenau als Aufenthaltsort von Peter Altenberg oder Arthur Schnitzler
- Salzburg als Aufenthaltsort von Stefan Zweig, Georg Trakl oder Hugo von Hofmannsthal

Moriz Jung: Café Heinrichhof, eine Ansichtskarte der Wiener Werkstätte

Café Hawelka in Wien

🎯 Ziele erreicht?

1. Welche Bedeutung hat Peter Rosegger für seine Heimat?
2. Welche Rolle spielte das Kaffeehaus für das geistige Leben im Wien der Zwischenkriegszeit?
3. Welche Rolle spielte das Kaffeehaus Hawelka in der künstlerischen Szene Wiens der 2. Republik?

7 Darstellende Kunst

Kulturtouristinnen/Kulturtouristen möchten selbstverständlich auch die Theaterszene eines Landes kennen lernen, große Schauspielkunst erleben, hervorragende Orchester hören usw. Theater dient nicht nur der Unterhaltung, sondern greift alle menschlichen Probleme auf und kann so zum politischen – nicht parteipolitischen – Instrument werden.

Immer schon hat es Dichter/-innen gegeben, die der Zuschauerin/dem Zuschauer einen Spiegel vor Augen hielten, in die Tiefen unserer Seele blicken ließen und es als ihre Aufgabe sahen, viele Facetten unseres Wesens aufzudecken. Der Bogen reicht von **Franz Grillparzer, Johann Nestroy, Ludwig Anzengruber** über **Arthur Schnitzler, Hugo von Hofmannsthal** bis zu **Thomas Bernhard, Felix Mitterer, Peter Turrini** und **Elfriede Jelinek**. In früheren Zeiten waren ihre Werke von der Zensur bedroht. Heute geben sie mitunter Anlass zu heftigen Diskussionen.

Szenenausschnitt aus Felix Mitterers „Kein Platz für Idioten", aufgeführt von der Theatergruppe Altenberg

Die Schauspielkunst stand besonders in Wien schon immer in besonderem Ansehen, und wenn man vom Theater in Österreich spricht, darf man das spezielle Verhältnis der Wiener/-innen zu ihren Schauspielerinnen/Schauspielern nicht vergessen. Die Wiener/-innen gingen und gehen noch heute oft nicht so sehr der gespielten Stücke wegen ins Theater, sondern um ihre Schauspieler/-innen zu sehen. Sicher hat **Max Reinhardt,** der große Zauberer auf dem Theater, viel zu dieser Liebe beigetragen, denn er sagte: „Das Heil kann nur vom Schauspieler kommen, denn ihm und keinem anderen gehört das Theater."

7.1 Hanswurst – der österreichische Harlekin

Das europäische Volkstheater wurde sehr früh von der **Commedia dell'Arte** geprägt. Dort war der Harlekin die Gestalt, die dem Publikum die Welt durch Witz und Spott deutete. Diese Figur diente sehr bald dem österreichischen Theater als Vorbild und hier wurde sie auf ganz spezielle Weise zum **Hanswurst** abgewandelt. Hanswurst spielte ohne vorgeschriebenen Text, ohne Regie und Ausstattung. Er spielte unter freiem Himmel, auf einer Bretterbude, auf der Straße und stellte – auf die momentane Situation feinfühlig eingehend – dar, was das Volk dachte, kritisierte und verspottete, was von oben kam. Er war sozusagen ein soziales Regulativ. Hanswurst lebt heute noch fort im Wursteltheater (Handpuppenspiel), Wurstelprater etc.

Neben dieser Figur unterhielt sich das Volk noch bei Gauklern, Taschenspielern, Schwert- und Feuerschluckern usw. Erst als im Jahre 1708 beim Kärntnertor in Wien für die Komödianten ein richtiges Theater errichtet wurde, entstand hier das klassische Stegreifspiel, d. h., in freier Rede wurde eine durchgehende Handlung aufgeführt.

Der Hanswurst

7.2 Traditionsbühnen

An **Traditionsbühnen** ist Österreich und speziell Wien sehr reich, und der Bogen reicht vom noch unter Maria Theresia im Jahr 1741 gegründeten **Burgtheater** über das von Max Reinhardt gegründete **Theater in der Josefstadt**, das **Theater an der Wien** (in der die Zauberflöte ihre Uraufführung erlebte), die **Volksoper** (die im Jahr 1998 ihr 100-Jahre-Jubiläum feierte) bis zum **Volkstheater**. Analog zu diesen traditionsreichen Theatern finden wir in Wien die 1909 gegründete **Tschauner Bühne** und in Salzburg das **Salzburger Marionettentheater.**

Im Repertoire der Traditionsbühnen findet man neben Werken der Weltliteratur, die hier immer besonders gepflegt werden, auch Uraufführungen von Stücken lebender Autorinnen/Autoren.

Bietet ein Ort mehrmals hintereinander Aufführungen an, die sich einer bestimmten Autorin/einem bestimmten Autor oder Genre widmen, dann fühlen sich viele Besucher/

Wiens größte Open-Air-Bühne

www.tschauner.at

-innen durch diese Assoziation sehr bald angesprochen: Der Ort hat aufgrund dieses Angebotes seine Fans gefunden. Der **Jedermann** von Hugo von Hofmannsthal in **Salzburg** ist ein ideales Beispiel dafür, wie mit einem Theaterstück versucht wurde, dieses Prinzip zu befolgen. Hier wird ein Schauspiel in Form eines mittelalterlichen Mysterienspiels vor der barocken Kulisse des Salzburger Doms dargeboten. Kaum ein anderes Stück versinnbildlicht so stark die katholische Tradition Österreichs und auch kein anderes Stück hat sich über Jahrzehnte hinweg als solcher Publikumsmagnet erwiesen.

! Es gibt weltweit nur zwei Theater, die über 200 Jahre alt sind: die **Comédie Française** in Paris und das **Wiener Burgtheater.**

Nicholas Ofczarek als Jedermann und Birgit Minichmayr als Buhlschaft bei den Salzburger Festspielen 2010

➡ Nähere Informationen zu den Salzburger Festspielen siehe Seite 85.

7.3 Alternatives Theater

Das **experimentelle Theater** findet aber eher auf den alternativen Theaterschauplätzen statt, sei es in **Kellertheatern,** auf **Kleinkunstbühnen** oder an mehr oder weniger unbekannten Orten und Freilichtbühnen. Sie präsentieren Inszenierungen auch auf ungewöhnlichen Plätzen, z. B. in Parkanlagen, in Wohnhausanlagen oder in ehemaligen Industrieanlagen. Eine beliebte Möglichkeit ist es, die Darstellungen in eine Naturbühne zu integrieren. Sogar die Straße wird – für spezielle Veranstaltungen – zur Kulisse, wie das Straßentheaterfestival in Linz oder die Umzüge des großen Hallamasch in Wien beweisen.

Hier versuchen Künstler/-innen und das Publikum, neue Wege einzuschlagen, um das Theater vom Dünkel des Elitären zu befreien. Mehr als die großen Häuser lassen sich die alternativen Theater bewusst auf Experimente ein.

? Führen Sie entsprechende Beispiele für Alternativtheater aus Ihrer Gegend an!

Es bietet sich in den unterschiedlichen Orten eine ganze Palette von verschiedenen Übergangs- und Integrierungsmöglichkeiten an:
- ein Steinbruch (St. Margarethen, Burgenland, Winzendorf und Staatz, Niederösterreich),
- ein See als Teil einer Bühne (Bregenz, Mörbisch),
- ein altes bäuerliches Anwesen (Wald4tler Hoftheater),
- eine Ruine (Hainburg, Liechtenstein, Niederösterreich),
- Theater im Sieveringer Steinbruch – klassische Stücke auf Wienerisch,
- Puppenspielfestival in Mistelbach, Niederösterreich, etc.

Als Sommerspiele oder Festspiele scheinen diese Produktionen in den Kulturkalendern auf, und die Veranstalter/-innen bemühen sich hier, die verschiedenen Angebote der Saison sinnvoll aufeinander abzustimmen.

Wald4tler Hoftheater

Grundlegende Bereiche der Kulturtouristik

❓ Welche Theaterinszenierungen der letzten Zeit in Ihrer Umgebung würden Sie als unkonventionell und für Touristinnen/Touristen attraktiv bezeichnen und warum?

7.4 Österreich wirbelt und wirbt mit seinem Theater

Ein Diskussionsanlass ist das Theater in Österreich – das betrifft vor allem die großen Bühnen – immer gewesen, wobei diese Diskussionen oft typisch österreichisch konservativ geführt werden. Als positiven Effekt schaffen sie in breiteren Bevölkerungsschichten und bei den Besucherinnen/Besuchern Österreichs das Bewusstsein, dass das Theater ein wichtiger Bestandteil unserer Identität ist. Heute macht man in Österreich gute Miene zu diesem Spiel und „wirbelt und wirbt" mit seinem Theater. Das Theater wurde schließlich auch zum Aushängeschild des Landes.

Wirbel um Heldenplatzpremiere

Dem Dichter Thomas Bernhard hat ein Passant in der Wiener City eins mit dem Spazierstock übergezogen; dem Schauspieler Gert Voss sind gerade von lieben Burgtheater-Freunden zum vierten Mal die Reifen seines Kleinwagens angestochen worden; Waldheim, immer noch Präsident der Alpenrepublik, nennt die für den 4. November vorgesehene Uraufführung von Bernhards „Heldenplatz" — das Stück ist nicht publiziert, selbst der für sein Gedächtnis ja so Berühmte kann es nicht kennen — „eine grobe Beleidigung des österreichischen Volkes", der Burgtheaterdirektor Peymann weist das zurück als „widerlich ... eine geistige Selbstentblößung der Provinzpolitiker"; eine „Patriotische Bürgerliste" droht auf Flugzetteln für den Tag der „Heldenplatz"-Premiere mit dem Gegenstück „Abrechnung mit den Österreich-Verrätern": In Wien herrscht also Festtagsstimmung.

Frankfurter Rundschau vom 14. Oktober 1988

Der verlorene Sohn, Kurier-Karikatur, 11. Oktober 1988, D. Zehentmayr

🎯 Ziele erreicht?

1. Woher stammt die Figur des Hanswurst und wie war sie definiert?
2. Zeigen Sie Unterschiede zwischen Produktionen auf Traditionsbühnen und in alternativen Theatern auf!

8 Kunsthandwerk

In der heutigen Massenproduktionsgesellschaft gewinnen die Erzeugnisse des Kunsthandwerks immer mehr an Bedeutung und Beliebtheit. Darin kann sowohl der Wunsch nach **Natürlichkeit des Materials** als auch nach **Einzelanfertigung** erkannt werden. Beim Erwerb solcher Gegenstände hat man nicht nur das Gefühl, ein **Unikat** erhalten zu haben, sondern auch den Nachweis, dass mit der handwerklichen Produktion Mühen und Freuden verbunden waren.

8.1 Kunsthandwerk und ökonomische Tradition

Kunsthandwerkliche Betriebe führen alte **Herstellungstraditionen** weiter und erhalten so die Kontinuität eines speziellen Produktionszweiges in einer bestimmten Gegend. Solche Betriebe bewahren die Kenntnisse alter Herstellungsverfahren. Sie bekommen immer mehr den Charakter von **Nostalgiebetrieben,** wo alte handwerkliche Techniken noch gepflegt werden. Das erklärt die Anziehungskraft, die sie auf Touristinnen/Touristen – gerade jetzt in der Zeit der Massenproduktion – ausüben.

Bei der Besichtigung dieser Handwerksbetriebe ist es interessant, die Gründe der Verknüpfung einer Landschaft mit einem besonderen Produktionszweig herauszuarbeiten. In den Besucherinnen/Besuchern soll nicht nur eine verklärte Erinnerung an vergangene Zeiten geweckt werden, es sollen ihnen in diesem Zusammenhang auch die damals herrschenden sozialen Umstände näher gebracht werden. Durch die Besichtigungsmöglichkeit und den Verkauf von Produkten an die Besucher/-innen bieten sich Chancen für diese Betriebe, weiter existieren zu können.

Einige Betriebe, in denen handwerkliche Produktionen aufrechterhalten werden:
- Glasbläsereien im Waldviertel (Neunagelberg)
- Keramische Produktion in Stoob im Burgenland und Gmunden in Oberösterreich
- Serpentinverarbeitung in Bernstein, Burgenland
- Eisenkunstschmieden in der Steiermark, Niederösterreich und Oberösterreich

8.2 Handwerksmuseen: Erforschung und Bewahrung von Wissen um handwerkliche Techniken

In Gegenden, wo gewisse handwerkliche Sparten bereits ausgestorben oder vom Aussterben bedroht sind, versucht man, auf diese Vergangenheit durch spezielle Museen hinzuweisen. Die Handwerksmuseen bewahren nicht nur die Maschinen und Werkzeuge, sondern auch Muster der Produkte, die damit hergestellt wurden. In diesem Zusammenhang werden auch die typischen handwerklichen Erzeugnisse, wie sie früher in dieser Gegend produziert wurden, interessierten Besucherinnen/Besuchern angeboten und vielleicht manchmal auch noch vor den Augen des Publikums erzeugt.

Es werden verschiedene Aspekte – z. B. Produktionsmethoden, soziale Zustände, wirtschaftliche Bedeutung für die Region – dieser Handwerkssparten wissenschaftlich erforscht und an das Publikum in Form von Symposien und Fachpublikationen weitergegeben. Die Veröffentlichung von Katalogen ergänzt den wissenschaftlichen Auftrag der Museen.

? Welche Firmen erzeugen in Ihrem Bundesland Produkte, die weltweit als österreichische Spezialitäten bekannt sind?

Erstellen Sie eine Liste von Geschäften in Ihrer Umgebung, wo das Erwerben solcher Erzeugnisse möglich ist!

8.3 Kunsthandwerkliche Kurse: Lernen der handwerklichen Traditionen

Soll in einer Region traditionelles Know-how am Leben erhalten werden, kann es einem breiteren Publikum in Form von **kunsthandwerklichen Kursen** angeboten werden. Diese Kurse tragen zur Hebung der Infrastruktur der Umgebung bei und können auch mit anderen touristischen Programmen verknüpft werden, wie z. B. musikalischen Darbietungen oder gemeinsamen Ausflügen.

Stift Geras im Waldviertel und **Stoob** im Burgenland sind beliebte Ziele für Kreativurlauber/-innen, die althergebrachte Handwerkstraditionen erlernen wollen.

www.stiftgeras.at; www.stoob.at

Monogramm der „Wiener Werkstätten", das gleichzeitig als Markenzeichen und Schutzmarke diente. Die „WW" waren eine Künstlervereinigung, die trachtete, nicht nur isolierte Einzelobjekte anzufertigen. Sie bemühte sich, ihre Erzeugnisse immer in Abstimmung mit der Umgebung zu bringen, die ebenfalls künstlerisch gestaltet wurde. So entstanden verschiedenste Kunstgegenstände, die sich Themen oder formalen Vorgaben unterordneten.

Truhe von Josef Hoffmann, 1901

Salzburger Christkindlmarkt

Flohmarkt am Linzer Hauptplatz

8.4 Handwerkliche Produktion von auserlesenen Gegenständen

Touristinnen/Touristen kommen auch in einen Ort, um gezielt handwerkliche Produkte zu erwerben, die aufgrund des Renommees einer Produktionswerkstatt fix mit dem Namen des Ortes oder der Gegend verbunden sind. Als Beispiele haben wir Augarten-Porzellan, Emailmalerei, Petit-Point-Stickerei und die Sachertorte in Wien oder die Lodenproduktion in Salzburg.

In diesem Zusammenhang muss man die Blüte der Wiener Kultur aus den ersten Jahrzehnten des 20. Jahrhunderts auf dem Gebiet des Kunsthandwerks erwähnen. Das Programm der **Wiener Werkstätten**, in denen sich ausdrücklich mehrere Sparten von Kunst und Handwerk zusammenfanden, um einander in ihrem Zusammenwirken zu einem Gesamtkunstwerk zu ergänzen, war so bestechend, dass manche Besucher/-innen den Eindruck bekommen müssen, der Jugendstil in Wien sei die allerwichtigste Kunstepoche dieser Stadt gewesen.

Heute sind Reproduktionen nach den Mustern der Wiener Werkstätten wieder beliebte Sammelobjekte und stellen eine modische nostalgische Rückbesinnung auf den damaligen internationalen Rang Wiens auf dem Gebiet des Kunsthandwerks dar.

8.5 Märkte

Christkindlmärkte und **Ostermärkte** erfreuen sich in letzter Zeit immer größerer Beliebtheit, da sich für kleine Geschenke handwerkliche Kunstgegenstände besonders anbieten und daher gerne gekauft werden.

Manche der Märkte sind in wenigen Jahren zu besonderer Popularität gelangt. Das Publikum findet dort ausgesuchte kunsthandwerkliche Produkte oder Gegenstände des täglichen Gebrauchs, die meistens von den Erzeugerinnen/Erzeugern selbst angeboten werden. Auch auf diesen Märkten findet man – dem kommerziellen Trend folgend – unter anderem Dinge, die alte Muster zur Vorlage haben oder nach alten handwerklichen Traditionen hergestellt werden.

Es hat sich im Rahmen solcher **temporärer Märkte** als sehr vorteilhaft erwiesen, dem Publikum zum Warenangebot auch noch andere Highlights anzubieten, wie den Auftritt von Chören, Musikkapellen oder kulinarische Attraktionen.

8.6 Souvenirläden

Souvenirs vom reinsten Kitsch bis zu wertvollen kunstgewerblichen Einzelstücken – immer in Dimensionen, die einen leichten Transport im Reisegepäck ermöglichen – scheinen ein Muss für Touristinnen/Touristen zu sein. Sie dienen nicht nur der Erinnerung – wie der Name Souvenir sagt –, sondern stellen sich immer öfter als moderne Trophäen der Jagd nach der Ferne dar.

An den Orten, die Ziele der ersten Touristinnen/Touristen waren, den Wallfahrtskirchen, kann man noch heute die ursprüngliche Funktion der Souvenirs ablesen: den Beweis, das Ziel der Pilgerschaft erreicht zu haben. So wie sich die Andenken und Devotionalienläden um die großen Wallfahrtskirchen gruppierten und heute noch gruppieren, so bieten die Shops um die großen weltlichen touristischen Attraktionen dasselbe Bild des Souvenirhandels.

Auch auf **Flohmärkten** kann man – zwischen dem angebotenen Ramsch – Gegenstände finden, an denen die Besucher/-innen den Charakter des besuchten Landes ablesen können. Sie dienen dann als besondere Mitbringsel.

8 Kunsthandwerk ■ 9 Esskultur

Ziele erreicht?

1. Welche Bedeutung hat das Kunsthandwerk in unserer Zeit?
2. Welche Aufgaben erfüllen Handwerksmuseen?
3. Was waren die Wiener Werkstätten?
4. Welche ursprüngliche Funktion hatte das Souvenir?
5. Untersuchen Sie in einem Souvenirladen, welche handwerklichen Erzeugnisse den Touristinnen/Touristen als typisch österreichisch angepriesen werden!

9 Esskultur

9.1 Essen

Das Essen ist einer der wichtigsten Zugänge zur Kultur eines Landes. Falls man die Küche des besuchten Landes bevorzugt, dann helfen fast alle Tourismushandbücher, durch Rezepte die **bodenständige Küche** kennenzulernen oder passende Lokale zu finden, die bodenständige Speisen anbieten. Sie geben damit den interessierten Besucherinnen/Besuchern schon vor ihrer Reise die Möglichkeit, sich auf bestimmte Speisen einzustellen.

Essgewohnheiten eines Landes lassen immer auch auf spezielle kultur- und wirtschaftsgeschichtliche Gegebenheiten schließen, wobei auch der Einfluss der religiösen Gebote auf die Gestaltung des Speiseplans eines Landes nicht zu übersehen ist.

Über jede regionale Küche haben sich im Laufe der Zeit Klischeevorstellungen gebildet – und die positiven Klischees versucht die Gastronomie erfolgreich zu bestätigen; viele Restaurants bieten z. B. sehr alte Rezepte auf ihren Speisenkarten an.

? Erstellen Sie eine zeitliche Abfolge verschiedener saisonaler kulinarischer Angebote!

? Welche Vorurteile bringen Ausländer/-innen der österreichischen Küche entgegen?

Bäuerliche Küche

Die bäuerliche Küche ist charakterisiert durch ihre Einfachheit und die Anpassung an die Möglichkeiten der Konservierung der saisonal zur Verfügung stehenden Lebensmittel. Dies bildete früher in den unterschiedlichen Regionen die Basis der regionalen Küche. Auch heute noch lebt sie – in adaptierten Gerichten – weiter als ein wichtiger Bestandteil der österreichischen Küche, obwohl heute die ländliche Bevölkerung nur noch einen verschwindenden Anteil der Gesamtbevölkerung darstellt, z. B. in Form von
■ Wiener Schnitzel,
■ Tafelspitz mit Semmelkren,
■ Waldviertler Knödeln,
■ steirischem Wurzelfleisch,
■ Tiroler Speckknödeln oder
■ Kärntner Kasnudeln.

Die saisonalen Angebote der bäuerlichen Küche finden bei der Gestaltung von touristischen Programmen Berücksichtigung. Hier wirbt man z. B. mit Spargelwochen, Martinigans- oder Wildbretwochen.

Erbe der Monarchie

Die Vergangenheit Österreichs als Vielvölkerstaat lässt sich auch – speziell in der Wiener Küche – feststellen. Mit den **böhmischen** Köchinnen und Küchenmädchen kam eine ganze Reihe von Rezepten vor allem von böhmischen Mehlspeisen nach Wien. Sie sind nun unter dem Namen **Wiener Mehlspeisen** weltweit bekannt. Auch der **ungarische Einfluss** auf die österreichische Küche ist noch deutlich spürbar, der **italienische** und **slowenische** auf die **Kärntner Küche** ebenso.

✎ Erstellen Sie eine Liste von Namen österreichischer Gerichte, an deren Bezeichnung Sie schon erkennen können, dass sie aus den nicht deutschsprachigen Ländern der Monarchie stammen! Versuchen Sie, die ursprüngliche Bedeutung der Namen ausfindig zu machen! **Sauce, gratinieren** und **Panier** sind einige Wörter, die auf diesen Einfluss hinweisen – suchen Sie noch weitere Beispiele!

✎ Stellen Sie eine Liste von böhmischen Gerichten zusammen und zeigen Sie durch Beispiele den Einfluss der Küche auch von anderen Nachbarstaaten auf!

Internationale Küche

Die internationalen Einflüsse auf die österreichische Küche können in zwei große Entwicklungen eingeordnet werden:
- Der Einfluss der **französischen** und **italienischen Küche,** der allmählich, beginnend bei Hof, langsam über den Adel zum Bürgertum gelangt ist und heute in der Küche des Landes Fuß gefasst hat.
- Andererseits hat sich die Bevölkerung Österreichs in den letzten Jahren – wie in ganz Europa – immer stärker internationalisiert, und jetzt sind Spezialitätenrestaurants aus den unterschiedlichsten Weltgegenden im österreichischen Straßenbild keine Seltenheit mehr. Sie vermitteln zwar nicht den speziellen Gourmetcharakter des Landes, erfüllen aber trotzdem im Tourismus eine wichtige Funktion. Auf diesen Trend reagiert auch das Angebot an Rezeptsammlungen, ob von europäischen Ländern, Asien, Afrika oder Lateinamerika. Und dazu liefern spezialisierte Märkte auch die notwendigen Ingredienzien.

Haubenrestaurants dienen dem international gehobenen Tourismus. Sie sind in eigenen Katalogen verzeichnet, wie z. B. im Gault Millau. Auf ihren Speisekarten finden wir auch einige der üblichen Angebote der Region verzeichnet, die aber exquisit verfeinert serviert werden.

Eine andere Art des Internationalismus des Essens sind die **Fast-Food-Ketten.** Ihre Vorteile sind die geringe Wartezeit und der Wegfall von Verständigungsproblemen. Sie sind durch die rasche Abfertigung und durch die schon von vornherein in Preis und Qualität bekannten Angebote sowohl bei den Touristinnen/Touristen, die von einer Sehenswürdigkeit zu nächsten eilen, als auch bei den Einheimischen beliebt.

Naturküche

In der letzten Zeit merken wir auch im Rahmen der **Biobewegung** eine Wiederbelebung von fast in Vergessenheit geratenen alten Lebensmittelsorten. Diese Entwicklung belebt die österreichische Kost und unterstützt einen neuen Wirtschaftszweig, der von den **Biobäuerinnen/Biobauern** initiiert wurde.

9.2 Trinken

Wein

Getränke sind ein wichtiger Bestandteil des kulinarischen Angebotes eines Landes. Österreich kann diesbezüglich ohne Weiteres mit weltbekannten Weinländern wie Italien oder Frankreich konkurrieren. Diese Tatsache macht sich die österreichische Tourismusindustrie zunutze, wenn im Rahmen von **Weinfesten** oder **Weinverkostungen** die Besucher/-innen auf die Qualität der Weine einer Umgebung aufmerksam gemacht werden. Als Nebeneffekt hofft man, sie als Stammgäste oder als Käufer/-innen von Flaschenweinen gewinnen zu können.

Neben den Weinfesten findet man in den verschiedenen Weinbauregionen **Weinseminare,** die Besucher/-innen in die Region ziehen, sie mit ihren Produkten vertraut machen und diese auch anbieten. Für **Obstsäfte, Most** und **Schnaps** wird die gleiche touristische Strategie der Werbung durch Weiterbildung angewendet.

Bier

Auch die **Bierherstellung** hat in Österreich jahrhundertelange Tradition. Die technischen Möglichkeiten früherer Zeiten bedingten eine dezentrale Herstellung wegen der kurzfristigen Lagerungsmöglichkeiten. Besondere Bedeutung erwarben sich verschiedene **Klöster** mit ihren angeschlossenen Brauereien – sie sind auch heute noch Ziel für viele „Bierreisende", wie z. B. das Kloster Schlägl an der oberösterreichischen Grenze.

Grundlegende Bereiche der Kulturtouristik

? Stellen Sie fest, welche ausländischen Spezialitätenrestaurants sich in Ihrer Stadt etabliert haben!

Produkte von Biobäuerinnen/Biobauern

! Für die Weinkennerin/den Weinkenner stehen klingende Namen von Orten wie Gumpoldskirchen, Krems, Gols, Sooß und Rust für internationale Qualitätsweine.

☞ Wussten Sie, dass … sich in den letzten Jahren neben den großen Bierfirmen eine ganze Reihe sogenannter **Gasthausbrauereien** etabliert haben, z. B. Haydn-Bräu im Burgenland, Fischer-Bräu in Wien, Amadeus-Bräu in Salzburg?

Die industrielle Revolution und die Entdeckung der Mikrobiologie haben neue **Bierbrauverfahren** möglich gemacht. Bier wurde entscheidend länger lagerfähig und die modernen Transportmöglichkeiten erlaubten eine flächendeckende Auslieferung des Produkts. Nach dem Zweiten Weltkrieg erfolgte eine große Konzentration der österreichischen Bierhersteller. Es war die Zeit der Großbrauereien und ihrer Zusammenschlüsse.

Das Bier als ein beliebtes Getränk hat bei uns auch bei den verschiedenen **Zeltfesten** seinen Platz. Diese Veranstaltungen sind eher auf Massenkonsum ausgerichtet. Dem Quantitätskonsum steht der Qualitätskonsum gegenüber. Er ist charakterisiert durch die besondere Sorgfalt bei der Bierausschank. Die Qualität für den Gast soll ständig erhöht werden, indem auf Temperatur und Schaum im eingeschenkten Bierglas besonderer Wert gelegt wird, da dies zum Trinkgenuss entscheidend beiträgt. Solche Kriterien werden auch bei **Bierzapfwettbewerben** besonders beachtet. (Früher war dies eine Selbstverständlichkeit und wies auf die Güte des Gasthauses hin!)

Ein Trend der letzten Jahre innerhalb der Tourismusbranche ist der Versuch, das **Image des Bieres** zu verbessern. Dazu tragen Aktionen der Tourismusverbände, der Museen und Reisebüros bei, die besonders auf die Bierliebhaber/-innen abgestimmt sind. So werden u. a. **Bierreisen** angeboten, die zu berühmten Braustätten führen und zu den oft angeschlossenen **Biermuseen.** Diese Initiativen werden häufig durch werbeeffizient gestaltete Bierdeckel und Flaschenetiketten unterstützt, die zu Sammelobjekten werden können.

Bierdeckel als Werbeträger: Die Sammelleidenschaft der Konsumentinnen/Konsumenten wird durch fantasievolle Gestaltung der Bierdeckel unterstützt. Auf den Bierdeckeln finden wir nicht nur Werbung der Brauereien, sondern oft auch Hinweise für die Gäste auf touristische Attraktionen der Region in Form von einzelnen Bildern oder Bildserien.

9.3 Tischkultur

Zwei touristische Attraktionen bringen den Besucherinnen/Besuchern spezielle österreichische Esskultur näher und zeigen völlig unterschiedliche Zugänge:
- Zum einen sind es die erst jüngst in der **Wiener Hofburg** eingerichteten Schauräume der Wiener **Hoftafel- und Silberkammer.** Hier wird das offizielle spanische Hofzeremoniell gezeigt, wie es von den spanischen Habsburgern in Wien eingeführt wurde und auch heute noch bei Staatsempfängen praktiziert wird. Dass gerade heute diese imperiale Vergangenheit öffentlich zur Schau gestellt wird, zeugt vom jetzigen Trend, nostalgisch auf die österreichische Kaiserzeit zurückzublicken.
- Zum anderen können Touristinnen/Touristen die alltägliche, ungezwungene und einfache Art des Beisammensitzens in **Heurigenschenken** und **Kellergassen** kennenlernen.

Dieses Ambiente ist jedoch nur ein kleiner Sektor des gastronomischen Angebotes und hat für viele Gäste keine Bedeutung. Üblicherweise erfahren die Touristinnen/ Touristen vieles von unserer Tischkultur aus der Art und Weise, wie sie in Lokalen der unterschiedlichsten Kategorien bedient werden – dies reicht von der Brettljause bis zur formvollendeten Bedienung in Haubenlokalen. In der Gastronomie können auch kleinste Details bei den Gästen nachhaltige und prägende Eindrücke hinterlassen.

Heurigenstimmung im „Zwölf-Apostelkeller", Wien

🎯 Ziele erreicht?

1. Welche Spuren hat die österreichische Geschichte in den Speisen unseres Landes hinterlassen?
2. Wie kann sich die österreichische Tourismusindustrie die Tatsache, dass Österreich ein bekanntes Weinland ist, zunutze machen?
3. Welches Programm würden Sie einer passionierten Biertouristin/einem passionierten Biertouristen anbieten?
4. Warum sind Fast-Food-Ketten bei Touristinnen/Touristen sehr beliebt?

Grundlegende Bereiche der Kulturtouristik

Straußdenkmal im Wiener Stadtpark

www.schoenberg.at

❗ Denkmäler wie das von Johann Strauß und das dem Musiker Arnold Schönberg in Wien gewidmete Forschungszentrum stellen Beispiele für die unterschiedlichen Arten dar, wie Österreich seine musikalischen Größen ehrt.

❓ Erstellen Sie eine Liste von Orten, in denen Musikfestivals abgehalten werden, und versuchen Sie zu erklären, welcher Bezug zwischen dem Charakter des Festivals und dem Ort besteht!

10 Musik

10.1 Wie wirbt Österreich für sich?

Musik ist Trumpf für die österreichische Tourismuswirtschaft. **Philharmoniker, Symphoniker, Tonkünstler** und viele andere Orchester und Chöre sind die musikalischen Botschafter Österreichs im Ausland, deren Präsenz unsere Medien wie der ORF auf der ganzen Welt möglich machen. Das **Neujahrskonzert** der Wiener Philharmoniker ist eine der besten Werbeveranstaltungen für Österreich, da es jährlich schon von mehr als einer Milliarde Menschen mitverfolgt wird. Dazu sind auch die Übertragungen der **Wiener Staatsoper** und die Aufführungen der **Salzburger** oder **Bregenzer Festspiele** zu rechnen, die zur Verfestigung des Bekanntheitsgrades von Österreich als **klassischem Musikland** beitragen.

Der Ruf der **Wiener Staatsoper** als eines der besten Opernhäuser der Welt trägt dazu bei, dass jährlich unzählige Musikliebhaber/-innen Wien als Ziel ihrer Reise aussuchen.

Die **Wiener Klassik** gilt im Bereich der Musik als eine der großen europäischen Kulturleistungen. Sie reicht von Joseph Haydn über Wolfgang Amadeus Mozart bis zu Ludwig van Beethoven und Franz Schubert.

Die **Hochromantik** prägen Johannes Brahms, Hugo Wolf, Anton Bruckner und Gustav Mahler. Die **Wiener Operette** hat ihre Meister Johann Strauß und Franz Lehár. Vom Heurigen ist die Musik der Gebrüder Schrammel nicht zu trennen.

Die **Zweite Wiener Schule** mit Arnold Schönberg, Alban Berg und Anton Webern beeinflusst das schräge Spiel der Moderne bis zur Fusionsmusik Josef Zawinuls und zum „Third Stream" Franz Koglmanns.

Zusammenfassend kann man wohl sagen, dass Österreich auf dem Gebiet der musikalischen Kultur Bedeutendes zu bieten hat – in der Vergangenheit wie in der Gegenwart. Die bemerkenswerten Leistungen der Vergangenheit, die in der Gegenwart noch angeboten werden, sowie die derzeitige Musikszene sind so attraktiv, dass sie ein großes Publikum anziehen, und in diesem Bereich versteht es Österreich, sein internationales Renommee zu behaupten.

10.2 Musikfestivals

Eine der Möglichkeiten, die österreichischen Musikpotenziale für den Fremdenverkehr auszuschöpfen, sind die zahlreichen **Musikfestivals**, die während des ganzen Jahres in den verschiedensten Orten Österreichs abgehalten werden. Die Palette in den Bundesländern reicht von den **Bregenzer Festspielen, der Schubertiade in Hohenems** (Vorarlberg), den 1920 von Max Reinhardt und Hugo von Hofmannsthal gegründeten **Salzburger Festspielen** über den **Carinthischen Sommer** (Kärnten), das **Internationale Brucknerfest** in Linz (Oberösterreich) bis zu den **Wiener Festwochen**, den **Eisenstädter Haydn-Festspielen** (Burgenland) und den **Operettenfestspielen in Mörbisch** am Neusiedler See (Burgenland). Dazu kommen noch das **Jazzfestival in Wiesen** (Burgenland) und die **Ars Electronica** in Linz (Oberösterreich).

Im Bereich der **Unterhaltungsmusik** schafft es die Unterhaltungsabteilung des ORF, Musik immer wieder als Großevent zu vermarkten. Auch die Zillertaler Schürzenjäger tragen zum Image der heimischen Musikszene bei, indem sie jährlich eine ganze Region in ein riesiges Zeltlager verwandeln.

10.3 Konzerte

Das Angebot an musikalischen Veranstaltungen in Österreich ist enorm. In nahezu jeder österreichischen Stadt finden Konzerte statt, oft in historischen Räumlichkeiten, ein Umstand, der dem musikalischen Genuss eine zusätzliche Note verleiht. Ein hervorragendes musikalisches Erlebnis bietet das Spiel alter Musik auf historischen Instrumenten. Außerdem bieten wir unseren Gästen in Österreich immer wieder sakrale Musik bedeutender Komponisten in bekannten Kirchen unter Mitwirkung hervorragender **Orchester** und **Chöre.**

Auch die **Volksmusik** und **volkstümliche Musik** spielt in Österreichs Fremdenverkehr eine herausragende Rolle. Seien es die Blasmusikkapellen in noch so kleinen Orten, die zu verschiedenen Anlässen aufspielen, oder Chöre, die vor allem in Kärnten vom kulturellen Leben nicht wegzudenken sind, oder kleine Musikgruppen, die zur Unterhaltung einen großen Beitrag liefern.

Kurorte unterhalten ihre Gäste auf nostalgische Art mit **Kurkonzerten,** die auf besonders beliebte Stücke aus den bekanntesten Repertoires der entsprechenden Komponistinnen/Komponisten zurückgreifen.

Beim Heurigen und in Gasthäusern versucht man, die Tradition der **Heurigenlieder** und der **Schrammelmusik** weiterzupflegen, eine Tradition, in deren Rahmen die Besonderheiten des Wienerischen besonders zum Ausdruck kommen. Auch in Kaffeehäusern ist es wieder modern, den Gästen Livemusik zu Gehör zu bringen.

Aufgrund der ethnischen Vielfalt Österreichs nimmt man auch auf Musiktraditionen verschiedener Volksgruppen Bezug. Manche Gruppen wie **Tamburizzakapellen** oder die **Tschuschenkapelle** sehen ihre Musik als Bereicherung der Buntheit der musikalischen Tradition Österreichs.

Das berühmteste und bekannteste Orchester Österreichs – eine feste Institution der Wiener und Salzburger Kulturszene: die Wiener Philharmoniker

Kurkonzert im Kursalon Hübner im Stadtpark Wien

10.4 Österreich und seine Musiker/-innen

Die **wissenschaftliche Beschäftigung** mit der Musik trägt entscheidend dazu bei, dass Österreich durch seine Musik in der Welt bekannt ist. Dies erweist sich einerseits in der **Forschung** (indem man hier Nachlässe berühmter Komponistinnen/Komponisten verwaltet und herausgibt) und andererseits in der Lehre. Die qualitativ hochstehende **Instrumentensammlung der Habsburger** in der Hofburg sowie weltberühmte Instrumentenfabriken in Österreich wie die **Firma Bösendorfer** sind eine positive Ergänzung des Bekanntheitsgrades unseres Landes in Bezug auf Musik.

Viele musikinteressierte Touristinnen/Touristen besuchen Österreich, um die Heimat der von ihnen verehrten Musiker/-innen kennen zu lernen. Die tiefe Verehrung, die sie diesen Musikerinnen/Musikern entgegenbringen, wird durch den Besuch der Wirkungsstätten, Denkmäler und Gräber dieser Persönlichkeiten verstärkt und bleibt sicher als ein Höhepunkt ihrer Reise nach Österreich in Erinnerung.

👉 **Wussten Sie, dass ...** die **Musikhochschulen Österreichs** weltberühmt sind und die veranstalteten Wettbewerbe hohes internationales Niveau haben?

Flügel der Klavierfabrik Bösendorfer in Wien

🎯 Ziele erreicht?

1. Nennen Sie einige für die Tourismuswirtschaft bedeutende musikalische Aufführungen!
2. Welche Möglichkeiten bieten Musikfestivals für den Tourismus? Nennen Sie Beispiele!
3. Welche Anziehungspunkte gibt es für Musikinteressierte in Ihrer Landeshauptstadt?
4. Nennen Sie einige international bekannte Musiker/-innen (Dirigentinnen/Dirigenten, Komponistinnen/Komponisten, Interpretinnen/Interpreten), die in ihrem jetzigen Wirken zu Österreichs Ruhm als Musikland beitragen!

Österreichisches Kulturangebot

Kulturelle Angebote werden auf verschiedenen Ebenen und mit unterschiedlichen Zielsetzungen erstellt; Zielsetzung und Größe des Angebots bestimmen den Organisations- und Zeitaufwand. Das kulturtouristische Angebot in Österreich ist äußerst vielfältig und bietet jedem etwas.

Kultur- und Brauchtumspflege sind in den letzten Jahren wichtige Instrumente zur Erhaltung regionaler Identität geworden.

Die große Breite des Veranstaltungsangebots für viele unterschiedliche Zielgruppen erfordert spartenspezifisches Management.

 Meine Ziele

Nach Bearbeitung dieses Kapitels kann ich
- erklären, von wem, wie und warum kulturelle Veranstaltungen angeboten werden;
- die Vielfalt des kulturtouristischen Angebots in Österreich beschreiben;
- die Problematik mancher Angebote analysieren und bin fähig, Kulturangebote zu hinterfragen;
- unterschiedliche Zielgruppen des Kulturtourismus beschreiben;
- anhand von Beispielen erklären, wie spartenspezifisches Management funktioniert.

1 Kulturelle Angebote

Die Frage, wer kulturelle Angebote erstellen kann, ist im Prinzip leicht beantwortet: jeder. Kultur ist ein äußerst weit gespannter Begriff. Sie gehört weder einer bestimmten Gruppe von Menschen, noch kann eine Gruppe darüber entscheiden, was nun Kultur ist und was nicht. Somit können kulturelle Angebote von jedem präsentiert werden. Ob diese dann tatsächlich einen Markt und damit auch einen Kundinnen/Kunden-Kreis finden, ist mit der bloßen Idee noch nicht garantiert – auch nicht bei gesicherter Finanzierung und vorhandener Infrastruktur.

Kulturelle und kulturtouristische Angebote sind – je nachdem wie stark sie sich an Traditionen oder am Zeitgeist orientieren – konjunktur- und geschmacksabhängig. Je stärker kulturelle Angebote die Region und ihre Menschen einbinden, desto eher haben sie Aussicht auf Erfolg. Kulturelle und kulturtouristische Angebote, die ausschließlich für Touristinnen/Touristen gemacht werden oder der Selbstverwirklichung ihrer Erfinder/-innen dienen, haben wenig Chancen, auf längere Sicht von der betroffenen Bevölkerung mitgetragen zu werden.

In diesem Sinne ist es überheblich, sämtliche Blasmusikkapellen einer Region als unbezahlte Statisten für einen einmaligen musikalischen Event – ein Auftragswerk einer Komponistin/eines Komponisten – zu beschäftigen. Wenn dann noch von den Veranstalterinnen/Veranstaltern bei den Organisationskosten gespart wird, indem die lokalen **Ressourcen** wie freiwillige Feuerwehren und Rot-Kreuz-Dienste ehrenamtlich zu unentgeltlicher Mitarbeit verpflichtet werden, dann ist im Kulturverständnis der Veranstalterinnen/Veranstalter wirklich alles falsch gelaufen. Tatsächlich kommen solche **Szenarien** immer wieder vor. Kulturmanager/-innen und Künstler/-innen, die das als normal empfinden und der Meinung sind, sie hätten einer Region damit den Hauch der großen, weiten Welt gebracht, haben ihren Verdienst nicht nur auf Kosten der Einheimischen gemacht, sondern auch nicht verstanden, dass Kultur sehr stark mit Identität verbunden ist.

Die Entwicklung eines kulturellen und/oder kulturtouristischen Angebots kann von verschiedenen Ebenen ausgehen: Privatpersonen oder Vereinen, Betrieben, Gemeinden, Regionen, Ländern und Bund.

Die auf diesen Ebenen entwickelten Angebote unterscheiden sich prinzipiell in ihrer geplanten Dauer und Häufigkeit der Wiederholung. So lassen sich folgende Angebote unterscheiden: einmalige, periodisch wiederkehrende und Dauerangebote.

Je öfter ein Angebot wiederholt werden soll, desto präziser müssen die zeitliche Planung und die terminliche Positionierung sein und desto genauer auch die Finanzplanung. Die Ansatzpunkte für Kulturveranstaltungen auf den verschiedenen Ebenen können durchaus ähnlich sein. Der Unterschied liegt vielfach
- in der Motivation der Veranstalter/-innen,
- in den Zielgruppen und
- in der Reichweite (lokal, regional, national oder international).

> **Ressource** = (von frz. ressource: Hilfsquelle) vorhandener Bestand eines Gutes (Bodenschatz, Infrastruktur, Kapital, Personal [human resources]).
>
> **Szenario** = Begriff aus dem Theater: erstellte Abfolge aller technischen Details für Regie und Bühnenpersonal; hier: vorhersehbare Abfolge von Ereignissen.

Einzelpersonen und Vereine

Gerade in den letzten Jahren mehren sich die Kulturinitiativen, die von **Einzelpersonen** oder **Vereinen** – oftmals mit hohem persönlichem Risiko – getragen werden. Die Ursachen für diese Entwicklung sind in der besseren Kenntnis der regionalen Bedürfnislage und in der leichteren Überschaubarkeit einer kleineren Organisation zu suchen.

Typische Veranstaltungen dieser Art sind **Weihnachts- oder Christkindlmärkte, Kunstmärkte,** aber auch **Theatervorstellungen** und **Musikveranstaltungen** in kleinerem Rahmen. Hauptmotiv ist hier meist das Interesse an der Wiederbelebung oder Erhaltung lokalen oder regionalen Brauchtums oder schlicht das Interesse an einer kulturellen Aktivität. Die Planungsphase dauert meist nicht sehr lange und das Interesse der Veranstalter/-innen ist nicht primär die Gewinnorientierung.

www.donaufestival.at

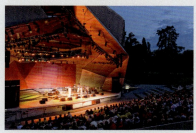

www.glattundverkehrt.at

Betriebe

Kulturelle Angebote, die von **Betrieben** ausgehen, haben schon deutlich mehr den Charakter der Markt- und damit auch der Gewinnorientierung. Damit erfordern sie auch eine umfangreichere Zeit- und Finanzplanung und eine Einbindung in die Angebotspalette des Betriebes.

Gemeinden

Gemeinden bezwecken mit der Erstellung kultureller Angebote vielfach die Erhöhung ihrer touristischen Attraktivität – vor allem dann, wenn ihre Planungen auf längerfristige und lang anhaltende **Erhöhung der Nächtigungs- und Umsatzzahlen** abzielen. In solche Angebote müssen mehrere Betriebe eingebunden werden, was den Planungsaufwand erheblich erhöht und mitunter kompliziert.

Regionen

Image = (engl., von lat. imago: Bild, Abbild) Bild oder Vorstellung, welche die Öffentlichkeit von einer Person, einer Marke oder einer Institution hat.

Kulturelle Angebote von **Regionen** verfolgen den Zweck, einer Region ein unverwechselbares **Image** anzupassen und damit entweder neue Gäste anzuziehen oder den bisherigen Gästen mit einem neuen Angebot das Wiederkommen schmackhaft zu machen. Inhalte solcher regionaler Kulturangebote sind zumeist **lokale Traditionen** oder die die Region prägende **kulturelle Identität.** Da Kulturregionen meist nicht an Landesgrenzen enden, finden sich in jüngerer Zeit immer mehr **multinationale Regionen,** wie die Bodenseeregion oder die Region Kärnten – Friaul – Slowenien. Bereits aus der überregionalen Raumordnung bestehende Arbeitsgemeinschaften wie die ARGE Alp oder die ARGE Alpen-Adria können bei kulturellen Angeboten, aber auch bei der Positionierung am touristischen Markt als wichtige Ansprech- und Organisationspartner fungieren.

Bundesländer

Initialisierung = hier: Anstoß für eine spätere Entwicklung.

Kulturelle Angebote, die von einzelnen **Bundesländern** erarbeitet werden – wie **Landesausstellungen** oder **Festivals** – haben als übergeordnetes Motiv die Schaffung von Identität. Als zweites, ebenso bedeutsames Motiv muss die **Initialisierungsfunktion** solcher Großveranstaltungen gesehen werden. Wenn sie sorgfältig geplant und durchgeführt sind, können sie wesentliche interne und externe regionale Impulse setzen.

Synergieeffekt = die Tatsache, dass beim Zusammenwirken mehrerer Maßnahmen das Gesamtergebnis größer ist als die Summe der einzelnen Maßnahmen.

Die **Synergieeffekte** einer gut durchdachten – d. h. auch für unterschiedliche Besuchergruppen konzipierten – Landesausstellung sind nicht von der Hand zu weisen. Sie bringen nicht nur für die Dauer der Großveranstaltung etwas, sie machen auch Lust auf mehr. Dass für solche ehrgeizigen Ziele eine einzelne Person mit der Planung, Durchführung und Finanzierung rettungslos überfordert wäre, ist logisch. Deshalb erfordern solche Kulturveranstaltungen einen **Planungsstab** mit einer künstlerischen und einer kaufmännischen Seite.

Centennium = (von lat. centum) Zeitraum von hundert Jahren.
Millennium = (von lat. mille) Zeitraum von tausend Jahren.

Dasselbe gilt für die seltenen Megaveranstaltungen, die ein ganzes Land in einen Kulturrausch versetzen sollen. **Centennien-** oder **Millenniumsfeiern** haben in erster Linie identitätsstiftende Bedeutung für die Bevölkerung eines Staates und sollen erst in zweiter Linie ausländische Touristinnen/Touristen anlocken.

Projekt

1. Sammeln Sie Beispiele für kulturelle Angebote auf den verschiedenen Ebenen!
2. Analysieren Sie Schwerpunkte und Organisation eines dieser Angebote! Ein Tipp: Fangen Sie nicht gleich mit der Analyse einer Landesausstellung an!
3. Entwickeln Sie – basierend auf Ihren vorhergehenden Analysen – ein kleines Kulturangebot für Ihren unmittelbaren Schulstandort!

Ziele erreicht?

1. Vergleichen Sie in Form einer Tabelle Zielsetzung, Organisationsaufwand, Dauer, Zielgruppe und Reichweite eines Christkindlmarktes, einer Landesausstellung und einer Millenniumsfeier miteinander!
2. Welche Gemeinsamkeiten haben grenzüberschreitende Kulturregionen wie die Bodenseeregion oder die Region Kärnten – Friaul – Slowenien?
3. Welche Kriterien müssen kulturtouristische Angebote erfüllen, um erfolgreich zu sein?

2 Beispiele des kulturtouristischen Angebotes

Das kulturtouristische Angebot in Österreich ist ausgesprochen umfangreich und wird – dem steigenden Unterhaltungs- und Freizeitbedürfnis Rechnung tragend – größer. Nicht immer sind die Angebote von solcher Qualität, dass sie als Renommee gelten könnten, aber mit der Zunahme des kulturtouristischen Angebotes wachsen auch die Konkurrenz und damit die kritische Bewertung durch die Gäste.

2.1 Themenstraßen

Themenstraßen stellen den Versuch dar, Objekte an verschiedenen Orten einer gemeinsamen Thematik zuzuordnen. Die Idee, solche Themenstraßen anzulegen, stammt aus England. So wurden in den alten englischen Industrierevieren in einem ersten Schritt industriegeschichtlich bedeutsame Anlagen als eine Art lebendes Museum erhalten und in einem zweiten Schritt zu einer Industriestraße verbunden.

Damit wird auch gleich eines jener Motive ersichtlich, das solche Themenstraßen entstehen lässt: Vor allem in strukturschwachen Regionen können Themenstraßen, die vergangenes Gewerbe als nationales und kulturelles Erbe präsentieren, einen wesentlichen regionalpolitischen Impuls setzen. Gut geplant, also mit der notwendigen begleitenden Infrastruktur versehen (Gastronomie und Beherbergung), sind Themenstraßen durchaus in der Lage, verlorene Industriearbeitsplätze durch Tourismus zu substituieren. Mit dem Anspruch der Erhaltung kulturellen Erbes als zweites Motiv erfüllen Themenstraßen eine wichtige Aufgabe: einer Region oder einem Land die eigenen Wurzeln, eben die Identität, wiederzugeben und bewusst zu machen.

Substituieren = ersetzen.

Mitgliedstafel der Weinstraße Niederösterreich

Der Erfolg von Themenstraßen war nicht nur in England vielversprechend. In vielen europäischen Ländern entstanden Themenstraßen unterschiedlichster Thematik: kulinarisch-alkoholische Straßen wie der Whisky Trail in Schottland oder die vielen **Weinstraßen** in Österreich oder Straßen, die einfach malerische Orte in außergewöhnlich schönen Landesteilen miteinander verbinden, wie die **Romantikstraßen** in Deutschland und Österreich, oder architekturgeschichtlich orientierte Straßen wie **Barock-, Renaissance-, Gotik-** und **Romanikstraßen** in vielen europäischen Ländern.

Österreichisches Kulturangebot

Ob nun eine Themenstraße auch im kommerziellen Sinn erfolgreich ist und tatsächlich die hochgesteckten Erwartungen hinsichtlich der Schaffung von Arbeitsplätzen erfüllt, hängt in starkem Maße von der Aufarbeitung, aber auch von den Begleitmaßnahmen ab. Themenstraßen sollten nicht nur ein Komplettpaket aus kulturellen, gastronomischen und kulturpädagogischen Elementen darstellen, sondern auch die Möglichkeit für bleibende Erinnerungen offerieren. Hierbei kommt dem sinnvollen Merchandising eine bedeutende Rolle zu.

Merchandising = (aus dem Engl.) verkaufsfördernde Maßnahmen, hier beispielsweise durch CDs, CD-ROMs, Bücher, Repliken u. a. m.

Im Folgenden werden Sie einige ausgewählte österreichische Themenstraßen kennenlernen.

Die Steirische Eisenstraße

www.eisenstrasse.co.at

Eine der ältesten Themenstraßen in Österreich, die **Steirische Eisenstraße,** ist ein klassisches Beispiel für eine regionale Initiative. Ihr Ziel war es, die Kultur und Industriegeschichte einem breiten Publikum zu öffnen. Dieses Vorhaben verwirklichten die Initiatorinnen/Initiatoren durch Objektsanierungen und -revitalisierungen sowie durch die Erstellung eines Führers, in dem nicht nur die verschiedenen Objekte und Orte beschrieben sind, sondern (und das bereits 1983!) auch ein Verzeichnis der regionalen Gaststätten mit detaillierten Angaben zu Ruhetagen, Bettenkapazität, Kindereinrichtungen und anderem mehr zu finden ist. Im Namen passt sich die „Speisenstraße" dem Hauptthema Eisen an.

Der steirische Erzberg bei Eisenerz, Obersteiermark

Diese Tatsache ist umso bemerkenswerter, als der Großteil der heute professionell agierenden Tourismusexperten erst in den 90er-Jahren den Zusammenhang zwischen Besichtigungs- und Gastronomieangebot erkannt hat. So nimmt diese Themenstraße für die österreichische Kulturtourismuslandschaft in vielerlei Hinsicht eine Vorreiterrolle und Vorbildfunktion ein.

? Sammeln Sie in Bibliotheken und über das Internet Informationen zur Steirischen Eisenstraße und zum Erzberg!

Erstellen Sie auf Basis Ihrer Recherchen einen kurzen Informationsfolder (zweimal gefaltetes A4-Blatt), in dem Sie folgende Punkte darstellen:

- Geschichte des Erzberges.
- Alte Methoden der Erzgewinnung und -verhüttung.
- Typische Objekte der Erzgewinnung an der Eisenstraße.
- Siedlungsentwicklung.
- Bergknappen und Hammerherren.
- Erzgewinnung und Erzverarbeitung heute.

Wie Sie der Karte entnehmen können, liegt das thematische Schwergewicht der Eisenstraße einerseits bei Objekten der **Eisenproduktion,** andererseits bei Objekten des **Bergbaus** und schließlich bei siedlungs- und sozialgeschichtlichen Objekten.

Orte und Objekte der Steirischen Eisenstraße

Der Sackzieher – das Symbol der Eisenstraße

Die Erfinder/-innen der Steirischen Eisenstraße haben mit der Schaffung eines Symbols (heute sagt man Logo oder Icon) erkannt, dass jedes kulturtouristisch aufbereitete Thema ein unverwechselbares Erkennungszeichen braucht. Zum **Symbol der Eisenstraße** wurde der **Sackzieher** vor dem Erzberg.

War das zwar in den frühen 80er-Jahren noch nicht so verbreitet, so ist es heute zur Positionierung auf dem harten Feld der Konkurrenz unbedingt notwendig.

Auch die damals in der Obersteiermark begonnene **Beschilderung** der Themenstraße – heute unter dem Druck des zunehmenden Angebots zur Selbstverständlichkeit geworden – gehört zu diesen stillen Marketingmaßnahmen. Still deshalb, da keine regionale Tourismusbeauftragte/kein regionaler Tourismusbeauftragter damit rechnen kann, dass die **Specific Cultural Tourists** sofort bei der Eröffnung einer neuen Themenstraße in großer Zahl in die neu erschlossene Region strömen. Vielmehr müssen die **General Cultural Tourists** – also jene, die sich zufällig oder im Zuge einer Initialveranstaltung in der Region befinden – aufmerksam gemacht und aktiviert werden.

Heute ist die Steirische Eisenstraße ein Teil der **Österreichischen Eisenstraße,** die – der industriegeschichtlichen Entwicklung entsprechend – auch mit einem niederösterreichischen und einem oberösterreichischen Anteil aufwarten kann. 1998 traten alle drei Eisenstraßen mit einer gemeinsamen Ausstellung an die Öffentlichkeit.

Parallel zu den kulturellen und touristischen Aktivitäten versucht eine Reihe von Initiativen und Vereinen, durch Alternativprojekte den Menschen der drei Regionen Möglichkeiten auf Arbeitsplätze zu eröffnen und sie damit in der Region zu halten. Mit dem Versuch, die Abwanderung zu stoppen, vergrößern sich auch die Chancen, die kulturelle Identität der Regionen zu erhalten und das Selbstbewusstsein der Menschen zu stärken.

Die Waldviertler Textilstraße

Rund sieben Jahre nach der Entstehung der Steirischen Eisenstraße archivierte die Wirtschafts- und Sozialhistorikerin Andrea Komlosy die Firmenunterlagen eines Waldviertler Textilunternehmens. Aus diesem Einblick in die Industriegeschichte des 19. Jahrhunderts entstand das **Museum Alte Textilfabrik** in Weitra. In der Folge beschäftigte sie sich immer eingehender mit den textilen Traditionen des Waldviertels – der Bandweberei, der Fleckerlteppicherzeugung, der Zwirnknopferzeugung und der Handweberei.

Aus dieser Arbeit entstand die aus 40 Stationen bestehende Waldviertler Textilstraße, die historische Objekte mit noch lebendigem Gewerbe verbindet. Neben der Besichtigung der drei **lebenden Textilmuseen** in Groß-Siegharts, Waidhofen an der Thaya und Weitra können sich Kulturtouristinnen/Kulturtouristen auch mit den Wohn- und Lebensumständen der Menschen in der Textilproduktion vertraut machen. Die **Weberzeilen** von Weitra und Wertenau, die **Weberhäuser** in Waidhofen und Heidenreichstein und die **Verlegerhäuser** in Groß-Siegharts repräsentieren die zwei sozialen Schichten der frühindustriellen Textilproduktion.

Ein besonderer, nicht zur Textilstraße passender Betrieb ist in Bad Großpertholz zu besichtigen. In der **Papiermühle Mörzinger** werden seit 1789 bis heute „Hadern" – Stoffreste und Lumpen – zu handgeschöpftem Büttenpapier verarbeitet. Bei rechtzeitiger Voranmeldung können Besucher/-innen auch selbst Papier schöpfen.

Viele noch oder wieder produzierende Gewerbebetriebe erklären den Besucherinnen/Besuchern gerne die Abläufe in der Herstellung. Danach können die Gäste die Erzeugnisse des Betriebes auch kaufen – ein für die Touristinnen/Touristen wesentlicher Punkt für das sinnliche Nacherleben.

Specific Cultural Tourists = jene Touristinnen/Touristen, deren vorrangige Reisemotivation der Besuch kultureller Attraktionen und/oder Veranstaltungen ist. Diese Personen machen 10 % aller Kulturtouristinnen/Kulturtouristen aus.

General Cultural Tourists = jene Touristinnen/Touristen, die den Besuch kultureller Attraktionen als Teil eines Urlaubs oder einer Reise betrachten, für die aber das kulturelle Angebot nicht vorrangige Reisemotivation ist. Diese Gruppe stellt den Großteil der Kulturtouristinnen/Kulturtouristen – nämlich 90 %.

Beide Begriffe entstammen einer Studie des Irish Tourist Board aus dem Jahr 1988, die auch feststellte, dass auf diese Art ein Drittel aller Touristenankünfte in der damaligen Europäischen Gemeinschaft dem Kulturtourismus zuzuordnen sind – ein Trend, der bis heute anhält.

Museum Alte Textilfabrik in Weitra

www.volkskulturnoe.at/museen
www.tiscover.at/textilstrasse

Waldviertler Webereimuseum im Stadtmuseum Waidhofen

Produkte der Papiermühle Mörzinger

Österreichisches Kulturangebot

Die Mühlviertler Weberstraße

Sehenswürdigkeiten der Mühlviertler Weberstraße
- **Schwarzenberg:** Original Mühlviertler Fleckerlteppich
- **Ulrichsberg:** Leinenmanufaktur
- **Haslach:** Manufaktur; Webereimuseum, Webermarkt, Mühlviertler Ölmühle
- **Schönegg/Guglwald:** Weberei
- **Helfenberg:** Leinen- und Baumwollweberei, Mühlviertler Leinenweberei, Frottier und Küchenwäsche
- **Ahorn:** Naturfabrik
- **Traberg:** Weberei
- **Bad Leonfelden:** Handblaudruck, Weberei
- **Gutau:** Färbermuseum
- **Weitersfelden:** Textilwerkstatt

❗ Nachdem 1991 die Idee beim „Tourismus-Round-Table-Urfahr-Umgebung" präsentiert worden war, wurde sie vor allem durch das Engagement des Projektleiters Helmut Mitter bis zur Landesausstellung in Aigen-Schlägl verwirklicht.

Webfabrik Haslach

www.viaimperialis.at

Thematisch werden fünf Routen auf den Spuren der Habsburger angeboten:
- Ein Streifzug durch die barocke Kunst.
- Eine Reise in die Gotik.
- Eine Tour durch die Renaissance.
- Auf den Spuren des technischen Fortschritts.
- Ein Ausflug in die Natur.

Der thematische Zusammenhang mit der Waldviertler Textilstraße ist unübersehbar und von den Initiatorinnen/Initiatoren – den Oberneukirchner Gewerbetreibenden – auch durchaus beabsichtigt. Trotz der extrem raschen Realisierung wurden die langfristigen Ziele des Projektteams nicht vernachlässigt.

Die Textilgeschichte der Region wird im Führer präsentiert; schon im Jahr der Landesausstellung konnten Besucher/-innen in den verschiedenen Stationen die Produktionskette vom Anbau der Basispflanzen Lein und Färberwaid über die Stoffherstellung bis zum Verkauf textiler Endprodukte nachvollziehen. Sechs Jahre nach der ersten Präsentation konnten auch die langfristigen Ziele als erreicht betrachtet werden:
- Setzung von Innovationsimpulsen für zeitgemäße heimische Textilprodukte.
- Interne Bewusstseinsbildung im Mühlviertel und Hebung des regionalen Selbstbewusstseins.
- Kulturelle und wirtschaftliche Belebung der Region.

Interessant ist die Zusammensetzung des Projektteams: Mit den beiden Mühlviertler Webereibesitzern Mitter und Katzmayr arbeiteten Vertreter der Webereifachschule Haslach, die ÖAR-Regionalberatung Mühlviertel, die Wirtschaftskammern Urfahr-Umgebung und Rohrbach, die Bezirksbauernkammer Rohrbach, eine Kulturexpertin und die Tourismusregion Mühlviertel zusammen. Sie können daran sehen, dass viele Köche nicht unbedingt den Brei verderben müssen, sondern dass bei einer so weitreichenden Zielsetzung Aspekte aus vielen Denkrichtungen zum Gelingen beitragen können.

Austria Imperialis

Ein völlig anders geartetes Konzept verfolgen die **Austria-Imperialis-Reisen.** Im Gegensatz zu den drei ersten Themenstraßen ist Austria Imperialis nicht auf eine Region beschränkt, sondern deckt nahezu ganz Österreich ab. Hier sind auch keine regionalen Impulse für Regionen im touristischen oder wirtschaftlichen Schatten beabsichtigt, sondern die **Vermarktung von Bekanntem.** Die Klammer für die über 50 Stationen für die individuelle Reiseplanung sind die sechseinhalb Jahrhunderte dauernde Herrschaft der Habsburger in Österreich und die vielfältigen Spuren, die das Haus Habsburg hinterlassen hat. Auch wenn dieses Konzept keine große Innovation bedeutet, ist es aber trotzdem legitim, auch Klischeehaftes im Kulturtourismus einzusetzen. Denn über eines muss man sich im Klaren sein: Die General Cultural Tourists bringen bestimmte

Erwartungshaltungen und Klischees ins Land. Die Erfüllung dieser Erwartungen bringt sie möglicherweise als Gast wieder. Erst dann sind sie bereit, die Klischees zu hinterfragen und sich der Regionalkultur zu öffnen.

So haben Routen, die uns Österreicherinnen/Österreichern weniger gefallen, da sie uns und unser Kulturverständnis unserer Meinung nach wenig widerspiegeln, auch ihre Berechtigung.

Hof von Schloss Tratzberg bei Jenbach

> **Projekt**
>
> 1. Besorgen Sie sich Unterlagen über die Austria-Imperialis-Reisen!
> 2. Analysieren Sie die Auswahl der Stationen der Austria-Imperialis-Reisen: Welche Personen und Zeitabschnitte sind besonders „klischeebehaftet"?
> 3. Erstellen Sie eine kurze Präsentation, in der Sie Kriterien für die Klischee- und Legendenbildung festlegen und auf ihre touristische Verwertbarkeit hin überprüfen!
> 4. Stellen Sie aus dem Austria-Imperialis-Angebot eine mehrtägige Reise „Auf den Spuren von ..." zusammen!
> 5. Sammeln Sie zu der von Ihnen gewählten Klischeefigur Hintergrundinformationen, um Klischee und Wirklichkeit einander gegenüberzustellen!

Burg Hardegg im Thayatal, Waldviertel

Die österreichischen Romantikstraßen

Ähnlich sind die Absichten, die 28 Stationen im Salzkammergut, im unteren Mühlviertel, im Struden- und Nibelungengau und in der Wachau zu einer Themenstraße zu verbinden. Das Thema ist hier etwas diffus; von einem Leitmotiv „Romantik" zu sprechen, wäre hier sinnvoller. Burgen, Schlösser, Städte, Landschaften, Naturdenkmäler, die „good old Austria" vor allem für den außereuropäischen Gast so attraktiv machen, weil sie wiederum konkrete Erwartungshaltungen zufriedenstellen, sollen den Gast in einen romantischen Taumel der Gefühle versetzen. In dieses Konzept fügen sich sogenannte **Romantikhotels** mit eher teuren Pauschalangeboten – Übernachtungen mit Frühstücksbuffet, Romantikessen, Eintritte, Rundfahrten inkludiert – nahtlos ein.

Überschneidungen mit Austria Imperialis sind zwar nicht unbedingt beabsichtigt, schaden aber auch nicht.

Die Schlösserstraße

Diese Themenstraße mit ihren vierzehn steirischen und vier burgenländischen Schlössern und Burgen fügt sich als kultureller Bestandteil in ein kulinarisch-sportlich-gesundheitsorientiertes Gesamtpaket ein.

Die Besonderheit bei dieser Themenstraße besteht im überregionalen Zusammenwirken mehrerer Tourismusverbände:
- Tourismusregionalverband Oststeiermark
- Steirisches Thermenland mit dem Slogan „Zeit zu leben"
- Steirisches Vulkanland
- Thermenwelt Burgenland
- Ungarische Schlösserstraße.

Die Silhouette eines Landsknechtes dient als Symbol für die Schlösserstraße und bildet die Grundlage für das Logo

www.schloesserstrasse.com

Die Thermen Lutzmannsburg, Bad Tatzmannsdorf, Bad Waltersdorf, Blumau, Loipersdorf, Bad Gleichenberg und Bad Radkersburg fungieren für die Schlösserstraße als Ausgangspunkte für Besichtigungen. Sportliche Kulturtouristinnen/Kulturtouristen können auf den Golfplätzen von Bad Tatzmannsdorf, Stegersbach, Loipersdorf, Bad Waltersdorf und Bad Gleichenberg sowie in der Nick-Bolletieri-Tennisschule in Bad Tatzmannsdorf einen Ausgleich für die Besichtigungen finden.

Österreichisches Kulturangebot

Die 18 Burgen und Schlösser der Schlösserstraße

- Schloss Kornberg
- Riegersburg
- Schloss Herberstein
- Schloss Pöllau
- Burg Güssing
- Burg Lockenhaus
- Burg Schlaining
- Schloss Aichberg
- Schloss Schielleiten
- Schloss Hartberg
- Schloss Obermayerhofen
- Schloss Kapfenstein
- Burg Bernstein
- Bad Radkersburg
- Burg Deutschlandsberg
- Schloss Seggau
- Schloss Stubenberg
- Schloss Tabor

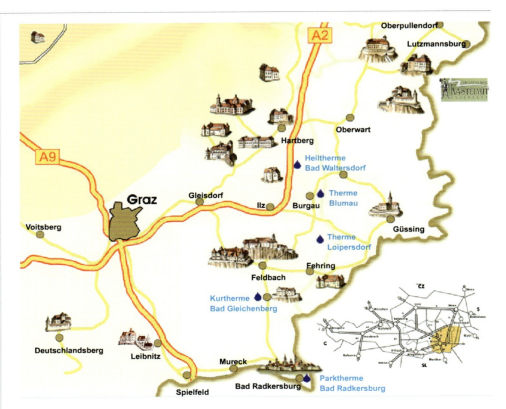

Riegersburg in der Oststeiermark

Schloss Herberstein

❗ Schloss Kapfenstein, Schloss Obermayerhofen und Burg Bernstein werben um zahlungskräftige Kulturtouristinnen/Kulturtouristen als Hochzeitshotels und Standorte von Spitzengastronomie sowie mit dem Luxus, nicht erreichbar zu sein (keine Telefone in den Zimmern von Bernstein!).

Die Schlösserstraße

Diese Themenstraße ist die am besten mit Ergänzungsangeboten versehene in Österreich. Thematischer Ausgangspunkt für die Schlösserstraße waren zwei **Landesausstellungen** auf steirischen Schlössern:

- „Hexen und Zauberer" auf der Riegersburg und
- „Steiermark – Brücke und Bollwerk" in Schloss Herberstein.

Beide beschäftigten sich mit historisch-sozialgeschichtlichen Themen mit besonderem Steiermarkbezug. Der gewaltige Publikumserfolg beider Landesausstellungen gab schließlich den Impuls für den Zusammenschluss aller Burgen und Schlösser und für die „Umrüstung vom Schwert zur Kultur".

Auf der **Riegersburg** besteht ein Teil der ehemaligen Landesausstellung über die Hexen und Zauberer noch immer als Sonderausstellung und **Schloss Herberstein** wirbt mit seinem einzigartigen Tierpark, der ebenfalls mit der einstigen Landesausstellung entstanden ist, auch um junge Gäste und Schulklassen.

Darüber hinaus bieten sich zahlreiche Schlösser und Burgen als Veranstaltungsorte an; als Highlights sind dabei die Burgspiele auf Burg Güssing, das Gidon-Kremer-Festival auf Burg Lockenhaus und die Ausstellung Kunst & Handwerk auf Schloss Kornberg zu nennen.

🎯 Ziele erreicht?

1. Vergleichen Sie die angeführten Themenstraßen: Welche offerieren ein Mainstream-Angebot, welche ein regionalspezifisches?
2. Welche Gründe waren für die Entwicklung von Themenstraßen allgemein und für die konkreten Beispiele ausschlaggebend?
3. Beurteilen Sie die Bedeutung von Ergänzungsangeboten für die Auslastung einer Themenstraße!

2 Beispiele des kulturtouristischen Angebotes

? Projekt 1

1. Stellen Sie sich vor, Ihre Schule hat aufgrund eines Schulgemeinschaftsausschussbeschlusses drei Tage hintereinander unterrichtsfrei. Ihre Direktorin/Ihr Direktor beauftragt Sie, für diese Zeit ein Dreitagesprogramm auf der Waldviertler Textilstraße zusammenzustellen und zu kalkulieren, das Ihre Lehrer/-innen im Rahmen eines Betriebsausfluges absolvieren sollen.
   Planen Sie die Reise nach folgenden Gesichtspunkten:
   - Die Gruppengröße beträgt 25 Personen.
   - Die Reise zur, von und auf der Textilstraße erfolgt mit dem Bus.
   - Die Kosten (Transport, Nächtigung und Eintritte) dürfen EUR 130,00 pro Person nicht übersteigen.
   - Die Auswahl der zu besuchenden Objekte soll möglichst breit gestreut sein, sodass die Lehrer/-innen möglichst vieler Unterrichtsgegenstände (beispielsweise Deutsch, Geschichte und Kultur, Kreatives Gestalten, Bildnerische Erziehung, Fachpraktischer Unterricht, Wirtschaftsgeografie, Musikerziehung u. a. m.) interessante Informationen erhalten.

2. Planen Sie unter denselben Rahmenbedingungen eine Fachexkursion für kreatives Gestalten und/oder Textilverarbeitung auf der Mühlviertler Weberstraße! Hier sollen möglichst unterschiedliche Betriebe der Textilproduktion besucht werden!

? Projekt 2

1. Entwickeln Sie einen „Quick-Info-Raster" für die 18 Schlösser der Schlösserstraße! Darin sollen die kulturellen Angebotsschwerpunkte, die Staffelung der Eintrittspreise, die Öffnungszeiten, Übernachtungsangebote und Preiskategorien, aktuelle Veranstaltungen sowie Adressen, Telefon- und Faxnummern, E-Mail- und Internetadressen aufscheinen.

2. Systematisieren Sie die Informationen dabei so, dass sich bis auf die aktuellen Angaben alle Informationen aus einem Ankreuzraster ablesen lassen!

3. Analysieren Sie die im Internet vorhandenen Angaben zu einzelnen Schlössern hinsichtlich ihres Informationsgehaltes und bewerten Sie die Aufmachung!

2.2 Themenwege

Von der Grundidee her den Themenstraßen verwandt, bieten **Themenwege** den wanderfreudigen Kulturtouristinnen/Kulturtouristen die Möglichkeit, in Kleinstregionen kulturgeschichtliche, literarische und sozialgeschichtliche Schmankerln kennen zu lernen.

Für diese stillen Themenwege gibt es in Österreich einige erfreuliche Musterbeispiele. Sie sind in erster Linie für Menschen gedacht, die Ruhe und Beschaulichkeit schätzen, zuhören können und bereit sind, Spuren von Menschen in Verbindung mit der sie prägenden Landschaft zu suchen, zu entdecken und anzunehmen.

- Die **Via Artis** führt Touristinnen/Touristen im steirischen Ausseer Land auf die Spuren von Friedrich Torberg, Johannes Brahms, Jakob Wassermann, Hugo von Hofmannsthal, Wilhelm Kienzl, Nikolaus Lenau, Erzherzog Johann und vielen anderen. Wer dem Selbstentdecken die geführte Wanderung vorzieht, dem bietet der Tourismusverband Ausseer Land von Mai bis September zahlreiche Termine dafür an.
- Auf der **Via Salis** spaziert der Gast von Altaussee zum Salzbergwerk und erfährt dabei vieles über die Mühen der Salzgewinnung.
- Der **Sinfoniewanderweg** von Ansfelden nach St. Florian ist 1996 im Gefolge der oberösterreichischen Landesausstellung, die **Anton Bruckner** gewidmet war, entstanden. Ein – je nach Wandergeschwindigkeit – drei- bis vierstündiger Spaziergang ermöglicht den Kulturtouristinnen/Kulturtouristen eine völlig neue Erfahrung. Mit Bruckners Symphonien im Ohr durchwandern sie jene Landschaft, in der der Komponist und Organist von St. Florian geboren wurde und in der er auch den größten Teil seines

? Arbeiten Sie für jede der in der Via Artis besuchten Künstlerinnen/jeden der in der Via Artis besuchten Künstler einen kurzen Lebenslauf aus und führen Sie wichtige Werke an!

Setzen Sie diese Informationen in Form einer Plakatausstellung um, deren Zentrum eine Karte der Via Artis bildet!

Sinfoniewanderweg von Ansfelden nach St. Florian

Österreichisches Kulturangebot

> ❓ Besuchen Sie den Sinfoniewanderweg in Ansfelden und machen Sie eine Fotoreportage über die durchwanderte Landschaft!
>
> Stellen Sie in der Schule eine Tondiaschau zusammen, in der Sie ausgewählte Symphonien Anton Bruckners mit Ihrer Reportage kombinieren!
>
> Ergänzen Sie die Landschaftsaufnahmen eventuell mit Fotos aus Bruckners Leben!
>
> ❓ Stellen Sie für einen Literaten Ihrer Wahl einen Literaturpfad zusammen und führen Sie Ihre Lehrer/-innen (vorzugsweise Ihre Deutschlehrer/-innen) auf diesen Pfad!
>
> Ein Tipp: Besonders geeignet sind Schriftsteller/-innen, die sich in ihrer Arbeit auf einen eng begrenzten Raum konzentrieren und deren Ortsbezüge eindeutig sind.
>
> www.waldheimat.at

Roseggermuseum in Krieglach

Lebens verbracht hat. Diese musikalische Wanderung lässt eine besondere Kulturerfahrung entstehen und man begreift, wie sehr diese Landschaft Leben und Schaffen Anton Bruckners geprägt hat.

Literaturpfade

Eine Besonderheit der Themenwege stellen die **Literaturpfade** dar. In Wien sind beispielsweise die Führungen **„Auf den Spuren der Strudlhofstiege"** von Dietmar Grieser bereits seit vielen Jahren bekannt und häufig besucht. Ziel dieser Führungen ist es, nicht nur Expertinnen/Experten, sondern auch literarisch interessierten Laiinnen/Laien Literatur, die so stark auf einen Ort Bezug nimmt, mit- und nacherleben zu lassen.

Dietmar Grieser setzte sich intensiv mit Themenwanderungen durch Wien auseinander und veröffentlichte 1986 ein Buch über Häuser und ihre berühmten Bewohner/-innen. Er ging dabei von der Überlegung aus, dass jedes Haus in gewisser Weise die Seele seiner Bewohner/-innen wiedergibt und der Person, die bereit ist, sich dieser Seele zu öffnen, auch die Geheimnisse der Geschichte erschließt.

Griesers Buch ist zum Selbstentdecken geschrieben und ermöglicht es den Leserinnen/Lesern und Nutzerinnen/Nutzern, Wien in drei Abschnitten – Innere Stadt, zwischen Ringstraße und Gürtel und in den Außenbezirken – zu erwandern. Seine 40 Adressen und 40 Namen zeigen Wien von einer anderen, nicht klischeehaften Seite. Sie erfordern allerdings wirklich Menschen, deren Ziel nicht die Vollständigkeit im Besuchen von Pflichthighlights ist, sondern die zur Langsamkeit bereit sind. Kein Mainstream-Programm also, aber ein auf den Specific Cultural Tourist zugeschnittenes, vor allem auf denjenigen, der schon zum zweiten oder dritten Mal als Gast kommt.

Die Peter-Rosegger-Kulturstraße

Eine in Teilabschnitten durchaus erwanderbare Literaturstraße, die **Peter-Rosegger-Kulturstraße,** entstand 1993 in der Steiermark.

Die Gemeinden **Krieglach/Alpl, St. Kathrein/Hauenstein, Ratten, Fischbach, Langenwang** und **Mürzzuschlag** gründeten anlässlich des 150. Geburtstages von Peter Rosegger die nach ihm benannte Kulturstraße, auf der Objekte seiner Erzählungen und Arbeitsstätten des Dichters präsentiert werden.

Die Zielgruppe des Tourismusverbandes „Region Peter Roseggers Waldheimat" mit Sitz in Krieglach sind nicht nur Literaturbegeisterte, sondern in erster Linie Familien, denen mit einer günstigen Kombikarte der Besuch aller Ausstellungen und Gedenkstätten erleichtert wird. Ähnlich wie beim Sinfoniewanderweg wird in der **Waldheimat** (ein Begriff, den Peter Rosegger geprägt hat) das Wirken des Dichters in einen Zusammenhang mit dem Leben und der Arbeit in der Region gestellt.

🎯 Ziele erreicht?

1. Was unterscheidet Themenwege von Themenstraßen? Beurteilen Sie dabei vor allem die Motivation zum Besuch!
2. Welche Möglichkeiten zur Steigerung der Besucherzahlen sind für Themenwege in nicht zentralen Regionen praktizierbar?

2.3 Kreative Kursprogramme

Wenn man davon absieht, dass für die Freizeitforschung alles, was nicht Arbeitszeit ist (also auch Schlafen und die Fahrt zum Arbeitsplatz), als Freizeit gilt, so empfinden die Menschen mehrheitlich als Freizeit jene Zeit, über die sie frei verfügen können und in der sie ihren Interessen nachgehen können. Damit bedeutet die Freizeit in ihrer nicht wissenschaftlichen Definition für jeden Menschen etwas anderes.

Eine dieser vielen möglichen Arten der Freizeitgestaltung beinhaltet **kreative Aktionen** – ein Markt, der sich vor gut zwanzig Jahren als Nische eröffnet hat und seither mit einem immer differenzierteren Angebot aufwarten kann. Eine der tieferen Ursachen für den Wunsch einer gar nicht so kleinen Gruppe von Menschen, in ihrer Freizeit kreativ zu sein, liegt höchstwahrscheinlich in der sehr terminorientierten Arbeitswelt. Diese wird als Zwang empfunden, auch wenn der allgemeine Konkurrenzdruck am Markt Arbeitnehmer/-innen in unterschiedlichen Positionen geradezu zur Kreativität zwingt; je trendiger die Branche oder je schneller die Innovationszyklen, desto größer ist die geforderte Kreativität.

Wenn man die Angebote genauer betrachtet, so kristallisieren sich seit der ersten Stunde die Bereiche **Malerei** und **Kunsthandwerk** heraus. Mit dem Anspruch auf innere Ruhe, Gelassenheit und Offenheit, den beide Bereiche an die Ausführenden stellen, bilden sie einen klaren Gegensatz zum beruflichen Druck.

Zu den ersten Anbietern solcher kreativer Kursprogramme in Österreich zählt das **Stift Geras** im Waldviertel. Dem damals beginnenden Trend, bäuerliche Kultur und bäuerliches Ambiente auch in großstädtische Wohnungen oder in Zweitwohnsitze zu holen, wurde in Form von Kursen für **Hinterglasmalerei, Bauernmalerei** und **Töpferei** Rechnung getragen. Das Kursangebot erfreut sich gleichbleibender Beliebtheit.

*Das 2009 renovierte und neu gestaltete **Kunst & Kultur Seminarhotel** im ehemaligen Schüttkasten ist neben dem Stift ein weiterer Höhepunkt in Geras.*

Im Kärntner Ort **Moosburg** bietet die **Sommerakademie** ein vielfältiges Kursprogramm für die Monate Juli und August an:
- Zu den klassischen Kursen zählen Aktzeichnen, freie Aquarellmalerei, Zeichenkurse, moderne Malerei, Lithografie und Radierung.
- Für Keramikinteressierte gibt es Kurse für Anfänger/-innen und Fortgeschrittene.
- Als besondere Angebote können Kurse in experimenteller Fotografie und
- Tanzkurse angeführt werden.

Ziele erreicht?

1. Erklären Sie die Motivation von Menschen, in ihrem Urlaub kreativ zu sein! Warum ist Urlaubskreativität anders als berufliche?
2. Mit welchen Kursangeboten begann der Aufstieg des Kreativurlaubs?
3. Sammeln Sie entweder für ein einzelnes Bundesland oder für ganz Österreich Material und Informationen für kreative Kursprogramme!
   - Vergleichen Sie die verschiedenen Angebote miteinander und erarbeiten Sie eine Systematik nach Kriterien, die Ihnen sinnvoll erscheinen! Sie schaffen damit eine Beratungsgrundlage für Interessierte.
   - Suchen Sie Marktlücken im Bereich der Kreativprogramme und erstellen Sie – basierend auf Ihren vorangegangenen Analysen – ein einwöchiges Kursprogramm für einen Ort Ihrer Wahl!
   - Begründen Sie Ihre Standortentscheidung und Ihren Programmaufbau! Ein Tipp: Eine Kontaktaufnahme mit Ihren Lehrerinnen/Lehrern in Bildnerischer Erziehung, Kreativem Gestalten oder Musikerziehung kann dabei nicht schaden!

Österreichisches Kulturangebot

Tiroler Knödel

Gourmet = (aus dem Frz.) der Feinschmecker. Gegenteil: Gourmand = (von frz. gourmand – der Vielfraß) der Vielesser, der Schlemmer.

? Wählen Sie eine Region Österreichs aus und sammeln Sie in Zusammenarbeit mit Ihren Lehrerinnen/Lehrern des fachpraktischen Unterrichts regionstypische Rezepte!

Erstellen Sie eine Speisenfolge. Organisieren und veranstalten Sie an Ihrer Schule (das Einverständnis Ihrer Direktion und Ihrer Fachvorständin/Ihres Fachvorstands vorausgesetzt) ein Abendkulinarium!

Bereiten Sie als Begleitmaßnahme zu diesem Kulinarium eine Informationsausstellung zu der von Ihnen gewählten Region vor!

! Grundlage für einen überregionalen Zusammenschluss ist immer auch eine **SWOT-Analyse** (engl. Kurzwort für **S**trengths [Stärken], **W**eaknesses [Schwächen], **O**pportunities [Chancen] und **T**hreats [Gefahren]), die die Stärken und Schwächen, Chancen und Risiken des Vorhabens einander gegenüberstellen.

www.traunseewirte.at

www.norischeregion.at
www.wirtshaus.com

2.4 Regionale Küche und kulinarische Kurse

Dass Speisen und Getränke wichtige Bestandteile regionaler Identität sind, wird von durchschnittlichen österreichischen Touristinnen/Touristen ohne Widerspruch in den klassischen Urlaubszielen akzeptiert und zumeist wird auch die Verwirklichung des kulinarischen Klischees erwartet. Wer könnte sich Italien ohne Spaghetti Carbonara und Chianti (Frascati, Barolo ...), Griechenland ohne Souvlaki, Dolmades und Retsina, die Türkei ohne Dönerkebab und Ayram oder Raki, Spanien ohne Sangria vorstellen?

Keineswegs so selbstverständlich wird die regionale Küche Österreichs als integraler Bestandteil kultureller Identität verstanden. Der österreichische Gast ist oft der Meinung, die Küche seines Landes ohnehin zu kennen. Dabei unterliegt er häufig denselben kulinarischen Klischeevorstellungen wie auch die ausländischen Gäste.

Der steigende Wohlstand der oberen Mittelschichten und Oberschichten in den europäischen Ländern hat eine neue Art von Touristinnen/Touristen entstehen lassen – die **Gourmetreisenden**. Ob sich aus diesen Esstouristinnen/Esstouristen auch Kulturtouristinnen/Kulturtouristen entwickeln können, hängt sehr von ihrer Prioritätensetzung ab. Versuchen diese Reisenden, regionale Küche und regionale Getränke in ihrem kulturellen, sozialen und ökonomischen Zusammenhang zu verstehen, sie selbst vor Ort in Kursen oder Seminaren herzustellen, dann kann auch solch leiblichen Genüssen eine kulturelle (vielleicht sogar Kulturen verbindende) Botschaft zugesprochen werden.

Als Begleiterscheinung des Gourmettourismus müssen die **Weinversandhändler** und **Großvinotheken** betrachtet werden, die nicht mehr nur die Oberschicht ansprechen wollen, sondern den Genuss demokratisieren und zum Lifestyle erheben wollen. War es unter den Getränken in Österreich zuallererst der Wein, der als kulturtouristisches Vermarktungsobjekt von regionalen und nationalen Tourismusbeauftragten entdeckt wurde – was sich in zahlreichen Weinstraßen dokumentiert – so folgte ihm das Bier als wiederentdecktes Kulturgetränk nach. Als nächster Schritt ist vermutlich das Anbieten von Reisen zu Österreichs Destillateuren zu erwarten.

Gut für den Umsatz und die Steigerung des Bekanntheitsgrades mancher Regionen und Orte ist dieser Trend allemal, da die angebotenen Produkte aus Küche, Keller, Sudhaus und Destillierkammer nicht unbedingt zu den Billigerzeugnissen zählen. Man kann den Gourmettourismus als eine Art Starter für die Nutzung weiterer kulturtouristischer Angebote betrachten.

Eine Abgrenzung zu Themenstraßen ist dabei nicht immer leicht, die Grenzen zwischen Schmankerlstraße und der kulturtouristischen Themenstraße, wie sie im vorigen Abschnitt erläutert wurde, ist fließend.

Kulinarische Qualitätsinitiativen

Rund um den Traunsee – vor allem in den Gemeinden Gmunden, Altmünster, Traunkirchen und Ebensee – haben sich zahlreiche Gastronomiebetriebe im Zuge einer Initiative der Arbeitsgemeinschaft Traunsee unter dem gemeinsamen Namen **Die Traunseewirte** zusammengeschlossen. Ihr Hauptanliegen ist es, die traditionelle Salzkammergutküche – insbesondere Fischgerichte – dem Gast in angenehmer Atmosphäre anzubieten.

Ein ähnlich gelagertes Beispiel einer regionalen Initiative stellt der **Club der norischen Wirte** dar, der 1995 entstanden ist und sich mittlerweile **Norische Wirtegemeinschaft** nennt. Anlass für diese kulinarische Präsentation einer Region Kärntens, der Norischen Region am Fuße der Saualpe, war wiederum eine Landesausstellung – „Grubenhunt & Ofensau. Vom Reichtum der Erde" in Heft bei Hüttenberg. Diese an Kulturdenkmälern reiche Region mit den Hauptorten Mühlen, Hüttenberg, Guttaring, Klein St. Paul, Kappel, Eberstein, Brückl und Diex hat alle jene Gastronomiebetriebe, die Produkte von Landwirtinnen/Landwirten der Region beziehen oder ökologische Auflagen erfüllen, mit der Clubmitgliedschaft ausgezeichnet.

Die kulinarischen Schwerpunkte der Clubwirtinnen/Clubwirte sind Nudel-, Sterz- und Pfannengerichte, Forellen, Schinken, Rindfleisch, Lammfleisch, Vollwertkost, Most, Schnäpse, Apfelsaft und Apfelsekt. Mit einem so breiten Angebot an norischen Spezialitäten kann die Gastronomie durchaus dazu beitragen, Gäste länger in der Region, die mit ihrem Namen die kulturhistorische Verbindung zum Regnum Noricum der Alpenkelten herstellt, zu halten und für ihre lange Geschichte zu interessieren.

Hüttenberg – Zentrum tibetischer Kultur

Diex – die Sonnenseite der Region

St. Veit an der Glan – die Kärntner Blumenstadt

Die 14 Gemeinden der Norischen Region

Weinstraße Niederösterreich

Waren noch in den Neunzigern Prospekte eines der meistverwendeten Marketing- und Informationsinstrumente für „weinreisende" Kulturtouristinnen/Kulturtouristen, so ist mittlerweile ein perfekter **Webauftritt** die Voraussetzung für Interessentennachfrage. Besonders deutlich ist das an der Homepage der „Weinstraße Niederösterreich" erkennbar. Hier präsentiert sich keine einzelne Region, sondern ein ganzes Bundesland unter dem Aspekt Wein.

Für das erste Kennenlernen der einzelnen niederösterreichischen Weinbaugebiete ist die **interaktive Karte** im rechten Frame der Website ein ausgezeichnetes Hilfsmittel. Das vom künftigen Gast ausgewählte Weinbaugebiet wird angezeigt und mit ihm zusätzlich angeklickte Informationen (Winzer/-innen, Vinotheken, Hotels, Pensionen, Privatzimmer, Gastronomie). Zu diesen Informationen gelangt man auch über den Menüpunkt „Die Weinbaugebiete und ihre Orte" im linken Frame, wobei man sich die Karte des gewünschten Weinbaugebietes als PDF-Datei herunterladen kann.

www.weinstrassen.at

❗ Die 830 km lange Weinstraße führt durch die acht niederösterreichischen Weinbaugebiete, in mehr als 150 Weinorte und zu vinophilen Betreiberinnen/Betreibern von rund 1 700 Genussplätzen.

Österreichisches Kulturangebot

Önologisch = die Weinbaukunde betreffend.

Aficionado = Liebhaber.

Snob = jemand, der seine scheinbare (aber meist eingebildete) Überlegenheit deutlich zeigt.

❓ Sammeln Sie für andere Weinstraßen in Österreich Informationsmaterial!

Erstellen Sie einen Folder einer von Ihnen ausgewählten übersichtlichen Region, in dem die Weinveranstaltungen (Feste, Kellerführungen, Verkostungen) des aktuellen Jahres präsentiert werden!

www.bierviertel.at
www.muehlviertel.at

❓ Analysieren Sie die Homepages der drei im Verein Mühlviertler Bierreise vertretenen Brauereien hinsichtlich ihrer Selbstdarstellung, des Angebots und des Merchandisings.

Bewerten Sie die Usability der drei Homepages und erstellen Sie ein persönliches Ranking der Attraktivität, das Sie auch begründen können!

Erstellen Sie in Anlehnung an das Mühlviertler Bierviertel ein ähnliches Angebot für eine andere Bierregion in Österreich!

❓ Unter www.trauner.at → Lehrerservice → Downloads finden Sie einen Artikel über Klosterbrauereien. Verfassen Sie davon ausgehend einen informativen Folder als Begleittext für einen Besuch einer Klosterbrauerei!

Wer an Informationen über Veranstaltungen im Weinland Niederösterreich interessiert ist, kann sich diese über den Menüpunkt „Ausflüge zum Wein" – zumindest als kleinen Monatseinblick – holen. Damit wird der/dem gezielt Reisenden eine Auswahl der önologischen Events erleichtert. Für einen Ganzjahresüberblick empfiehlt es sich, dem Link „Bestellservice/Prospekte" im rechten Frame zu folgen: Wein-Aficionados können hier den „Weinstraßen-Kalender" des laufenden Jahres bestellen und ihre Reiseplanung ganz auf das vielfältige Angebot abstimmen.

Der enorme Vorteil dieser von der Benutzerfreundlichkeit und auch der grafischen Qualität her wirklich gelungenen Website besteht in ihrer Aktualität, die jene eines Prospektes bei Weitem übersteigt. Zudem zeigt sie eine der prägenden Identitäten des größten österreichischen Bundeslandes und lässt die Individualistinnen/Individualisten unter die Kulturtouristinnen/Kulturtouristen eintauchen – „hinein ins Leben".

Ernsthaft die Landschaft und die Menschen entdeckend, läuft die Kulturtouristin/der Kulturtourist auch nicht Gefahr, als zeitgeistiger Vinosnob verkannt zu werden.

Das Bierviertel

Auf den ersten Blick scheint dieses Angebot eines für Durstige zu sein. Aber weit gefehlt. Es handelt sich hier um eines der interessantesten Komplettpakete in Österreich, das Regionalkultur so richtig „g'schmackig" macht. Der ausschlaggebende biologische Faktor für die Entwicklung dieses Konzepts ist der seit 1 000 Jahren im Mühlviertel angebaute Hopfen, der für die sechs **Mühlviertler Brauereien** eines der Basisprodukte für ihr unverwechselbares Bier liefert.

Ursprünglich als touristischer Impuls für die Region konzipiert und mit zwei ausgezeichneten Prospekten auf Tourismusmessen beworben, hat sich die Idee heute so weit gesetzt, dass sich Bierkultur-Interessierte ihre persönliche Tour über die Homepages von Freistadt und jener der ARGE Mühlviertler Wandersleut' buchen können.

Vor einigen Jahren hat sich der **Verein „Mühlviertler Bierreise"** konstituiert, dem die **Brauerei Hofstetten**, die **Stiftsbrauerei Schlägl**, die **Braucommune Freistadt** und der **Biergasthof Schiffner** angehören. Unter dem Titel **„Bierviertel"** präsentieren sich die Betriebe auf ihrer gemeinsamen Website. Besonders umfangreich ist dabei die kulturelle, gastronomische und kulturelle Vielfalt, die unter dem Menüpunkt „Erlebnisse" zu finden ist. Sie umfasst Vorschläge für alle Jahreszeiten, Kulinarien, Rad- und Nordic-Walking-Wanderungen, Fahrten mit der Mühlkreisbahn, Kulturprogramme und vieles mehr. Und das alles in Verbindung mit dem Mühlviertler Bier! Gibt es Schöneres?

Der Reiz der **Schlossbrauerei Weinberg** besteht darin, dass im Gegensatz zu den drei großen Brauereien direkt „neben dem Gast" in kupfernen Braupfannen gebraut wird. Zusätzlich bietet die Brauerei einen interessanten Bierlehrpfad an – ein gelungenes Beispiel, wie den Besucherinnen/Besuchern im Rahmen eines nicht allzu anstrengenden Weges Interessantes und vielleicht auch Unbekanntes zum Thema Bier geboten wird.

Auch in der **Brauerei Thor-Bräu** in Ottensheim kann der Gast, nur durch eine Glaswand getrennt, dem Braumeister bei der Arbeit zuschauen. Etwa 700 hl Bier werden jährlich nach dem Reinheitsgebot gebraut, so beispielsweise das nach dem ältesten Brauverfahren hergestellte Altbier.

In der Gemeinde Pregarten, inmitten von Hopfenfeldern gelegen, befindet sich der Biergarten der **Bierbuschenschank Eder-Bräu**. Der familiäre Betrieb bietet seinen Gästen ein auf Wunsch zubereitetes „Hopfenzupferessen", die Verkostung von Hausbierspezialitäten sowie informative Filme über den Hopfenanbau im Mühlviertel und dessen Verarbeitung.

Weit über die Grenzen des Landes hinaus ist die **Stiftsbrauerei Schlägl** bekannt. Das ist ein aktueller Hinweis auf die jahrhundertelange Tradition des Bierbrauens in Klöstern. Sämtliche Brauereien des Mühlviertels haben verstanden, dass die Vielfalt ausgezeichneter Biere und deren Vertrieb allein Nachhaltigkeit nicht garantieren können. Viele von

2 Beispiele des kulturtouristischen Angebotes

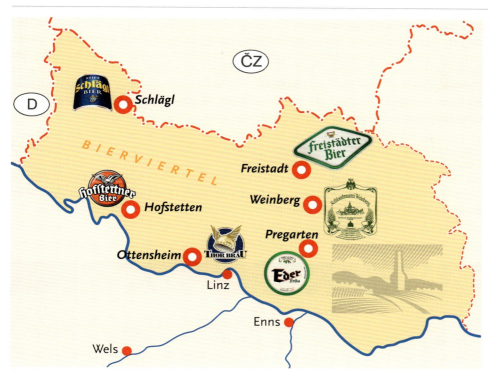

Die Brauereien des Mühlviertels

Perfektes Merchandising

ihnen setzen daher auf perfektes Merchandising: Biergläser, Bierkrüge, T-Shirts, Kappen, Bierutensilien und Geschenkzusammenstellungen sowie Spezialangebote und Geschenke für registrierte Geburtstagskinder.

Weinakademien, Bierseminare und Kräuterkochkurse

Die Dauer dieser Veranstaltungen bringt es mit sich, dass mit ihnen in erster Linie inländische Gäste und nicht die Incoming-Tourists angesprochen werden. Das ist aber nicht weiter schlimm, da ja auch Österreicher/-innen als Kulturtouristinnen/Kulturtouristen ihr Land in vielfältiger Weise entdecken und erfahren sollen.

Es braucht viel Zeit, das **Weinakademikerprogramm** der Weinakademie Österreich mit ihren Standorten Rust und Krems zu absolvieren – einige Tage sollte man dafür schon reservieren. Neben den berufsbedingt mit Wein beschäftigten Weinbäuerinnen/Weinbauern, Weinfachhändlerinnen/Weinfachhändlern und Gastronominnen/Gastronomen können auch Weinliebhaber/-innen und Weinkenner/-innen das dreistufige Programm durchlaufen. Während die ersten beiden Teile – das Basisseminar und das Aufbauseminar – in ihren Zeitansprüchen noch moderat sind, müssen sich angehende Weinakademiker/-innen beim dritten Teil, dem Diplomseminar, auf eine zweijährige Ausbildung einstellen. Höhepunkt des Programms, dessen erste zwei Teile mit Abschlussprüfungen beendet werden, ist die Diplomprüfung, deren positive Absolvierung es frisch gebackenen Weinakademiker/-innen erst ermöglicht, den Olymp aller önologischen Qualifikationen zu erklimmen – die Master-of-Wine-Prüfung.

Nicht ganz so hochgesteckte Ziele verfolgt der Tischler und Besitzer der kleinsten Privatbrauerei Österreichs, **Erich Brettner,** mit seinen unregelmäßig stattfindenden **Bierseminaren in Schottwien.** Die Geschichte dieser Brauerei ist bemerkenswert. **Schottwien** war vor dem Bau der Ghega-Eisenbahn (und lange vor dem Bau der Autobahn) die bedeutendste Herbergsstation vor dem Semmering. Gezählte 15 Gasthäuser, darunter vier „Bierwirtshäuser" kümmerten sich um das leibliche Wohl der erschöpften Reisenden. Bis in die 50er-Jahre braute die Mutter des heutigen Brauers für den Gebrauch im Haus und im Tischlereibetrieb nach den Rezepten ihrer Schwiegermutter noch selbst Bier.

Anfang der 90er-Jahre griff der Bierliebhaber Erich Brettner die Familientradition wieder auf und experimentierte so lange, bis er 1993 erstmals mit seinem ersten Bierseminar an die Öffentlichkeit trat. Das zugekaufte „Doktorhaus" (von 1870 bis 1960 das Haus des Gemeindearztes) ist heute nicht nur Sitz der Brauerei, sondern auch Veranstaltungsort

Incoming-Tourists = Touristen, die in ein Land einreisen. Sämtliche Aktivitäten, die darauf abzielen, Gäste (in unserem Fall) nach Österreich zu bringen, fördern damit den Incoming-Tourismus. Im Gegensatz dazu steigert die Bewerbung von Reisezielen außerhalb des eigenen Landes den Outgoing-Tourismus.

www.weinakademie.at

Österreichisches Kulturangebot

 Organisieren Sie eine Exkursion für Ihre Klasse zur Stiegl-Brauwelt nach Salzburg!

Geben Sie danach eine Broschüre für die anderen Schulklassen heraus, die nicht nur Informationen zu Stiegl, sondern auch allgemeine zur Bierproduktion enthält!

für die **Bier- und Schnapsseminare** Brettners. Neben der Besichtigung der Brauerei, bei der auch gelegentlich mit Hand angelegt werden darf, ist die Verkostung von 25 Bieren aus aller Welt der Höhepunkt des Seminars. Wenngleich das Brettner-Bier wegen des geringen Jahresausstoßes und der überwiegenden Handarbeit zu den teuersten Bieren Österreichs zählt, ist es auf jeder Bierfachmesse vertreten und verhilft der Kleinstbrauerei auch international zu einem hohen Bekanntheitsgrad. Wer also etwas Besonderes erleben will, dem kann Schottwien nur empfohlen werden.

Den vermutlich breitesten Kundinnenkreis/Kundenkreis haben die **Schmankerl- und Kräuterkochkurse,** die in vielen österreichischen Tourismusregionen von einzelnen Betrieben oder Vereinen angeboten werden. Sie vermitteln nicht nur einen Einblick in die regionalen Küchen, sondern führen den Gast auch zum Verständnis, dass es auch beim Kochen einen Jahreszeitenrhythmus gibt.

Ziele erreicht?

1. Erklären Sie den Trend zu gutem Essen und Trinken!
2. Inwiefern können Gourmettourismus und kulinarische Qualitätsinitiativen als Spielformen des Kulturtourismus gelten?

2.5 Führungen durch Städte, Burgen und Klöster

Instrumentarium = Summe der zur Verfügung stehenden Mittel.

Führungen zählen zum klassischen Instrumentarium des Kulturtourismus. Ihre Tradition reicht bis in die Antike zurück. Ihr unbestreitbarer Vorteil liegt darin, den Ortsunkundigen in relativ kurzer Zeit einen Überblick über Sehenswürdigkeiten oder Besonderheiten zu verschaffen. Ganz in diesem Sinne sind sowohl die meisten vor Ort von ausgebildeten Guides durchgeführten Rundgänge als auch die geschriebenen Städte- und Objektführer aufgebaut. Die Kulturtouristin/der Kulturtourist wird mit solchen lexikalischen Führungen zur Sammlerin/zum Sammler von (meist aus dem Zusammenhang gerissenen) Einzelheiten. Dadurch entstehen – vor allem bei viel besuchten Orten – bestimmte, von Touristinnen/Touristen-Generation zu Touristinnen/Touristen-Generation weitergegebene Merkbilder und Klischees („Das musst du gesehen haben!"). Dies wiederum verleitet die Führenden meist dazu, ebendiesen Erwartungshaltungen zu entsprechen – was auf Dauer auch recht bequem ist – und auch den Geführten kein über das Programm hinausgehendes Interesse zuzugestehen. Dieses Zusammenspiel von beiderseitigen Erwartungen hat seine Wurzeln vor allem in den Reisen des Bildungsbürgertums des 19. Jahrhunderts.

Schloss Ambras in Innsbruck

Stift Melk an der Donau

Dabei gibt es für Kulturtouristinnen/Kulturtouristen doch so viel zu entdecken! Dass die Specific Cultural Tourists von sich aus Suchende und Forschende sind, die schon gezielt einen Ort besuchen, ergibt sich schon per definitionem aus ihrem spezifischen Interesse. Doch auch sie werden dankbar sein, wenn man sie auf neue, unerwartete Spuren führt.

Noch viel wichtiger ist es aber, die General Cultural Tourists mit Neuem, Unkonventionellem zu überraschen und damit ihr Interesse an der Region, dem Ort so zu steigern, dass sie wiederkommen.

Darin liegt heute die Hauptaufgabe der Führung: Interesse zu wecken und die Bereitschaft der Gäste zu fördern, sich mit der „kulturellen Seele" eines Ortes und seiner Menschen zu beschäftigen. Sinnliches Erleben sollte das Hauptanliegen des Kulturtourismus sein.

Appetizer = (aus dem Engl.) appetitanregendes Mittel; hier im übertragenen Sinn: Hauptfunktion ist die Weckung der Neugierde auf weitere Beschäftigung mit verschiedenen Kulturangeboten.

Dabei ist es gar nicht so schwer – Touristinnen/Touristen sollten die positive Neugierde der Kinder haben: offen und bereit, Neues zu entdecken. Entdeckendes Lernen, und das sollte ja das Ziel des Kulturtourismus sein, erfordert andere Methoden als die bisher gehandhabten. Eine wichtige Rolle – vor allem bei einem Tourismus, der gezielt kulturhistorisch bedeutsame Stätten ansteuert – spielen Prospekte. Sie haben Appetizerfunktion.

- Überlegte Texterung,
- sorgfältige Bildauswahl und
- anregendes Layout

beeinflussen oftmals entscheidend den Wunsch zum Besuch des in einer Broschüre präsentierten Ortes. Durchgängige Wortspielereien können dabei für zusätzliches, unterbewusstes Interesse sorgen.

Als Paradebeispiel für optisch ansprechende Gestaltung kann der Folder des barocken Festschlosses Schlosshof in Niederösterreich – des größten und vollständigsten Barockensembles Europas – gelten.

Kaiserliches Festschloss Hof

Die Gestaltung dieses Streufolders ist in mehrfacher Hinsicht bemerkenswert.
- Die Leitfarbe Bordeaux, die auf der Vorderseite und den Überschriften Verwendung findet, stellt die Verbindung zu den oft verwendeten dunkelrot-unifarbenen barocken Möbelstoffen her.
- Die Logoschrift ist in diesem Folder im ebenfalls barocktypischen Schönbrunner Gelb gehalten.
- Die Fotos wurden so ausgewählt, dass sie zum einen barocke Opulenz (Kostüme und Garten), zum anderen barocke Farbharmonie (Innenräume und Interieur) widerspiegeln.
- Die Seitendramaturgie räumt den knapp, aber informativ gehaltenen Texten durchgängig ein Drittel einer Seite ein; anregende Überschriften (Feiern wie die Fürsten, Ein Dorf im Schloss ...) runden die Information ab und wecken Interesse. Um die Neugier zu stillen, warum es sich um ein Festschloss handelt, wird den Leserinnen und Lesern auch der Hinweis auf die Website und den darin enthaltenen aktuellen Veranstaltungskalender mitgeliefert.
- Dem Trend der Zeit und den Usancen der kulturtouristischen Informationsbeschaffung entsprechend ist dieser Folder – wie auch drei weitere Prospekte – als PDF-Download über die Homepage verfügbar.
- Im Sinne eines Corporate Layouts passen sämtliche Prospekte auch zur Gestaltung der Homepage – ganz im Sinne eines barocken Gesamtkunstwerkes.

Ähnlich wichtig wie gut gemachte Prospekte und Broschüren sind die **Stadtführer in Buchform**. Für große Städte – wie Wien, Salzburg oder Graz – ist die Auswahl an Stadtführern meist groß, die Qualität jedoch äußerst unterschiedlich. Da das Zielpublikum solcher Stadtführer nicht die Einheimischen, sondern die Städtetouristinnen/Städtetouristen mit beschränkter Zeitkapazität sind, erfolgt die Auswahl der Inhalte nach altbekannten Klischees. Dabei gibt es kaum einen Unterschied zwischen dem, das den Bildungsbürger/-innen an „KulTouren" vorgeschlagen wird, und dem, das die Hosentaschenführer für Tramper/-innen anbieten. Renommierte ausländische Verlage sind jedoch bemüht, für ihre hochwertigen und teuren Erzeugnisse Autorinnen/Autoren aus dem jeweiligen Land zu finden.

Die Aufbereitung solcher Stadtführer kann für die Reisevorbereitung, aber auch für die individuelle Besichtigung vor Ort von entscheidender Bedeutung sein.

Mit Rätselrallyes Städte kennenlernen

In vielen österreichischen Städten haben Guides und auch PR- und Eventagenturen erkannt, dass entdeckendes Lernen in Form von Rätselrallyes wesentlich nachhaltiger ist als die klassische „bildungsbürgerliche" Führung. Zudem sichert diese Form des Kennenlernens das Interesse an der Stadt als kulturtouristisches Zentrum und steigert deren Attraktivität.

Rätselrallyes, die ursprünglich auf die Zielgruppen Kinder und Jugendliche abgestimmt waren, um dem touristischen „Nachwuchs" ein spielerisch-spannendes Betätigungsfeld zu bieten, eignen sich jedoch auch hervorragend für Erwachsene. Wenn sie einmal von den Zwängen der hemmenden Konventionen befreit sind und wieder Kind sein dürfen, legen sie dieselbe Freude und Begeisterung an den Tag wie sonst nur Kinder.

www.schlosshof.at

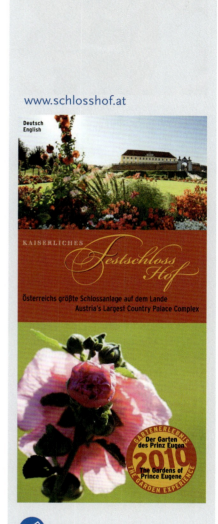

Erstellen Sie nach dem Vorbild von Schlosshof einen Folder für einen Ort/ein Schloss/eine Burg Ihrer Wahl!

Binden Sie dabei Sehenswürdigkeiten, kulturelle und touristische Angebote und die Aufforderung zum Besuch des Ortes ein!

Versuchen Sie ruhig auch, mit Wortspielen zu arbeiten und eine durchgängige Seitendramaturgie (Bild-Text-Positionierung, Farben) zu schaffen!

www.himbeere.at

Österreichisches Kulturangebot

„Wien spielerisch erleben und kennen lernen!"

 Wussten Sie, dass ...

die Entstehung der Wiener Rätselrallye auf den kulturellen Erfahrungen eines 13-Jährigen basiert? Der Rallye-Erfinder und zugleich Chef der anbietenden PR-und Eventagentur „Himbeere PR & Events" erlebte im Rahmen einer Wien-Woche, die er als 13-jähriger Schüler mitgemacht hatte, die Stadt vor allem „klassisch": Führungen, Museums- und Theaterbesuche. Das erschien ihm als eine zu passive Beschäftigung mit einer Stadt; so entwickelte er sein Rätselrallye-Konzept als Alternative zu den herkömmlichen Wien-Führungen und erkannte auch dessen Potenzial für Erwachsene.

IUCN = englische Abkürzung für **I**nternational **U**nion for the **C**onservation of **N**ature (**Weltnaturschutzunion**).

Die IUCN ist eine Organisation nicht staatlicher und staatlicher Einrichtungen von derzeit 125 verschiedenen Nationen, deren Expertinnen/Experten-Gruppe 1969 eine Definition für Nationalparks im Auftrag der UNO erstellte, die laufend überarbeitet wird, und die die Einhaltung dieser Nationalparkkriterien kontrolliert. Österreich wurde 1992 Mitglied.

Beispiel Wiener Rätselrallye

Die „Wiener Rätselrallye" wird für drei verschiedene Zielgruppen angeboten – für Jugendliche von 12 bis 15 Jahren, für Jugendliche von 16 bis 19 Jahren und für Erwachsene. Ein Folder liefert die ersten wesentlichen Informationen über die Rätselmappe, die eine auf die jeweilige Altersgruppe abgestimmte Stadtkarte, Fotorätsel und verschiedene Aufgaben enthält.

Während bei den Jugendlichen der Wettbewerbsanreiz prinzipiell geplant ist, ist das Programm für Erwachsene auch ohne Wertung wählbar, die sich jedoch häufig für die Wertungsvariante entschließen – als Ergänzung zu anderen Teambuilding-Events der Agentur. Bei Jugendlichen und Erwachsenen ist der kompetitive Anreiz hierbei der Träger der Information. Lernpsychologisch genial wird das Ziel erreicht: Durch das Erwandern (übrigens bei jedem Wetter!) wird eine Beziehung zur Stadt aufgebaut und Informationen werden fest im Gedächtnis verankert.

Dieses Rätselkonzept ist ohne Probleme auch in andere Bereiche des Kulturtourismus übertragbar, wie wir später noch sehen werden.

Ziele erreicht?

1. Bewerten Sie die Rolle von gedruckten Stadtführern!
2. Welche Funktion erfüllen Prospekte von Städten?
3. Welche Möglichkeiten des Prospektaufbaues gibt es? Vergleichen Sie dazu mehrere Städteprospekte!
4. Unter welchen Voraussetzungen sind Rätselrallyes auch für Erwachsene anwendbar?
5. Arbeiten Sie für einen Ort, eine Stadt oder einen Bezirk eine Rätselrallye für Kinder aus!
    - Versuchen Sie in einem weiteren Arbeitsschritt dasselbe für die Zielgruppe Erwachsene!
    - Entwickeln Sie schließlich ein Alternativkonzept: Derselbe Ort, aber nicht die Highlights, sondern die Geheimtipps!
6. Welche Rolle spielt heute das Internet für den Besuch einer Stadt?

2.6 Nationalparks

Geschichte und Definition der Nationalparks

Nationalparks sind Landschaften mit ursprünglichem oder einem sehr natürlichen Charakter, in denen eine menschliche Nutzung weitgehend ausgeschlossen ist. Laut Definition der IUCN versteht man darunter natürliche Land- oder marine Gebiete, die die ökologische Unversehrtheit eines oder mehrerer Ökosysteme für heutige und kommende Generationen schützen sowie Forschungs-, Bildungs- und Erholungsangebote für Besucher/-innen schaffen sollen. Sie müssen umweltschonend und kulturverträglich sein.

Die IUCN hat 1994 folgende **Managementkategorien** beschlossen:

Kategorie I	Wildnisgebiet/strenges Naturreservat
Kategorie II	Nationalpark
Kategorie III	Naturmonument
Kategorie IV	Biotop- oder Artenschutzgebiet mit Management
Kategorie V	geschützte Landschaft
Kategorie VI	Ressourcenschutzgebiet mit Management

> ❗ Ein Nationalpark ist ein Gebiet zum Schutz von **Ökosystemen** und zu **Erholungszwecken**.

Um in die Liste der IUCN aufgenommen zu werden, sind eine Mindestgröße von 1 000 Hektar und eine charakteristische Naturregion mit speziellen Tier- und Pflanzenarten in entsprechenden Ökosystemen erforderlich. Eine Mindestgröße ist deshalb notwendig, damit dem Schutz von Flora und Fauna Rechnung getragen wird, gleichzeitig aber auch Besucher/-innen die Möglichkeit bekommen, sich hier zu erholen.

Die ersten Nationalparks wurden in den USA errichtet. Sie werden vom National Park Service betreut, das 1916 gegründet wurde, einen weiten Aufgabenbereich erfüllt und vielen Nationalparks weltweit als Vorbild dient. Die Beweggründe, einen Nationalpark zu gründen, waren in den USA aber andere als z. B. in Europa. In den Vereinigten Staaten wurde ursprünglich ein Nationalpark in erster Linie als Erholungsraum für die Bevölkerung aus Ballungszentren errichtet, während Schutz und Erforschung von Flora und Fauna in Europa im Vordergrund standen.

Nationalparks international

Die Nationalparkidee verbreitete sich weltweit sehr rasch und so entstanden zu Beginn des 20. Jahrhunderts die ersten Nationalparks in Europa, weil auch hier aufgrund dichter Besiedlung ursprüngliche, naturnahe Landschaftsgebiete immer seltener und kleiner wurden. Es wurden hier unter diesem Begriff auch **Kulturlandschaftsschutzgebiete** verstanden.

> ❓ Nennen Sie international bekannte Nationalparks und informieren Sie sich über ihre Geschichte und geografische Lage!
>
> Erkunden Sie kulturelle und ökologische Besonderheiten dieser Gebiete!
>
> Klären sie den Begriff einer Kulturlandschaft und nennen Sie typische Beispiele in Europa!
>
> Vergleichen Sie eine Kultur- mit einer Naturlandschaft und geben Sie wesentliche Unterschiede an!

Nur solche Schutzgebiete, die strenge **internationale Kriterien** erfüllen, werden auch als Nationalparks anerkannt. Wenn man Naturschutz als eine Garantie für eine vom Menschen unabhängige und unbeeinflusste Entwicklung der Tier- und Pflanzenwelt sieht, so ist dies notwendig. Weltweit gibt es derzeit rund 3 800 international anerkannte Nationalparks, davon sind mehr als 300 in Europa zu finden.

Um internationale Kriterien zu erreichen und gleichzeitig Naturschutz und Tourismus miteinander zu vereinen, ohne dabei eines von beiden zu vernachlässigen, ist ein entsprechendes **Besucherlenkungskonzept** notwendig. In Schutzgebieten werden menschliche Einflüsse daher in verschiedenen Zonen unterschiedlich toleriert:

Zone I – Kernzone
Darunter versteht man Gebiete mit absolutem Schutz, um eine möglichst ungestörte Entwicklung von Lebensgemeinschaften ohne menschliche Einflüsse zu gewährleisten.

Zone II – Pflegezone
Das sind Gebiete, in denen Störungen und Eingriffe untersagt, Pflegemaßnahmen (z. B. forstwirtschaftliche Arbeiten) aber erlaubt sind. Besucher/-innen dürfen entlang vorgegebener Wege wandern.

Zone III – harmonische Kulturlandschaft
Historisch entstandene Kulturlandschaften sollen hier erhalten und gepflegt werden (z. B. Almen unserer Bergregionen).

Zone IV – Regenerationszone
Intensiv genutzte Gebiete sollen hier durch ökologisch sensiblere Nutzungsformen aufgewertet werden.

> ❗ Im Nationalpark soll man das Gefühl haben, sich in einer ganz besonderen Landschaft zu bewegen. Ein rücksichtsvolleres Verhalten der Natur gegenüber soll freiwillig und aus einem Verständnis natürlicher Zusammenhänge in verschiedenen Ökosystemen entstehen.

Österreichisches Kulturangebot

www.nationalparks.or.at

„1981 wurde mit dem Kärntner Teil des Nationalparks Hohe Tauern der älteste Nationalpark gegründet, der jüngste Nationalpark ist der Nationalpark Gesäuse mit dem Gründungsjahr 2002. Derzeit bestehen in Österreich sechs Nationalparks, die mit insgesamt 2 376 km2 rund 2,8 % der Staatsfläche einnehmen. Der Nationalpark Neusiedler See – Seewinkel und der Nationalpark Thayatal sind grenzüberschreitend mit Ungarn bzw. Tschechien errichtet. Der Verzicht auf jede wirtschaftliche Nutzung auf mindestens 75 % der Fläche ist eine Zielsetzung der österreichischen Nationalparkpolitik und Voraussetzung für die weltweite Anerkennung als Nationalpark durch die internationale Naturschutz- Union IUCN. Mittlerweile besitzen alle sechs österreichischen Nationalparks dieses Prädikat."

(Quelle: www.nationalparks.or.at/ Jänner 2010)

Unter www.nationalparks.or.at/np-index (Homepage der österreichischen Nationalparks) finden Sie eine **interaktive Karte,** wo Sie durch Klicken auf einen Nationalpark allgemeine Informationen über das betreffende Schutzgebiet erhalten.

www.hohetauern.at

Nationalpark Hohe Tauern, Wangenitzsee

Nationalparks in Österreich

Nationalparks bilden in Österreich einen wesentlichen Beitrag zum Naturschutz, sollen aber auch der Erholung und Bildung unterschiedlicher Besuchergruppen dienen. Da Naturschutz in Österreich Landes- und nicht Bundessache ist, fällt auch die Kompetenz für Nationalparks in den Bereich einzelner Bundesländer. Neun unterschiedliche Naturschutzgesetze werden daher von den einzelnen Naturschutzbehörden vollzogen. Naturschutz liegt aber im gesamtstaatlichen Interesse. Daher unterstützt und fördert das Bundesministerium für Land- und Forstwirtschaft, Umwelt und Wasserwirtschaft die Nationalparks und schließt mit den einzelnen Bundesländern Verträge ab, in denen die Finanzierung geregelt wird.

Heute sind die österreichischen Nationalparks nicht nur Umweltbildungszentren, sondern auch erfolgreiche regionale Leitprojekte und Anziehungspunkte für Besucher/-innen aus aller Welt. Mit modernem Management und insgesamt mehr als 300 engagierten Mitarbeiterinnen/Mitarbeitern ist es gelungen, allen Bevölkerungsschichten und Altersgruppen ein hochwertiges Naturerlebnis anbieten zu können. Die Nationalparkverwaltungen besitzen ausgezeichnete Infrastruktur-Einrichtungen, wie Besucherzentren, Informationsstellen oder Forschungswerkstätten. Themenwege, Ausstellungen und Exkursionen runden das Programm für Besucher/-innen ab.

Bestehende Nationalparks in Österreich			
Nationalpark	**Bundesland**	**Fläche (km²)**	**IUCN-Kategorie**
Hohe Tauern	Kärnten/Salzburg Tirol	1 800	II/V – Nationalpark bzw. geschützte Landschaft
Neusiedler See – Seewinkel	Burgenland	98	II – Nationalpark
Donau-Auen	Niederösterreich/ Wien	93	II – Nationalpark
Thayatal	Niederösterreich	13	II – Nationalpark
Kalkalpen	Oberösterreich	210	II – Nationalpark
Gesäuse	Steiermark	110	II – Nationalpark
Nockberge	Kärnten	184	V – geschützte Landschaft

Nationalpark Hohe Tauern

1981 wurde dieser Nationalpark als der erste in Österreich in die Liste der Nationalparks aufgenommen. Der Nationalpark Hohe Tauern erstreckt sich über die drei Bundesländer Kärnten (373 km²), Salzburg (805 km²) und Tirol (610 km²). Mit rund 1 800 km² Gesamtfläche ist er der größte mitteleuropäische Nationalpark und zugleich der größte des gesamten Alpenraums.

In diesem Nationalpark wird eine der letzten großflächig zusammenhängenden, unberührten Gebirgslandschaften mit charakteristischen Geländeformen sowie einer einzigartigen Tier- und Pflanzenwelt geschützt.

Bei der Grenzziehung und Einteilung in Außen- und Kernzone wurde die Landschaft der Tauernregion in drei unterschiedliche Bereiche gegliedert:
1. Fels- und Eisregion
2. Zone der alpinen Rasen und Matten
3. Zone der landwirtschaftlichen Nutzung

Zur Außenzone des Nationalparks wurde jener Bereich der alpinen Kulturlandschaft erklärt, der von Bergbäuerinnen/Bergbauern nachhaltig gestaltet und gepflegt wurde. Diese Almen bieten heute Erholungssuchenden ein abwechslungsreiches Landschaftsbild. Im Gebiet des Nationalparks ist die Nutzung der Natur durch den Fremdenverkehr eingeschränkt. Ziel ist hier ein ökologisch und sozial verträglicher Bildungs- und Erholungstourismus.

Nationalpark Neusiedler See – Seewinkel

Dieser von der IUCN anerkannte Nationalpark in Österreich wurde 1993 mit großer Akzeptanz der Bevölkerung im nördlichen Burgenland errichtet.

Im westlichsten Ausläufer der Ungarischen Tiefebene östlich des Neusiedler Sees im Seewinkel gelegen, wurden die benötigten Flächen in sieben Gemeinden von einer Nationalparkgesellschaft gepachtet. Die gleichzeitige Schaffung eines Nationalparks auf ungarischem Staatsgebiet ist das Ergebnis internationaler Zusammenarbeit zum optimalen Schutz von Flora und Fauna.

Die Naturzone, der südliche Teil des 320 Quadratkilometer großen Steppensees mit einer durchschnittlichen Wassertiefe von 1,10 m sowie die angrenzenden Wiesen, der breite Schilfgürtel, die Salzlacken und durch Jahrhunderte entstandene Hutweiden sind Ökosysteme von großer biologischer Bedeutung.

www.nationalpark-neusiedlersee-seewinkel.at

Neusiedler See – Lange Lacke

Nationalpark Donau-Auen

Als größte weitgehend intakte Aulandschaft Mitteleuropas erfüllt dieses Gebiet in unmittelbarer Nähe der Bundeshauptstadt eine Fülle von Aufgaben. Als Trinkwasserspeicher, natürlicher Hochwasserschutz und grüne Lunge Wiens muss dieser Nationalpark auch einem Bildungs- und Erholungsauftrag nachkommen. Gekennzeichnet durch seine große Artenvielfalt in Flora und Fauna, wird der Auwald oft mit Ökosystemen tropischer Regenwälder verglichen.

Der Nationalpark Donauauen umfasst die letzte großflächige zusammenhängende Aulandschaft in Mitteleuropa mit einer Fläche von rund 93 km², wovon 71 km² in Niederösterreich und 22 km² in Wien liegen.

Durch seine Nähe zu kulturellen Sehenswürdigkeiten, wie den Marchfeldschlössern und Petronell-Carnuntum bietet sich den Besucherinnen/Besuchern eine Reihe von Möglichkeiten.

www.donauauen.at

Nationalpark Donau-Auen bei Orth an der Donau

? Welchen Stellenwert hat dieser Nationalpark gerade für die Wiener Bevölkerung? Welche Rolle spielte er in jüngster Geschichte?

Nationalpark Thayatal

Der Nationalpark Thayatal liegt im niederösterreichischen Grenzgebiet zur Tschechischen Republik und erstreckt sich über eine Fläche von 1 330 Hektar. Er findet eine ideale Ergänzung im anschließenden Nationalpark Podyji, der eine Gesamtfläche von 6 500 Hektar umfasst. Dieser tschechische Nationalpark wurde im Juli 1991 nach dem Fall des Eisernen Vorhangs eingerichtet.

Der Grenzfluss Thaya zwischen dem nördlichen Waldviertel und Tschechien gab dem kleinsten Nationalpark Österreichs seinen Namen.

Seit dem Inkrafttreten der strengen Schutzauflagen (wie z. B. Einstellen der Holzschlägerung) konnten in den Auwäldern erfreuliche Veränderungen der Artenvielfalt sowohl der Flora als auch der Fauna festgestellt und für die Besucher/-innen dokumentiert werden. Ob es jetzt der deutliche Rückgang der Fichten gegenüber den Laubhölzern ist oder die Wiederkehr von Fischotter und Wildkatze in dieses Gebiet oder das vermehrte Auftreten seltener Insekten – lauter Beispiele für die Sinnhaftigkeit der Naturschutzmaßnahmen, die im Zusammenhang mit diesem Nationalpark gesetzt wurden. Hier liegt das große Erlebnis in der Beobachtung kleiner Details.

www.np-thayatal.at

Thayatal: die Anerkennung und Einstufung in Kategorie II erfolgten im Jahr 2001

Nationalpark Kalkalpen

Der Nationalpark Kalkalpen liegt im Süden Oberösterreichs und umfasst das Sengsengebirge und das Reichraminger Hintergebirge. Das Schutzgebiet ist 20 837 Hektar groß.

Dieser Waldnationalpark ist geprägt durch die verschiedensten Waldtypen mit großem Artenreichtum von hohem ökologischem Wert. Im Gebiet des Sengsengebirges und Hintergebirges erfüllt dieser Nationalpark auch die strengen IUCN-Kriterien. Mit einer

www.kalkalpen.at

Österreichisches Kulturangebot

Nationalpark Kalkalpen: Die Anerkennung und Einstufung in Kategorie II erfolgten im Jahr 1989

www.nationalpark.co.at

Katarakt = Stromschnelle.

Nationalpark Gesäuse

 Erstellen Sie einen anschaulichen Reiseprospekt mit ökologischen und kulturellen Besonderheiten der Region Nockberge!

Stellen Sie darin verschiedene Programmpunkte, die Gastronomie, Preise sowie Beherbergungsmöglichkeiten vor!

Nationalpark Nockberge

Reihe von Bildungsveranstaltungen werden pädagogische Aufgaben erfüllt und der Besucherin/dem Besucher bleibende Eindrücke geliefert.

Österreich leistet mit der Erklärung eines Gebietes zum Nationalpark einen wesentlichen Beitrag zum Schutz von wertvollen Ökosystemen mit ihrer charakteristischen Flora und Fauna, zur Erhaltung von Naturlandschaften bzw. zur Umwandlung von Kulturlandschaften in naturnahe Landschaften, trägt außerdem zum besseren Verständnis natürlicher Vorgänge und Abläufe bei, bietet eine Reihe von Informations- und Bildungsangeboten an und ermöglicht Erholung und spezielle Forschung auf diesem Gebiet.

Nationalpark Gesäuse

Der jüngste Nationalpark Österreichs wurde am 26. Oktober 2002 gegründet. Das derzeit 11 000 Hektar große Gebiet (geplant sind 12 500 Hektar) befindet sich westlich des Ennsknies in der Obersteiermark.

Die Enns bildet im Gesäuse einen einzigartigen Katarakt mit scheinbar senkrechten Felswänden, tiefen Höhlen und markanten Gipfeln. Die unzugänglichen Formationen mit einem Höhenunterschied von fast 1 800 m erlaubten keine wirtschaftliche Nutzung und bildeten somit eine ideale Voraussetzung für vielfältige, artenreiche und einzigartige Flora und Fauna.

86 % des Nationalparks sind Naturzone, in der die Naturlandschaft zu erhalten bzw. zu fördern ist. Der übrige Anteil des Nationalparks ist eine Bewahrungszone, in der eine naturnahe, vom Menschen bewirtschaftete Kulturlandschaft im Mittelpunkt des Schutzinteresses steht.

Nationalpark Nockberge

Als kulturlandschaftlich geprägtes Gebiet wurde dieser Nationalpark im Dreiländereck Kärnten, Salzburg und Steiermark nach massiven Protesten gegen die industrielle Verwertung der Landschaft und die geplante Skigebietserschließung 1986 durch Beschluss der Kärntner Landesregierung gegründet.

Eine einzigartige Flora und Fauna sowie spezielle Gebirgsformationen, „Nocken" genannt, die von der Almwirtschaft seit Jahrhunderten genützt werden, stellen eine interessante Symbiose von Landwirtschaft und Natur dar. Die starke kulturlandschaftliche Nutzung ist aber auch der Grund dafür, dass dieser Nationalpark noch nicht die IUCN-Kriterien erfüllt.

🎯 Ziele erreicht?

1. Welchen Zweck erfüllen Nationalparks?
2. Nennen Sie die Nationalparks in Österreich! Welche von ihnen erfüllen die strengen internationalen IUCN-Bedingungen?
3. Wie werden die Nationalparks von der ortsansässigen Bevölkerung akzeptiert?
4. Lassen sich Tourismus und Nationalparkidee überhaupt vereinbaren? Diskutieren Sie diese Problematik durch die Betrachtung einzelner Nationalparks in Österreich!
5. Präsentieren Sie eine Urlaubswoche in einer Nationalparkregion für eine Zielgruppe Ihrer Wahl, die Folgendes enthalten sollte:
   - Anreisemöglichkeit von Ihrem Schulstandort.
   - Erstellung eines Wochenprogramms (im und in der näheren Umgebung des Nationalparks). Planen Sie auch ein Schlechtwetterprogramm ein!
   - Beherbergung (Übernachtungsmöglichkeiten, gastronomische Versorgung mit Einbeziehung regionaler Spezialitäten).
   - Klärung der Kostenfrage mit speziellen Angeboten.

2.7 Museumsbahnen und Eisenbahnmuseen

Eisenbahngeschichte

Die Anfänge

Die **erste Schienenbahn** auf dem Kontinent war die **Pferdeeisenbahn** Linz–Budweis. 1837 fuhr die **erste Dampfeisenbahn** in Österreich von Floridsdorf nach Deutsch-Wagram. Bis 1910 wurde das österreichische Eisenbahnnetz errichtet. Technische Meisterleistungen wie die Semmeringbahn und Tunnelbauten kennzeichnen diese Epoche.

Das **Salzkammergut** war die erste zusammenhängende Tourismusregion Österreichs. Um den Sommerfrischlerinnen/Sommerfrischlern und Kururlauberinnen/Kururlaubern in den Zentren die Urlaubsregion so nahe wie möglich zu bringen, wurde der Raum im 19. Jahrhundert mit öffentlichen Verkehrsmitteln erschlossen. Die **Kronprinz-Rudolf-Bahn** ist die Hauptstrecke von Attnang-Puchheim nach Stainach-Irdning. Von Bad Ischl verkehrte über die Scharflinghöhe die **Salzkammergutlokalbahn** nach Salzburg. Von der Station Gschwendt fuhr das Schiff nach St. Wolfgang und zur **Schafbergbahn.**

Von Unterach zum Mondsee verkehrte eine Straßenbahn, und die Nordufer von Attersee und Traunsee wurden durch die **Attergaulokalbahn** und die Bahn nach Kammer-Schörfling bzw. durch die **Trauntalbahn** von Vorchdorf nach Gmunden und die Straßenbahn vom Bahnhof zur Esplanade in Gmunden erschlossen.

Bereist man **Hallstatt** mit der Bahn, dann muss man bis heute mit dem Schiff über den See in den Ort fahren. Dies ist die einzige Schifffahrt in Österreich, die auch im Winter aufrechterhalten wird.

Die Gegenwart

Nach 1945 entstand mit dem Auto eine schwerwiegende Konkurrenz für die Bahn. Viele Strecken wurden stillgelegt und dem Fortschritt geopfert. Nur durch die Initiative von **Vereinen der Eisenbahnfreunde** konnten einige Strecken als **Museumsbahnen** weitergeführt werden. Auch **Eisenbahnmuseen** entstanden nach dem Ende des Dampfzeitalters in den 70er-Jahren. Große Modellbahnanlagen zeugen von dem ungebrochenen Interesse an der Eisenbahn. Anfang der 80er-Jahre stand man vor dem Problem, dass die Eisenbahn jener Tage mit der Infrastruktur von gestern die Bahn von morgen sein sollte.

Die **Renaissance der Bahn** ist seit Mitte der 80er-Jahre zu beobachten. Es werden zwar weiterhin nicht rentable Nebenbahnen eingestellt, aber die Hauptstrecken werden modernisiert und auch neue Strecken werden geplant und errichtet (Tullner Feld, Graz–Klagenfurt, Wien–Graz etc.). Heute ist der **Nostalgie- und Museumsbetrieb** ein zentraler Teil des touristischen Angebots in den Tourismusregionen. Oft sind Nostalgiefahrten auf bestehenden Strecken schon Wochen vorher ausgebucht.

Dampfbummelzüge – Museumsfahrten – Nostalgiefahrten

Darunter werden Fahrten mit historischen Lokomotiven und Waggons auf mit fahrplanmäßigem Verkehr betriebenen Strecken verstanden. Sie fanden und finden zu bestimmten Zeitpunkten und Anlässen statt, z. B. am 9. Mai 1998 anlässlich der Feier „100 Jahre Vorortelinie" in Wien.

Museumsbahnen

Nach dem Ende des fahrplanmäßigen Verkehrs organisierten sich in vielen Teilen Österreichs oft Freundinnen/Freunde der Eisenbahn, gründeten Vereine und betreiben heute auf ehemaligen Strecken einen **Museumsbahnbetrieb** mit historischem rollendem Material.

Es folgen einige punktuelle Beispiele, die Sie aus aktuellen Internetportalen aus Ihrer Region vervollständigen können.

Eisenbahnsysteme

Reibungs- oder Adhäsionsbahn
Die Fortbewegung kommt durch den Druck des Motors auf die Unterlage und die dadurch erzeugte Reibung zwischen Triebrad und Schiene zustande. Dies ist die klassische Eisenbahn. Die steilste Adhäsionsbahn der Welt ist die Straßenbahn auf den Pöstlingberg in Linz.

Zahnradbahn mit Zahnstange
Dabei wird mit dem Zahnrad, das in die Zahnstange greift, die Reibung erhöht, und es können große Steigungen überwunden werden. Erhalten sind die Schafbergbahn und die Schneebergbahn. Am Präbichl wurde die Zahnstange abgebaut, und der Museumsbahnbetrieb wird mit Schienenbussen durchgeführt.

Standseilbahn mit Seilrad und Schlepptau
Diese Form ermöglicht den Betrieb im steilen Gelände. Die Festungsbahn in Salzburg und die Schlossbergbahn in Graz sind Beispiele für diese Eisenbahnart.

Murtalbahn mit Burg Finstergrün im Hintergrund

Österreichisches Kulturangebot

Regelbetrieb Schmalspurbahnen
- Mariazellerbahn
- Waldviertelbahn
- Ybbstalbahn
- Höllentalbahn
- Thörlerbahn
- Stainzerbahn
- Feistritztalbahn
- Lokalbahn Mixnit – St. Erhard
- Murtalbahn
- Gurktalbahn
- Vellachtalbahn
- Steyrtalbahn
- Attergaubahn
- Traunseebahn
- Salzkammergut Lokalbahn
- Pinzgauer Lokalbahn
- Zillertalbahn
- Stubaitalbahn
- Bregenzerwaldbahn
- Rheinregulierungsbahn

http://schmalspur.bahnen.at

Mühlviertler Pferdeeisenbahn

www.pferdeeisenbahn.at

Informationen zu den zahlreichen **österreichischen Museumsbahnen** finden Sie unter
www.cusoon.at/eisenbahn

Zahnradbahnen
- Achenseebahn
- Schneebergbahn
- Schafbergbahn
- Erzbergbahn
  (heute Museumsbahn)

Vorortelinie in Wien

Nach der Eingemeindung der westlichen Vororte 1890 wurde diese Linie von Heiligenstadt nach Penzing geplant. Die Schwierigkeit waren die großen Niveauunterschiede, da diese Bahn durch die Täler und Rücken des Wienerwaldes führt. Teilweise wurde die Strecke als Hochbahn und teilweise als Tiefbahn geführt. Unter dem Türkenschanzpark wurde eine Tunnellösung gewählt. Die Eröffnung erfolgte am 11. Mai 1898. Die Planungen der Stationsgebäude führte wie bei den anderen Stadtbahnlinien Otto Wagner aus.

Der **Vorortelinie** blieb der Erfolg versagt. Schon 1932 wurde der Personenverkehr eingestellt. Nach dem Zweiten Weltkrieg wurde ein Gleis demontiert und nur mehr der Güterverkehr aufrechterhalten. Die Wagner-Stationen verfielen und glichen Ruinen. Erst 1987 wurde die Strecke elektrifiziert, das zweite Gleis wieder errichtet, die Stationsgebäude wurden restauriert und eine Jugendstilbahn wurde dem Verkehr übergeben.

Murtalbahn der steiermärkischen Landesbahnen

Die Murtalbahn ist ein **Dampfbummelzug** mit Tanzwaggon, Speisewagen und Musik von Tamsweg nach Murau und zurück. Auf dieser Strecke verkehrten die ersten Dampfbummelzüge Österreichs ab 1968. Angeboten werden Dampfsonderzüge für Betriebs- und Vereinsausflüge, Amateurlokfahrten mit Amateurlokfahrbescheinigung.

100 Jahre Mariazellerbahn

1998 feierte die **Pielachtalbahn,** ein Teil der **Mariazeller Bahn,** ihr 100-jähriges Bestehen. 1907 war die Gebirgsbahn von Laubenbachmühle über Gösing mit dem ca. 2 km langen Tunnel fertig gestellt. Sie gilt als eine der schönsten Schmalspurbahnen Europas. Das ganze Jahr werden **Dampfsonderfahrten** durchgeführt.

Pferdeeisenbahn im Mühlviertel

Sie wurde am 15. Dezember 1872 eingestellt. Am 28. Juni 1996 wurde das erste Teilstück mit 0,5 km Länge wieder eröffnet. Die Strecke soll originalgetreu nachgebaut werden. Auch die Wägen wurden nach alten Vorlagen nachgebaut. In den nächsten Jahren soll die befahrbare Strecke auf drei Kilometer ausgebaut werden. Im Scheitelbahnhof Kerschbaum sind ein Museum und eine Bahnhofsgaststätte untergebracht. Der Bahnhof und die befahrbare Strecke befinden sich am **Pferdeeisenbahnwanderweg,** der von Linz bis zur Staatsgrenze entlang der historischen Anlagen und Gebäude führt.

Ötscherlandexpress

Diese Museumsbahn wird von der **Österreichischen Gesellschaft für Lokalbahnen** seit 1990 von Kienberg-Gaming bis Lunz am See betrieben. 7 000 bis 8 000 Gäste fahren jede Saison mit dem Museumszug. 93 % wollen nach Ende der Fahrt sofort noch einmal fahren.

Rosentaler Dampfbummelzüge

Auf der Strecke Weizelsdorf–Ferlach wurde schon 1951 der Personenverkehr eingestellt. Auf 6 km Länge fährt der Dampfzug nach Ferlach. Schaffner in historischen Uniformen begleiten die Fahrt. In Ferlach wartet ein Oldtimerbus und bringt die Fahrgäste in das **Verkehrsmuseum Historama** in Ferlach.

Gurkthalbahn

Auf einer Reststrecke von 3,3 Kilometern von Treibach-Althofen bis Pöckstein-Zwischenwässern wird seit 1974 die erste Museumsbahn Österreichs betrieben.

Eisenbahnmuseen

Ein großer Teil dieser Museen entstand durch Initiative interessierter und eisenbahnbegeisterter Privatpersonen. Vereine sind meistens die Träger dieser Museen.

Technisches Museum in Wien

In den Schauräumen des Technischen Museums befinden sich **Schaustücke** aus allen Epochen, z. B. die Wägen der Pferdeeisenbahn Linz–Budweis, die erste Elektrolok der Karwendelbahn aus dem Jahre 1912, die Dampflokomotive Ajax aus dem Jahre 1841 oder der Hofsalonwagen von Kaiserin Elisabeth.

Das Heizhaus Strasshof

Strasshof war der 1908 errichtete Zentralverschiebebahnhof an der Nordbahn. Das **Heizhaus** mit einer Fläche von ca. 3 000 m² war das Herzstück dieser Anlage. Die nach dem Zweiten Weltkrieg außer Dienst gestellten Loks wurden hier abgestellt. 1977 wurde der Betrieb eingestellt, und die ÖBB wollten das Heizhaus abbrechen. Der **Erste Österreichische Straßenbahn- und Eisenbahnklub** übernahm das Heizhaus und hält einen Museumsbetrieb aufrecht. Mittlerweile ist das Museum in das Technische Museum eingegliedert.

Es existiert der Gleisanschluss an die Nordbahn, und bei Veranstaltungen werden Museumsfahrten mit Anschluss an die Schnellbahnstation Strasshof durchgeführt.

Heizhaus Strasshof: Internationales Dampflokomotiventreffen 2009

Weitere Bahnmuseen in Österreich
- Museum für Technik und Verkehr Klagenfurt
- Österreichische Gesellschaft für Eisenbahngeschichte Linz
- Salzkammergut Lokalbahn Museum Mondsee
- Technisches Museum Wien
- Tiroler Museumsbahnen
- Wiener Straßenbahnmuseum
- Tramwaymuseum Graz
- Eisenbahnmuseum Schwechat mit Garnituren der ehemaligen Pressburger Bahn
- Waldviertler Eisenbahnmuseum Siegmundsherberg
- Lokalbahnmuseum Innsbruck Stubaitalbahnhof
- Verkehrsmuseum St. Veit an der Glan
- Feldbahnmuseum Freiland bei Türnitz

Modellbahnanlagen

Modellbahnparadies Faak am See
Neben dem Bahnhof Faak befindet sich die größte öffentlich zugängliche private **Modelleisenbahn** Europas. Auf 241 m² sind 500 m Schienen, 140 Loks, 450 Waggons, 4 000 m Kabel, 5 000 Bäume und 600 Miniautos aufgestellt und in Betrieb. Über Lautsprecher ertönen Dampfgeräusche, die das Eisenbahnerlebnis Wirklichkeit werden lassen. Im Bereich der Kärntner Seen ist dieses Modellbahnparadies ein beliebtes Schlechtwetterziel.

Weitere Modellbahnanlagen
- Schloss Gloggnitz
- Verkehrsmuseum St. Veit/Glan
- Historama Ferlach
- Zentralschule der ÖBB, Wien-Südbahnhof

Ziele erreicht?
1. Welcher Zusammenhang besteht zwischen dem Eisenbahnausbau und der touristischen Erschließung des Salzkammergutes?
2. Welche Hintergründe hatte die Einrichtung von Eisenbahnmuseen?
3. Was unterscheidet Fahrten mit Museumsbahnen von Dampfbummelfahrten?
4. Wie funktionierte die Pferdeeisenbahn?

Projekt
1. Wählen Sie ein Thema (auch in Gruppen) aus dem Bereich Eisenbahn in Österreich! Sammeln Sie Material und beschaffen Sie sich Literatur in Bibliotheken und Informationsadressen! Hinweis: Auch das Internet ist eine wichtige Informationsquelle!
2. Erstellen Sie eine Projektarbeit, in der Sie die Informationen verarbeiten!
3. Entwickeln Sie Präsentationsmaterial für die Darstellung Ihres Themas vor Ihren Klassenkolleginnen/Klassenkollegen!
4. Organisieren Sie für eine Exkursion einen Besuch in einem Eisenbahnmuseum oder eine Fahrt mit einer Museumsbahn oder einem Nostalgiezug! Bereiten Sie die Reiseleitung vor!

Österreichisches Kulturangebot

2.8 Ausstellungen

Oberösterreichische Landesausstellung 2012

Transfer = Übertragung, Übermittlung von Daten; hier: Übertragung von Kenntnissen oder Erfahrungen auf andere Situationen.

Museumspädagogik = jene anwendungsorientierte Wissenschaft, deren Ziel die möglichst erfahrungs- und lustbetonte Vermittlung von Objekten und Inhalten in Ausstellungen und Museen ist.

❗ Die Oberösterreichische **Landesausstellung 2012** findet im Bezirk Braunau, in den Städten Braunau und Mattighofen, sowie im benachbarten Bayern, in der Stadt Burghausen, statt. Das Thema der Landesausstellung ist die **Beziehung zwischen Oberösterreich und Bayern.** Speziell behandelt werden das Herrscherhaus Habsburg und das Adelsgeschlecht von Wittelsbach.

2013 richtet das Land Oberösterreich mit dem Kreis Südböhmen eine gemeinsame Landesausstellung unter dem Titel **„Hopfen, Salz und Cyberspace"** aus. Austragungsorte des traditionsreichen kulturellen Events sind die Städte Bad Leonfelden, Freistadt, Èesky Krumlov (Krumau) und Vyšší Brod (Hohenfurth).

www.landesausstellung2012.at

Ausstellungen und Museen sind einander vom Ansatz her ähnlich. Beide sollen Besonderheiten zeigen und für die nachfolgenden Generationen bewahren. Wie dieses Bewahren letztendlich aussieht, ist nicht nur eine Frage des Alters von Ausstellung oder Museum, sondern auch der verschiedenen Absichten. Vielfach wurde – ganz in der Tradition des 19. Jahrhunderts – in den Museen und Ausstellungen unserer Zeit das konservierende Element mit konservativer Darbietung verwechselt. In den Museen und Ausstellungen des Bildungsbürgertums wurde schlicht die fürstliche Schatz- und Kleinodienkammer nachgeahmt.

Bis in die frühen 70er-Jahre unseres Jahrhunderts hat sich im deutschen Sprachraum an dieser Konzeption kaum etwas geändert. Erst dann wurde den Verantwortlichen bewusst, dass die in den Ausstellungsobjekten steckende kulturelle Botschaft auch vermittelt werden muss. In Vitrinen eingesperrte Kultur eignet sich nicht für den geistigen **Kulturtransfer.** Erst die Öffnung der Vitrinen und die Öffnung der Museen gegenüber anderen Darbietungs- und Erfahrungsformen ermöglicht das Öffnen des Geistes. Und darauf kommt es ja schließlich an, wenn wir von der völkerverbindenden Wirkung von Kultur sprechen!

Ausstellungen sollten – unabhängig von ihrer Größe – ein eng umgrenztes Thema haben. Ist das Thema zu umfangreich, laufen die Ausstellungsplaner/-innen Gefahr, den roten Faden zu verlieren. Dieser rote Faden ist auch bei Museen die unabdingbare Voraussetzung dafür, dass im Gedächtnis der Besucher/-innen etwas haften bleibt. Dieser didaktische Anspruch war zwar in gewisser Weise immer vorhanden, aber die Umsetzung war lange Zeit umstritten.

Die **Museumspädagogik** der 80er-Jahre brachte dann etwas Schwung in die Aufbereitung. Heute ist eine große Ausstellung – wie eine Landesausstellung – ohne museumspädagogisches Team undenkbar. Die pädagogisch-didaktischen Überlegungen sind schon allein deswegen notwendig, weil ja nicht nur Insider/-innen und Fachleute eine Ausstellung oder ein Museum besuchen sollen. Die ganz normale Besucherin/der ganz normale Besucher (die kulturelle Laufkundschaft gewissermaßen) ist die erste Adressatin/der erste Adressat museumspädagogischer Bemühungen. Besonderes Augenmerk sollte – wie wir schon an anderer Stelle gehört haben – den Gästen und Besucherinnen/Besuchern von morgen, den Kindern, geschenkt werden.

Landesausstellungen

Zu den aufwendigsten Ausstellungen in Österreich zählen die **Landesausstellungen,** die von Bundesländern durchgeführt werden. Besonders die Bundesländer Niederösterreich, Oberösterreich, Steiermark und Kärnten machen durch gut organisierte und auch thematisch hochinteressante Landesausstellungen immer wieder von sich reden, aber auch Salzburg und das Burgenland haben schon einige sehenswerte Veranstaltungen hervorgebracht, darunter die legendäre „Keltenausstellung" in Hallein, die mit dem oberösterreichischen Standort Steyr gekoppelt war.

Die längste Tradition haben Landesausstellungen in Niederösterreich. Die erste Großveranstaltung dieser Art fand 1976 im **Stift Lilienfeld** statt – sie beschäftigte sich mit den **Babenbergern.** Auch die Millenniumslandesausstellung 1996 nahm mit der Wahl des Standortes Neuhofen an der Ybbs im Mostviertel Bezug zu den ersten Landesherrn Österreichs.

Landesausstellungen werden in Österreich meist für die Dauer von sechs Monaten konzipiert. Sie starten fast immer Ende April und dauern bis Ende Oktober, um einen letzten großen Besucheransturm am Nationalfeiertag zu ermöglichen.

Die nachfolgenden Beispiele sind hinsichtlich ihres Konzepts und ihrer museumspädagogischen Umsetzung bemerkenswert.

Niederösterreichische Landesausstellung 1994

Die Ausstellung **Die Fürstenberger. 800 Jahre Herrschaft und Kultur in Mitteleuropa** beschäftigte sich mit der überregionalen und der regionalen Bedeutung eines europäischen Adelsgeschlechts. Dass die Standortwahl auf die niederösterreichische Gemeinde **Weitra** fiel, hat seine Ursache in der miteinander verknüpften Geschichte von Stadt und Adelsfamilie. Die eigentlich in Deutschland beheimateten Fürstenberger waren im 17. Jahrhundert in den Besitz der Stadt Weitra gekommen und blieben es bis 1848. Darüber hinaus fügte sich die Fürstenbergische Schlossbrauerei nahtlos in die Waldviertler Biertradition ein.

Für die Ausstellung wurden nicht nur das Schloss und die Taverne in Topzustand gebracht, sondern auch der sehenswerte Stadtplatz von Weitra mit seinen Sgraffitohäusern. Die erhofften Auswirkungen und Synergieeffekte der Ausstellung auf die Regionalentwicklung blieben jedoch weit unter den Erwartungen.

Als misslungen abzutun ist diese Landesausstellung jedoch keineswegs. Das „Team Museumspädagogik Niederösterreich" leistete mit der Einführung einer Sammelmappe, die jeder Besucherin/jedem Besucher zur Verfügung gestellt wurde, hervorragende didaktische Aufbauarbeit. Auf dem Rundgang durch die Ausstellung konnten die Besucher/-innen in ausgewählten Räumen vierfarbige **Informations- und Rätselblätter** im A4-Format in ihre Mappen einordnen und so einen guten Überblick über die Intentionen der Ausstellung erhalten. Diese sechs Sammelblätter bildeten mit ihren knapp gefassten Informationen und Fragen den roten Faden:

- Das Lehenswesen: organisiertes Chaos, historische Erklärung, Herkunft der Fürstenberger.
- Zwischen Dienen und Herrschen: Familienchronik, ein Fürstenberger als Diplomat.
- Weitra – wer ist hier der Boss? Stadtgeschichte, Konflikt Bürger – Stadtherr.
- Wald – Quelle des Reichtums: Holzwirtschaft und industrielle Revolution, ein adeliger Unternehmer.
- Leidenschaften der Fürstenberger: Fürstenberger als Kultur- und Eventveranstalter, adelige Damen.
- Sammlungen der Fürstenberger: Fürstenberger als Sammler und Mäzene.

Auf der Rückseite der Informationsblätter wurden die Rätselfragen gestellt und jeweils drei Antwortmöglichkeiten angeboten. Die Lösungsbuchstaben der richtigen Antworten ergaben schließlich das Lösungswort.

Die Sammelmappe von Weitra konnte auch noch in einer zweiten Ausstellung verwendet werden, die im niederösterreichischen Ausstellungszentrum **Schloss Schallaburg** im gleichen Zeitraum stattfand. Hier gab es fünf weitere Informations- und Rätselblätter der Ausstellung „Genuss und Kunst. Kaffee, Tee, Schokolade, Tabak, Cola". Schrieben die bildungshungrigen Ausstellungsbesucher/-innen ihr Lösungswort (wie schon in Weitra) auf die Postkarte, die als Allonge an der Mappe befestigt war, konnten sie ein weiteres Mal am „NÖ-Ausstellungs-Sammel-Spiel 1994" teilnehmen und ihre Gewinnchancen erhöhen.

Die Idee der **kostenlosen Informationsblätter** ist allerdings nicht neu. Schon rund fünfzehn Jahre zuvor lagen kopierte Informationsblätter zu einzelnen Museumsräumen oder Themengruppen in sämtlichen Berliner Museen zur freien Entnahme auf. Auch in anderen Ausstellungen anderer österreichischer Bundesländer wurden vor 1994 einfache, didaktisch aufbereitete Broschüren vergeben. Es besteht jedoch kein Grund, die museumspädagogische Arbeit, die in Weitra und der Schallaburg geleistet wurde, als Plagiat abzutun – das Rad muss ja schließlich auch nicht noch einmal erfunden werden! Die Leistung besteht in der konsequenten Verbesserung (Vierfarbendruck, Sammelmappe) der guten Idee und in der Erweiterung um den Wettbewerb (Sammelspiel!), der Großen wie Kleinen gleiche Chancen lässt. Gerade diese Kombination unterstützt die Nachhaltigkeit des Gezeigten und fördert die volksbildnerische Aufgabe, die jede Ausstellung eigentlich hat.

Die oberösterreichische Landesausstellung 1987

Die Landesausstellung des Jahres 1987 **Arbeit – Mensch – Maschine. Der Weg in die Industriegesellschaft** im Steyrer Wehrgraben ist in vielerlei Hinsicht ein Meilenstein der österreichischen Ausstellungsgeschichte. Zum einen wurde der Ausstellungsort mit

---

! Nach dem Römerland Carnuntum 2012 findet die **Niederösterreichische Landesausstellung 2013** im Weinviertel statt. Asparn an der Zaya und Poysdorf werden Standorte für die Präsentation des Themas **„Brot und Wein"**.

! Eine Landesausstellung muss nicht zwangsläufig jener Impuls sein, der eine Region aus dem ökonomischen Schatten holt!

Übrigens: Das Lösungswort lautete „Weitra"! Ist doch nicht so schwer, oder?

Allonge = (von frz. allonge – Anhang) hier: ein mit einem Druckwerk verbundener Abrisszettel.

? Legen Sie Kriterien für die „Lebendigkeit" einer Ausstellung fest!

Erstellen Sie einen Raster, in dem Sie die Vor- und Nachteile von verschiedenen Animationselementen (Szenen, Besucheraktivitäten, Touchscreens u. a. m.) in einer Ausstellung sowie ihre Eignung für bestimmte Zielgruppen erfassen!

Living Museum = „lebendes Museum", ein Museum, das durch den Aufbau von Szenen zum Thema, durch animierte Objekte und durch interaktive Installationen die Besucher/-innen zur Mitarbeit und zum Mitleben bringt.

Transmissionsriemen = ein der Kraftübertragung dienender Riemen.

❗ Niemanden ließ diese Ausstellung kalt – sie machte betroffen und regte nicht nur in Schulen zu intensiven Diskussionen über die verschiedenen Schwerpunkte an.

Message = (von engl. message – Botschaft, Nachricht) Information, Gehalt, Aussage eines Kunstwerks, einer Ausstellung.

Bedacht gewählt: Was konnte für das Thema geeigneter sein als eine alte Fabrikshalle? Zum anderen drängte sich Steyr als Veranstaltungsort aufgrund seiner eigenen industriegeschichtlichen Vergangenheit – der Waffenproduktion der Werndl-Gewehre in der k. u. k. Monarchie und der Fahrzeugtechnik – geradezu auf.

Zu dieser Idealkombination von Thema und Ort kam noch ein weiterer Faktor hinzu, der diese Ausstellung zu einem absoluten Renner machte und Steyr nach dem Ende der Ausstellung ein Spitzenmuseum bescherte – **das Museum Arbeitswelt.** Hier in Steyr wurde das Konzept des Living Museum so konsequent umgesetzt, dass sich keine Besucherin/kein Besucher der Wirkung entziehen konnten. Sie wurden so sehr Teil der Ausstellung, dass sie dies erst am Ende der Ausstellung bemerkten. In jedem Raum der vier Schwerpunkte konnten von PCs zusätzliche Informationen abgerufen werden, der Lärm von laufenden oder in Gang zu setzenden Maschinen begleitete die Besucher/-innen, sodass die Grenze vom passiven Beobachten zum aktiven Mitgestalten oder aktiven Erleben rasch überschritten wurde. In vier großen Stationen wurde der Weg vom Handwerk zum Computer dargestellt:

- Vorindustrielle Arbeitswelt
- Industrielle Revolution des 19. Jahrhunderts
- Rationalisierung und Fließband
- Mikroelektronische Revolution

Keine Besucherin/keinen Besucher ließen die Arbeitsbedingungen in der Werkshalle mit den Transmissionsriemen kalt und keine/keiner vergaß die beengten Wohnverhältnisse, die in nachgebauten Wohnräumen illustriert wurden. Dieser sehr emotionalisierenden Form der Aufbereitung setzte der allerletzte Computer im letzten Raum die Krone auf. Geschockt mussten die wissbegierigen Ausstellungsbesucher/-innen feststellen, dass jeder ihrer Einloggversuche auf den anderen PCs auf einem Server mitprotokolliert worden war – und zwar sowohl inhaltlich als auch zeitmäßig. Daraus wurde ihr persönliches Interessenprofil konstruiert. Deutlicher hätte man den Besucher/-innen die Überwachung am modernen Arbeitsplatz gar nicht vor Augen führen können. In einem neben dem Computer liegenden Informationsblatt wurden Beispiele über tatsächliche Überwachungseinrichtungen in der Wirtschaft vorgestellt. Damit schloss sich der pädagogische Kreis: Die Besucherin/der Besucher erfasste, dass sich vielleicht die Arbeitsbedingungen verändert haben, nicht aber die Kontrolle der Arbeitnehmer/-innen – wohl aber die Methoden.

Was können wir daraus lernen? Es ist das Maß der Betroffenheit, der Beschäftigung mit Inhalten, die die Qualität (und die Nachhaltigkeit) einer Ausstellung ausmachen. In unserer medienerfüllten und reizüberfluteten Zeit müssen Ausstellungen und Museen die technologischen Möglichkeiten der Zeit nützen, um Eindrücke zu erzielen. Sie dürfen dabei aber auf die Message – das Ziel, das sie erreichen wollen (das, was bleiben soll) – nie vergessen. Dazu bedarf es einer sehr genauen Planung, um tatsächlich einen roten Faden durch die Ausstellung und das Museum zu ziehen und in der Erinnerung Spuren zu hinterlassen. Dieser Auftrag geht weit über kulturtouristische Überlegungen hinaus. Es ist einer, der sonst immer Lehrerinnen/Lehrern zugeordnet wird: vermitteln, um aus Vergangenem zu lernen.

Die Kernbereiche der Landesausstellung wurden in das neu gegründete Museum Arbeitswelt übernommen. Damit hat sich die Adaptierung eines alten Fabrikgebäudes als langfristig wirksames Konzept erwiesen, das nicht nur das Thema der Landesausstellung weiterführt, sondern mit zahlreichen Sonderausstellungen immer wieder Besucher/-innen nach Steyr führt.

Logo der Landesausstellung in Steyr

🎯 Ziele erreicht?

1. Erläutern Sie die Zielsetzungen und Methoden der Museumspädagogik unter Zuhilfenahme der angeführten Beispiele!
2. Welche Aufgaben können Ausstellungen wahrnehmen, welche müssen sie erfüllen?
3. Wie kann der Erinnerungsfaktor an die Ausstellung verstärkt werden? Ist Merchandising der einzige Weg?

> **Projekt**
>
> 1. Besuchen Sie eine aktuelle Ausstellung an Ihrem Schulstandort oder eine Landesausstellung!
> 2. Analysieren Sie die Aufbereitung der Ausstellung hinsichtlich ihrer Message und der Durchgängigkeit eines didaktischen Konzepts!
> 3. Halten Sie fest, welche museumspädagogischen Maßnahmen für verschiedene Altersgruppen vorbereitet wurden!
> 4. Schreiben Sie eine Kritik zur Ausstellung!
> 5. Erarbeiten Sie zum selben Thema ein Alternativkonzept!

2.9 Museen

Museen gibt es in Österreich derzeit über 700, von denen 539 auf der Website „Österreichs Museen online" registriert und damit abrufbar sind; allein im Bundesland Salzburg sind es 81, in Tirol 53, in Vorarlberg 13, in der Steiermark 58, in Kärnten 52, in Oberösterreich 56, im Burgenland 22, in Niederösterreich 106 und in Wien 98. Museen, die bieten was das Herz begehrt, so weit das Auge blicken kann. Wer gerne in Museen geht, ist gut beraten, sich den **Museumsführer Österreich** zuzulegen – darin sind nicht nur Öffnungszeiten und Kurzbeschreibungen der Inhalte, sondern auch Adressen und Eintrittspreise zu finden.

Versucht man die Unzahl von Museen einer gewissen Systematik zu unterwerfen, so kann man vom Museumserhalter ausgehen und folgende Museen unterscheiden:
- Bundesmuseen
- Landesmuseen (in Wien: Museen der Stadt Wien)
- Stadtmuseen
- Bezirksmuseen
- Museen privater Betreiber/-innen

Diese Differenzierung ist sicher nicht die einzige, aber jene, die Rückschlüsse auf die Besetzung von Führungspositionen, das einsetzbare Kapital für Modernisierung, Merchandising und Werbung und auf die hinter dem Museum stehende Interessenlage zulässt.

Bildungsauftrag kontra Finanzierung

Dass das **Kunsthistorische Museum** als fixer Bestandteil einer Städtereise nach Wien gilt, hat auf Merchandising und Werbung, die Selbstdarstellung und den Bildungsauftrag sowie auf die Preisgestaltung und -staffelung direkte Auswirkungen. Wenn ein Unternehmen wie Siemens ein Museum sponsert, dann kann das sowohl modernes **Mäzenatentum** als auch geschicktes **Product-Placement** sein. Daran ist im Prinzip nichts auszusetzen. Es erklärt aber die Unterschiedlichkeit von Museen.

Die Größe und die kulturtouristische Positionierung von Museen erhöhen den **Finanzierungsdruck** auf die Erhalter. Will man Erfolg haben – und der wird nun einmal in Zuschauerzahlen gemessen –, so kommt man insbesondere in einem großen Museum nicht umhin, das Museum in eine **multimediale Erlebniswelt** zu verwandeln. Der Erwartungsdruck seitens der Internetgeneration ist hoch. Für die Verantwortlichen bleibt es jedoch immer eine Gratwanderung zwischen museumspädagogisch noch vertretbarer **Multimedialisierung** und einer „Disneylandisierung", die zwar Umsätze bringt, der aber der Bildungsauftrag abhanden gekommen ist. Eines ist sicher: Am Puls der Zeit zu sein, ist teuer!

Kleinere Museen haben es da leichter. Sie können als Kontrapunkt agieren und die stillen, langsamen, nicht unbedingt vom Zeitgeist getriebenen Besucher/-innen ansprechen.

---

www.museum.at

? Suchen Sie in Ihrem Schulort für jeden Museumstyp zwei Beispiele!

Erstellen Sie zu jedem Museum eine Kurzinformation, in der die Anreisemöglichkeiten, die Preise und vor allem das Thema des Museums sowie aktuelle Sonderausstellungen angeführt werden!

Bewerten Sie die Eignung für bestimmte Altersgruppen sowie die Merchandisingmaßnahmen (Museumsshop)!

Mäzen = (abgeleitet vom römischen Namen Maecenas) vermögende Privatperson (oder heute Institution oder Firma), die Kunst, Kultur oder Sport finanziell fördert.

Product-Placement = (aus dem Englischen) richtige Platzierung von Gütern in Filmen oder bei Kulturereignissen, um den Kaufreiz und damit den Umsatz zu erhöhen.

Multimedialisierung = Einsatz vieler Medien (Ton, Bild, Video, Computeranimationen, Hologramme u. a. m.) zur Vermittlung von Inhalten.

Österreichisches Kulturangebot

Sujet = (von frz. sujet – Subjekt) Thema, Gegenstand künstlerischer Darstellungen.

Letztendlich ist alles eine Frage der Zielgruppendefinition und des Sujets. Zu einigen Inhalten passt einfach keine laute Erlebnis- oder Eventorientierung. Dies trifft in besonderem Maße auf Freilichtmuseen zu, wo das Erleben und Erfahren im Erwandern besteht.

Folgende Beispiele sollen die unterschiedlichen musealen Ansätze illustrieren.

Das kaiserliche Hofmobiliendepot

Rauminstallation eines Tafelzimmers

www.hofmobiliendepot.at

Das hätte sich Kaiserin Maria Theresia nie träumen lassen, als sie 1747 das **Hofmobiliendepot** gründete, in dem das gerade nicht oder für Umsiedlungen benötigte oder neu angekaufte Mobiliar der Habsburger aufbewahrt und gewartet wurde. Nach der Abdankung Kaiser Karls I. 1918 ging das Depot in den Besitz der Republik über und wurde durch Schenkungen, an den Staat gefallene Erbschaften und Ankäufe ständig erweitert. Nach einer langen Zeit des Dornröschendaseins, in dem das Depot als Geheimtipp und Vorbildersammlung für Möbelexpertinnen/Möbelexperten und Handwerker/-innen galt, wurde das völlig erneuerte und auch von der Präsentation her modernisierte Bundesmuseum 1998 für ein breites Publikum wieder eröffnet. Auf fast 6 000 m² stellt es mit seinen 163 000 Objekten eines der weltweit größten Museen für Wohnkultur dar.

Der gewaltige Finanzierungsaufwand – fast 12,5 Millionen Euro für den Umbau, den Ankauf und die Einbindung zweier zusätzlicher Gebäude sowie die Einrichtung eines Videoraums, eines Archivs, eines Cafés und eines Museumsshops – hat sich aber gelohnt. Auf drei Ebenen werden Sonderausstellungen, Möbel verschiedenster Epochen (vom Barock bis zum zeitgenössischen Design) sowie die Werkstatt präsentiert.

? Informieren Sie sich über die stilistischen Merkmale von Barock-, Rokoko-, Empire- und Biedermeiermöbeln hinsichtlich der Formen, verwendeter Holzarten, Färbungen, verwendeten Stoffarten und -muster!

Schreiben Sie für die angeführten Künstler/-innen jeweils eine Kurzbiografie und bilden Sie auch typische Möbelstücke ab!

Nicht nur die Tatsache, dass hier neben kompletten Raumausstattungen von **Michael Thonet, Adolf Loos, Otto Wagner** und **Josef Hoffmann** auch die schönsten Stücke aus verschiedenen Epochen gezeigt werden, ist bemerkenswert, sondern auch der wirtschaftliche Hintergrund dieses außergewöhnlichen Museums. Die **Schloss Schönbrunn Kultur- und BetriebsgesmbH,** eine private Marketinggesellschaft (die Objekte sind noch immer zu 100 % in Bundesbesitz), betreibt sowohl das Museum als auch das Schloss Schönbrunn als Wirtschaftsbetriebe. Sie ist auch Pächterin der Hofburg, der Hofsilber- und Tafelkammer. Dieser Umstand erklärt auch, dass dem Marketing wesentlich mehr Aufmerksamkeit gewidmet wird als bisher.

Mit dem **Museumsshop** wird dem Umstand Rechnung getragen, dass Besucher/-innen wie auch Kulturtouristinnen/Kulturtouristen bleibende Erinnerungen mitnehmen möchten. Darüber hinaus stellt das **Merchandising** eine profitable Einnahmequelle dar. Alles in allem: ein außergewöhnliches Museum – trotz des sehr spezialisierten Themas!

Elli Riehls Puppenwelt

Ein völlig anderes Museum finden Kulturtouristinnen/Kulturtouristen in der kleinen Kärntner Gemeinde **Treffen** bei Villach: ein Museum voller handgefertigter Puppen.

www.elli-riehl-puppenwelt.at

Mit 28 Jahren begann die natur- und heimatverbundene Kärntnerin **Elli Riehl** mit der Herstellung von Puppen, in denen sie die Kinder der Bergbäuerinnen/Bergbauern ihres Wohnortes verewigte. Was Elli Riehls Puppen so anders machte, war ihre Begabung, das Wesen eines Menschen in der Puppe einzufangen. Nach ihrer Übersiedlung nach Treffen erweiterte Elli Riehl ihr Schaffen – nun wurden auch Erwachsene zum Objekt ihres künstlerischen Genies.

Der Tod ihres Lebensgefährten, der für sie immer ein wichtiger Impulsgeber gewesen war, veranlasste sie, einen Teil ihrer Wohnung zu einem Ausstellungsraum für besonders liebe Erinnerungsstücke umzugestalten. Dadurch wurde Elli Riehls Werkstatt, die schon zuvor viele Menschen angelockt hatte, noch mehr zum Anziehungspunkt der Puppenliebhaber/-innen. Elli Riehl arbeitete bis zu ihrem Tod 1977 an ihren Puppen weiter, und der Strom der Besucher/-innen riss nicht ab.

1990 wurde das kleine Museum großzügig erweitert und in Elli Riehls Puppenwelt umbenannt. Es präsentiert 600 Puppen – Kinder, Burschen, Mädchen, Frauen und Männer, Engel und Märchengestalten.

Was ist an diesem Museum im Vergleich zum Hofmobiliendepot oder zum Kunsthistorischen Museum in Wien so anders? Es ist einmal ganz vordergründig die Größe – vielleicht macht gerade die Kleinheit die Faszination aus. Dann ist es sicherlich das Thema: Landleben und bäuerlicher Lebenskreis, dargestellt an Puppen in handgenähter Kärntner Tracht. Schließlich ist es der sehr private Zugang eines Menschen, der in seinem Lebensumfeld einfach glücklich war und damit seiner Region ein Denkmal gesetzt hat.

So ist ein Museum der stillen Art entstanden – eines, das nicht markt- und marketingorientiert agieren muss; eines für Besucher/-innen, die die Ruhe und die stille Freude suchen. Vielleicht macht gerade das den Erfolg von Elli Riehl aus – dass sie ihn nicht gesucht hat.

> ❓ Sammeln Sie unter Zuhilfenahme des Internets Informationen über ähnliche Puppen- und Spielzeugmuseen in Österreich!
>
> Stellen Sie eine Reise für Puppenliebhaber/-innen zusammen und erzeugen Sie einen kleinen Reiseprospekt!
>
> Begründen Sie zu Beginn des Prospekts, warum Sie dieses spezielle kulturtouristische Angebot erstellt haben!

Das Krahuletz-Museum

Ähnlich umfassend wie die Interessen und der Tätigkeitsbereich seines Begründers präsentiert sich das **Krahuletz-Museum** in Eggenburg. Der lange Zeit in Eggenburg als „Spinner" verschriene Johann Krahuletz (1848–1928) hatte schon in frühester Jugend begonnen, auf den Feldern der Umgebung nach erd- und urgeschichtlichen Fundstücken zu suchen, um sie dem Gutsherrn von Stockern zu verkaufen. Diese Suche wurde zur Leidenschaft, die ihn zeit seines Lebens nicht mehr losließ. Der Bau der Franz-Josephs-Bahn (1867–1869) begünstigte seine nunmehr gezielte Suche.

www.krahuletzmuseum.at

Der mittlerweile ausgelernte Büchsenmacher hatte sich vom wissenschaftlichen Autodidakten zum anerkannten Fachmann entwickelt, der nun auch in seiner Heimatstadt respektiert wurde. Um den drohenden Verkauf der Krahuletz'schen Sammlung ins Ausland zu verhindern, gründeten Eggenburger Honoratioren – der Bürgermeister, der Sparkassenvorstand, der Notar, der Stadtarzt, der Schuldirektor – und der Bezirkshauptmann in Horn 1900 die **Krahuletz-Gesellschaft,** die dem Forscher 1902 „sein" Museum übergab. Gegen eine Leibrente überließ Krahuletz seiner Heimatstadt seine umfangreichen Sammlungen, die bis heute wissenschaftlich aufgearbeitet werden.

Das Museum – eines der drei Eingangstore in den **Kulturpark Kamptal** – stellt einen ganzheitlichen Zugang zu einer Kulturlandschaft dar. Zwar sind die verschiedenen Ebenen thematisch geordnet, aber durch die verbindende Figur von Krahuletz, der auf jeder Ebene zumindest einmal in Erscheinung tritt, entsteht ein Gesamtbild der Region. Und genau das wollte Johann Krahuletz! Besser kann geistiges Erbe nicht gepflegt werden.

- Im **Parterre** bilden Geologie, Mineralogie, die Eiszeit, der Steinkohlenwald von Zöbing und das Eggenburger Meer die Schwerpunkte. Faszinierendes Herzstück dieser Ebene ist ein bewegliches und überflutbares 3-D-Modell des westlichen Weinviertels. Die Besucher/-innen können die Ausdehnung des Eggenburger Meeres, Hebungs- und Senkungsvorgänge und die Entstehung der Urdonau in Zeitraffer nacherleben.
- Der **erste Stock** ist vor allem der Volkskunde gewidmet – eine umfangreiche Uhrensammlung, Glas, Porzellan und Majolika sowie die Röschitzer Bauernstube mit der Kreuzelstichsammlung, die Röschitzer Möbelwerkstatt, die Waffen und Schützenscheiben lassen ein lebendiges Bild des Lebens in den vergangenen Jahrhunderten entstehen.
- Im **zweiten Stock** werden die kulturhistorischen Forschungen von Krahuletz gezeigt. Die Besiedlungsgeschichte seit dem Paläolithikum und die Stadtentwicklung von Eggenburg stehen im Vordergrund.

Majolika = Töpferware mit Zinnglasur.

Kreuzelstich = (auch Kreuzstich) eine Stickart, bei der sich die charakteristischen Kreuzchen zu komplizierten überlieferten Mustern mit einer eigenen Symbolsprache zusammenfügen.

Die museumspädagogischen Anstrengungen des Museums werden durch zahlreiche **Outdoor-Activities** unterstützt und aufgewertet. Zielgruppen für die **Haifischzahn-** und **Fossiliensuche** in der Gemeindesandgrube Kühnring sind nicht nur Kinder, sondern auch stressgeplagte Manager/-innen, die vom Dungl-Zentrum in Gars zur Entspannung hierhergeschickt werden.

Botanisch Interessierte können auf dem **Wanderweg „Baumriesen – Zeitreisen"** Pflanzen vom Karbon bis zum Holozän erforschen, und auch der **Fossilienwanderweg** fügt sich nahtlos ins durchdachte Konzept des Museums.

> ❗ Sie sehen schon – ein ernst genommener Bildungsauftrag hängt nicht von der Größe eines Museums oder allein vom zur Verfügung stehenden Kapital ab, sondern vielmehr von den Menschen, die Kulturvermittlung als Lebensaufgabe verstehen. Und als eine Pflicht, die sie den nachfolgenden Generationen gegenüber haben.

Österreichisches Kulturangebot

Freilichtmuseen

Die österreichischen Freilichtmuseen stehen in der langen Tradition europäischer Freilichtmuseen, die ihre Wurzeln in Skandinavien haben, ihre Anhängerschaft auf den Britischen Inseln gefunden haben und über Deutschland nach Österreich und seine östlichen Nachbarländer ausstrahlten. Im Folgenden einige Beispiele:

- **Kärntner Freilichtmuseum:** erstes Freilichtmuseum in Österreich; 1952 am Kreuzbergl in Klagenfurt entstanden und 1960 nach Maria Saal verlegt.
- **Mondseer Freilichtmuseum Rauchstubenhaus:** in Oberösterreich.
- **Urgeschichtliches Freilichtmuseum Asparn an der Zaya:** 1963 gegründet, in Niederösterreich.
- **Burgenländisches Freilichtmuseum Bad Tatzmannsdorf:** seit 1965.
- **Freilichtmuseum Anzenaumühle Bad Goisern:** seit 1968, in Oberösterreich.
- **Freilichtmuseum Mittermayrhof:** seit 1970, in Pelmberg (Oberösterreich).
- **Salzburger Freilichtmuseum:** in Großgmain.

? Stellen Sie mithilfe des Österreichischen Museumsführers und des Internets eine Liste der Freilichtmuseen zusammen!

Präsentieren Sie in einer tabellarischen Übersicht Lage, Erreichbarkeit, thematische Schwerpunkte, Anzahl der Objekte, benötigte Zeit für eine gründliche Besichtigung, Führungsmöglichkeiten, Öffnungszeiten und Eintrittspreise!

Die Grundidee dieser Museen war die Erhaltung alten bäuerlichen Kulturgutes, das in vielen Ländern eine der wesentlichen Wurzeln kultureller Identität darstellt. Alle diese unter wissenschaftlicher Aufsicht stehenden oder wissenschaftlich geführten Sammlungen sind ganzheitlich, das heißt mit allem „Drum und Dran" – Wohn- und Wirtschaftsgebäude mit originalem Inventar und allen Gerätschaften.

Wenn Museen – wie im folgenden Beispiel – als eine Bestandsaufnahme und Konservierung eines gesamtstaatlichen Kulturerbes gedacht sind, so ist die Präsentation **in situ,** also am ursprünglichen Standort (wie beim Mondseer Rauchstubenhaus), nicht möglich und auch nicht sinnvoll. Alle Objekte müssen dann Stück für Stück abgetragen und am neuen Ausstellungsplatz wieder aufgebaut werden. Gelegentlich wird das auch als Rettungsmaßnahme vor einem drohenden Abbruch notwendig.

in situ = (aus dem Lateinischen) an Ort und Stelle, in natürlicher Lage.

Das Österreichische Freilichtmuseum Stübing

Auch bei diesem Museum geht die Initiative – wie könnte es anders sein – von einem Einzelnen aus. Ohne **Viktor Herbert Pöttler,** der die Bewahrung bäuerlicher Hausformen und Gebrauchsgegenstände zu seiner Lebensaufgabe gemacht hat, gäbe es diese umfassendste Dokumentation österreichischer Bauernhausformen nicht.

www.freilichtmuseum.at

! Die Einmaligkeit dieses Museums wird durch einen ausgezeichnet gestalteten Führer unterstrichen. Haben Sie Lust bekommen, in unsere bäuerliche Vergangenheit einzutauchen?

Ein Stübinger Prunkstück: der Sallegger Moar – ein oststeirisches Rauchstubenhaus aus Birkfeld

Rauchstubenhaus „Sallegger Moar" im Österreichischen Freilichtmuseum Stübing

Dass so aufwendige Museen ohne großzügiges **Sponsoring** und ohne unbürokratische Unterstützung des quartiergebenden Bundeslandes oder auch der Gemeinde nicht möglich sind, versteht sich von selbst. Für das Museum in Stübing hat das Land Steiermark ein über 50 Hektar großes Areal zur Verfügung gestellt; ansonsten läuft dieses Museum in Selbstverwaltung – was sich bisher bestens bewährt hat.

Sponsoring = finanzielle Zuwendungen für Kulturveranstaltungen oder Museen durch Firmen oder Privatpersonen.

2 Beispiele des kulturtouristischen Angebotes

In Stübing sind an die 100 Objekte aus allen Bundesländern, vom Bregenzer Wald bis ins Südburgenland, vom Waldviertel bis nach Kärnten und natürlich auch aus der Steiermark, den Besucherinnen/Besuchern zugänglich gemacht. Was den besonderen Reiz dieses Museums ausmacht, ist die liebevolle und in einmaliger Weise zu den Regionalbeispielen passende Gestaltung der Bauerngärten – und die Ruhe dieses österreichischen Mikrokosmos.

Das Freilichtmuseum Bad Tatzmannsdorf

Dieses regionale Museum widmet sich besonders den für das Südburgenland charakteristischen **Holzbauten mit Strohdeckung.** Was hier aus den politischen Bezirken Oberwart, Güssing und Jennersdorf zusammengetragen wurde, sind die letzten Zeugen einer vergangenen Zeit.

Bauernhaus

Allzu oft mussten solche Bauten, als unmodern und rückständig eingestuft, dem vermeintlichen Fortschritt und der architektonischen Uniformität weichen. Dieser immer rascher fahrende Zug der Zeit zwang den Landeskonservator und Initiator **Dr. Alfred Schmeller** zur Übersiedelung seiner Objekte von Stegersbach nach Bad Tatzmannsdorf. Hier trafen seine Bemühungen sowohl beim Bürgermeister als auch bei der Kurbad Tatzmannsdorf AG, die ein Areal bereitstellte, auf fruchtbaren Boden. Die heute 24 Objekte repräsentieren die anonyme ländliche Architektur und mit ihr die Kulturlandschaft. Das Museum ist eine kulturelle Abrundung des übrigen touristischen Angebots, das vom Kur- und Wellnessbetrieb bis hin zur Tennis- und Golfakademie reicht.

Kellerstöckl

www.freilichtmuseum-badtatzmannsdorf.at

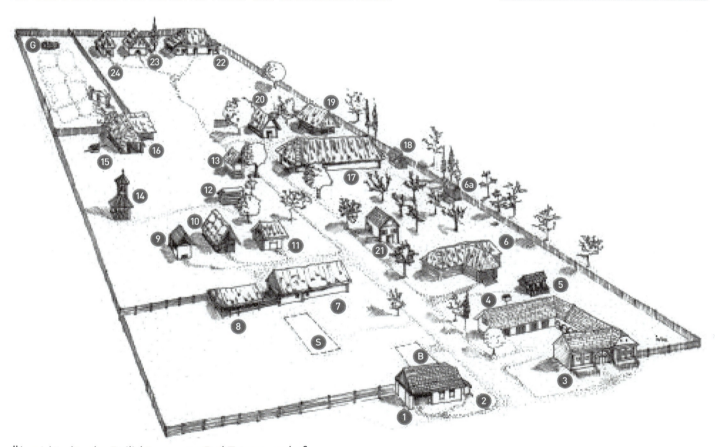

Übersichtsplan des Freilichtmuseums Bad Tatzmannsdorf

1 Schmiede
2 Notstand
3 Arkadenhof
4 Taubenschlag
5 Schweinestall
6 Kreuzstadel
6a Tscharkade
7 Bauernhaus
8 Schweinestall
9 Darre
10 Schüttboden
11 Kitting
12 Bienenhaus
13 Radbrunnen
14 Glockenturm
15 Göpel
16 Fruchtstadel
17 Bauernhaus
18 „Hausel" und Schweinestall
19 Heustadel
20 Kitting
21 Kellerstöckl
22 Presshaus
23 Weinkeller
24 Weinkeller
B Bauernladen
S Stall
G Gesundheitsgarten

Kustos = wissenschaftlicher Sachbearbeiter in Museen oder bei Ausstellungen.

❗ Nehmen Sie es als Auftrag, als kulturelles Vermächtnis: Wissen weitergeben – dann können Sie auch Ihre Zukunft gestalten!

Ohne die uneigennützige Betreuung durch den **Kustos** des Museums wären Museen wie dieses nur halb so beeindruckend. Sie können kaum durch multimediale Präsentationen aufgeputzt werden. Sie leben durch sich selbst. Jedes Objekt hat eine zu ihm (und nur zu ihm) passende Form der Präsentation. Wer dies ignoriert, wird mit ziemlicher Sicherheit Schiffbruch erleiden. Was heißt das nun für uns in diesem konkreten Fall? Das Museum braucht Menschen, das es als das begreifen, was es ist: ein Stück von ihnen selbst, ein Stück ihres Lebens und damit auch ihrer Vergangenheit. Solche Menschen sind selten geworden – und ebenso jene, die ihnen zuhören. Dabei ist es doch so einfach: Wer seine Vergangenheit (seine Identität) nicht kennt, nicht weiß, woher er kommt, der weiß auch nicht, wohin er geht.

> 🎯 **Ziele erreicht?**
>
> 1. Betrachten Sie die angeführten Beispiele: Welche Museen eignen sich für multimediale Aufbereitung, welche nicht? Woran liegt das? Begründen Sie Ihren Standpunkt!
> 2. Welche Bedeutung haben Sponsoring und Merchandising im modernen Museumsbetrieb?
> 3. Wie entstehen Museen? Berücksichtigen Sie die historischen Wurzeln, aber auch die konkreten Beispiele!

2.10 Tiergärten und Tierparks

Tiergärten und Tierparks sind nicht erst seit heute kulturtouristische Reiseziele. Mit ihrem Ursprung als **fürstliche Menagerien** stellen sie an sich schon ein kulturhistorisch interessantes Phänomen dar. Durch die Präsentation von Wildtieren aus möglichst vielen Regionen der Erde machten sich europäische Zoos im 19. Jahrhundert einen Namen und lockten viele schaulustige Touristinnen/Touristen an. In gewissem Sinne „demokratisierten" die Tiergärten das Natur- und Tiererleben, da Expeditionen und Fernreisen nur wenigen finanzkräftigen oder gesponserten Zeitgenossen vorbehalten waren.

Menagerie = (aus dem Frz.) Tierschau, Tiergehege.

Fundraiser = (von engl. fund = Kapital; raise = beschaffen) Menschen, die ihrem Unternehmen oder ihrer Institution externe Geldquellen und Unterstützung – also Sponsoringmittel – zur Finanzierung von Ideen, Innovationen und Verbesserungen erschließen.

Heute haben sich viele Tiergärten unter dem Einfluss der Verhaltensforschung stark verändert – vom barocken Zwinger zur artgerechten Tierhaltung mit großen Freiräumen für die Tiere. Diese Umstellung und der Umstand, dass solche tief greifenden Veränderungen sehr teuer sind, haben einige Tiergartenleiter/-innen zu den innovativsten und erfolgreichsten **Fundraisern** gemacht. Die erfolgreichen Finanzierungskonzepte erlaubten ihnen richtungsweisende Umgestaltungen der Tiergärten, in denen beispielsweise nicht mehr die Tiere, sondern die Besucher/-innen hinter Gittern wandern.

Der Tiergarten Schönbrunn

Auf der offiziellen Homepage wird Schönbrunn als der **älteste Tiergarten** der Welt bezeichnet. Tiergärten gab es in Wien seit 1452 an wechselnden Standorten; der letzte vor Schönbrunn war das Simmeringer-Schloss-Neugebäude.

1570 ließ Kaiser Maximilian II. bei der Katterburg – dem Vorgängerbau des Schönbrunner Schlosses – einen Wildpark einrichten, der allerdings der Jagd diente. Die Errichtung der Schönbrunner Menagerie ist auf den Wunsch Franz Stephans von Lothringen zurückzuführen, dem die bestehenden Gehege zu klein erschienen. In nur einjähriger Bauzeit entstand nach den Plänen des holländischen Hofgärtners Adrian van Steckhoven und des Franzosen Jean Nicolas Jadot de Ville-Issey die **barocke Menagerie** mit 13 um den Pavillon angeordneten Gehegen. Diese Anlage ist heute noch der Kern des Tiergartens. Die 1752 als privates Kleinod eröffnete **Menagerie** wurde 17 Jahre später für die Wiener Bevölkerung bei freiem Eintritt geöffnet.

1921 verhinderten die Wiener/-innen durch eine Spendenaktion die Schließung des Tiergartens. Das Problem der Finanzierung blieb weiterhin bestehen, bis der Tiergarten 1991 aus der Bundesverwaltung entlassen und auf privatwirtschaftliche Beine gestellt wurde. 1992 nahm die **Schönbrunner Tiergarten GmbH** ihre Geschäftstätigkeit auf.

Im selben Jahr wurde der **Verein der Freunde des Tiergartens Schönbrunn** gegründet, der bei der Finanzierung wichtiger Umbauvorhaben eine bedeutende Rolle spielen sollte.

Die Besonderheit dieses Tiergartens besteht nicht nur in der weltweit einzigen erhaltenen und belebten Barockmenagerie oder in den sensationellen Umbauten, sondern in besonderem Maße in der **Finanzierung.**

Der von 1992 bis 2007 amtierende innovationsfreudige Direktor und international anerkannte Experte **Dr. Helmut Pechlaner** entwickelte ein Konzept, das auf zwei Standbeinen ruht und dem auch seine Nachfolgerin Dr. Dagmar Schratter folgt:
- den **Tierpatenschaften,** bei denen die Patin/der Pate einen Teil der Pflegekosten für ein Tier ihrer/seiner Wahl übernimmt (monatlich oder jährlich), und
- dem **Sponsoring** durch Projektbeteiligung, durch Sachspenden und durch Planungs- und Bautätigkeit.

Nicht nur der Tiergarten profitiert auf diese Art, sondern auch die Sponsorinnen/Sponsoren. Jahrespatinnen/Jahrespaten erhalten neben einer Messingtafel mit ihrem Namen am Gehege des Patentieres auch eine steuerwirksame Spendenquittung, da die Schönbrunner Tiergarten GmbH gemäß Einkommensteuergesetz 1998 zum begünstigten Empfängerkreis von Spenden gehört. Darüber hinaus sind die Sponsorinnen/Sponsoren bei Veranstaltungen, auf Hinweis- und Schautafeln sowie auf Werbeflächen immer präsent. Daneben verdient der Tiergarten auch an Workshops, Geburtstagspartys, Bastelkursen, Nachtführungen und Lehrerseminaren jährlich einen erheblichen Zugewinn im sechsstelligen Euro-Bereich.

Schönbrunn ist eine geglückte Verbindung von Kulturerhaltung und Marketing. Als richtungsweisend im Bereich der Tierhaltung und -präsentation gelten das Großkatzengehege, der Elefantenpavillon und das im Oktober 1999 nach einer völligen Umgestaltung wieder eröffnete Aquarien- und Terrarienhaus. Weitere Highlights des Tiergartens sind das 2002 fertig gestellte Regenwaldhaus, in dem sogar tropische Gewitter „erlebt" werden können, das 2003 im Jugendstilbau des ehemaligen Sonnenuhrhauses (bis 1998 „Schmetterlingshaus") eingerichtete Wüstenhaus und das 2004 völlig neu gestaltete Polarium, das vor allem für Kinder viel Unterhaltung bietet.

Der Tierpark Herberstein

Dieser Tierpark hat seine Anfänge in der Haltung von Damwild, die für das 17. Jahrhundert urkundlich verbürgt ist. Seit den 60er-Jahren unseres Jahrhunderts wandelte sich das Damwildgehege zu einem modernen Tierpark. Besondere Impulsfunktion für die Umgestaltung kam dabei der steiermärkischen Landesausstellung „Steiermark – Brücke und Bollwerk" zu.

Besonderes Highlight des Tierparks sind die Geparde, die nicht nur an dem hier für Europa erstmals eingesetzten **Beutesimulator** ihre Schnelligkeit trainieren können, sondern bei denen auch Zuchterfolge aufzuweisen sind.

Seit dem Beitritt zur **EAZA** 1997 ist neben der Arterhaltung in Zuchtprogrammen und der artgerechten Haltung auch die enge wissenschaftliche Zusammenarbeit mit Universitäten ein Schwerpunkt des Tierparks.

Im Bereich der Finanzierung praktiziert Herberstein das Schönbrunner Modell mit **Tierpatenschaften** und **Sponsoring.**

Als zusätzliches Angebot kann Herberstein mit dem **revitalisierten historischen Garten** aus dem 16. Jahrhundert aufwarten.

Barocker Pavillon im Schönbrunner Tiergarten

❗ Auch Wirtschaftskooperationen sind Teil des erfolgreichen Marketingkonzepts. Den Unternehmen werden die Werbeflächen und die richtige Zielgruppe zur Verfügung gestellt sowie natürlich auch das Image des Tiergartens Schönbrunn. Der Tiergarten wiederum profitiert vom Marketingbudget dieser Unternehmen und wird zugleich in deren Werbung mitgetragen.

Erfolgreiches Merchandising

EAZA = European Association of Zoos and Aquaria

Österreichisches Kulturangebot

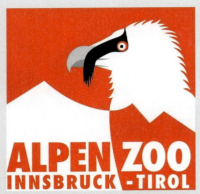

www.alpenzoo.at

www.zooschmiding.at

Ikone = (von griech. eikon – Bild) eigentlich: Heiligen- und Kultbild in der Ostkirche; hier: unveränderliches Erscheinungsbild.

 Sammeln Sie in Ihrer Region Informationen über noch immer praktizierte Bräuche und stellen Sie ihre Ursprünge fest!

Suchen Sie auch nach verloren gegangenen Bräuchen und stellen Sie fest, warum sie nicht mehr praktiziert werden!

Präsentieren Sie die Ergebnisse Ihrer volkskundlichen Feldforschung!

Themenzoos

Im Gegensatz zu den beiden vorher genannten Tiergärten beschäftigen sich Themenzoos mit Tieren, die für eine bestimmte Landschaft oder ein bestimmtes Biotop typisch sind, oder solchen, die einer bestimmten Gattung angehören. Die im Folgenden angeführten Beispiele sind die bedeutendsten Vertreter in Österreich.

Alpenzoo Innsbruck

Der Anfang der 60er-Jahre gegründete **Innsbrucker Alpenzoo** gilt als der bedeutendste Themenzoo Europas. Auf nur vier Hektar Fläche können die Besucher/-innen 1 500 Alpentiere betrachten.

Besonders attraktiv sind die großen **Landschaftsaquarien,** die einen guten Überblick über die alpine Fischfauna geben, sowie die Bartgeier und die Fischotter. Bei beiden Tierarten kann der Zoo auf große Zuchterfolge verweisen.

Zoo Schmiding

Der größte Zoo Oberösterreichs wurde 1982 unter dem Namen Vogelpark Schmiding gegründet und präsentiert sich heute mit seinem modernen Lebensraumkonzept. Zu den zahlreichen Highlights zählen die weltgrößte begehbare Greifvogelanlage, ein Tropenhaus, eine über zwei Hektar große afrikanische Savanne mit Giraffen, Nyala- und Oryxantilopen u. v. a. m. Das ständige Wachstum des Zoos war nur durch viele begeisterte Besucher/-innen (jährlich über 170 000) sowie durch Sponsoring und Tierpatenschaften möglich.

> ### Ziele erreicht?
> 1. Wie entstanden viele historische Tiergärten?
> 2. Erläutern Sie die Problematik der Finanzierung von modernen Tiergärten und die praktizierten Lösungen!
> 3. Warum ist der Erhalt von Tiergärten so teuer?

3   Kultur- und Brauchtumspflege

Kultur, die nicht gepflegt, d. h. aktiv betrieben wird, läuft Gefahr, zur touristischen **Ikone** zu verkommen. Sie stirbt, da ihr der Sinn, nämlich die Bindung an Land und Leute, abhanden gekommen ist. Dies gilt in besonderem Maße für das **Brauchtum,** das ja am deutlichsten die Eigenart einer Region oder einer Gemeinschaft widerspiegelt.

Die Pflege von Bräuchen ist stark mit dem Begriff „Heimat" verbunden. War dieser Begriff wegen seiner historischen Verbindung zum Austrofaschismus und zum Nationalsozialismus noch vor wenigen Jahren verpönt, wird er heute als positiv besetzter Begriff geradezu forciert. Die **Pflege regionaler Identität** ist ja grundsätzlich nichts Schlechtes, solange sie nicht als Mittel zur Ausgrenzung anderer verstanden wird. Sicher ist, dass sie maßgeblich zum regionalen Kulturprofil beiträgt.

Über eines muss man sich allerdings im Klaren sein: Brauchtum ist in erster Linie für die Menschen einer Region da, weil es ihr Leben und ihr Werden reflektiert. Brauchtum ist erst (mit gehörigem Abstand) für Kulturtouristinnen/Kulturtouristen da, die mit- und nacherleben dürfen, was eine Region und ihre Menschen geprägt hat. Vergisst man diesen Grundsatz und ordnet man Brauchtumsveranstaltungen touristischen Zeitzyklen unter, so wird man zur Totengräberin/zum Totengräber allen Brauchtums. Die Menschen der Region verändern damit – häufig ohne es zu wollen – Bräuche in regelmäßige „Zirkusveranstaltungen". Ein Kritiker massentouristischer Veranstaltungen hat dies einmal äußerst scharf so formuliert: „Der Bauer wird zum Tanzbären."

3.1 Bräuche – fünf Beispiele aus Salzburg

Die im Folgenden dargestellten Salzburger Bräuche zeigen einerseits die Verbreitung von Bräuchen im Alpenraum und andererseits die Bindung an bestimmte Jahreszeiten.

Das Krimmler Hexenspiel

Dieses Spiel gelangte über den Krimmler Tauern aus dem Südtiroler Ahrntal 1890 nach Krimml. Der aus dem Ahrntal nach Krimml zugewanderte „Lindlbauer" Klammer soll das Stück mitsamt den dazugehörigen Masken, den „Larven", mitgebracht haben. Der „Mörtlbauer" Rupert Wechselberger, der auch als Sänger, Dichter und Perchtentänzer bekannt war, übertrug es in den Pinzgauer Dialekt. Die erste Aufführung ist für 1894 belegt, weitere folgten bis 1923. Nach einer langen Pause inszenierte der Lindlbauer Sepp Klammer 1987 das Stück neu und führte es mit der Theatergruppe Krimml auf.

Neben dem **Hexenspiel** bringt die Theatergruppe seit Anfang der 90er-Jahre auch noch das **Doktor-Faust-Spiel** und das **Anton-Wallner-Spiel** zur Aufführung. Sie erhält damit die Tradition des **Volksstückes** im ländlichen Raum, in dem lokale oder historische Ereignisse dargestellt werden. Durch die Einbeziehung von Sagen- und Märchengestalten sollen die Ängste einer hart arbeitenden bäuerlichen Bevölkerung vor Naturgewalten und Unvorhersehbarem verarbeitet werden. Viele dieser Volksstücke transportieren auch oft als Botschaft eine „Moral von der Geschicht".

> Ein für den Alpenraum typischer Vulgoname.
>
> Ein Vulgoname, auch Genanntname, ist ein Name, wo der Hausname aufgrund der Bindung an einen Bauernhof, den wirklichen Namen einer Person überlagerte oder völlig verdrängte. Der Name hatte mehr die Funktion einer Adresse als die Funktion eines Familiennamens.

Die Tresterer

Jedes Jahr suchen die Tresterer in bestimmten Raunächten der Vorweihnachtszeit sowie am Vorabend des Dreikönigstags die Bauernhöfe der Region Stuhlfelden, Zell am See, Lofer, Bruck an der Glocknerstraße und in Salzburg auf.

Die Tresterer-Pass (Gruppe) besteht aus dem **Hanswurst**, den **Tresterern (Schönperchten)**, **Schiachperchten**, Begleitfiguren und Musikantinnen/Musikanten. Jede der Figuren verkörpert eine Schutzfunktion, die der besuchten Familie im kommenden Jahr nach dem alten Perchtenspruch „an Fried'n, an G'sund und an Reim (Glück)" bringen soll.

> Ihr Name leitet sich vom Wort „trestern" (= herumtreten) ab, was auf die landwirtschaftliche Herkunft des Brauches schließen lässt. Bevor sich das Dreschen des Getreides verbreitete, wurden die Getreidekörner mit stampfenden Bewegungen aus den Garben herausgetreten.
>
> **Charakteristika der Hauptfiguren**
> - Die **Tresterer** sind die Namensgeber der Gruppe. Ihre kostbaren Brokatgewänder sind in den Kultfarben rot (für Abwehr) und weiß (für Reinheit) gehalten. Dazu gehört eine goldverzierte Krone mit etwa 50 weißen Hahnenfedern und Bändern, die das Gesicht verbergen, der federkielbestickte Bauchgurt, das Tresterertüchl, die wollenen Schwendlinge sowie handgemachte Schuhe. Eine sehr wertvolle Ausstattung, die das Lichte, das Gute verkörpern soll.
> - Die **Schiachperchten** verkörpern die Unbill der Natur wie dunkle Wintertage, Unwetter, Blitzschlag und Lawinen. Mit ihren furchterregenden Masken und dem Lärm der Schellen vertreiben sie das Böse.

Der Tanz der Zeller Tresterer in Zell am See

Der Besuch der Tresterer wird vom Hanswurst bei den Bauersfamilien angekündigt. Er lässt die Schiachperchten in die Stube um das Dunkle und Böse zu vertreiben.

Ihnen folgen die restlichen Begleitfiguren. Die Tresterer werden vom Vortresterer angeführt, der mit dem „Hobelschritt" einen Kreis für die Tänzer/-innen reinigt und sie anschließend in den Kreis führt. Der **Tresterertanz** besteht aus Vor-, Spiel- und Nachtanzl. Nach Beendigung des Tanzes verlassen die Tresterer die Stube. Der Vogelpercht tritt auf und legt ein Ei auf den Stubenboden – Symbol für neues Leben und Fruchtbarkeit. Dann zieht die Gruppe weiter zum nächsten Hof.

Logo der Zeller Tresterer

Utensilien = (von lat. Utensilia – Werkzeug) Werkzeug, Gegenstand, Gerätschaft.

Kraxe = Rückentrage aus Weiden- oder Haselgeflecht.

Die Rauriser Schnabelperchten

Diese Perchten mit ihrem charakteristischen langen Schnabel suchen – wie auch die Tresterer in Stuhlfelden – vor dem Dreikönigstag die Bauernstuben heim, um die Ordnung und Sauberkeit der bäuerlichen Stube zu überprüfen. Die Schnabelperchten sind in alte Kittel gehüllt und tragen als Utensilien eine Kraxe, eine Schere und einen Reisbesen mit. Mit lauten „Qua-Qua"-Rufen jagen sie den Bewohnerinnen/Bewohnern – vor allem den Kindern – Angst ein und drohen ihnen ihre Bäuche mit der Schere aufzuschneiden, sollten sie Mist finden, diesen den Bewohnerinnen/Bewohnern in die Bäuche zu stopfen und sie in der Kraxe mitzunehmen.

Dieser Brauch stellt vermutlich eine Reflexion einer feststehenden Erwartung dar: Die bäuerliche Stube als Ess-, Wohn- und Sozialraum musste sauber gehalten werden, von dieser Stube wurden Rückschlüsse auf die sonstigen wirtschaftlichen Tätigkeiten der Familie gezogen. Es wurden also nicht nur der Fleiß und die Ordnungsliebe der Bäuerin überprüft, sondern auch, ob die Kinder zu ebendiesen Tugenden angehalten wurden. Da dieses Ritual eingespielt ist, finden die Schnabelperchten meist nichts und ziehen mit Schnabelklappern und „Qua-Qua" weiter.

Die Rauriser Schnabelperchten

Das Ranggeln am Hundstein

Dieser Brauch ist nicht nur in Salzburg, sondern auch in Tirol und in Bayern weitverbreitet. Er ist ein typischer Männerbrauch, denn beim „Ranggeln", einem nach festen Regeln ablaufenden Ringkampf, werden die kräftigsten Burschen eines Ortes, eines Tals oder des gesamten Bundeslandes ermittelt.

Der absolute Höhepunkt des Ranggerjahres ist das alljährliche **Ranggeln am Hundstein bei Taxenbach,** das immer am **Jakobitag,** am 25. Juli, stattfindet. Die Kleidung der Ringer ist seit Jahrhunderten gleich: Der bloßfüßige Ranggler tritt in Leinenhemd und rauer Hose an. Wer nicht nur kräftig, sondern auch schnell ist und die Griffe und Würfe besser beherrscht als seine Mitbewerber, kommt eine Runde weiter. Ziel des fünfminütigen Ringkampfes ist es, seinen Gegner zu Boden zu werfen und dort festzuhalten. Prinzipiell fordern die Gegner einander zum Kampf auf. Wer aus dreien solcher Kämpfe letztlich als Sieger hervorgeht, darf für ein Jahr den Ehrentitel **Hagmoar** führen.

Ranggeln am Hundstoa

Dieses Ranggeln ist ein Musterbeispiel für einen lebendigen Brauch. Hagmoar zu sein, bedeutet auch heute noch jedem Salzburger fast mehr als ein Champions-League-Sieg der Salzburger Fußballmannschaft. Dieses Ringen ist ein Symbol archaischer Männlichkeit und hat – nicht zuletzt wegen der atemberaubenden Kulisse – durch die Jahrhunderte seine Faszination nicht eingebüßt.

Das Viehopfer in St. Georgen

Auch wenn dieser Brauch von der katholischen Kirche übernommen wurde – seine Wurzeln sind eindeutig vorchristlich: ein Viehopfer, um die Götter gnädig zu stimmen und Fruchtbarkeit für die Herden zu erbitten.

Georgi-Ritt und Georgi-Kirchweih in der Salzburger Altstadt

Selbstverständlich werden heute keine Tiere mehr geopfert. An ihrer Stelle tragen die Bauern geschnitzte und oft reich geschmückte Holzpferde, -kühe und -schafe zur alten Kirche in St. Georgen an der Glocknerstraße und stellen sie um den Altar auf. Während des Gottesdienstes versammeln sich an die 20 Reiter/-innen auf geschmückten Pferden im Dorf und ziehen dann in einem Festzug zum Kirchplatz. Dort spricht der ebenfalls auf einem Pferd sitzende Pfarrer den Segen über alle Tiere und bittet um ein gutes Jahr.

3.2 Lebendiges Handwerk

Nicht nur die Erhaltung von Brauchtum, sondern auch die **Fortführung traditionellen Handwerks** stellt eine besondere Art von Kulturpflege dar.

Die Beispiele dafür sind in Österreich glücklicherweise zahlreich. Sei es nun die **Fleckerlteppicherzeugung** auf den Mühlviertler und Waldviertler Textilstraßen oder die Herstellung von **Goldhauben** im Salzkammergut oder die Erzeugung von **Maultrommeln** und **Taschenfeiteln** im oberösterreichischen Molln an der Eisenstraße – sie alle tragen zur kulturellen Identität ihrer Region bei.

Taschenfeitel = Taschenmesser mit geschmiedeter Klinge und buntem Holzgriff.

Das große Problem traditionellen Handwerks ist der meist **fehlende Nachwuchs**. Die immer beschwerliche Handarbeit ohne geregelte Arbeitszeit lässt viele junge Menschen vor dem Handwerk ihrer Eltern oder Großeltern flüchten. Als Musterbeispiel für lebendige Kulturpflege kann die **Blaudruckerei Koó** in Steinberg-Dörfl im Mittelburgenland angeführt werden.

Die Blaudrucker aus Steinberg

Was noch vor hundert Jahren als traditionelles Handwerk galt und in vielen Gebieten Österreichs die ländliche Mode farblich prägte – das Färben mit pflanzlichem Indigo – ist heute so selten geworden, dass **Blaudrucker/-innen** in Österreich wohl als Kunsthandwerker/-innen bezeichnet werden müssen.

In der 1921 von Josef **Koó** gegründeten **Färberei** in **Steinberg-Dörfl** kann man noch bei der mühevollen händischen Produktion der blauen Stoffe zusehen. Dem verstorbenen Färbermeister Josef Koó ist die Familie seines Sohnes als Bewahrer der Tradition dieses beeindruckenden Handwerks gefolgt. Seit einigen Jahren betreibt sein Enkel Joseph Koó gemeinsam mit seiner Lebensgefährtin Miriam Schwack die Blaudruckerei. Mit der Übernahme der Verantwortung hat die junge Generation auch deutliche Schritte in Richtung Öffentlichkeit gesetzt: eine schöne und informative Website präsentiert die Geschichte und Technik des Blaufärbens sowie die große Muster- und Produktvielfalt.

www.originalblaudruck.at

❗ Der Betrieb von Joseph Koó wurde 2010 vom UNESCO-Fachbeirat in die Liste „Immaterielles Kulturerbe in Österreich (Traditionelle Handwerkstechniken)" aufgenommen.

Die letzte oberösterreichische Färbermeisterin, Grete Krennbauer, geborene Zötl, hat ihr Gewerbe noch bis 1968 in **Gutau** im Mühlviertel ausgeübt. Die Region hat mit ihrem Tod 1995 zwar eine Zeitzeugin eines beinahe ausgestorbenen Gewerbes verloren, aber in dem ländlichen Barockbau ein beeindruckendes Museum eingerichtet. Gezeigt werden der Produktionsprozess, verschiedene Mustertücher, wunderschöne Modeln sowie persönliche Gegenstände des Meisters und der Gesellen. Im **Zötlzimmer** kann man die Familiengeschichte der Familie Zötl bis zu ihren Wurzeln nach Kufstein zurückverfolgen.

Die Spuren des Färbergewerbes finden sich heute noch in vielen Redewendungen – nur ist den meisten Menschen der Zusammenhang nicht bewusst. Beispiele für diese sprachlichen Kulturspuren sind die Redewendungen „ein blaues Wunder erleben", „grün und blau schlagen", „blau machen", „blauer Montag" oder „in die Mangel nehmen" – sie alle spiegeln typische Arbeitsvorgänge oder -situationen der Blaufärberei wider.

Dem Zeitgeist der 50er- bis 80er-Jahre entsprechend nahm die Nachfrage nach handgefärbten Stoffen stark ab. Erst im Zuge der postmodernen Neuinterpretation des Heimatbegriffs und der wiedergefundenen kulturellen Identität erlebt der Blaudruck eine kleine Renaissance.

Ziele erreicht?

1. Diskutieren Sie die Frage, ob Brauchtum und Massentourismus vereinbare Phänomene sind!
2. Belegen Sie Ihre Argumente mit regionalen Beispielen und/oder Erfahrungen aus Ihrer Umgebung oder Ihren Urlauben!
3. Informieren Sie sich über die Farbe Indigo und andere Färbemittel!
   - Stellen Sie einen kurzen historischen Abriss des Blaudruckens sowie einige pflanzenkundliche Informationen zu Indigo zusammen!
   - Präsentieren Sie die Ergebnisse Ihrer Arbeit in Form einer kleinen Plakatausstellung am Tag der offenen Tür in Ihrer Schule!

4 Spartenspezifisches Management

4.1 Festspiele und Festivals

Festspiele sind Veranstaltungen, die zu einem bestimmten Zeitpunkt oder zu einem bestimmten Anlass stattfinden. Auch können spezielle Themen, wie z. B. Jahrestage oder historische Ereignisse, der Anlass für die Festspiele sein.

Passionsspiele

www.passionsspiele.at

Der Ursprung von Festspielen in Österreich sind die **Passionsspiele** des ausgehenden Mittelalters. Diese waren geistliche Volksschauspiele, die sich aus der Osterliturgie entwickelten. In den Passionsspielen, die oft einige Tage dauerten, wurde das Leiden Christi dargestellt.

In Wien fanden sie regelmäßig beim Stephansdom statt. Ein weiteres Zentrum der Spiele war Tirol. Joseph II. verbot die Aufführungen, aber in den Alpenländern leben sie bis in die Gegenwart fort. Laienspielgruppen haben die Passionsspiele nach 1945 wieder aufleben lassen, z. B. in Erl in Tirol, in Kirchschlag in der Buckligen Welt und in St. Margarethen im Burgenland.

Volksspiele

www.wuerfelspiel.at

? Stellen Sie für historisch interessierte Touristinnen/Touristen die Hintergründe des Frankenburger Würfelspiels dar!

Aus dem Brauchtum und der Überlieferung entstanden Spiele, die regelmäßig durchgeführt werden. Ein Beispiel dafür ist das **Frankenburger Würfelspiel.**

Im Mai 1625 ließ nach der Belagerung von Schloss Frankenburg in Oberösterreich der bayrische Statthalter Graf Herberstorff trotz zugesicherter Gnade am Haushamer Feld die Gemeindevorstände um ihr Leben würfeln. 17 Bauern wurden gehenkt. Die Folge war der Bauernkrieg von 1625/26. In Erinnerung an diese Ereignisse wird seit 1925 alle zwei Jahre bei Leitrachstätten ein Festspiel aufgeführt.

Moderne Festspiele

Der moderne Festspielgedanke wurde im späten 19. Jahrhundert entwickelt. In Zusammenhang mit der Sommerfrische entstand der Bedarf nach Kulturveranstaltungen. Die Künstler/-innen waren ebenfalls auf Sommerfrische und in den Städten fehlte die finanzkräftige Nachfrage. In Wien hatten die Theater Sommerpause und das Kulturleben hatte ebenfalls Urlaub.

Erste Vorläufer waren die Theater in den Sommerfrischeorten. Theater existierten z. B. in Bad Ischl, Baden und Reichenau an der Rax. Die Zielgruppe war das städtische Publikum, das Interesse an Theater, Konzert, Oper und Operette hatte.

Salzburger Festspiele
Geschichte
Schon im 19. Jahrhundert wurde von der Stiftung Mozarteum in Salzburg die Idee zu **Mozart-Festspielen** in Salzburg formuliert.

Der erste **Jedermann** fand am 22. August 1920 auf dem Domplatz statt. Bis zum Jahr 2000 wurde das Stück insgesamt 460-mal im Rahmen der Salzburger Festspiele aufgeführt. Die Salzburger Festspiele sind heute das bekannteste Musik- und Theaterereignis der Welt.

Die Begründer waren Max Reinhardt, Richard Strauss, Hugo von Hofmannsthal und Franz Schalk. Der geniale Theaterleiter **Max Reinhardt** wollte die arbeitslose Zeit der Schauspieler/-innen und Sänger/-innen überbrücken. Er verfolgte den Plan, im Sommer für jede Inszenierung die geeignetsten Kräfte aus ganz Europa nach Salzburg zu holen.

In 80 Jahren entwickelten sich die Salzburger Festspiele zu einem sehr großen und international anerkannten Theaterbetrieb. In den letzten Julitagen und im ganzen August gibt es ca. 170 Veranstaltungen mit ca. 220 000 Eintrittskarten. Neben den großen klassischen Opern und Theaterstücken werden alljährlich auch bedeutende Werke unseres Jahrhunderts vorgestellt.

Ab 1964 war **Herbert von Karajan** Mitglied des Direktoriums und machte die Spiele zu seinen Festspielen. 1967 gründete er die **Osterfestspiele.**

www.festspiele-reichenau.com

Domplatz – Spielstätte des Jedermann

Die Anfänge der Salzburger Festspiele
1917: Gründung des Vereins „Salzburger Festspielhaus-Gemeinde" in Wien mit Zweigverein in Salzburg.
1918: Berufung des Kunstrates: Max Reinhardt, Franz Schalk, Richard Strauss; Hugo von Hofmannsthal und Alfred Roller.
1919: Aufruf und Programmentwurf „Die Salzburger Festspiele" von Hugo von Hofmannsthal.
1920: am 22. August erster „Jedermann" in der Regie von Max Reinhardt auf dem Domplatz.
1921: Neben „Jedermann" finden erstmals auch Konzerte statt.
1922: erste Opernvorstellung (Mozart, Dirigenten: Richard Strauss und Franz Schalk) mit den Wiener Philharmonikern. Erste Uraufführung: „Das Salzburger große Welttheater" (Hofmannsthal). Richard Strauss wird Festspielpräsident (tritt 1924 zurück).

www.salzburgfestival.at

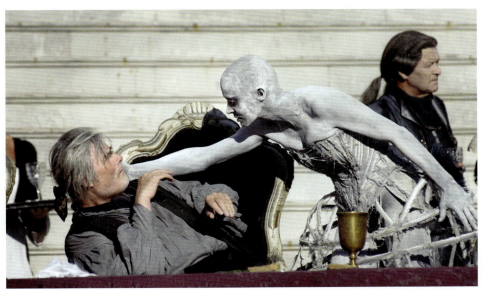

„Jedermann ist ein menschliches Märchen im christlichen Gewande", sagte Hugo von Hofmannsthal. Es war ein genialer Gedanke Max Reinhardts, das alte, von Hofmannsthal zu neuem Leben erweckte Mysterienspiel vom Sterben des reichen Mannes auf diese Bühne zu bringen. 2006 verkörperte die Rolle Peter Simonischek (hier im Bild mit Ulrike Folkerts als Tod).

Österreichisches Kulturangebot

Preisgestaltung und Kosten

Kritik wird hinsichtlich der Preisgestaltung und der Kosten geübt. Die Spiele decken die Nachfrage eines finanzkräftigen, an Spitzenleistungen des klassischen Konzertbetriebes interessierten Publikums, das zum größten Teil aus dem süddeutschen Raum stammt.

Der 1950 geschaffene Festspielfonds legt die Verlustabdeckung fest. 40 % übernimmt der Bund. Je 20 % übernehmen Stadt und Land Salzburg sowie der Tourismus-Förderungs-Fond. Das Festival bringt einschließlich Sponsorverträgen 70 % der Kosten selbst auf. Im Wege der **Umwegrentabilität** sind die Festspiele ein gesamtwirtschaftlicher Erfolg.

Umwegrentabilität = eine Messzahl, die feststellt, in welchem Ausmaß eingesetztes Steuergeld wieder in die Veranstalterregion zurückfließt. Dieses Geld kann in Form von Eintrittsgeldern, Übernachtungen, Aufwendungen für Essen oder sonstige Einkäufe zurückkommen.

Die Salzburger Festspiele sind das größte Festival der Welt. 2002 besuchten 231 432 Gäste die Aufführungen der Salzburger Festspiele. 75 % der Besucher/-innen kamen aus dem Ausland. Die Wirtschaftskrise ließ die Zahl der verkauften Eintrittskarten im Jahr 2009 auf 213 000 mit 23 Millionen Euro Einnahmen sinken. Die Salzburger Festspiele 2009 bestanden aus 199 Veranstaltungen aus den Bereichen Oper, Schauspiel und Konzert.

Das Festspielhaus

Das **Kleine Festspielhaus, die Felsenreitschule** und das **Große Festspielhaus** bilden zusammen mit dem 200 m entfernt gelegenen **Domplatz** und der **Kollegienkirche** den Festspielbezirk.

1606/07 ließ Erzbischof Wolf Dietrich hier Stallungen erbauen, 1662 wurde der Bau verlängert und die **Winterreitschule** errichtet. 1693 wurde ein ehemaliger Steinbruch in die **Sommerreitschule** umgewandelt. 1693/94 hat Johann Bernhard Fischer von Erlach die Fassade zum Sigmundsplatz neu gestaltet und durch ein Marmorportal ausgezeichnet.

Schon 1920 war die zur Kavalleriekaserne umgewandelte Winterreitschule das Schlechtwetterquartier für die erste Jedermannaufführung. 1925 wurde die Reitschule in einen Mehrzwecksaal umgewandelt. Clemens Holzmeister baute 1926 den Raum zu ersten Mal um, und 1937/38 erfolgte durch ihn der zweite Umbau.

1956 bis 1960 wurde nach Plänen Holzmeisters das **Große Festspielhaus** errichtet, das nur durch Abtragung eines Teiles des Mönchsberges Platz finden konnte. Es wurde am 26. Juli 1960 mit der Aufführung von Richard Strauss „Rosenkavalier" unter Herbert von Karajan eröffnet. Das alte Haus wurde umgebaut und steht nun als **Kleines Festspielhaus** zur Verfügung.

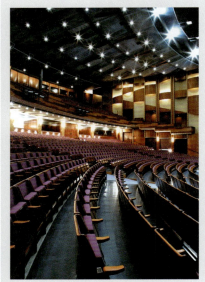

Das neue große Festspielhaus gehört mit einem Ausmaß von 100 m Breite inklusive Seitenbühne zu den größten der Welt

Überdies werden die Winterreitschule und die Sommerreitschule mit den in den Felsen gehauenen Logen als Spielstätten genutzt. Die Sommerreitschule dient als Freiluftarena für große Opern und Schauspielaufführungen.

Weitere Festivals in Österreich

1946 wurden die **Bregenzer Festspiele** gegründet. Die Wiener Symphoniker sind das Orchester der Festspiele und der Höhepunkt ist das Spiel auf dem See. Die Seebühne wurde 1949 eröffnet und ermöglicht den Einsatz von modernster Bühnenmaschinerie und Spezialeffekten.

Die **Wiener Festwochen** wurden 1951 in der viergeteilten Stadt ins Leben gerufen. Damit sollte der Selbstbehauptungswille der Stadt demonstriert werden. Im Mai und Juni finden fünf Wochen hindurch Veranstaltungen statt. Das Theater an der Wien ist Spielstätte für Eigenproduktionen.

Bregenzer Festspiele

www.bregenzerfestspiele.com
www.carinthischersommer.at

Der **Carinthische Sommer** findet seit 1969 in der Stiftskirche Ossiach und seit 1974 auch im Kongresshaus Villach statt. Im Rahmen dieses Musikfestivals wird jedes Jahr eine Kirchenoper aufgeführt.

Seit Ende der 60er-Jahre findet jährlich der **Steirische Herbst** in Graz statt. Dies ist ein Avantgardefestival und beschäftigt sich mit Gegenwartskunst. Das Publikum sind junge, kunstinteressierte Personen aus dem Großraum Graz. Nur 1 % des Budgets wird durch eigene Einnahmen gedeckt.

Die **Styriarte Graz** ist ein Festival im Sommer, das sich mit Musik vom Barock bis zur Romantik auseinandersetzt. Die Veranstaltungen sind mit dem Dirigenten Nikolaus Harnoncourt verbunden. Zielgruppe sind alle Musikinteressierten; jedoch ist dieses Festival in Graz eines der teuersten. 80 % der Besucher/-innen kommen aus dem Großraum Graz.

In Linz findet alljährlich das **Brucknerfest** mit der **Klangwolke** und der Ars Electronica statt. Einerseits wird das Werk Bruckners gepflegt, andererseits moderne Computerkunst gezeigt. Höhepunkt ist die Klangwolke über Linz, die seit 1979 stattfindet. Dies ist ein Open-Air-Event im Donaupark vor dem Brucknerhaus. Dabei handelt es sich um Visualisierungen mit Licht, Laser und Feuerwerkskunst. Das Eröffnungskonzert im Brucknerhaus wird mit 80 000 bis 100 000 Watt ins Freie übertragen. 1988 kamen 150 000 Zuhörer zu Bruckners 8. Symphonie in den Donaupark.

In Krems und St. Pölten findet alljährlich das **Donaufestival** statt.

Bekannt sind auch die **Operettenfestspiele** in Mörbisch, Bad Ischl, Kufstein, Murau und Baden.

Die **Freiluftaufführungen** des Opernfestivals in St. Margarethen im **Burgenland** ziehen jährlich mehr als 150 000 Besucher/-innen an. Auch in Gars am Kamp finden im Sommer Opernfestspiele statt.

Mit dem **Niederösterreichischen Theaterfest** wird an vielen Spielstätten meist auch Freilichttheater geboten. Beispiele sind Perchtoldsdorf, Bad Deutschaltenburg, Melk sowie Reichenau an der Rax.

Aber auch andere Kunstbereiche haben sich die Sommernachfrage zunutze gemacht. Zum alljährlich stattfindenden **Jazzfestival** in Wiesen im Burgenland haben sich auch solche in Salzburg, Saalfelden und Wien etabliert.

www.styriarte.com

Ars Electronica = das Festival für Kunst, Technologie und Gesellschaft.
www.aec.at

www.brucknerhaus.linz.at

❓ Beschreiben Sie das Angebot eines Festivals! Kontaktieren Sie die Festivalorganisationen!

4.2 Kleinkunst und Kabarett

Als **erstes** Kabarett wurde 1906 das „Nachtlicht" gegründet. Später war es die Bühne der „Fledermaus".

Schon **1912** wurde der „Simplicissimus" eröffnet, später das **Simpl** genannt. Auf dieser Bühne spielten **Fritz Grünbaum** und **Karl Farkas** und machten sie zu einer berühmten Institution. Sie entwickelten mit der **Doppelconférence** die zentralen Inhalte des Kabaretts.

In den 30er-Jahren erlebte das politische Kabarett in Wien einen ersten Höhepunkt. 1938 wurden die Kabaretts geschlossen. Viele Kabarettisten wurden inhaftiert, einige konnten emigrieren. Fritz Grünbaum wurde in Dachau ermordet. Karl Farkas gelang die Emigration in die USA. Er kehrte als einer der wenigen nach dem Krieg zurück und fand in Ernst Waldbrunn einen neuen Partner für die Doppelconférence.

Nach dem Krieg entstand in Wien eine neue Gruppe des politischen Kabaretts um Gerhard Bronner, Helmut Qualtinger, Georg Kreisler, Luise Martini, Carl Merz und Peter Wehle. Mit dem **Herrn Karl** schufen Qualtinger und Merz einen literarischen Klassiker, in dem sie mit den historischen Vorgängen in Österreich abrechneten.

Gegenwärtig wird in Österreich ein **Kabarettboom** beobachtet. Es sind besonders in Wien neue Spielstätten entstanden, wie Kulisse, Kabarett Niedermair, Metropol oder Spektakel.

Viele Kabarettistinnen/Kabarettisten haben die Szene erobert, z. B. Andreas Vitasek, Lukas Resetarits, Josef Hader, Schlabarett, Alfred Dorfer, Roland Düringer, Oliver Baier, Alexander Bisenz, Monika Weinzettl, Wolfgang Böck, Viktor Gernot, Günther Paal (alias Gunkl), Bernhard Ludwig, Michael Niavarani oder Robert Palfrader. Gemeinsam ist ihnen allen die Weigerung, herkömmliche politische Witze und Reflexionen betreffend

Kabarett = Bezeichnung für eine kleine Bühne und die dort gebotene Form des Unterhaltungstheaters.

www.kabarett.at

❓ Stellen Sie für kabarettinteressierte Touristinnen/Touristen einen Spaziergang durch Wien zusammen!

www.k-haus.at

www.secession.at

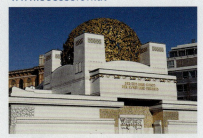

Der Zeit ihre Kunst, der Kunst ihre Freiheit (Motto der Wiener Secessionisten)

Secession = (von lat. secessio – Abspaltung) Abspaltung, Absonderung; bezeichnet in der Kunst die Abwendung einer Künstlergruppe von einer als nicht mehr zeitgemäß empfundenen Kunstrichtung.

Historismus = Kunstepoche im 19. Jahrhundert. Verwendung von Formen aus der Vergangenheit.

www.forum.mur.at

❓ Besorgen Sie sich in einer Bibliothek Literatur über die Wiener Secession und erstellen Sie eine Arbeit über ihre historischen und gegenwärtigen Entwicklungen!

das tagespolitische Geschehen in ihre Programme aufzunehmen. Inhalt der Programme sind der Mensch und seine alltäglichen Stärken und Schwächen. Die Nachfrage ist groß, die Programme sind oft wochenlang ausgebucht.

4.3 Kulturinitiativen

Neben den staatlichen Museen und Sammlungen und den privatwirtschaftlich geführten Galerien sind die Initiativen von Künstlerinnen/Künstlern und kulturinteressierten Personen ein wichtiges Standbein für den Kulturbetrieb. Oft werden diese Initiativen auf Basis eines Vereins organisiert. Den Künstlerinnen/Künstlern wird die Möglichkeit der Präsentation geboten. Somit entsteht eine unabhängige, selbst verwaltete Organisation.

Die älteste Vereinigung von Malerinnen/Malern, Bildhauerinnen/Bildhauern und Architektinnen/Architekten ist das **Wiener Künstlerhaus**. Gegenwärtig besteht auch eine Sektion für angewandte Kunst und Filmschaffende. 1861 schlossen sich Künstler/-innen zu einer eigenen Standesvertretung zusammen und gründeten die „Genossenschaft bildender Künstler Österreichs, Künstlerhaus". Ziel war es, die zeitgenössische Kunst dem Publikum näherzubringen. 1868 wurde das Ausstellungshaus am Ufer des Wienflusses, heute Karlsplatz, eröffnet. Neben der eigenen Ausstellungstätigkeit wurde das Wiener Künstlerhaus als Ort von Großausstellungen bekannt. Ein Künstlerhaus existiert auch in Salzburg und Klagenfurt.

Am bekanntesten ist sicherlich die **Wiener Secession**. Sie wurde 1897 von 19 ehemaligen Mitgliedern des Künstlerhauses als Vereinigung Bildender Künstler Österreichs – Secession gegründet. Ihr Ziel war es, die Vorherrschaft des akademischen Historismus zu brechen. An einem von den Künstlern selbst verwalteten Ausstellungsort sollte sich die Kunst unabhängig und frei entfalten. Die Initiatoren waren u. a. Josef Hofmann, Kolo Moser, Gustav Klimt und Carl Moll. 1898 entstand nach Plänen von Joseph M. Olbrich das Gebäude am Naschmarkt in Wien.

Bis in die Gegenwart blieb die Secession ein bedeutender Ort für die Präsentation österreichischer, aber auch internationaler Künstler/-innen. Ursprünglich wurde jede Ausstellung als ein in sich geschlossenes Gesamtkunstwerk betrachtet. Das 1902 von Gustav Klimt für die 14. Secessionsausstellung geschaffene Beethovenfries kann als Relikt dieser Idee angesehen werden.

Eine weitere Künstlerinitiative ist das **Forum Stadtpark** in Graz, eine Interessen- und Aktionsgemeinschaft von Künstlerinnen/Künstlern, Wissenschaftlerinnen/Wissenschaftlern und Kulturschaffenden. Veranstaltet werden Ausstellungen (Architektur, bildende Kunst, Fotografie), Konzerte, Lesungen, Theater und Filmvorführungen. Namen wie Alfred Kolleritsch, Peter Handke, Wolfgang Bauer oder Barbara Frischmuth sind mit dem Forum Stadtpark verbunden und haben die Entwicklung geprägt. Als Veranstaltungsraum dient unter anderem ein Gebäude im Grazer Stadtpark.

4.4 Veranstaltungen für Kinder
Geschichte der Kindheit

Die Frage, ob Kindheit ein eigener Lebensabschnitt ist oder ob Kinder nur kleine Erwachsene sind, wird seit der Aufklärung gestellt. Kinder waren in Europa seit jeher in den Produktionsprozess integriert. Besonders bei der bäuerlichen Bevölkerung ist es bis in die Gegenwart üblich, dass die Kinder im Betrieb mithelfen. Die Arbeit der Kinder sicherte den Lebensunterhalt der Familien. Dies traf besonders auf die Arbeiterschaft im 19. Jahrhundert zu. Der Wochenlohn einer Person reichte nicht einmal für die Wohnungsmiete. Erst mit der Gewerbeordnung 1886 wurde in Österreich die Arbeit von Kindern unter 14 Jahren verboten.

> **?** Erforschen Sie das Angebot für Kinder in Ihrer Umgebung und planen Sie für Kinder von sechs bis zehn Jahren einen Museums- und Theaterbesuch!

Wie bei vielen sozialen Veränderungen hat auch hier die Entwicklung bei den adeligen Oberschichten eingesetzt. Der Erziehung der Kinder wurde erstmals beim Adel Bedeutung beigemessen. Sie diente der Vorbereitung auf spätere Aufgaben. Im 19. Jahrhundert übernahmen der Geldadel und das industrielle Bürgertum die Gewohnheiten des Adels. Der Erziehung und der kindlichen Entwicklung wurde mehr Aufmerksamkeit geschenkt. Dies zeigt sich in der Entwicklung des höheren Schulwesens im 19. Jahrhundert. Für die Masse der Arbeiter/-innen, Kleingewerbetreibenden und Bäuerinnen/Bauern setzte diese Entwicklung erst mit dem allgemeinen Wohlstand nach 1945 ein.

Die Kinder werden in den letzten Jahren immer mehr als potenzielle Kundinnen/Kunden entdeckt und die Werbebranche setzt zunehmend auf die Kinder. Untersuchungen belegen, dass die Kaufentscheidungen der Eltern von den Kindern bestimmt werden. Sind die Kinder zufrieden, dann sind es die Eltern auch.

Kinderwelt – Spielzeugmuseen

Kinderweltmuseum Schloss Walchen

In diesem 1979 eröffnetem Museum wird die kindliche Kultur verschiedener sozialer Gruppen dargestellt. Ziel ist die Veranschaulichung der verschiedenen Erziehungsformen von der Geburt bis zur Schulentlassung. Es wird der Unterschied zwischen den Bürgerinnen/Bürgern und den Arbeiterinnen/Arbeitern und Bäuerinnen/Bauern aufgezeigt. Dem Überfluss auf der einen Seite steht auf der anderen Seite der Mangel an Spielsachen gegenüber.

Ein Besuch kann mit einer Fahrt mit der Attergaulokalbahn von Vöcklamarkt oder Attersee verbunden werden. Das Museum hat eine eigene Haltestelle.

www.kinderweltmuseum.at

Puppen- und Spielzeugmuseum Mödling

Spielzeug und Puppen aus aller Welt begeistern die Besucher/-innen. Prunkstücke sind eine Puppe aus Pappmaschee aus Dänemark, gefertigt 1830, und ein Biedermeier-Schaukelpferd.

Wiener Teddybärenmuseum

In diesem Museum kann man nicht nur Teddybären aus den letzten 100 Jahren besichtigen, sondern auch im angeschlossenen Museumsshop Künstlerbären und Markenteddybären kaufen.

www.teddybear.org/d.htm

Salzburger Spielzeugmuseum

Dieser Teil des Landesmuseums ist im alten Bürgerspital untergebracht. Der größte Teil der Schaustücke stammt aus der Privatsammlung von Hugo und Gabriele Folk. Sie übergaben ihre Sammlung dem Museum Carolino Augusteum. Es werden 300 Jahre Spielzeuggeschichte mit besonderen Abteilungen für Papiertheater und physikalisches Lehrspielzeug gezeigt. Mehr als ein Drittel der Besucher/-innen sind Kinder unter 14 Jahren. Inmitten der historischen Schausammlung wurde ein Spielzimmer eingerichtet. Dort haben die Besucher/-innen die Möglichkeit, eine Eisenbahnanlage in Betrieb zu nehmen, zu basteln oder mit Baukästen zu spielen.

Theater für Kinder

Kinder als Theaterbesucher/-innen sind eine bedeutende Zielgruppe geworden. Mit den Kindern kommen natürlich auch die Eltern in die Vorstellung.

Viele Theatergruppen bieten heute Theater für Kinder an. Auch die Bundes- und Landestheater organisieren regelmäßig Veranstaltungen für Kinder und Familien. So bietet z. B. die Volksoper Wien Mozartopern für die Familie an.

www.salzburgmuseum.at

Österreichisches Kulturangebot

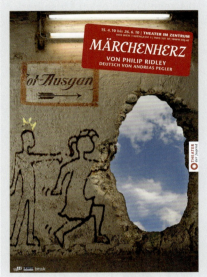

www.tdj.at

www.marionettentheater.at

www.jeunesse.at

Theater der Jugend

Speziell für Kinder und Jugendliche wurde das **Theater der Jugend** geschaffen. Bereits 1932 gegründet, wurde es 1945 wiederbelebt. Es ist als Verein konstituiert, dessen Mitglieder, der Bund, die Stadt Wien und das Burgenland, sich verpflichtet haben, das Theater zu erhalten.

Zu den Prinzipien des Theaters der Jugend gehört die preisgünstige Abgabe von Karten an das jugendliche Publikum und dessen Begleitpersonen. Die Hälfte seiner Ausgaben kann das Theater selbst wieder einspielen. Mit 42 000 Abonnentinnen/Abonnenten ist das Theater der Jugend die **größte Kinder- und Jugendtheaterorganisation Europas.** Es werden sowohl Veranstaltungen in Wiener Theatern vermittelt als auch jährlich ca. zehn Eigenproduktionen geboten.

Der künstlerischen Leitung steht ein pädagogischer Beirat zur Seite. Der Schwerpunkt der Arbeit liegt auf der engagierten Stellungnahme zu altersgemäßen Problemen. Durchschnittlich 150 Mitarbeiter/-innen sorgen für den Betrieb in den beiden Spielstätten **Renaissancetheater** und **Theater im Zentrum.**

Marionettentheater Schloss Schönbrunn

1994 wurde das Marionettentheater im Schloss Schönbrunn gegründet. Die 200 Jahre alte Tradition des Marionettenpuppenspiels in Wien soll hier gepflegt werden. Auf dem Programm stehen die Zauberflöte, Eine kleine Nachtmusik, Aladdin, Schönbrunner Schlossgeschichten, Ritter Kamembert und Sisis Geheimnis.

Für Kinder zwischen drei und neun Jahren werden spezielle Kindergeburtstagsfeiern angeboten, eine Vorstellung und ein Spiel- und Unterhaltungsprogramm für die Kinder und ihre Freundinnen/Freunde.

Kinderführungen in Museen

Viele Museen bieten spezielle Kinderführungen an. Als Beispiel soll hier das Kunsthistorische Museum in Wien angeführt werden. Es gibt Führungen zu einzelnen Themen, z. B. in der Schatzkammer „Des Kaisers schöne Kleider", und in den Schulferien Spielführungen zu verschiedenen Themen.

Jeunesse – Musikalische Jugend Österreichs

Die **Musikalische Jugend Österreichs** (Jeunesse) ist eine Vereinigung zur Organisation von Musikveranstaltungen vorwiegend für alle unter 26 Jahren, sie wurde 1949 in Wien gegründet. In den Bundesländern ist die **Jeunesse** seit 1953 aktiv. Mit einem österreichweiten Netz von derzeit 23 Standorten veranstaltet die Jeunesse jährlich über 600 Konzerte und zahlreiche Veranstaltungen für Kinder und Jugendliche. Dies ermöglicht eine flächendeckende Konzertorganisation in Österreich.

Drei Grundsätze beherrschen die Arbeit der Jeunesse:
- dem jungen Publikum Musik aller Stilepochen in erstklassiger Interpretation zu günstigen Preisen anzubieten,
- jungen Künstlerinnen/Künstlern Auftrittsmöglichkeiten im Rahmen der Jeunessekonzerte zu geben und im Publikum dafür Neugier zu wecken,
- zeitgenössischen Komponistinnen/Komponisten durch die Aufführung ihrer Werke ein neues Forum zu erschließen.

Ein weiterer Schwerpunkt des Jeunesseangebots liegt auf Veranstaltungen speziell für Kinder. Jeden Sommer laden zudem die Jeunessemusikcamps in Salzburg und Graz Kinder und Jugendliche zum aktiven Musizieren ein.

4.5 Theater

Der heutige Theaterbetrieb hat seine Ursprünge im 19. Jahrhundert. Ausgehend von den barocken Theatern an den Fürstenhöfen wie in Wien oder am Hof Esterházy oder in Salzburg, entsteht in der zweiten Hälfte des 19. Jahrhunderts der Theaterbetrieb für die bürgerliche Gesellschaft. Die Nachfrage nach Unterhaltung war groß. Welche Massenveranstaltungen damals stattgefunden haben, zeigt der Ringtheaterbrand vom 8. Dezember 1881. Das am Schottenring in Wien 1873/74 errichtete Musiktheater wurde bei dem Brand vollständig vernichtet, es waren 386 Todesopfer zu beklagen. Der Brand brach vor einer Vorstellung von Hofmanns Erzählungen aus und das Feuer breitete sich von der Bühne in den Zuschauerraum aus. Dies war der Anlass für sehr strenge Sicherheitsvorschriften im Theaterbetrieb, seit damals muss ein **eiserner Vorhang** die Bühne vom Zuschauerraum trennen.

Programm von der Erstaufführung der Zauberflöte im Wieden-Theater (später Theater an der Wien)

Bundestheater

Die Bundestheater sind die ehemaligen k. u. k. Hoftheater:
- die Wiener Staatsoper
- das Burgtheater
- die Volksoper
- das Akademietheater

Im Jahr 2000 wurde eine **Bundestheaterholding** geschaffen. Die vier Bundestheater wurden als Gesellschaften mit beschränkter Haftung neu strukturiert und organisiert. Den Gesellschaften wird ein Budget fix vorgegeben, mit dem sie auskommen müssen. Zusätzlich muss versucht werden, selbst finanzielle Mittel aufzubringen, z. B. in Form von Vermietungen, Gastspielen, zusätzlichen Veranstaltungen, Merchandisingaktivitäten (Verkauf von Artikeln wie CDs in der Pause). Damit soll ein stärkeres Kostenbewusstsein entstehen und das frühere Problem des „Fasses ohne Boden" beseitigt werden.

www.bundestheater.at

❗ Die **Bundestheaterverwaltung** befindet sich in der Goethegasse, 1010 Wien. Karten sind an den Tageskassen in der Operngasse und online unter www2.culturall.com erhältlich.

👉 Wussten Sie, dass … die Bundestheater dem Bundesministerium für Unterricht, Kunst und Kultur als Eigentümer unterstellt sind? Sie wurden im Jahr 2000 aus der Bundesverwaltung ausgegliedert und als Holding und Gesellschaften mit beschränkter Haftung organisiert (www.bundestheater-holding.at).

💬 Kann Kunst nur nach Marktkriterien bemessen werden?

❗ Das **Vienna Classic Online Ticket Office** vermittelt seinen Kundinnen/Kunden nicht nur einen einfachen Überblick über die aktuellen Spielpläne der wichtigsten Veranstaltungshäuser, sondern ermöglicht ihnen auch eine problemlose Online-Buchung.

www.viennaclassic.com

Bundestheater: gute Vorsaison rettet Bilanz

Staatsoper, Volksoper und Burgtheater haben in der Saison 2008/09 rund eine Million Euro Verlust gemacht, aus dem Vorjahr wird aber ein 10-Millionen-Guthaben mitgenommen. Die Auslastung sank in allen drei Häusern

Der Bundestheater-Konzern hat im vergangenen Geschäftsjahr einen Jahresverlust von knapp über einer Million Euro eingefahren. Dank eines Guthabens von rund zehn Millionen Euro aus der Vorsaison konnte der Konzern nun aber mit einem Bilanzgewinn von 9,2 Millionen Euro abschließen. Das gab der Geschäftsführer der Bundestheater-Holding, Georg Springer, am Dienstag bei der Präsentation des Geschäftsberichtes 2008/09 bekannt. Auch in der laufenden Saison soll sich eine schwarze Null ausgehen.

Die vom Bund für zwei Kalenderjahre genehmigte Erhöhung der Basisabgeltung um je 3,5 Millionen Euro wird jedoch zur Gänze in der laufenden Saison aufgebraucht werden müssen, so Springer. Die „hoffentlich rosige" Zukunft hängt ganz vom Ergebnis der vom Kulturministerium beauftragten laufenden Evaluierungen ab.

Diese Evaluierungen seien zwar „ungeheuer arbeitsaufwendig für den Geprüften", hätten jedoch „ungeheuer positive Aspekte", schilderte Springer. Es gebe immer Dinge, die man aus Betriebsblindheit übersehe oder aus Eigenem nicht durchsetzen könnte. Außerdem sei Transparenz das wichtigste Gebot, wenn es um öffentliche Gelder gehe. Die von der Karasek Wietrzyk Rechtsanwälte GmbH erstellte rechtliche Beurteilung der Konzern-Strukturen werde keine grundsätzlichen Änderungsvorschläge bringen, doch „die eine oder andere Änderung wird es geben". Die von Ernst & Young vorgenommene Effizienzanalyse bezüglich der Holding und der Theaterservice GmbH werde in Kürze vorliegen, jene der Bühnengesellschaften soll bis zum Sommer fertig sein.

Österreichisches Kulturangebot

Budgeterhöhung unausweichlich

Diese extern erarbeiteten Unterlagen sollen auch die Basis für die kommenden Budgetverhandlungen mit dem Bund bilden. Eine weitere Erhöhung der Bundestheater-Basisabgeltung erscheint nach der mit dem Eigentümer abgesprochenen einmaligen Erhöhung auf 145,645 Millionen Euro für 2009/10 unausweichlich, zumal die Personalkosten ordentlich zulegen: Der im November erzielte Gehaltsabschluss von 2,28 Prozent Erhöhung kostet die Bundestheater rund drei Millionen Euro, inklusiver weiterer Struktureffekte rechnet man mit einer Steigerung der Personalkosten von 155,8 Millionen (2008/09) auf voraussichtlich 160,2 Millionen Euro in der laufenden Saison. Der gemeinsame Eigendeckungsgrad sank leicht und betrug 2008/09 37 Prozent, bei den Bühnengesellschaften erreichte die Staatsoper mit 48 Prozent wie stets den einsamen Spitzenwert.

Schlechtere Auslastung in allen Häusern

In der vergangenen Saison waren in allen Häusern Besucherinnen/Besucher- und Auslastungsrückgänge zu verzeichnen (nur das Burgtheater, das während der Fußball-Europameisterschaft im Juni 2008 geschlossen war, kam auf ein geringfügiges Besucher-Plus): Die Staatsoper kam auf 96,5 Prozent Sitzplatzauslastung (gegenüber 97,5 in der Saison 2007/08), die Volksoper auf 83,3 Prozent (gegenüber 85,8 Prozent) und das Burgtheater auf 79,9 Prozent (gegenüber 84,4). „Ob das Auswirkungen der Rezession sind, wird man erst im nächsten Jahr verlässlich sagen können", meinte der Holding-Chef.

Die aktuelle Saison weise gegenüber dem Vergleichszeitraum des Vorjahres beim Burgtheater eine starke Steigerung (von 74 auf 88,5 Prozent), bei der Staatsoper ein leichtes Plus (auf 88 Prozent), beim Akademietheater gleichbleibend 85 Prozent sowie bei der Volksoper einen leichten Rückgang auf 80 Prozent auf, so Springer.

(Quelle: DiePresse.com, 16. Februar 2010)

? Welche aktuell auftretenden Probleme bei der Finanzierung eines Theaterbetriebes werden in dem Artikel abgesprochen?

Wiener Staatsoper

Sie war der erste Prachtbau an der neuen Ringstraße. Die Architekten **Sicard von Sicardsburg** und **Eduard van der Nüll** errichteten ihn im Stil des Historismus. Eröffnet wurde das Haus mit Mozarts „Don Giovanni" am 25. Mai 1869. Vorgängerbauten waren das **Hofburgtheater** am Michaelerplatz und das **Kärntnertortheater** an der Stelle des heutigen Hotels Sacher. 2 324 Zuschauer fanden im neuen Haus Platz. Damit war die Wiener Oper eines der größten Opernhäuser Europas.

Am 12. März 1945 wurde die Oper bei einem Bombenangriff zerstört. Unter der Bühne befand sich eine Funkanlage der Nationalsozialisten. Erhalten blieben das Foyer mit den Fresken von Moritz von Schwind, das Hauptstiegenhaus, das Vestibül und der Teesalon. Der Requisitenbestand wurde zerstört.

www.wiener-staatsoper.at

Im Herbst 1945 nahm die Staatsoper im Theater an der Wien und in der Volksoper den Betrieb wieder auf. Die Eröffnung der wieder aufgebauten Staatsoper fand am 5. November 1955 mit Beethovens „Fidelio" statt. Heute hat die Staatsoper 1 642 Sitz- und 567 Stehplätze. Gegenwärtig zählt sie neben der Mailänder Scala, der Covent Garden Opera in London und der Metropolitan Opera in New York zu den wichtigsten Opernhäusern der Welt. Das Orchester wird von Mitgliedern der Wiener Philharmoniker gestellt.

Zuschauerraum der Wiener Staatsoper

Die Leitung der Oper hatten sehr berühmte Künstler inne wie Gustav Mahler, Franz Schalk, Clemes Krauss, Richard Strauss, Karl Böhm, Herbert von Karajan, Lorin Maazel und Eberhard Waechter. Der gegenwärtige Direktor ist Dominique Meyer, zum Musikdirektor ernannt wurde Franz Welser-Möst. Bis in die 60er-Jahre wurde mit einem ständigen Ensemble gearbeitet. Später wurde auf den international üblichen Starbetrieb umgestellt. Gegenwärtig ist bei knapper werdenden Geldmitteln der Grat zwischen wirtschaftlichem Erfolg mit hoher Auslastung und künstlerischen Höchstleistungen sehr schmal.

Burgtheater

1741 wurde das **Burgtheater** am Michaelerplatz errichtet. Das von 1741 bis 1752 privat geführte Theater hatte eine sehr enge Bindung an das Kaiserhaus. Die Hofloge war von den kaiserlichen Gemächern aus zu erreichen. 1756 wurde es verpachtet. Mehrere Unternehmer gingen daran zugrunde. 1776 erklärte Joseph II. das Burgtheater zum Nationaltheater nächst der Burg. Die Kellergewölbe des Bühnentraktes sind heute am Michaelerplatz zu besichtigen. 1888 übersiedelte das Theater in das an der Ringstraße neu errichtete Haus. Die Architekten waren **Gottfried Semper** und **Carl Hasenauer.** Weil die Akustik so schlecht war, erfolgte 1897 ein Umbau des Zuschauerraumes.

www.burgtheater.at

1922 wurde das **Akademietheater** im Konzerthaus als Kammerspielbühne dem Burgtheater angeschlossen. Auf den Spielplan, der bisher von der Klassik dominiert wurde, hielten nun auch österreichische und internationale Autorinnen/Autoren der Gegenwart Einzug.

Auch das Burgtheater wurde beim Bombenangriff vom 12. März 1945 zerstört. Nach dem Krieg wurde ein provisorischer Betrieb im **Ronacher Theater** aufgenommen. Am 15. Oktober 1955 wurde das Burgtheater wieder eröffnet.

Akademietheater

Im 19. Jahrhundert hatte sich das Theater zur führenden Sprechbühne im deutschen Sprachraum entwickelt. Unter der Leitung von **Claus Peymann** von 1986 bis 1999 gelang es, durch Modernisierung des Spielplans, durch neue Eintrittspreise und moderne Inszenierungen neue, jüngere Publikumsschichten anzusprechen. Das traditionelle Publikum reagierte mit Unverständnis und Verärgerung. Ab September 1999 leitete **Klaus Bachler** das Burgtheater als eigenständige Ges. m. b. H., ihm folgte 2009 **Mathias Hartmann.**

Landes- und Stadttheater

In den Bundesländern mit Ausnahme Wiens und des Burgenlands gibt es Mehrspartentheater mit einem breiten Repertoire. Es werden Oper, Operette, Musical und Schauspiel geboten. Die Ensembles dieser Theater spielen auch in den Regionen des Bundeslandes.

- In Niederösterreich sind dies die Stadttheater von Baden und Wiener Neustadt. Das Landestheater Niederösterreich (vormals Stadttheater St. Pölten) ist heute ein reines Sprechtheater.
- In Oberösterreich bedient das Landestheater Linz mit den Kammerspielen, dem Theaterkeller im Ursulinenhof, der Spielstätte Eisenhand sowie der Spielstätte Kunstuni Linz die Nachfrage.
- Das Landestheater Salzburg bietet 20 Neuproduktionen pro Jahr.
- Das Landestheater in Innsbruck mit dem Großen Haus und den Kammerspielen gibt auch regelmäßig Gastspiele in Südtirol.
- Das Theater für Vorarlberg hat seine Spielstätte im Theater am Kornmarkt und erstellt jährlich eine Produktion für die Bregenzer Festspiele.
- In Kärnten deckt das Stadttheater Klagenfurt ganzjährig die Nachfrage.

www.landestheater.net

Vereinigte Bühnen Graz

Das größte Landestheater sind die **Vereinigten Bühnen Graz** mit einem **Opernhaus,** einem **Schauspielhaus,** dem **Kinder- und Jugendtheater Next Liberty** und den **Spielstätten Orpheum,** Dom im Berg und Schlossbergbühnen Kasematten. Rund 550 Vorstellungen decken zum größten Teil die Nachfrage in Graz und Umgebung. Die Auslastung beträgt ca. 80 %. Nur ein geringer Anteil wird über den Abonnementverkauf gedeckt.

www.buehnen-graz.com

Acht Premieren stehen pro Saison auf dem Programm. Die Grazer Oper war schon oft der Beginn manch großer Sängerinnen/Sänger-Karriere. Da die großen Wiener Orchester wie Philharmoniker und Symphoniker sehr lange nicht oder nur ungern Frauen einstellten, kann in Graz auf die besten österreichischen Musikerinnen zurückgegriffen werden.

Premiere = erste Vorstellung einer neuen Inszenierung.

Fellner und Helmer
Architektenteam; Spezialisten im Theaterbau. Sie errichteten ca. 50 Theater in Europa; z. B. das Volkstheater Wien, das Stadttheater Klagenfurt, das Konzerthaus in Wien oder das Theater in Zagreb.

Das **Grazer Opernhaus** wurde 1899 von dem Architektenduo **Ferdinand Fellner** und **Hermann Helmer** im Stil des Neurokoko errichtet, und der Zuschauerraum erinnert an den im Wiener Volkstheater. Das Haus fasst 1 800 Personen. Es gehört damit zu den größten Bühnen in Österreich.

Österreichisches Kulturangebot

> ❓ Wählen Sie ein Theater in Ihrer Umgebung, beschreiben Sie die Geschichte und ermitteln Sie Preise, Angebote für Gruppen und den Spielplan!

Privattheater

Viele Theater werden **privat** geführt. Durch **Subventionen** ist es möglich, den Betrieb aufrechtzuerhalten. Doch muss der größte Teil des Budgets selbst aufgebracht werden. Beispiele dafür sind das **Schauspielhaus**, das **Odeon**, das **Kabarett Niedermeier** und das **Theater in der Josefstadt** in Wien.

4.6 Musikveranstaltungen

Historischer Überblick

Der Ursprung von Musikveranstaltungen ist in den Messliturgien zu suchen. Aber auch schon im Mittelalter diente die Musik zur Unterhaltung bei Festen. Große Bedeutung hatte die Hofmusikkapelle unter Maximilian I. in Innsbruck. An den meisten barocken Fürstenhöfen wurden Musikkapellen unterhalten. Die Familie Mozart verdiente ihr Geld im Orchester des Salzburger Erzbischofs. Sehr bekannt war das Orchester des Fürsten Esterházy, in dem Joseph Haydn arbeitete.

Schon im ausgehenden 18. Jahrhundert begann sich ein öffentliches Konzertleben zu entwickeln. Zuerst gefördert durch Adelige, die als Mäzene auftraten, später durch Konzertveranstalter/-innen. Dies konnten die Komponistinnen/Komponisten selbst sein oder neu gegründete Organisationen. Die Anfänge der internationalen Tätigkeit von Künstlerinnen/Künstlern sind mit den Reisen Mozarts und Haydns anzusetzen. Im 19. Jahrhundert entstand der moderne Konzertbetrieb mit international agierenden Künstlerinnen/Künstlern. Johann Strauß Sohn war schon in den USA auf Tournee.

In der zweiten Hälfte des 20. Jahrhunderts entwickelte sich neben dem klassischen Musikbetrieb der internationale Konzertbetrieb der Jazz-, Pop- und Rockmusiker/-innen. Dies hängt einerseits mit einem veränderten Konsumverhalten der Massen zusammen, andererseits erlaubt der allgemeine Wohlstand vielen Menschen, an solchen Veranstaltungen teilzunehmen. Die moderne Musik hat nicht nur die traditionellen Konzertsäle erobert, sondern zieht auch bei Großveranstaltungen in Stadien oder unter freiem Himmel die Massen an. Oft bleibt der künstlerische Anspruch hinter den ökonomischen Erwartungen zurück. Allzu oft wird versucht, Kunst aus den Geschäftsergebnissen abzulesen.

> ❓ Kontaktieren Sie eine Musikveranstalterin/einen Musikveranstalter und erforschen Sie die Angebote und Preise! Organisieren Sie einen Konzertbesuch!

Orchester

Die Wiener Philharmoniker

1842 wurde das Orchester von dem Dirigenten und Komponisten **Otto Nicolai** gegründet. Es war von Anfang an ein Zusammenschluss von Musikern des Hofopernorchesters. Bis heute sind die Philharmoniker das Orchester der Wiener Staatsoper. Das erste Konzert dieses Orchesters fand am 28. März 1842 im großen Redoutensaal in Wien statt. Seit 1860 finden regelmäßig Abonnementkonzerte am Sonntagvormittag statt. Weltberühmt wurden die Philharmoniker durch das seit 1940 stattfindende Neujahrskonzert, das via Satellit auf der ganzen Erde ausgestrahlt wird.

Seit 1908 sind die Philharmoniker ein Verein mit demokratischen Strukturen. Die Einschränkung, Frauen nicht aufzunehmen, setzte sie in jüngerer Zeit besonders in den USA heftiger Kritik aus. 1997 wurde die schon lange im Orchester der Wiener Staatsoper spielende Harfenistin als erste Frau ins Orchester aufgenommen. Bis heute spielen zwar einige Damen im Orchester der Wiener Staatsoper, die aber nach wie vor nicht Mitglieder des Vereines Wiener Philharmoniker sind.

1842
www.wienerphilharmoniker.at

Die Wiener Symphoniker

Dieses Konzertorchester wurde **1900** als **„Neues philharmonisches Orchester"** gegründet. Seit 1933 führt es den heutigen Namen. Die immer größer werdende Nachfrage nach Konzerten ermöglichte die Gründung eines vom Theater unabhängigen Orchesters. Die Wiener Symphoniker sind das Rückgrat des Wiener Konzertbetriebes. Über 200 Konzerte werden jährlich von diesem Orchester bestritten. Die finanzielle Unterstützung kommt zum größten Teil von der Gemeinde Wien.

www.wiener-symphoniker.at

Das **Radiosymphonieorchester Wien** und die **Niederösterreichischen Tonkünstler** sind weitere Konzertorchester aus Wien und Niederösterreich. Weitere international bekannte Orchester aus Österreich sind das **Brucknerorchester Linz** und das **Mozarteumorchester Salzburg.**

> ❓ Vergleichen Sie das Programm und die Konzerttätigkeit zweier Orchester Ihrer Wahl!

Veranstalter

Gesellschaft der Musikfreunde in Wien

Die Gesellschaft der Musikfreunde wurde 1812 von adeligen und bürgerlichen Musikliebhaberinnen/Musikliebhabern gegründet, um das Musikleben in Wien zu fördern. Sie veranstalteten Konzerte und setzten damit den entscheidenden Schritt zur Etablierung eines öffentlichen Konzertlebens in Wien. Direktionsmitglieder waren im Laufe der Zeit Antonio Salieri, Johannes Brahms, Wilhelm Furtwängler und Richard Strauss. Die Konzerte fanden zuerst in der Winterreitschule in der Hofburg statt, später in einem Haus auf der Tuchlauben. 1870 wurde das von Theophil Hansen errichtete **Musikvereinsgebäude** am Karlsplatz eröffnet.

www.musikverein.at

Die **Gesellschaft der Musikfreunde** ist der wichtigste Konzertveranstalter in Wien und der Singverein der Gesellschaft ist einer der wichtigsten Konzertchöre Wiens. Viele Konzertzyklen werden den Mitgliedern der Gesellschaft angeboten, Abonnements werden oft vererbt. Für die Musikwissenschaft von Bedeutung ist das **Archiv** mit wertvollen Autografen, es ist eine der bedeutendsten Musiksammlungen der Welt. Neben dem berühmten **Goldenen Saal** steht auch der **Brahmssaal** für Konzerte zur Verfügung.

Autograf = Originalhandschrift einer Schriftstellerin/eines Schriftstellers oder einer Komponistin/eines Komponisten.

Wiener Konzerthausgesellschaft

Sie wurde 1900 als **Wiener Konzertverein** gegründet. Ziel war es, Arbeiterinnen/Arbeitern, Schülerinnen/Schülern und Bürgerinnen/Bürgern eine musikalische Heimstätte zu bieten. 1913 wurde das von Ferdinand Fellner und Hermann Helmer errichtete Konzerthaus eröffnet, das auch einen Teil der Musikhochschule beherbergt.

Der Chor der Gesellschaft ist die **Wiener Singakademie.** Das Konzerthaus ist auch Heimstätte der **Wiener Symphoniker,** die sich aus dem Orchester der Gesellschaft entwickelten. Als Veranstaltungsräume stehen der **Große Saal, der Mozart-** und der **Schubertsaal** zur Verfügung. Die beiden kleineren Säle dienen zur Veranstaltung von Kammermusikkonzerten.

www.konzerthaus.at

Veranstaltungen

Für Musikliebhaber/-innen gibt es eine Reihe von Festivals, die sich speziellen Musikrichtungen widmen.

Innsbrucker Festwochen der alten Musik

Die **Ambraser Schlosskonzerte** wurden 1963, anlässlich des 600-Jahr-Jubiläums der Zugehörigkeit Tirols zu Österreich, ins Leben gerufen. Im Rahmen dieser Konzerte wird **alte Musik des 13. bis 18. Jahrhunderts** auf Originalinstrumenten der jeweiligen Epoche dargeboten.

1972 wurde die **Internationale Sommerakademie für Alte Musik** gegründet, in die führende Künstler/-innen und Spezialistinnen/Spezialisten ihres Faches als Lehrbeauftragte berufen wurden. Im Rahmen der Sommerakademie werden Meisterkurse und Seminare für Musiker/-innen angeboten. Die Anwesenheit so vieler hervorragender Künstler/-innen führte 1977 zur Gründung der **Festwochen der Alten Musik.**

www.altemusik.at

Innsbruck wird somit jeden Sommer zu einem Pilgerort für Liebhaber/-innen alter Musik. Die berühmtesten Orchester und Interpretinnen/Interpreten gastieren in Innsbruck. Veranstaltungsort ist der Spanische Saal auf **Schloss Ambras.**

Kammermusik = Musik für kleine Veranstaltungsräume in kleiner Besetzung; z. B. Streichquartett.

Internationales Kammermusikfest Lockenhaus

Das im Jahre 1981 von dem Geiger **Gidon Kremer** gegründete und geleitete Musikfestival findet alljährlich im Sommer statt. Ziel ist, die **Kammermusik** zu pflegen.

➡ Nähere Informationen zum **Internationalen Kammermusikfest Lockenhaus** finden Sie auf Seite 135.

Weitere Musikveranstaltungen
- Klangbogen Wien
- Frühling in Wien
- Schubertiade Feldkirch
- Kammermusik in Altenburg
- Kirchenmusik in Lilienfeld
- Orgelwochen St. Florian
- Musikwochen Millstatt
- Haydn-Festspiele in Eisenstadt

4.7 Galerien

Galerien sind kommerziell geführte Unternehmen, die den Handel mit bildender Kunst zum Geschäftsinhalt haben. Einerseits werden Künstlerinnen/Künstlern Ausstellungsmöglichkeiten geboten, andererseits sind die Galerien am Verkaufserfolg der Künstler/-innen finanziell beteiligt. Den ausstellenden Künstlerinnen/Künstlern bietet eine Galerie ein Forum für die öffentliche Präsentation und den Zugang zu den Kunstmärkten. Die Interessierten verlassen sich auf die Sachkenntnisse der Galeristinnen/Galeristen. Galerien mit einem klingenden Namen übertragen diesen auch auf die Künstler/-innen. Wollen unbekannte Künstler/-innen am Markt auftreten, dann müssen sie den Weg über Galerien wählen. Die Leitung der Galerie kann sich als Vertreter/-in der Künstler/-innen, als Selektionsstelle für einzelne Kunstwerke oder als Betreuer/-in der Kundinnen/Kunden verstehen. Die Geschäftsführung der Galerie übernimmt das Risiko, da ja die Kosten für die Ausstellungsräume anfallen.

Für die österreichische Kunstgeschichte von Bedeutung war die 1865 gegründete **Galerie Würthle** in der Weihburggasse in Wien. Nach dem Ersten Weltkrieg wurde die Galerie ein Standort für die zeitgenössische Moderne. Gezeigt wurden in den 20er-Jahren Klimt, Schiele, Hoffmann, Kokoschka, Kubin und viele andere. In den 50er- und 60er-Jahren wurde versucht, neben der Förderung junger österreichischer Künstler wie Flora, Mikl oder Oberhuber internationale Kunst in Wien zu etablieren.

Ein **Verzeichnis von Galerien** finden Sie unter
www.kunstnet.or.at

Lentos Kunstmuseum; seit 2003 Nachfolgeinstitution der Neuen Galerie der Stadt Linz

? Organisieren Sie einen Lehrausgang in eine Galerie und befragen Sie die Geschäftsführung über die ausstellenden Künstler/-innen!

4.8 Kongresse
Historischer Überblick

Österreich hat historische Tradition als Kongressland. Um Europa nach den napoleonischen Kriegen neu zu ordnen, wurde im Pariser Frieden von 1814 vereinbart, sich in Wien zu treffen. Dass die Hauptstadt Österreichs zum Tagungsort dieser Fürsten- und Diplomatenversammlung gewählt wurde, ist der Politik Metternichs zu verdanken. **Metternich,** der Vorsitzende des **Wiener Kongresses,** war bemüht, das Gleichgewicht zwischen den großen europäischen Ländern wiederherzustellen, um einen Konflikt der mächtigen europäischen Adelshäuser zu verhindern.

„Der Kongress tanzt, aber geht nicht weiter."
Fürst von Ligne

Der Wiener Kongress, 18. September 1814 bis 9. Juni 1915

Der Wiener Kongress dürfte der erste Kongress gewesen sein, der neben den eigentlichen Inhalten von einem intensiven gesellschaftlichen Rahmenprogramm umgeben war. Ludwig van Beethoven trat z. B. als Künstler im Rahmen solcher Veranstaltungen auf.

Durch die aktive österreichische Neutralitätspolitik bekam dieser Bereich einen neuen Stellenwert. 1961 trafen einander der amerikanische Präsident John F. Kennedy und der sowjetische Staats- und Parteichef Nikita Chruschtschow in Wien. In den 70er-Jahren fanden die Ost-West-Abrüstungsverhandlungen in Wien statt. Zur Vertragsunterzeichnung kamen zu einem Gipfeltreffen Jimmy Carter und Leonid Breschnew nach Wien. 1975 weilten Gerald Ford und Anwar as-Sadat in Salzburg und verhandelten unter der Vermittlung Bruno Kreiskys über den Frieden im Nahen Osten.

Vienna International Center (UNO-City)

Nach der Eröffnung der **UNO-City** im Jahre 1979 rückte Wien weiter in den Mittelpunkt als beliebter Treffpunkt zwischen Ost und West. In den Jahren 1998 und 2006 hatte Österreich den EU-Vorsitz inne und konnte somit an diese Tradition anschließen.

Kongressbüro des Wien-Tourismus
Das Kongressbüro des Wien-Tourismus repräsentiert Wien weltweit als Destination für Kongresse und Firmenevents und betreibt aktiv die Akquisition solcher Veranstaltungen. Besondere Bedeutung haben dabei die internationalen Kongresse, da sie nicht nur das Image der Stadt heben, sondern auch die umsatzstärkste Form des Tourismus sind. In der Akquisition werden Veranstaltungen weit voraus geplant.

Zwei unentbehrliche Unterlagen, die das Kongressbüro des Wien-Tourismus veröffentlicht, sind der gedruckte **„Meeting Planner's Guide"** und der auf der Website des Kongressbüros www.vienna.convention.at in Deutsch und Englisch publizierte **Kongress- und Messekalender**. Im Jahre 2008 fanden in Wien über 3 257 Kongress-, Messe- und Firmenveranstaltungen statt. Große internationale Kongresse werden im Jahre 2011 der 26. Europäische Urologenkongress, 2012 der Weltkongress für intelligente Verkehrssysteme und 2015 der 4. Europäische Kongress für Immunologie sein.

Fünftes Rekordjahr in Serie für die Kongressstadt Wien
Diese Erfolgsbilanz in Serie präsentierten Wiens Finanz- und Wirtschaftsstadträtin, Vizebürgermeisterin Renate Brauner, Tourismusdirektor Norbert Kettner und Kongress-Spezialistinnen/Spezialisten. Wiens Tagungsindustrie könne 2007 mit zweistelligen Zuwachsraten aufwarten, resümierte Renate Brauner. Abgehalten wurden 2 764 Kongresse und Firmentagungen. Diese bedeuteten im Vergleich zu 2006 ein Plus von 19 Prozent bei Veranstaltungen. Gleichzeitig konnten die Gästenächtigungen um 23 Prozent auf 1 419 044 gesteigert werden. Noch besser fielen die Gewinne aus. 2007 hat alleine der Wiener Kongresstourismus 760 Millionen Euro für das österreichische Bruttoinlandsprodukt BIP erwirtschaftet, um 30 Prozent mehr als 2006. „Außerdem hat er ganzjährig mehr als 15 000 Arbeitsplätze gesichert", erklärte Vizebürgermeisterin Brauner.

Megaereignis war im Jahre 2007 der fünftägige **Europäische Kardiologenkongress** auf der Reed Messe Wien. Er zog insgesamt 33 065 Gäste an, davon 22 617 Delegierte, 5 631 Aussteller/-innen, 562 Journalistinnen/Journalisten und 4 255 Begleitpersonen. Mehr als 2 400 Medienberichte in aller Welt erreichten über Internet, TV, Radio, Zeitungen und Zeitschriften mehr als 200 Millionen Menschen. 152 875 Nächtigungen wurden gezählt. Der Europäische Kardiologenkongress wurde in Wien bereits zum vierten Mal abgehalten. Er ist die **größte Kongressveranstaltung Europas**.

(Quelle: www.wieninternational.at/de/print/8067; www.vienna.convention.at)

Im **Jahre 2008** belegte Wien gemeinsam mit Paris vor Barcelona, Singapur und Berlin den **ersten Platz** im weltweiten Ranking der bedeutendsten Kongressstädte. Es fanden 139 gewertete Veranstaltungen statt. Diese müssen mehr als 50 Teilnehmer/-innen aufweisen und von mindestens drei Staaten abwechselnd organisiert werden.

In der Statistik der **UIA** (Union of International Organisations) belegte Wien 2008 den vierten Platz hinter Singapore, Paris und Brüssel. Kriterien für die Registrierung des Kongresses sind mindestens 300 Teilnehmer, 40 % der Teilnehmer aus fünf verschiedenen Ländern und eine Mindestdauer von drei Tagen.

(Quelle: www.iccaworld.com; www.uia.be/stats)

❗ Das ideale Nachschlagewerk für jeden, der in Wien Kongresse, Tagungen oder Incentives veranstalten will, ist das bebilderte Wiener Kongresshandbuch **„Meeting Planner's Guide"** in Deutsch, Englisch und Französisch, in dem über 90 Tagungsstätten mit allen technischen Details beschrieben sind.

Die **bedeutendsten Tagungen** für den Wiener Kongress-Tourismus **2008** waren:
- der Europäische **Radiologenkongress**, bei dem 17 000 Teilnehmer/-innen im März sechs Tage lang im Austria Center Vienna tagten;
- die Europäische **Geowissenschaftliche Vereinigung** mit 8 000 Teilnehmerinnen/Teilnehmern,
- der Europäische **Gastroenterologie Kongress** mit 10 000 Teilnehmerinnen/Teilnehmern
- und der weltweit drittgrößte **Radiologenkongress** mit 2 500 Teilnehmerinnen/Teilnehmern.

(Quelle: www2.vienna.convention.at)

Österreichisches Kulturangebot

www.hofburg.com

Kongresszentrum Wiener Hofburg

In der neuen Burg befindet sich das Kongresszentrum. Beliebt ist dieser Veranstaltungsort bei den Teilnehmerinnen/Teilnehmern wegen der Lage in der City. Das historische Ambiente ist die Ursache für viele Kongresse an diesem Standort. Nachteilig wirken sich die Verkehrs- und die Parkplatzsituation aus.

Austria Center Vienna (ACV)

www.acv.at

Der Bau dieses Kongresszentrums neben der UNO-City war politisch heftig umstritten. Ein von der ÖVP eingeleitetes Volksbegehren gegen den Bau erreichte mehr als eine Million Unterschriften. Der Bau wurde zwischen 1982 und 1987 errichtet, 18 Künstler/-innen haben daran mitgewirkt. Vor dem Haupteingang sind Steine aus allen Erdteilen aufgestellt, um den internationalen Anspruch zu signalisieren.

Das **Austria Center Vienna** ist mit einer Ausstellungsfläche von rund 22 000m^2 das größte und modernste Kongresszentrum in Mitteleuropa. Mit dem ACV besitzt Wien ein Veranstaltungszentrum, das mit seiner Kapazität und technischen Infrastruktur den Anforderungen internationaler Großveranstaltungen gerecht wird. Die Anordnung der Säle ermöglicht, mehrere Veranstaltungen gleichzeitig abzuhalten. Den Sälen sind Besprechungsräume, Büros und Foyers mit Catering-Stationen zugeordnet. Einige Säle können mit mobilen Wänden unterteilt werden.

Räumlichkeiten
- 17 Säle für 100 bis 4 320 Personen
- 190 Nebenräume (22–203 m^2)
- 9 Foyer-Restaurants
- Moderne Konferenztechnik
- Dolmetschanlagen
- Projektionseinrichtungen
- Internes EDV Netzwerk
- Leitsystem mit 120 Plasmascreens

➡ Ein weiteres großes Kongresszentrum in Wien ist das **Messe Wien Exibition & Congress Center,** siehe Seite 99.

Das Austria Center ist gegenwärtig das Rückgrat des Wiener Kongresswesens und die Grundlage für Wiens internationale Stellung in diesem Teil der touristischen Märkte. Die U-Bahn-Linie U1 bindet das Kongresszentrum an die Innenstadt an.

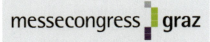

Messe Congress Graz – Grazer Congress Center

In Graz stehen das Kongresszentrum, die Messe Graz, die im Jahre 2002 eröffnete **Stadthalle** und der **Stefaniesaal** als Tagungsorte zur Verfügung. 10 % des Nächtigungspotenzials der Stadt Graz sind auf die Kongressveranstaltungen zurückzuführen. Ein wichtiges Ziel ist die Ankurbelung des internationalen Wirtschafts- und Wissenschaftstransfers, da Graz als ein Standort der Autoindustrie und des Maschinenbaus internationale Beachtung findet.

www.mcg.at/congress

Das Kongresszentrum befindet sich in der Innenstadt in einem Palais aus der Gründerzeit und wurde 1980 eröffnet. Es verfügt über 19 Veranstaltungsräumlichkeiten mit modernster Kongresstechnik. Es lassen sich Weltkongresse ebenso abhalten wie kleine Spezialveranstaltungen.

Congress Graz
- organisiert Veranstaltungen,
- vermietet Tagungsräume,
- vermietet technische Einrichtungen,
- bietet Dienstleistungen im Bereich der Kommunikationstechnologie,
- organisiert und führt Videokonferenzen durch und
- organisiert Ausstellungen und deren Aufbau.

❓ Ermitteln Sie die Kongresszentren in Ihrer Nähe und beschreiben Sie ihre Kapazitäten, Preise und Dienstleistungen!

Weitere Kongresszentren sind z. B. in **Innsbruck, Baden, Salzburg, Linz** und **Bad Gastein.**

4.9 Messen

Historischer Überblick

Der Ursprung der **Messen** geht auf das Mittelalter zurück. Die meisten Messen sind im Anschluss an kirchliche Feste entstanden, die große Menschenmengen und Handelsleute anzogen. Der deutsche Name Messe erinnert an die Entstehung aus der kirchlichen Messe. Seit dem 13. Jahrhundert waren die mit großen Privilegien ausgestatteten Messen die wichtigsten Veranstaltungen des Binnenhandels.

Ab dem 14. Jahrhundert waren die Messen von Brügge, Antwerpen, Lyon und Genf die bedeutendsten. In späterer Folge wurden die Messen von Frankfurt am Main und Leipzig wichtig. Die **Leipziger Messe** hat bis heute ihre internationale Bedeutung erhalten können. Für die Landesherren brachten die Messen große Einnahmen. Dies steigerte das Interesse, und diese Veranstaltungen wurden großzügig gefördert. Die Besucher/-innen erhielten Freiheiten und Rechte. Die Zölle wurden gesenkt, der Freihandel während der Messe ermöglicht und z. B. Asylrecht gewährt.

In der Zeit der Industrialisierung entstand das Interesse an den Leistungsschauen der Industrie. 1756 und 1757 fanden die ersten Industrieausstellungen in London statt. 1791 wurde in Prag die erste Gewerbeausstellung für das Königreich Böhmen veranstaltet.

Der gegenwärtige **Trend** geht zu den **Fachmessen**. Dies ist auf den hohen Spezialisierungsgrad der einzelnen Branchen zurückzuführen. Die bedeutendsten Messegesellschaften in Österreich sind die von Dornbirn, Graz, Innsbruck, Klagenfurt, Ried im Innkreis, Wels, Salzburg und Wien. Sie bilden seit Jänner 1986 den **Verein zur freiwilligen Kontrolle von Messezahlen.**

Weltausstellungen

Die Idee der Weltausstellung ist ein Kind des 19. Jahrhunderts. Im Interesse von Industrialisierung und weltweitem Handel versprachen sich die Organisatoren wichtige Impulse. Die erste Weltausstellung fand 1851 in London statt. Es beteiligten sich 17 000 Aussteller/-innen.

Die fünfte Weltausstellung fand 1873 in **Wien** statt. Dabei wurde erstmals neben den industriellen Leistungen die Kunst berücksichtigt. Auch die Verwertung von Abfällen wurde in einer Ausstellung gezeigt. 42 000 Aussteller/-innen zogen nur 7 225 000 Besucher/-innen an. Die Weltausstellung 1867 in Paris besuchten im Vergleich dazu 11 000 000 Menschen. Ursachen waren der Börsenkrach und die Choleraepidemie, die viele Besucher/-innen abschreckten, weshalb die Wiener Weltausstellung mit Verlust schloss. War das der Grund dafür, dass die Wiener Bevölkerung gegen die Weltausstellung in den 90er-Jahren stimmte?

Geblieben ist das Ausstellungsgelände – das Messegelände im Prater mit dem Zentralgebäude Rotunde, dem spektakulärsten Neubau für die Weltausstellung. Sie war damals der größte Kuppelbau der Welt. 1937 brannte die Rotunde ab. An ihrer Stelle steht nun das Hauptgebäude der Wiener Messe.

Das Messe Wien Exibition & Congress Center

Dieses Unternehmen verbindet Messe und Kongress. Damit wurde dem internationalen Trend zur **Kongressmesse** Rechnung getragen.

Hauptaufgaben
- Veranstaltung von Messen, Kongressen, Ausstellungen, Seminaren und Events
- Vermietung für Gastveranstaltungen
- Verkauf von Werbedienstleistungen
- Veranstaltungsservice

---

www.messe.at

Messen sind Veranstaltungen mit Marktcharakter, die ein umfassendes Angebot eines oder mehrerer Wirtschaftszweige bieten und meist regelmäßig und am gleichen Ort stattfinden.
Man unterscheidet
- Universalmessen,
- Mehrbranchenmessen und
- Fachmessen.

www.messezentrum-salzburg.at

www.kaerntnermessen.at

 Wussten Sie, dass ...
1996 eine Weltausstellung in Wien gemeinsam mit Budapest geplant gewesen wäre? Die Wiener Bevölkerung hat sich in einer Volksbefragung aber dagegen ausgesprochen.

Immer wieder finden derartige Großereignisse statt, wenngleich die Diskussion über ihre Sinnhaftigkeit nicht verstummt. Wie ist Ihr Standpunkt zu diesem Thema?

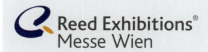

www.messecongress.at

Österreichisches Kulturangebot

Neue Themen wie **Umwelttechnologie** und **Hightech** werden aufgegriffen und in Messen umgesetzt. Veranstaltet werden z. B. Publikumsmessen, Fachmessen, Seminare, Kongresse, Produktpräsentationen, Theateraufführungen, Film- und Fernsehaufzeichnungen, Tagungen und Firmenfeiern.

Die Hallen werden auch an Veranstalter/-innen vermietet. Als Dienstleistungen werden Veranstaltungsbetreuung, technische Beratung, Konferenz- & Präsentationstechnik, Elektroinstallation, IT & Kommunikationseinrichtungen, Sanitätsdienst, Sicherheitsdienste, Personalbereitstellung, Catering, Standkonzeption, Standbau, Leihmöbel, Dekoration, Teppich, Abhängungen und Hängepunkte, Beschriftungen, Druckservices, Reinigung und Müllentsorgung, Mietpflanzen und Grüngestaltung, Speditionsleistungen und Verzollung, Versicherungsservice sowie Bankomatservice angeboten. Es stehen 55 000 m² Ausstellungsfläche zur Verfügung.

Messe Wien Exibition & Congress Center	
Gesamtnutzfläche	73 195 m²
Ausstellungshallen A, B, C	46 288 m²
Multifunktionshalle D	8 868 m²
Congress Center	6 960 m²
Foyer A, D, Mall	10 397 m²
Press Center C	70 m²
VIP Lounge	132 m²
Galerie B	480 m²
Zugänge	Foyer A, D, Congress Center
U-Bahn-Stationen	Messe/Prater, Krieau
Parkplätze	4 326
Busparkplätze	30

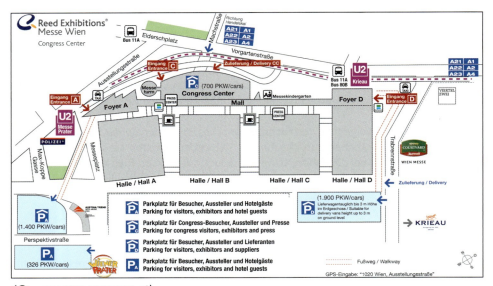

(© www.messecongress.at)

Nach dem Beitritt der Nachbarländer in Mittel- und Osteuropa zur EU hat Wien als Messe- und Ausstellungsstandort zusätzliche Bedeutung erlangt. Der Einzugsbereich beträgt 500 km und verbindet so die Kaufkraft von Ost und West. Für viele Unternehmen bedeutet eine Messe in Wien die Möglichkeit, neue Märkte im Osten zu erschließen.

 Warum sind Kongresstouristinnen/Kongresstouristen für die Tourismuswirtschaft besonders attraktive Gäste?

🎯 Ziele erreicht?

1. Vergleichen Sie die Salzburger Festspiele mit dem Brucknerfest in Linz! Welche Unterschiede sind festzustellen?
2. Warum wurde die Secession gegründet?
3. Welche Bedeutung haben Kinder als Zielgruppe für Kulturunternehmen?
4. Beschreiben Sie die Tätigkeiten der Musikalischen Jugend Österreich und des Theaters der Jugend!
5. Nennen Sie die Spielstätten der Bundestheater!
6. Welche Stellung haben die Vereinigten Bühnen Graz im Vergleich zu den anderen Landestheatern?
7. Beschreiben Sie die Tätigkeiten der Gesellschaft der Musikfreunde in Wien!
8. Nennen Sie Musikfestivals in Österreich!
9. Welche Ziele verfolgt eine Galerie?
10. Welche Dienstleistungen bietet ein Kongresszentrum den Kongressveranstalterinnen/Kongressveranstaltern?
11. Erläutern Sie die historische Entwicklung des Messewesens!
12. Welche Dienstleistungen bietet ein Messezentrum?

Kulturmanagement im Tourismus

Tourismusmanager/-innen bedienen sich gegenwärtig des Eventmanagements. Kulturveranstaltungen und Kulturinstitutionen sind Grundlage des kulturtouristischen Angebots.

Veranstaltungsmanagement ist das tägliche Brot von Tourismusmanagerinnen/Tourismusmanagern geworden.

Meine Ziele

Nach Bearbeitung dieses Kapitels kann ich
- die Bedeutung des Kulturmanagements für die Kulturtouristik erklären;
- die Bedeutung des Eventmanagements und Eventmarketings für die Tourismusbranche erläutern;
- die Grundlagen der Veranstaltungsorganisation beschreiben.

1 Eventmanagement und Eventmarketing

1.1 Zum Begriff Management im Kulturbetrieb

Die Kultur bedient sich eines planvollen, öffentlichen und ökonomisch orientierten Handelns sowie kommunikativer, technologischer, organisatorischer, rechtlicher und wirtschaftlicher Bedingungen, um sich optimal entfalten zu können.

> Management fungiert als Mittel, um konkrete künstlerische und kulturelle Leistungen zu ermöglichen und eine Infrastruktur zu erstellen, die für künstlerische, soziale, politische, pädagogische und psychologische Ziele von Kultur eine Voraussetzung schafft.

(Dreyer: Kulturtourismus, Seite 305)

Welchen Stellenwert der Bereich **Kulturmanagement** im und für den Kulturtourismus hat, ist vom Blickwinkel der Betrachterin/des Betrachters abhängig. Manche Kulturmanager/-innen sehen sich nicht als Kulturtouristiker/-innen. Die Herkunft der Besucher/-innen einer Veranstaltung (ob Touristinnen/Touristen oder Einheimische) hat für sie keinerlei Bedeutung. Anders ist die Sicht von ökonomischer orientierten **Kulturmanagerinnen/Kulturmanagern.** Aus gesamtwirtschaftlicher Sicht ergibt der Besuch einer Kulturveranstaltung durch Touristinnen/Touristen eine höhere Wertschöpfung und ist somit anzustreben.

Eine strenge Trennung der Bereiche ist nicht möglich, umso mehr, seitdem sich die Tourismusmanager/-innen immer stärker mit **Veranstaltungsorganisation** beschäftigen.

1.2 Zum Begriff Event

Der Begriff „Event" beinhaltet das Besondere einer Veranstaltung, das Einmalige, das dieses Ereignis von anderen abhebt. Ein Event gleicht somit einer Mischung aus Happening und Stillung des Erlebnishungers. Dazu bedarf es jedoch einer zielgerichteten und systematischen Planung durch die Veranstalterin/den Veranstalter.

> „Unter touristischen Events werden speziell inszenierte oder herausgestellte Ereignisse oder Veranstaltungen von begrenzter Dauer mit touristischer Ausstrahlung verstanden."

(Dreyer: Kulturtourismus, Seite 212)

Im Tourismus sind **Eventmanagement** und **Eventmarketing** eines der am schnellsten wachsenden Teilsegmente des touristischen Leistungsangebotes. Die Salzburger Land Tourismus GmbH führt beispielsweise eine eigene Abteilung für Eventmarketing.

Kulturelle Events sind fixer Bestandteil der Leistungspalette touristischer Destinationen. Auch werden Events immer stärker als Marketinginstrumente eingesetzt. Der Unterschied zu früheren ehrenamtlich organisierten Veranstaltungen liegt in der Professionalität und in der Systematik der Organisation. Über einen Event sollte man bereits sprechen oder in den Medien berichten, bevor er stattgefunden hat.

Eventtourismus ist auch Ausdruck des gestiegenen Erlebniskonsums und der zunehmend kulturbezogenen Reisegestaltung der Besucher/-innen. Aber auch der ortsansässigen Bevölkerung bieten die Events Möglichkeiten der Freizeitgestaltung und Erhöhung der Lebensqualität. Events sind Inszenierungen mit hohem Erlebnisfaktor und großer Emotionalität. Dazu sollte die Komponente der Einmaligkeit oder zumindest Seltenheit kommen. Besonders Orte mit mangelnder natürlicher Attraktivität können mit Events Aufmerksamkeit erregen.

Es gibt unterschiedliche Möglichkeiten, Events zu klassifizieren:
- nach dem Thema und
- nach der Größe.

Marginalien:

Management ist als Gestaltung und Lenkung zweckorientierter sozialer Systeme zu verstehen.

Anders formuliert, würden die Bundestheater ohne Touristinnen/Touristen ausgelastet sein?

Events sind etwas
- Einmaliges,
- Besonderes,
- Seltenes,
- Kurzfristiges und
- Künstliches.

1 Eventmanagement und Eventmarketing

Unterscheidung nach dem Thema

Kultur	<ul><li>Festivals (Musik, Theater)</li><li>Einmalige Konzerte wie Tina Turner in Ischgl, Pink Floyd in Wiener Neustadt, Wolfgang Ambros am Stubaier Gletscher</li><li>Neujahrskonzert der Wiener Philharmoniker</li><li>Niederösterreichisches Theaterfest</li><li>Spezielle Theateraufführungen wie „Der Jedermann" in Salzburg</li></ul>
Kunst	<ul><li>Landesausstellungen in den Bundesländern</li><li>Sonderausstellungen der Museen</li><li>Bemalung der Secession</li><li>Reichstagsverkleidung in Berlin</li></ul>
Wissenschaft	<ul><li>Kongresse</li><li>Vorträge</li></ul>
Tradition	Jahrestage wie <ul><li>der 100. Todestag der Kaiserin Elisabeth, von Johann Strauß, von Wolfgang Amadeus Mozart</li><li>Geburtsjahr von Franz Schubert</li><li>150 Jahre Presse</li><li>150 Jahre Revolution</li><li>160 Jahre Eisenbahn</li></ul>
Literatur	<ul><li>Lesungen von Schriftstellerinnen/Schriftstellern</li><li>Buchmessen</li></ul>
Brauchtum	<ul><li>Prozession am Hallstätter See</li><li>Narzissenfeste im Salzkammergut</li><li>Pinzgauer Fußwallfahrt</li></ul>
Technik	<ul><li>Ars Electronica in Linz</li></ul>
Medien	<ul><li>Übertragungen von Ereignissen auf Großbildleinwand z. B. Fußballweltmeisterschaft</li><li>Oper im Grazer Landhaushof</li><li>Opernfilmfestival am Rathausplatz in Wien</li></ul>
Sport	<ul><li>Hahnenkammrennen</li><li>Intersport-Springer-Tournee</li><li>Weltmeisterschaften St. Anton</li><li>Wien-Marathon</li><li>Olympische Spiele</li><li>Weltcuprennen</li><li>Formel-1-Grand-Prix</li></ul>
Wirtschaft	<ul><li>Messen</li><li>Kongresse</li><li>Verkaufsausstellungen</li></ul>
Politik und Gesellschaft	<ul><li>Parteitage politischer Parteien, Wahlveranstaltungen</li><li>Eröffnungen von Bauwerken und Straßen</li><li>Umzüge und Paraden (Fasching im Ausseer Land, Wiener Faschingsumzug)</li><li>Gipfeltreffen des EU-Rates</li><li>Regierungsklausur</li></ul>
Natur	<ul><li>Erntedankfeste</li><li>Kürbisfest in Retz</li><li>Sonnenfinsternis</li><li>Weinlese</li><li>Vulkanausbrüche</li><li>Sonnenwende in Skandinavien</li></ul>

Elton John in Ischgl

Messe Graz

Narzissenfest im Salzkammergut

Ars Electronica in Linz

Design Center in Linz

Kürbisfest im Retzer Land

Unterscheidung nach der Größe

Megaevents

Groß- oder Megaevents haben eine internationale Reichweite und erfordern jahrelange Vorbereitung. Die Reichstagsverhüllung in Berlin sahen drei Millionen Menschen und das Medieninteresse war weltweit. In Österreich sind sicherlich die Salzburger Festspiele so ein Ereignis. Auch die Skiweltmeisterschaften in St. Anton am Arlberg gehören in diese Kategorie. Viele Übernachtungsgäste sorgen für eine **hohe Wertschöpfung.**

Weitere Beispiele:
- Weltausstellungen
- Olympische Spiele

Die als Megaevent geplanten Millenniumsfeiern 1996 sind aufgrund der mangelhaften Vermarktung zu Events geschrumpft. Nach einer Untersuchung an der Wirtschaftsuniversität hat es zu wenig Information von den Tourismusorganisationen zu diesem Thema gegeben. Die geplanten Aktivitäten konnten nicht realisiert werden.

Mediumevents

Mittelgroße Events haben regionale Bedeutung. Sie bedürfen einer kürzeren Vorbereitungszeit und verursachen geringere Kosten. Diese Events sind in vielen Destinationen anzutreffen und werden auch als Festivals wiederholt. Die Beispiele reichen von Konzerten der Zillertaler Schürzenjäger bis zu den Landesausstellungen.

Minievents

Minievents und lokale Events sind lediglich von regionaler Bedeutung. Die Zielgruppen sind Einheimische und Tagesbesucher/-innen und nur wenige Übernachtungen resultieren daraus. Beispiele sind Weihnachtsmärkte, Weinfeste, Jahrmärkte oder lokale Konzertveranstaltungen.

🎯 Ziele erreicht?

1. Definieren Sie den Begriff Event!
2. Welche Reichweite und welche Inhalte kann ein Event haben?
3. Nennen Beispiele für Megaevents, Mediumevents und Minievents

2 Touristische Bedeutung von Events und Eventmanagement

Destination = Zielgebiet und Bewegungsraum der Touristen.

Die Attraktivität der **Destination** soll sowohl für die Bewohner/-innen als auch für die Touristinnen/Touristen gesteigert werden.

Die Erhaltung der regionalen Kultur in der Region kann den Bekanntheitsgrad der Region und die Imagebildung positiv beeinflussen. Dadurch steigen die Besucherzahlen. Dies hat wiederum positive Effekte auf die lokale und regionale Wirtschaftsstruktur.

❗ Events sind von beschränkter Dauer und bedürfen eines zeitlich limitierten Projektmanagements.

Eventorganisation			
Potenzial- oder Vorbereitungsphase	Bereitstellungsphase	Durchführungsphase	Ergebnis – Nachbereitungsphase

Potenzial- oder Vorbereitungsphase

Es müssen alle Überlegungen angestellt werden, die notwendig sind, um einen Event durchzuführen: Besitzt der Ort Eventattraktivität? Ist die Eventinfrastruktur vorhanden? Auch die natürlichen Faktoren müssen berücksichtigt werden und die Kapazitäten der Tourismuswirtschaft müssen auf die Größe des Events abgestimmt sein.

Bereitstellungsphase

Die Zeitplanung muss berücksichtigen, dass die Vorbereitung eines längeren Zeitraums bedarf und der eigentliche Event wenige Stunden oder Tage in Anspruch nimmt. Die Nachbereitung bedarf eines kürzeren Zeitraumes als die Vorbereitungsphase.

Zur Organisation wird meistens ein **Komitee** gegründet, in dem alle beteiligten Interessengruppen vertreten sind. Dies ist umso wichtiger, wenn Vereine und öffentliche Stellen und Körperschaften bei der Entwicklung von Events beteiligt sind.

Ob es neben der fachlichen oder künstlerischen Leitung noch wirtschaftliche Leiter/-innen und Organisator/-innen geben soll, wird vielfach diskutiert und muss von Fall zu Fall entschieden werden. **Personal** soll in der Vorbereitungs- und Nachbereitungsphase sparsam eingesetzt werden. Bei der Durchführung muss auf die Abdeckung aller Funktionen geachtet werden.

Die **Finanzplanung** steht im Spannungsfeld zwischen dem öffentlichen Interesse und der privatwirtschaftlichen Organisation. Finanziert wird mit Subventionen aus der öffentlichen Hand, Spenden von Sponsorinnen/Sponsoren und Einnahmen aus den Events und Merchandisingaktivitäten. Auch die Mitfinanzierung durch die Tourismusverbände ist möglich.

In der Vorbereitungsphase wird auch der **Absatz** eingeplant. Der Verkauf der Eintrittskarten muss lange im Voraus beginnen. Mit **kommunikationspolitischen Maßnahmen** muss der Event vorbereitet und angekündigt werden. Plakatserien, Medienkampagnen und die Zusammenarbeit mit Reiseveranstalterinnen/Reiseveranstaltern sollen zu einem sicheren Marktauftritt führen.

Rechtliche Fragen müssen abgeklärt werden. Die Vertragserstellung mit den Künstlerinnen/Künstlern, Haftungsfragen bei Unfällen, Ausfallshaftungen und Versicherungen sind vorher mit rechtskundigen Personen zu klären.

Durchführungsphase

Bei der Durchführung treten die Produzentinnen/Produzenten und die Konsumentinnen/Konsumenten in einen unmittelbaren Austauschprozess. Die Eventleistung wird gleichzeitig erstellt und konsumiert. Es werden Leistungen für die Zuschauer/-innen erbracht. Die Organisatorinnen/Organisatoren betreuen die Eventdarsteller/-innen und es entstehen Leistungen der Tourismuswirtschaft und Medienleistungen, die begleitend wirken. Bei der Durchführung zeigt sich die Qualität des Eventmanagements. Events müssen als Dienstleistungsbündel gesehen werden und in ihrer Gesamtheit stimmig sein.

Ergebnis – Nachbereitungsphase

Die Wirkung des Events auf die Konsumentinnen/Konsumenten muss betrachtet werden. Bei verstärkter Imagebildung durch den Event wird es in das touristische Angebot aufgenommen. Um die Ergebnisse kontrollieren zu können, werden Befragungen durchgeführt, Gästestatistiken ausgewertet und die Planungsgrundlagen mit dem Ergebnis verglichen.

Eventwerkstatt für alle Bereiche – ob Marketingevents, Produktpräsentationen, Incentives, Kongresse oder Promotions. Wir entwickeln kreative Konzepte, suchen die beste Location, organisieren Technik und Dekoration, ergänzen Ihr Catering mit Erlebnisgastronomie und führen Regie bei unseren Shows. Sie buchen unsere Full-Service-Organisation oder nur die künstlerische Darbietung.
(Aus einem Werbeplakat der „Eventwerkstatt Linz".)
www.eventwerkstatt.at

? Organisieren Sie mit Ihren Mitschülerinnen/Mitschülern ein Fest in Ihrer Schule! Stellen Sie ein Organisationsteam zusammen und verteilen Sie die Aufgaben!

Protokollieren Sie die Arbeitsschritte mit!

Suchen Sie Sponsorinnen/Sponsoren!

🎯 Ziele erreicht?

1. Welche Schritte müssen bei der Organisation eines Events bedacht werden? Erstellen Sie einen Übersichtsplan!
2. Worin liegt die touristische Bedeutung von Events?

3 Beispiele für Events

3.1 Sportliche Großveranstaltungen

Die Werbewirksamkeit sportlicher Großevents für den Tourismus ist mittlerweile unumstritten. Der Aufschwung im Tiroler und gesamtösterreichischen Wintertourismus wäre ohne die Olympischen Winterspiele 1964 und 1976 in Innsbruck nicht denkbar. Gegenwärtig erreichen die Fernsehübertragungen von einer Veranstaltung dieser Art 2,5 Milliarden Menschen weltweit.

Die Rennen des alpinen Skiweltcups werden ebenfalls zur Werbung verwendet. Die Schneelage zum Zeitpunkt des Rennens kann entscheidend für den Verlauf der Saison sein. Die Eröffnung der Saison Ende Oktober in Sölden mit den Weltcuprennen ermöglicht einen Marktauftritt in den Medien und die Verlängerung der Saison. Die Lust auf Skifahren ist im Herbst und Frühwinter größer als im Spätwinter und Frühjahr. Auch der touristisch wieder erstarkte Semmering bedient sich dieses Marketingvehikels und veranstaltet Damenweltcuprennen.

> ❓ Ermitteln Sie die Bedeutung des Eventmarketings für einen Tourismusort Ihrer Wahl!

Fußball-Europameisterschaft 2008

Österreich und die Schweiz führten gemeinsam die Fußball-Europameisterschaft 2008 durch. Wien, Salzburg, Innsbruck und Klagenfurt waren die Austragungsorte in Österreich, während in der Schweiz in Bern, Zürich, Genf und Basel um den EM-Pokal gekämpft wurde. Das Endspiel fand in Wien statt.

> **Euro 2008: Tourismus zieht gemischte Bilanz**
> **In vielen Bundesländern gab es Rückgänge bei den Nächtigungszahlen.**
> Wien (APA). Die Fußballeuropameisterschaft, die Euro 2008, vor einem Jahr war doch kein so großer Erfolg, wie gerne behauptet wurde. Österreichs Touristiker/-innen blicken mit gemischten Gefühlen auf das Ereignis zurück. In einigen Bundesländern wie in Wien und Salzburg kam es während der EM zwar zu Nächtigungszuwächsen, in anderen Regionen blieben die Gäste jedoch aus. In Kärnten hat die Europameisterschaft die hohen Erwartungen der Hotellerie nicht erfüllt – weder während der Sportveranstaltung, noch danach. Im Juni des Vorjahres kam es zu einem Nächtigungsrückgang von 4,1 Prozent. Auch in Tirol fällt die Bilanz ambivalent aus. Ein nachhaltiger Besucheransturm aus den EM-Nationen sei nicht zu bemerken, heißt es in Innsbruck.
>
> Die Euro-Austragungsstadt Salzburg hat eine „schwarze Null" erreicht, wie der zuständige Koordinator Wolfgang Weiss erklärte. Salzburg habe „mit Maß und Ziel" gewirtschaftet, „es gab keinen Konkurs und keine politischen Nachwehen", meint auch Bert Brugger, Geschäftsführer der Tourismus Salzburg.
>
> In Wien ist die Abrechnung des Fanzonen-Veranstalters zwar abgeschlossen, wird aber noch nicht veröffentlicht. „Wir sind intern damit fertig", so Michael Draxler, Geschäftsführer der Stadt Wien Marketing. Die Bilanz falle zufriedenstellend aus. „Wir sind innerhalb des Budgets geblieben", versicherte Draxler. Dieses belief sich auf rund 18,5 Millionen Euro, wobei knapp 13 Millionen Euro von der Stadt und der Rest aus der Privatwirtschaft kamen. Als Verlierer der Wiener Fanzonen stehen der Gastronomieleiter der Fanmeile und einzelne Wirte da. Der hauptverantwortliche Caterer, die Event & Gastro, ging in Insolvenz. Vom Ausgleichsverfahren sind rund 150 Gläubiger betroffen.

(Quelle: DiePresse.com, 2. Juni 2009)

> **Laut IHS bringt die EM mehr als 200 Millionen Wertschöpfung und 6 000 neue Jobs**
> Wien – Es ist, nach Fußball-WM und Olympischen Spielen, das drittgrößte Sportereignis der Welt. Und weil „Sport" seit langem nicht mehr bloß die in faire Wettkampfregeln gegossene Leibesübung ist, wird die Fußball-EM 2008 auch ihren markanten Niederschlag in den Wirtschaftsdaten finden. Das Institut für Höhere Studie (IHS) hat dies unlängst mit Ziffern untermauert. Demnach steigt die EM-bedingte Wertschöpfung in Österreich um 200 bis 240 Millionen Euro, 6 000 zusätzliche Arbeitsplätze seien zu erwarten.

Als erste Branche wird, so der Mitautor der Studie, IHS-Experte Christian Helmenstein, die ohnehin angeschlagene Bauwirtschaft profitieren. Vor allem durch den Aus- und Neubau von Stadien in Wien, Salzburg, Innsbruck und Klagenfurt. „Die EM ist hervorragend dafür geeignet, einen konjunkturstabilisierenden Effekt in der Bauwirtschaft zu erreichen." Von 2003 bis 2005 prognostiziert er rund 162 Millionen Euro an zusätzlichen Investitionen und knapp 90 Millionen Euro mehr Wertschöpfung: rund 750 zusätzliche Jobs pro Jahr.

Der größte Gewinner aber ist der Tourismus, der auf eine zusätzliche Wertschöpfung von 108 bis 152 Millionen Euro und im Jahr 2008 auf 3 000 bis 4 000 neue Jobs hoffen darf. Regional gesehen rechnet der IHS-Experte vor allem für die Ostregion mit wichtigen Impulsen. Positiv sei auch, dass die EM im Juni, noch vor dem Anrollen des Sommertourismus, über die Bühne gehen würde, wodurch keine unerwünschten Verdrängungseffekte zu erwarten seien.

Kaum in Zahlen auszudrücken, aber deswegen nicht weniger wichtig sind nach Meinung der Studienautorinnen/Studienautoren die qualitativen Effekte der Europameisterschaft auf den Tourismus. „Sie schaffen einen starken Anreiz für Hoteliers, stärker in die Qualität zu investieren."

Auch der österreichische Finanzminister ... darf sich freuen. Das Steueraufkommen wird sich, hauptsächlich über die Mehrwertsteuer, um 32 bis 49 Millionen Euro erhöhen. Mit Umsatzsteigerungen bei Sportwettenanbietern und stimulierenden Auswirkungen auf die Telekommunikationsanbieter ist zu rechnen. (ag, wei)

(Quelle: Der Standard, 13. Dezember 2002)

? Vergleichen Sie die Pressetexte, die die Bedeutung der EURO 2008 vorher und nachher beschreiben! Warum haben sich die optimistischen Erwartungen nicht erfüllt? Listen Sie mögliche Ursachen auf!

Skiweltmeisterschaften 2013 in Schladming

Der Weltskiverband FIS beschloss, dass im Jahre 2013 die Alpinen Skiweltmeisterschaften in Schladming in der Steiermark stattfinden werden. Die Konkurrenten von Schladming waren Vail/Beaver Creak, Cortina und St. Moritz. Damit finden die Wettkämpfe nach 1982 zum zweiten Mal in Schladming statt.

Für die Tourismuswirtschaft ist dieser Event eine wichtige Möglichkeit international präsent zu sein. Fernsehübertragungen, Zeitungsberichte und Online-Medienberichte sind ein wichtiger Teil der Tourismuswerbung.

FIS = Fédération Internationale de Ski. Die Abkürzung FIS wird in allen Sprachen benutzt. Die Zuständigkeit der FIS betrifft sowohl den Breiten- als auch den Spitzensport, so erlässt sie zum Beispiel die FIS-Regeln zum Verhalten auf Skipisten. Derzeit sind 110 Mitgliedsverbände angeschlossen.

Details zur Ski-WM 2013
Ziel: Die alpine Ski-WM 2013 in Schladming wird zum Anlass genommen, das Angebot der Hotellerie und Gastronomie zu verbessern.
Laufzeit: Die Aktion läuft ab sofort bis 31. 12. 2012.
Budget: Für die Laufzeit werden vom Land Steiermark insgesamt bis zu 20 Millionen Euro zur Verfügung gestellt.
Fördergebiet: Tourismusgemeinden des politischen Bezirkes Liezen.
Wer wird gefördert? Kleine und mittlere Unternehmen der Tourismuswirtschaft mit einschlägiger Gewerbeberechtigung.
Was wird gefördert? Betriebsgrößenoptimierung und Qualitätsverbesserungen von Beherbergungsbetrieben. Totalerneuerung von Betriebskapazitäten, Schaffung von betrieblicher Infrastruktur sowie qualitätsverbessernde Maßnahmen in Verpflegungsbetrieben.
Wie wird gefördert? Projekte mit förderbaren Gesamtinvestitionskosten von 25.000 bis zu einer Million Euro, Top-Zuschussaktion Bund: maximal 5 %, Anschlussförderung Land: 10 %.
Projekte mit förderbaren Gesamtinvestitionskosten ab einer Million Euro: Geförderter ERP- oder TOP-Kredit der ÖHT in Höhe bis zu 70 % der förderbaren Investitionskosten, maximal aber zwei Millionen Euro; Laufzeit 15 Jahre, davon maximal zwei Jahre tilgungsfrei. Anschlussförderung Land: Zuschuss bis zu einem Förderbarwert von 20 % für kleine Betriebe beziehungsweise 10 % für mittlere Betriebe.
Wann wird ausbezahlt? Die Landesförderung wird als Einmalzuschuss unmittelbar nach der Abrechnung des Projektes mit der ÖHT ausbezahlt.

! Die Durchführung der alpinen Skiweltmeisterschaft 2013 in Schladming soll zusätzliche Impulse für diese Region setzen.

ERP = European Recovery Program. Hierbei handelt es sich um Fördermittel aus dem Europäischen Wiederaufbauprogramm, das 1948 im Rahmen des Marshallplans ins Leben gerufen wurde.

ÖHT = Österreichische Hotel- und Tourismusbank GmbH. Die Österreichische Hotel- und Tourismusbank Ges. m. b. H. (ÖHT) ist eine Spezialbank zur Finanzierung und Förderung von Investitionen im Tourismus.

Kulturmanagement im Tourismus

❓ Welche Förderungsprogramme wurden für die Region Schladming bis zur Weltmeisterschaft 2013 bereitgestellt?

Warum dient ein Sportevent als Initialzündung für die Regionalförderung?

Welcher Zweck für die Zukunft wird verfolgt?

> **Für die Inanspruchnahme** der Landesförderung ist die Inanspruchnahme der maximalen Bundesförderung Voraussetzung.
> **Hotelneubauten:** Einmalzuschuss des Landes Steiermark unmittelbar nach Projektabrechnung allfällige Bundesförderungen wie zum Beispiel AWS sind in Anspruch zu nehmen und einzurechnen.
> **Kleine Betriebe:** 15 % der förderbaren Gesamtinvestitionskosten.
> **Mittlere Betriebe:** 10 % der förderbaren Gesamtinvestitionskosten. Maximale Landesförderung: 2,5 Millionen Euro.

(Quelle: www.kleinezeitung.at, 28. Mai 2009)

„Die Rodelpartie" – Gewinner des internationalen Schneeskulpturen-Wettbewerbs 2010

Kate Perry live in Ischgl, 2009

⬇ Informationen zu den **Eventhighlights** in Ischgl finden Sie unter www.ischgl.at

3.2 Ischgl – Erfolg mit Eventmarketing

Die Gemeinde Ischgl im Tiroler Paznauntal hat die Tourismuswerbung ganz auf Eventmarketing ausgerichtet. Ischgl hat auf die Vermarktung durch Werbeagenturen verzichtet und auf die Eventschiene gesetzt. Der 2 128 Einwohner zählende Ort beherbergt pro Jahr über 200 000 Gäste in über 11 000 Betten. Im Jahr 2007 wurden 1 340 713 Übernachtungen gezählt. Mehr als 90 % davon sind Ausländer/innen-Übernachtungen.

Seit Anfang der 90er-Jahre wird verstärkt auf **Eventmarketing** gesetzt: Es wurde der größte Schneemann der Welt im Zentrum von Ischgl gebaut, Schneekünstler/-innen fertigten ein **Wintermärchen** an und Sänger/-innen und Tänzer/-innen der Mailänder Scala wurden nach Ischgl zum ersten Open-Air-Auftritt der Scala geholt, 1995/96 fand eine **Open-Air-Modenschau** mit Stars wie Naomi Campbell statt, **Skysurfen** sollte den Ort international noch mehr in die Medien bringen, es wurde durch einen Absprung aus einem Heißluftballon in 17 000 m Höhe ein Weltrekord aufgestellt.

Immer im April wird zum Abschluss der Saison auf der Idalpe in 2 300 m Höhe das **Frühlingsschneefest mit Openair-Konzerten** organisiert. In den letzten Jahren traten prominente Künstler wie Jazz-Gitti, Boney M., Hot Chocolate, Elton John, Jon Bon Jovi, Tina Turner, Leona Lewis, Gabriella Cilmi und Udo Jürgens auf.

Gemeinsam mit zusätzlichen Sponsorinnen/Sponsoren finanziert der Ischgler Tourismusverband diese Events. Diese Investitionen sind notwendig, um in den süddeutschen Städten im Gespräch zu sein. 78 % der Gäste kommen aus dem süddeutschen Raum.

Bis heute funktioniert das Eventmarketingkonzept und Ischgl hat sich als die Unterhaltungsmetropole in den Tiroler Alpen etabliert. In der Wintersaison 2009/2010 finden in Ischgl zwölf Großevents statt.

> **Ziele erreicht?**
>
> 1. Skizzieren Sie die Bedeutung von Events für das touristische Marketing! Welche Bedeutung haben diese für die Nächtigungsentwicklung?
> 2. Nennen Sie einige Beispiele für erfolgreiche Events in Ischgl!

4 Sponsoring

Sponsoring ist ein auf Gegenseitigkeit ausgerichteter Prozess. **Sponsorinnen/Sponsoren** und **Sponsornehmer/-innen** müssen voneinander profitieren. Auf der eingerüsteten Wiener Secession war zu lesen: „Nicht die Kunst braucht den Sponsor, sondern der Sponsor braucht die Kunst." Im strengen Sinn betrachtet ist die Aussage richtig. Kunst gibt es ohne Sponsor/-in und kann durch ihn/sie nicht beeinflusst werden. Um als Kunstinstitution breitenwirksamer werden zu können, bedarf es allerdings des Sponsorings.

Nicht Künstler/-innen brauchen Sponsoring, sondern die Kulturorganisationen brauchen Sponsoring, um für Künstler/-innen Darstellungsmöglichkeiten zu organisieren. Für die Organisation von Kulturveranstaltungen ist modernes Sponsoring von großer Bedeutung. Auch die Sponsorinnen/Sponsoren profitieren davon. **Werbung** und **Imagebildung** hängen damit zusammen. Das Erreichen eines bestimmten Zielpublikums und das Vermitteln von Kompetenz im gesponserten Bereich sind wichtige Effekte.

Beispiel Wiener Konzerthausgesellschaft

Um den kostenintensiven Betrieb aufrechtzuerhalten, hat sich die **Wiener Konzerthausgesellschaft** um **einen Jahressponsor** und um weitere Sponsorinnen/Sponsoren, Kooperationspartner/-innen, unterstützende Institutionen und Subventionsgeber/-innen bemüht.

Kapsch, der Generalpartner seit 1992, der auch im Jahre 2009 das Konzerthaus sponsert, begründet sein Engagement mit folgenden Worten: „Bilder und Töne krönen den Abschluss des Tages. Deshalb empfinden wir es als gesellschaftliche Verpflichtung, ausgewählte Projekte der Musik und bildenden Kunst zu unterstützen." Die Botschaften, die Künstler/-innen in ihren Werken formulieren, brauchen Öffentlichkeit. Kapsch sieht in der Unterstützung ausgewählter Projekte der bildenden Kunst und der Musik eine gesellschaftspolitische Verpflichtung und versucht so, die Kommunikation zwischen Künstler/-innen und Öffentlichkeit zu fördern.

Mit dem Verkehrsverbund Ostregion wurde vereinbart, dass die **Eintrittskarten** zu einer Veranstaltung der Wiener Konzerthausgesellschaft zwei Stunden vor bis sechs Stunden nach der Vorstellung als **Fahrscheine** für die öffentlichen Verkehrsmittel in Wien gelten. Auch wurden Kooperationen mit Hotellerie und Gastronomie eingegangen, z. B. ist die Eintrittskarte auch ein **Gutschein für ein Getränk** in der Brasserie des Hotels Intercontinental. Subventioniert wird die Gesellschaft aus der Kunstförderung des Bundeskanzleramtes und von der Stadt Wien.

Weitere Beispiele

Das Unternehmen **Siemens** engagiert sich ebenfalls intensiv im Kultursponsoring. Laut Eigendefinition ist bei Siemens Kultur Programm. Es wurden und werden z. B. die Kulturhauptstadt Linz09, die Salzburger Festspiele (Hauptsponsor), die Haydn-Festspiele in Eisenstadt, das Technische Museum Wien und das ZOOM Kindermuseum unterstützt.

Auch die EA Generali fördert zeitgenössische Kunst. Zum Beispiel mit der 1988 gegründeten **Generali Foundation,** die in Wien ein Ausstellungshaus von internationalem Format betreibt. Die Sammlung der Generali Foundation zählt zu den bedeutendsten Privatsammlungen Österreichs. Seit dem Jahre 2008 werden Personal und Infrastruktur mit der **BAWAG Foundation** geteilt. Jährlich sind zwei Ausstellungen vorgesehen.

> **?** Welche Sponsorinnen/Sponsoren hat Ihre Schule? Zählen Sie die Inserate im Jahresbericht!
> Befragen Sie die Sponsorinnen/Sponsoren über den Zweck und den Ertrages des Sponsorings!

Wiener-Konzerthaus-Sponsoren
Kapsch **Generalpartner** seit 1992
Premiumsponsoren
- Verbund
- Volksbank AG

Sponsoren
- AKG-Acoustics
- asp. consulting group
- BAWAG-P.S.K.-Gruppe
- BÖHLER-UDDEHOLM AG
- ComSolution
- Deloitte
- Erste Bank
- Mercedes-Benz
- Merito Financial Solutions
- Miba
- ÖBB
- ÖBB-Postbus GmbH
- Volksbank Wien AG

Weitere Informationen zur **Förderung von Kunst und Kultur** finden unter
http://w1.siemens.com/responsibility/de/citizenship/artsprogram.htm
sowie unter
http://foundation.generali.at/index.php?id=foundation

🎯 Ziele erreicht?

1. Warum suchen Kulturveranstalter/-innen Sponsorinnen/Sponsoren?
2. Welche Ziele verfolgt die Sponsorin/der Sponsor?
3. Nennen Sie Beispiele für erfolgreiches Kultursponsoring in Österreich!

5 Museumsmanagement

Generell kann man feststellen, dass die Museen im Aufwind sind. Die moderne Freizeitgesellschaft sieht auch die Museen zunehmend als **Erlebniswelt** und **Freizeiteinrichtung.** In Deutschland wurde Anfang der 90er-Jahre ein jährliches Wachstum der Besucherzahlen in den Museen von 2,9 % beobachtet. Auch die Zahl der Museen ist im Steigen begriffen. Der Trend weist zu Naturwissenschaft, Technik und speziellen Ausstellungsthemen.

Schwachpunkte ergeben sich durch die immer höher werdenden Anforderungen an die Darstellung der Exponate und die **schmale ökonomische Basis** der Museen.

Ein Museum erhöht aufgrund der kulturellen Impulse die Lebensqualität der Menschen. Auch soll die Attraktivität für die Stadtplanung nicht unterschätzt werden. Museen ziehen andere Kultureinrichtungen nach sich oder sind Mittelpunkt stadtplanerischer Aktivitäten. Kulturveranstaltungen und Ausstellungen erhöhen das Image einer Region oder eines Viertels. Für Kulturtouristinnen/Kulturtouristen sind Museen wichtige Ziele ihrer Reise. Zwei Drittel der deutschen Touristinnen/Touristen besuchen in ihrem Urlaub Bauwerke und Museen. Aus diesen Erkenntnissen muss sich eine Zusammenarbeit zwischen Museen und Tourismuswirtschaft entwickeln. Dies kann zu einer Stärkung der Position gegenüber den Geldgeberinnen/Geldgebern führen. Um die Position der Museen zu stärken, muss eine **managementorientierte Betriebsführung** entwickelt werden.

Ziele der Betriebsführung				
Entwicklung einer Museumsphilosophie	strategische Positionierung des Museums	Entwicklung einer modernen Mitarbeiter/-innen-Führung	Aufbau der Organisation	Gestaltung der operativen Maßnahmen

5.1 Ansatzpunkte für modernes Museumsmanagement
Erwerbungstätigkeit

Die **Erwerbungskosten** übersteigen meistens die finanziellen Möglichkeiten der Museen. Museumsmanager/-innen müssen sich um die Erschließung von Finanzierungsquellen, insbesondere Sponsorinnen/Sponsoren, kümmern. Notwendig sind auch sachliche und fachliche Kompetenzen, um beim Ankauf das richtige Urteilsvermögen aufzuweisen.

Bau und Präsentation

Die Darstellung der Sammlungen erfordert grundlegendes technisches Wissen und das Verständnis für die Betreuung des Gebäudes. Auch Kenntnisse über eine fachgerechte Aufbewahrung der ausgestellten Gegenstände sind unbedingt notwendig. Die Technik muss von der Betrachterin/vom Betrachter unbemerkt eingesetzt werden. Sie soll nur der Präsentation dienen und nicht zum Selbstzweck werden.

Ausstellungen

Kurzlebige Ausstellungen ermöglichen die Darstellung von Depotexponaten, die den Besucherinnen/Besuchern sonst nicht zugänglich sind. Marketingkenntnisse sind von großer Bedeutung, um diese Ausstellungen zu einem Erfolg werden zu lassen. Gezielt eingesetzte Werbung und Information gehören ebenso dazu wie die Steuerung der Medien, um die Schau bekannt zu machen.

Didaktik und Pädagogik

Um den Besucherinnen/Besuchern den Zugang zu den Ausstellungen und Sammlungen zu erleichtern, bedarf es didaktischer und pädagogischer Kenntnisse. Die Beschriftung der

ANDY WARHOL. CARS-Ausstellung in der Albertina, Wien (Andy Warhol, Mercedes-Benz 300 SL Coupé, 1954)

www.wien-tourismus.at

Objekte, Wegweiser, Kataloge, Kassettenführungen, Filme oder Gruppenführungen bereiten modern und zielgruppengerecht die Ausstellungen für die Besucher/-innen auf.

5.2 Beispiele für modernes Museumsmanagement
Österreichische Bundesmuseen

Im Jahre 1995 besuchten 2 361 000 Besucher/-innen die österreichischen Bundesmuseen. Der Boom im Kulturtourismus zeigt sich auch in der Steigerung der Besucherzahlen. Im Jahre 2008 wurden 4 056 302 Besucher/-innen in den Bundesmuseen gezählt. Spitzenreiter sind das **Kunsthistorische Museum** mit 1 151 844 Besucherinnen/Besuchern und die **Albertina** mit 997 738 Besucherinnen/Besuchern. Um die Besucher/-innen zu steigern, werden **Kombinationskarten** mit anderen kulturellen Einrichtungen angeboten. Diese Steigerung ist auf ein modernes Museumsmanagement, viele Sonderausstellungen, aber auch auf die Ausgliederung aus den direkt von der Republik geführten Unternehmen zurückzuführen.

Die Bundesmuseen werden heute als „wissenschaftliche Anstalten öffentlichen Rechts des Bundes" bezeichnet. Sie sind vollrechtsfähig und damit handlungsfähig wie Unternehmen. Die Basisfinanzierung kommt aus dem Bundesbudget. Weitere Einnahmen müssen getätigt werden, um einen Gewinn zu erzielen.

Deutliches Plus für Bundesmuseen
Mit einer Erhöhung um 8,5 Millionen Euro sind die Bundesmuseen plus Österreichische Nationalbibliothek die großen Gewinner des Kulturbudgets – wie der Kuchen verteilt wird, bleibt allerdings spannend. Die Basisabgeltung beträgt 2009 und 2010 je 105,01 Millionen Euro. Das ist ein Plus von 8,5 Millionen Euro jährlich. 2008 gab es nach einer Erhöhung um 6 Millionen Euro 96,51 Millionen Euro für die Bundesmuseen. „Positiv gestimmt" sind die Bundesmuseen laut der Belvedere-Direktorin und derzeitigen Vorsitzenden der Direktorenkonferenz, Agnes Husslein ...

(Quelle: DiePresse.com, 21. April 2009)

Gratiseintritt für Kinder: Abgeltung für Bundesmuseen
Ab Jänner 2010 gilt der Gratis-Eintritt für Jugendliche bis zum 19. Lebensjahr in allen Bundesmuseen. Kulturministerin Claudia Schmied (SPÖ) gab nun die finanzielle Abgeltung bekannt, die die einzelnen Häuser für diesen Gratiseintritt bekommen werden.

Insgesamt belaufen sich die Kosten für die Bundesmuseen auf rund drei Millionen Euro pro Jahr. Durchschnittlich gibt es 727 500 Eintritte im Jahr von Kindern und Jugendlichen in alle Bundesmuseen.

Im Schnitt vier Euro Eintritt
Zugrunde liegt den Berechnungen ein durchschnittlicher Eintrittspreis von vier Euro pro Besucher/-in in der Altersgruppe der 6- bis 19-Jährigen sowie die durchschnittlichen Besucherzahlen dieser Gruppe in den Jahren 2006 bis 2008 ...

Ins KHM kommen die meisten
Die höchste Zahl an jungen Besucherinnen/Besuchern hat das Kunsthistorische Museum (KHM) mit Theatermuseum und Völkerkundemuseum: 231 000 Kinder und Jugendliche kommen pro Jahr. Bei einem Ticketpreis von vier Euro entgehen diesen Museen 924.000 Euro im Jahr. Das KHM bekommt als Ersatz 2009 und 2010 jeweils bis zu 460.000 Euro (zusammen also 920.000 Euro).

Der 2009 entfallende Anteil steht dabei zur Gänze für das Jahr 2010 zur Verfügung. Die Mittel werden auf die beiden Jahre des Doppelbudgets 2009/10 verteilt abgerechnet: So gibt es bereits 2009 die Hälfte des jeweiligen Betrages, obwohl der Gratiseintritt erst 2010 beginnt.

! Die gemeinsame Homepage aller österreichischen Bundesmuseen www.nhm-wien.ac.at/BundesMuseen war in den Anfängen des Internets eine zukunftsweisende Pionierleistung unter Federführung des Naturhistorischen Museums.

Mittlerweile haben alle Museen ihre eigenständigen Internetseiten, die sie selbstständig betreuen und aktualisieren.

? Haben Sie Ideen, wie man Museen für Besucher/-innen attraktiver machen könnte?

Albertina-Eingang

Kunsthistorisches Museum

Kulturmanagement im Tourismus

Budget in Euro	2007	2008
Umsatzerlöse davon	30.695,34	35.636,72
– Basistangente	20.189,00	21.989,00
– Eintritte	5.536,71	5.725,46
– Shops, Veranstaltungen, etc.	4.969,63	7.922,27
Sonstige betriebliche Erträge	2.876,58	1.547,88
Personalaufwand	19.428,11	21.446,44
Sonstige betriebliche Aufwendungen	15.331,12	14.049,77
Abschreibungen	1.075,00	995,56
Betriebserfolg	–2.262,60	318,16
Finanzergebnis	–102,26	96,43
Jahresüberschuss/ Jahresfehlbetrag	–2.364,86	393,42

(Quelle: www.bmukk.gv.at/medienpool/18173/kulturbericht2008.pdf)

www.technischesmuseum.at

❗ 2009 fand im Rahmen des **100-Jahr-Jubiläums** zum ersten Mal „die Funknacht im Museum" statt. Dabei konnten Kinder, vorausgesetzt sie verfügten über gute Englischkenntnisse, mit anderen Kindern in aller Welt in Kontakt treten.

Das MQ-Logo wurde zum Mittelpunkt einer Branding-Kampagne und erscheint als Label auf einer Vielzahl von Gebrauchsgegenständen

An zweiter Stelle steht das Naturhistorische Museum mit 162 000 jungen Besucherinnen/Besuchern pro Jahr, die geschätzten Kosten von 648.000 Euro werden bis zu 325.000 Euro jährlich übernommen.

Es folgen:
- Technisches Museum mit der Mediathek: 142 000 Besucher/-innen, 568.000 € Kosten, 285.000 € Ersatz/Jahr
- Albertina: 84 000 Besucher/-innen, 336.000 € Kosten, 165.000 € Ersatz/Jahr
- Belvedere: 62 000 Besucher/-innen, 248.000 € Kosten, 125.000 € Ersatz/Jahr
- MUMOK: 34 000 Besucher/-innen, 136.000 € Kosten, 70.000 € Ersatz/Jahr
- MAK: 8 500 Besucher/-innen, 34.000 € Kosten, 20.000 € Ersatz/Jahr

(Quelle: Die Presse.com, 1. September 2009)

Technisches Museum Wien

Nach aufwendiger Generalsanierung und kompletter Neugestaltung der Schausammlung öffnete das **Technische Museum Wien** im Juni 1999 seine Pforten. Durch das neue **interaktive Museumskonzept** konnten die Besucherzahlen im Vergleich zur Zeit vor der Schließung mehr als verdoppelt werden.

Das Technische Museum Wien versteht sich mit seinen sechs Schausammlungsbereichen zu allen Themen der Technik und Naturwissenschaften als Ort der kritischen Auseinandersetzung und als zukunftsorientiertes Haus, das neben der Technikgeschichte auch aktuelle Trends und Entwicklungen aufzeigt.

Mit dem **MiniTMW** bietet das Technische Museum seit 5. März 2000 für Kinder zwischen zwei und sechs Jahren einen eigenen Erlebnisbereich. Mit diesem in Österreich bisher einzigartigen Konzept sollen Kinder auf spielerischem Wege physikalische Phänomene begreifen. Interaktivität und aktive Integration sollen die kleinen Besucher/-innen auf angenehmem Weg mit der Institution Museum vertraut machen.

MuseumsQuartier Wien

Nach jahrelangen politischen und museologischen Diskussionen entschloss man sich Mitte der 80er-Jahre dazu, die ehemaligen kaiserlichen Hofstallungen für kulturelle Zwecke zu nutzen. 1986 fand die erste Stufe eines Architekturwettbewerbs zur Neugestaltung des Areals statt. Aufgrund verschiedener Proteste wurden in den darauffolgenden Jahren am ursprünglichen Architekturkonzept immer wieder Änderungen und Modifizierungen vorgenommen. 1998 erfolgte der Baubeginn und 2001 schließlich die offizielle Eröffnung des MuseumsQuartiers Wien.

(© www.mqw.at)

Heute ist das MuseumsQuartier Wien eines der weltgrößten Areale zeitgenössischer Kunst und Kultur. Es ist ein „Kunstraum" mit Museen, Ausstellungs- und Veranstaltungsräumen, ein urbaner „Lebensraum" und Treffpunkt für Kulturinteressierte in Wien, aber ebenso „Schaffensraum" für die rund 60 im quartier21 angesiedelten Kulturinitiativen. Vor allem aber ist es ein zukunftsweisendes, innerstädtisches Kulturviertel mit enormer Signalwirkung im Zentrum der Stadt. Das MuseumsQuartier vereinigt barocke Gebäude und neue Architektur, kulturelle Einrichtungen ebenso wie Naherholungseinrichtungen.

Das Spektrum reicht von großen Kunstmuseen wie dem **Leopold Museum** und dem Museum Moderner Kunst Stiftung Ludwig Wien **(MUMOK)** über Ausstellungsräume für zeitgenössische Kunst wie die **KUNSTHALLE Wien** bis zu Festivals wie den **Wiener Festwochen** und **ImPulsTanz.** Dazu kommen ein Zentrum für zeitgenössischen Tanz **(Tanzquartier Wien),** das Architekturzentrum Wien sowie herausragende Kunst- und Kultureinrichtungen speziell für Kinder (ZOOM Kindermuseum, wienXtra-kinderinfo, DSCHUNGEL WIEN Theaterhaus für junges Publikum).

Weniger um Präsentation als vielmehr um Produktion von Kunst geht es im 2002 eröffneten **quartier21,** das mit Schwerpunkten in den Bereichen Mode, digitale Kultur und Design kleinen und mittelgroßen Kulturinitiativen Platz und Unterstützung bietet sowie ein „Artist-in-Residence" Programm für Künstlerinnen/Künstler aus aller Welt beherbergt.

Terrassencafés, Bars, Shops und Ruhezonen sorgen zudem für ein umfassendes Service- und Freizeitangebot.

MuseumsQuartier – Haupthofpanorama

Über den Link www.landesmuseen.at gelangen Sie zu den Museen der einzelnen Bundesländer.

5.3 Marketing der Wiener Kultureinrichtungen

Im Rahmen einer europäischen Untersuchung wurden auch 20 Kulturinstitutionen in Wien untersucht. 70 % davon befinden sich im Zentrum der Stadt. Davon sind 40 % privat geführt. Die Anzahl der durchschnittlichen Besucherzahl schwankt zwischen 10 000 und 1,4 Millionen jährlich. Wien liegt damit über dem Durchschnitt anderer europäischer und österreichischer Städte. Die **Auslastungsquote** liegt bei 76 % und somit ebenfalls über dem internationalen Durchschnitt.

ETC = European Travel Commission; Vereinigung der nationalen Tourismus-Organisationen Europas.

WTO (UNWTO) = World Tourism Organization; Welttourismusorganisation; Sonderorganisation der Vereinten Nationen (UN).

Die **touristische Ausrichtung** unterscheidet die Wiener Kultureinrichtungen von denen in anderen europäischen Städten. Die Nächtigungstouristinnen/Nächtigungstouristen stellen einen wesentlichen Herkunftsmarkt dar. Bei 70 % der Einrichtungen werden gestiegene Besucherzahlen registriert. Dies wurde auch wieder in einer Studie der ETC & WTO im Jahre 2005 festgestellt. Wien hebt sich in den Marketingstrategien von anderen Städten ab. Langfristige Planungen und Vorbereitungen, wie z. B. das Mozartjahr 2006, sind Stärken des Marketings im Kulturtourismus.

Die Manager/-innen der Wiener Kultureinrichtungen messen der **Kommunikationspolitik,** aber auch der **Produkt- und Distributionspolitik** große Bedeutung bei. 65 % der Betriebe verfügen über einen Marketingplan und überarbeiten ihn jährlich. Besonders die **internationalen Touristinnen/Touristen** werden als Zielgruppe erkannt und auch angesprochen. Die Höchstpreise liegen in Wien weit über dem internationalen Niveau. Häufig werden der Tourismusverband, aber auch Reisebüros und Veranstalter zur Distribution herangezogen. Somit steht die Bedeutung des Tourismus für die Kultur und umgekehrt außer Zweifel. Die Zusammenarbeit wird als gut beschrieben und laut Studie aus dem Jahre 2005 auch immer wichtiger. Die Entwicklung der **Wien-Card** unterstreicht diese positive Entwicklung.

In einer Studie des Instituts für Höhere Studien aus dem Jahre 2008 wird festgestellt, dass für 75 % der Touristinnen/Touristen in Wien das Kunst- und Kulturangebot destinationsentscheidend war. Die Ausgaben der Bundesmuseen bewirken eine direkte Wertschöpfung in Österreich von 70 Millionen Euro. Durch Wirtschaftsverflechtungen, Lohn- und Gehaltszahlungen sowie dem daraus resultierenden Konsum wurden in Österreich etwa 164 Millionen Euro an Wertschöpfung ausgelöst.

Ziele erreicht?

1. Welche Ziele verfolgt ein modernes Museumsmanagement?
2. Nennen Sie Beispiele in Österreich für modernes Museumsmanagement!
3. Welche Bedeutung haben Museen für die Tourismuswirtschaft?
4. Organisieren Sie eine Exkursion in das Landesmuseum! Interviewen Sie jemanden aus der Geschäftsführung zu den Themen Museumsphilosophie und Marketing! Welche didaktische und pädagogische Aufbereitung gibt es in dem Museum?

Touristische Präsentation von Regionen

Unter den hier vorgestellten Regionen befinden sich traditionelle Tourismusgebiete (Salzkammergut, Semmering) ebenso wie neu entdeckte (Weinviertel, Blaufränkischland).

Manche Regionen müssen sich vor einer völligen Vereinnahmung durch den Tourismus mit neuen Konzepten schützen (Montafon, Lungau, Nockberge), andere können mithilfe des Tourismus der Abwanderung Einhalt gebieten (steirisch-burgenländische Thermenregion).

 Meine Ziele

Nach Bearbeitung dieses Kapitels kann ich
- anhand von einzelnen Tourismusregionen die Möglichkeiten des regionalen touristischen Angebotes erörtern;
- die Vielfalt der österreichischen Tourismusregionen beschreiben und erklären.

Auswahl der vorgestellten Regionen

Die folgenden acht beschriebenen Regionen wurden nach bestimmten Kriterien ausgewählt.

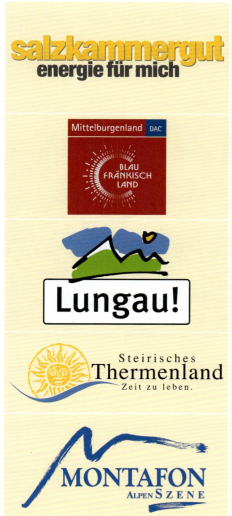

Gemäß den Ausführungen zum Begriff Kulturtourismus wurden alte Tourismusregionen, wie das **Salzkammergut** und der **Semmering**, beschrieben.
In diesen Regionen ist die Verbindung von Kultur und Tourismus seit ihren Anfängen nachvollziehbar.

Das **Weinviertel** und das **Blaufränkischland** sind Gebiete, die von der Tourismuswirtschaft neu entdeckt werden.
Diese Regionen bieten erdige und echte Kultur vor Ort als mögliche Gegenwelt zu der globalen Gesellschaft.

Der **Lungau** und die **Nockberge** sind Tourismusregionen im Windschatten der großen Zentren nördlich des Alpenhauptkammes.
Dort haben sich neben der Tourismusindustrie lokales Brauchtum und regionale Kultur erhalten.

Die **steirisch-burgenländische Thermenregion** ist ein Gebiet, in dem mit Landesförderung schwerpunktmäßig Tourismusbetriebe angesiedelt wurden, die in dieser peripheren Region Arbeitsplätze bieten.

Das **Montafon** gilt als positives Beispiel eines intensiv von der Tourismuswirtschaft genutzten Gebietes.
Früh wurden die negativen Auswirkungen auf Bevölkerung und Natur erkannt und es wurde dieser Entwicklung entgegengesteuert.

❓ Suchen Sie die Regionen und die erwähnten Orte im Atlas!

1 Salzkammergut

1.1 Grundlagen der Region

Kaum eine österreichische Kulturlandschaft erweckt bei in- und ausländischen Besucherinnen/Besuchern so viele Assoziationen wie das Salzkammergut.

Diese Landschaft, die Anteil an den Bundesländern Oberösterreich, Steiermark und Salzburg hat, reicht von Gmunden über Hallstatt bis ins steirische Ausseer Land. Der bestimmende Faktor ist der **Wechsel von Bergen und Seen.** Von den Bergen ist das **Dachsteinmassiv** mit seinen 2 995 m das bekannteste und höchste. Dieser Hochgebirgsstock der Nördlichen Kalkalpen, der immer ein begehrtes Ziel für Bergsteiger/-innen war, wurde erst 1840 von **Friedrich Simony** bezwungen. Weitere wichtige Naturschönheiten der Region sind Berge wie der **Loser** im Toten Gebirge, **der Traunstein,** von dessen Spitze man den gesamten Traunsee von Gmunden bis Ebensee überblickt, und gegenüber der **Feuerkogel** oder die **Drachenwand** am Mondsee.

www.salzkammergut.at

Blick auf Hallstatt

Touristische Präsentation von Regionen

Eine Zahnradbahn auf den **Schafberg** und eine Seilbahn auf den Gletscher des Dachsteinmassivs ermöglichen vielen Besucherinnen/Besuchern – und nicht nur Bergsteigerinnen/Bergsteigern – das Bergerlebnis.

Geografischer und historischer Abriss

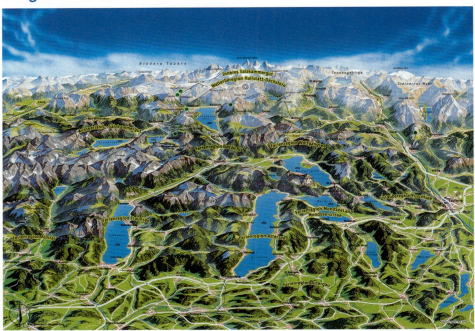

Die große Anzahl an Seen in den unterschiedlichsten Größen geht auf die Eiszeit zurück. Sie sind Relikte der Gletscher, die sich im Zuge der Klimaerwärmung immer weiter zurückzogen. Von den rund 40 Seen gehören der **Attersee,** der **Wolfgangsee** und der **Traunsee** zu den bekanntesten. Aber auch die übrigen Seen haben ihren eigenen Reiz, wodurch sie unterschiedliche Zielgruppen anlocken: z. B. der romantische **Mondsee** oder der geheimnisvolle, dunkle **Hallstätter See.**

Der größte Teil des Salzkammerguts gehört zu Oberösterreich. Der Name galt früher nur für das Gebiet am oberen Lauf der Traun zwischen Hallstatt und Gmunden. Aus der Bezeichnung Kammergut können wir entnehmen, dass diese Region wegen ihrer Bedeutung direkt der **Hofkammer** unterstellt war. Hier war der Kaiser gleichzeitig Landes- und Grundherr.

Hofkammer = Behörde, die das Vermögen des Herrschers, das Kammergut, verwaltet. Daraus wurde später (1848) das Finanzministerium.

Woher kommt der Name Hallstattkultur?

Es gehört zu den Gepflogenheiten der Urgeschichtsforschung, Fundgruppen gleichen Gepräges zu „Kulturen" zusammenzufassen und mit dem Namen eines wichtigen Fundortes zu benennen. Die Kultur der Älteren Eisenzeit Mitteleuropas, vom 8. bis zum 5. Jahrhundert v. Chr., wird mit gutem Grund „Hallstattkultur" genannt. Namengebend ist das Hallstätter Gräberfeld, ein großer Friedhof dieser Zeit, der im Jahre 1846 im Salzbergtal hoch über dem Ortszentrum von Hallstatt entdeckt wurde.

Der Name Salzkammergut lässt darauf schließen, dass die Bedeutung der Region in den hier reichlich vorhandenen **Salzvorkommen** begründet war. Hier wurde schon seit urgeschichtlicher Zeit Salzabbau betrieben. Das führte zu einer kulturellen Blüte, die wir noch heute als **Hallstattkultur** – benannt nach dem Ort Hallstatt – kennen.

Die Habsburger schöpften daraus ihren Reichtum. Der Handel mit Salz wurde sowohl auf der Traun als auch auf der Salzach bis zur Donau und weiter donauabwärts betrieben. Von diesem Salzhandel lebten verschiedene Handwerksberufe in der gesamten Region – wie Holzfäller, Fassbinder, Flößer etc. Der Salzbergbau blieb bis zum Anfang des 20. Jahrhunderts der wichtigste Wirtschaftsfaktor der Gegend. Hatte man noch bis ins ausgehende 16. Jahrhundert das Salz aus dem Berg gehackt, so bedeutete das Auslaugen der Salzschichten mit Wasser eine Revolution in der Salzgewinnung. Nun wurde der Transport von Hallstatt nach Ebensee zu den Sudpfannen möglich. Zwischen 1596 und 1604 errichtete ein Heer von Arbeiterinnen/Arbeitern eine **Soleleitung** von 42 km Länge. Sie bestand aus über 13 000 durchbohrten und ineinander gesteckten Baumstämmen.

Die neue Art der Salzgewinnung brachte aber einen zusätzlichen Effekt. Man erkannte die heilende Wirkung der **Solelösung** und bald wurden den Bergarbeiterinnen/Bergarbeitern bei Hautkrankheiten und Rheuma von den Ärzten **Solebäder** verschrieben.

Der Salzabbau ist heute durch die veränderten wirtschaftlichen Umstände nicht mehr der bestimmende Faktor – nun setzt man auf den **Tourismus,** der im Salzkammergut ebenfalls eine lange Tradition aufweist.

Sommerfrische

Im 19. Jahrhundert, in der Epoche der Romantik, begannen **Zeichner/-innen** und **Maler/-innen** die Gegend zu entdecken und fertigten erste Landschaftsbilder an, die sich bald größter Beliebtheit erfreuten. Sie bewirkten, dass immer mehr Menschen in dieses bis dahin relativ unerschlossene Gebiet reisen wollten. Bedeutende Maler im Salzkammergut waren **Jakob Alt** und **Jacob Gauermann**, dann deren Söhne **Rudolf Alt** und **Friedrich Gauermann** sowie **Ferdinand Georg Waldmüller, Adalbert Stifter** und ab 1898 **Gustav Klimt.**

Anfang des 19. Jahrhundert kamen bereits **berühmte Kurgäste** in die damals kleine Stadt **Ischl,** unter anderem trugen **Fürst Metternich** und **Freiherr von Gentz** dazu bei, dass Ischl an Bekanntheit gewann. Der Aufschwung ging relativ rasch vor sich, denn **Erzherzogin Sophie** – bisher kinderlos geblieben – schenkte nach Kuraufenthalten in Bad Ischl vier Söhnen das Leben – den **„Salzprinzen"** – und sorgte dafür, dass sich der Ruf von Bad Ischl endgültig auch international festigte.

Die Verlobung des jungen **Kaisers Franz Joseph** mit der allseits beliebten und verehrten bayerischen **Sisi** in Bad Ischl lenkte zum ersten Mal die offizielle Aufmerksamkeit auf diesen Ort. Als Franz Joseph die ideale Möglichkeit erkannte, hier seine Staatsgeschäfte zu erledigen und gleichzeitig seiner Jagdleidenschaft zu frönen, gab es von da an keinen Sommer mehr, in dem er hier nicht einige Monate verbrachte. In die ehemalige Eltz-Villa, die Franz Joseph von seiner Mutter als Geschenk bekommen hatte, zog er nach einem Umbau 1857 ein. Sie diente ihm bis 1914 als Sommerresidenz. Während der Anwesenheit des Kaisers wurde Bad Ischl zum Zentrum des politischen und gesellschaftlichen Lebens. War vorher Baden bei Wien die Sommerfrische des Kaiserhauses, so wurde jetzt Ischl jeden Sommer zum Mittelpunkt der Monarchie.

Bad Ischl prägte sich derart ins Denken der Untertanen der Doppelmonarchie ein, dass dieser Ort im Herzen des Salzkammergutes bald als zweitwichtigstes Zentrum Österreich-Ungarns angesehen wurde. Im Gefolge der kaiserlichen Familie stellten sich sehr bald auch die Aristokratie und das Großbürgertum in dieser Gegend ein. Hier ließen sie durch bekannte Architekten ihre Villen bauen, die – wie am Semmering – im sogenannten **Laubsägestil** das Landschaftsbild bis heute prägen.

In den Sommermonaten zog man mit dem gesamten Hausrat sowie den Bediensteten aus der Stadt auf das Land. Schon diese Art des Ortswechsels zeigt, dass die Sommerfrische des 19. Jahrhundert mit einem Urlaub im 20. Jahrhundert kaum vergleichbar ist. Es war praktisch eine Übertragung des Stadtlebens auf das Land. Der Kontakt mit der Landbevölkerung beschränkte sich oft nur auf die Übernahme des einen oder anderen Trachtenkleidungsstückes. Und diese modischen Accessoires trugen zur Erhöhung des Bekanntheitsgrades der Landschaft auch außerhalb der Region bei.

Die Demokratisierung der Sommerfrische setzte erst zu Beginn des 20. Jahrhunderts ein. Die Eisenbahnen als Massenverkehrsmittel ermöglichten auch anderen sozialen Schichten den Besuch dieser Gegenden. In der Folge fand sich bald eine Reihe von Künstlerinnen/Künstlern ein, die hier ebenfalls Inspiration fanden. In erster Linie sind **Musiker/-innen** zu nennen: **Franz Lehár,** der mit seinen Operettenmelodien entscheidend zur Popularisierung von Bad Ischl beigetragen hat und dessen Villa heute als Museum geführt wird. Emmerich Kálmán, Ralph Benatzky mit seinem „Weißen Rössl", aber auch Franz Schubert, Johannes Brahms, Gustav Mahler, Richard Strauss und Arnold Schönberg. Sie alle fanden in der Schönheit der Landschaft nicht nur Erholung, sondern schöpften aus ihr auch Inspiration.

Fürst Clemens Wenzel Metternich
Staatskanzler von Österreich; leitete den Wiener Kongress. Später veranlasste er die polizeilichen Maßnahmen in der Vormärzzeit.

Friedrich von Gentz
Vertrauter Metternichs, Protokollführer auf dem Wiener Kongress.

Salzprinzen: Bezeichnung für die vier Söhne Erzherzogin Sophies (Franz Joseph, Ferdinand Maximilian, Karl Ludwig und Ludwig Viktor), die bis zu ihren Kuraufenthalten im Solebad von Ischl kinderlos gewesen war.

Die Kaiservilla – Sommerresidenz Franz Josephs in Bad Ischl bis 1914

? Welche Orte der Region würden Sie für ein Projekt „Auf den Spuren Adalbert Stifters" in Ihren Vorschlag aufnehmen? Beachten Sie seine dichterische und malerische Tätigkeit!

Literaten vom Rang eines Adalbert Stifter, Hugo von Hofmannsthal und Karl Kraus besuchten ebenfalls das Salzkammergut in den Anfängen des Sommerfrischetourismus.

Heute bezieht man sich auf die Geschichte der Region, wobei die nostalgische Erinnerung an die Habsburger und die Kultur des 19. Jahrhunderts eine große Rolle spielen, und versucht daraus verschiedenste kulturelle Aktivitäten für die Tourismuswirtschaft zu entwickeln.

Verkehrsgeografische Situation

Bis zum Beginn des 19. Jahrhunderts war das Salzkammergut ein verkehrsmäßig kaum erschlossenes Gebiet. Die Region war so abgeschlossen, dass man einige Orte nur mit dem Schiff erreichen konnte (z. B. Hallstatt). Heute noch kann St. Wolfgang mit dem Auto oder Autobus nur von Osten über Strobl erreicht werden.

Konnte man früher manche Gegenden nur zu Fuß oder mithilfe eines Sesselträgers – wenn es bequemer sein sollte – erreichen, so ist heute das Salzkammergut verkehrstechnisch sehr gut erschlossen. Straßen führen zu den kleinsten Orten, auch mit den Bahnlinien kommt man an die wichtigsten Tourismuszentren heran. **Bergbahnen** wie die **Schafbergbahn** sind geeignet, große Besucherscharen auf die beliebten Aussichtsberge zu transportieren. Nicht zu vergessen die **Schifffahrtslinien** auf den großen Salzkammergutseen. Sie blicken auf eine lange Tradition zurück und werden von Touristinnen/Touristen gerne benutzt, um die Landschaft besonders genießen zu können. Eine Fahrt mit dem Schiff von St. Gilgen nach St. Wolfgang (Pacher-Altar; Weißes Rössl) gehört sicher zu den reizvollsten Ausflügen am Wolfgangsee.

Schiff Kaiser Franz Joseph am Wolfgangsee

Schafbergbahn bei St. Wolfgang

1.2 Touristisches Angebot

Das touristische Angebot basiert auf **Sport** und **Kultur.** Die Landschaft mit den vielen Bergen und Seen bietet das ganze Jahr über viele Möglichkeiten für sportliche Aktivitäten. Im Sommer gibt es neben den Wassersportarten wie Rudern, Segeln, Schwimmen, Angeln und Tauchen auch die Möglichkeit zum Bergsteigen und Bergwandern, Golf und Tennis. Auch Jagd- und Fischereimöglichkeiten finden wir in der Region. Beliebte Ausflugsziele sind die **Dachsteinrieseneishöhlen,** die jährlich von Hunderttausenden besucht werden.

Radsportlerinnen/Radsportlern bietet das Salzkammergut unzählige Möglichkeiten. Mountainbiker/-innen finden hier ein dichtes Netz an Strecken mit unterschiedlichen Schwierigkeitsgraden vor. Der **Salzkammergutradweg** ist wegen der Kombinationsmöglichkeit mit Schiff und Bahn auch für Familien geeignet.

Salzkammergutradweg – Von See zu See

Auf großteils gemütlichen und asphaltierten Radwanderwegen „erfahren" Genussradler/-innen die beliebte Sommerfrische-Region von Kaiser Franz Joseph und Kaiserin Elisabeth und eine malerische Szenerie, die schon Künstler/-innen wie Gustav Klimt zum Schwärmen brachte.

In einem sanften Auf und Ab entlang der Salzkammergutseen werden die Bundesländer Oberösterreich, Salzburg und Steiermark durchquert. Von Salzburg, über den Mondsee, Wolfgangsee und Hallstättersee bis zum Grundlsee führt die insgesamt 345 km lange Route, die zahlreiche Quereinstiege und Rundkurse erlaubt.

Wer seine Route in der Festspielstadt Salzburg beginnt, der fährt auf der Trasse der alten Ischlerbahn nach Eugendorf und weiter ins Mozartdorf St. Gilgen, nach St. Wolfgang und in die berühmte Kaiserstadt Bad Ischl.

Weiter südlich geht es in die bezaubernde Weltkulturerberegion rund um den Hallstätter See. Einen Abstecher ins Gosautal sollte man ebenso wenig versäumen wie einen Besuch von Hallstatt und den Dachsteinhöhlen. Ideal ist eine Fahrt mit der Bahn nach Bad

---

„Ich bin kein Bergsteiger, kein Skifahrer, kein Drachenflieger, kein Angler, kein Jäger, kein Anhänger von Volksmusik und Trachten. Dialekte machen mich ebenso nervös wie gestaltete Gemütlichkeit, und dennoch ist Altaussee wirklich mein Altaussee."

Hans Neuenfels, Theater- und Opernregisseur (Mein Altaussee, Essay aus der Serie „Daheim & daneben"; Schriftsteller über ihre Stadt, Weltwoche, 29. Oktober 1998, Seite 88).

⬇ Nähere Informationen zum Salzkammergutradweg (Sehenswürdigkeiten, Hotels …) finden Sie unter
www.radtouren.at/de/radwege/genussradtouren/salzkammergutradweg.html

Aussee, wo der steirische Salzkammergutradweg über Bad Mitterndorf eine Verbindung zum Ennsradweg bietet.

Von Altaussee fährt man auf einer Forststraße nach Bad Ischl und entlang der Traun und des Traunsees nach Gmunden. Hier sollte eine Schifffahrt mit der majestätischen „Gisela", dem ältesten Raddampfer der Welt, und ein Besuch des Seeschlosses Ort nicht fehlen.

Über Aurach am Hongar geht die Tour dann zum größten Salzkammergutsee, dem Attersee und weiter zum Mondsee mit dem gleichnamigen Ort. Sehenswert sind die Stiftskirche und das Pfahlbaumuseum.

Nach dem Irrsee erreicht man die Wallfahrtskirche Irrsdorf und danach das idyllische Salzburger Seenland. Liebhaber/-innen von Käse lassen sich einen Besuch der Käsewelt im Schaudorf Schleedorf nicht entgehen, Wasserenthusiastinnen/Wasserenthusiasten freuen sich auf den Mattsee und den Obertrumer See. Nun sind es nur mehr wenige Kilometer zurück in die Stadt Salzburg.
(Auszug aus der Homepage)

Seeschloss Ort

(© www.radtouren.at)

Im **Winter** ist das Salzkammergut ein Paradies für Alpinskiläufer/-innen, Snowboarder/-innen, Langläufer/-innen, aber auch für Freundinnen/Freunde des Eisstockschießens, Schlittenfahrens und Eislaufens.

1.3 Kulturelles Angebot

Von der Abgeschiedenheit des Salzkammergutes in früheren Zeiten war schon die Rede. Diese lang andauernde Isolation trug dazu bei, dass sich ein eigener Menschenschlag entwickelte: die **„Gebirgler"**. Sie waren hauptsächlich im Salzbergbau und in der Holzindustrie tätig und zeichneten sich durch innere Freiheit und eine starke Heimatverbundenheit aus. Diese Bevölkerung ist größtenteils bajuwarischer Abstammung und Dialekt und Lebensart sind jenen der bayerischen Bevölkerung ähnlich.

Altes Brauchtum in unterschiedlichen ortsspezifischen Ausprägungen ist heute die Basis für kulturelle Angebote im Salzkammergut. Die Bräuche, die die Jahreszeiten oder den Jahreswechsel unterstreichen, sind zu speziellen Touristinnen/Touristen-Attraktionen geworden. Darunter sollen besonders die Perchtenläufe, das Glöcklerlaufen in Gmunden und Ebensee, die Faschingsumzüge und das Narzissenfest in Altaussee oder die Fronleichnamsprozession am Hallstätter See und Traunsee hervorgehoben werden.

Fasching am Traunsee/Ebensee

Glöcklerlauf in Ebensee: Ebensee ist der Ursprungsort dieses schönen Winterbrauches, mit dem die guten Geister gewonnen und die bösen Geister vertrieben werden sollen

Lehár-Villa

Konditorei Zauner

Kongresszentrum Toscana, Gmunden

Kammerhof = Verwaltungszentrum des gesamten Salzhandels und der Forstwirtschaft, gleichzeitig Sitz der Gerichtsbarkeit.

Bemalte Schädel im Beinhaus: Mit der Bemalung und Beschriftung wurde die Identität der früheren Familienmitglieder bewahrt. Je nach Familienzugehörigkeit, aber auch je nachdem, wer gemalt hat, wurden die Namen oder nur die Initialen angebracht.

Daneben versucht man auch mit **Volksmusikfesten** für die Region zu werben. Aktuelle Angebote können über das Internet jederzeit abgerufen werden. Die meisten Orte des Salzkammerguts werden von den Touristinnen/Touristen schon allein wegen ihrer reizvollen Lage gerne besucht, bieten aber darüber hinaus ein vielfältiges Angebot an kulturellen Schätzen und Aktivitäten.

Bad Ischl

Bad Ischl, das Herzstück des Salzkammergutes, lädt zu einer nostalgischen Erinnerung an die Habsburger ein. Die **Kaiservilla** ist noch immer ein beliebter Anziehungspunkt. Die **Lehár-Villa** wurde nach dem Tod des Komponisten Franz Lehár der Öffentlichkeit zugänglich gemacht. Man kann dort neben Partituren seiner Operetten unzählige Erinnerungsstücke des beliebten Komponisten sehen. Fast alle seiner Operetten wurden hier komponiert und er selbst sagte: „Hier fallen mir immer die besten Melodien ein."

Im kleinen **Kurtheater** werden alljährlich im Sommer **Operettenwochen** veranstaltet. Die **Kurkonzerte** im **Kurpark** sind ein fester Programmpunkt interessierter Kurgäste. Ein modernes **Kongress-und-Theaterhaus** – fertig gestellt 1999 – öffnet Bad Ischl für weitere Besucherschichten. Auch einen kulinarischen Mittelpunkt finden wir in diesem berühmten Ort: Kaum eine Touristin/ein Tourist wird Ischl verlassen, ohne in der **Konditorei Zauner** eingekehrt zu sein.

Neben diesen weltberühmten Attraktionen ist Ischl aber auch für Erholungssuchende ein idealer Ausgangspunkt. Wanderungen in verschiedenen Schwierigkeitsgraden sind möglich. Nach wie vor suchen Kurgäste das **älteste Solebad Österreichs** auf, das heute über die modernsten Kureinrichtungen (Trinkkuren, Inhalationskuren etc.) verfügt.

Gmunden

Gmunden, ehemaliger Sitz des Salzamtmannes und heutige Bezirkshauptstadt, bietet Besucherinnen/Besuchern Attraktionen unterschiedlichster Art, wie z. B. sein Renaissance-Rathaus mit Keramikglockenspiel oder den ehemaligen spätgotischen **Kammerhof,** in dem heute das Heimatmuseum untergebracht ist. Die **Gmundner Keramik,** zuverlässig bis ins Jahr 1492 belegt, stellt bis heute einen bedeutenden Wirtschaftsfaktor dar. Westlich von Gmunden steht auf einer Felsinsel das im Kern gotische **Seeschloss Ort.**

Hallstatt

Hallstatt ist eine der ältesten Siedlungen Österreichs. Bereits 4000 v. Chr. sind hier Bodenschätze abgebaut worden. In der ersten Hälfte des 1. Jahrtausends v. Chr. wurde Hallstatt zum Mittelpunkt einer von Illyrern getragenen Hochkultur. Im 19. Jahrhundert wurden rund 3 000 Gräber mit wertvollen Beigaben entdeckt.

Das neue **Museum Kulturerbe Hallstatt** führt die Besucherinnen/Besucher durch 7 000 Jahre Geschichte in Hallstatt. Es zeigt die einzigartige Geschichte in der eindrucksvollen Weltkultur- und Naturerbelandschaft Hallstatt – Dachstein – Salzkammergut. Das Museum wurde nach modernsten, musealen Gesichtspunkten komplett neu gestaltet und auch für Kinder museumspädagogisch aufbereitet.

Das **Beinhaus** in Hallstatt enthält rund 610 bemalte Schädel und besitzt damit die größte Schädelsammlung, die es je gegeben hat.

Das **Schaubergwerk,** eine Attraktion, die fast alle Touristinnen/Touristen besuchen, bietet einen lebendigen Einblick in die Technik des Salzbergbaus durch die Jahrtausende.

St. Wolfgang

St. Wolfgang am Wolfgangsee war einst der viertgrößte **Wallfahrtsort** der Christenheit. Heute ist es ein berühmter Urlaubsort, in dessen Kirche sich das Meisterwerk des Südtirolers **Michael Pacher,** der St.-Wolfgang-Altar, befindet. Dieser **Flügelaltar** vereinigt in einzigartiger Weise Architektur, Plastik und Tafelmalerei zu einem Gesamtkunstwerk. Der Blick vom See auf den Ort mit dem Hotel **Weißes Rössl** ist eines der meistfotografierten Motive von St. Wolfgang.

Die Liste der berühmten und weniger bekannten, aber ebenso reizvollen Orte (Gosausee, Nussensee, Altausseer See …) ließe sich beliebig fortsetzen, mit einer Auswahl soll lediglich das Interesse geweckt werden.

Die Aufnahme Hallstatts und der Dachsteinregion in die Liste des Weltkulturerbes durch die UNESCO stellt unter Beweis, dass auch international die Einzigartigkeit dieses Gebietes gewürdigt wird, und trägt ebenfalls dazu bei, weitere Besucherinnen/Besucher-Schichten darauf aufmerksam zu machen.

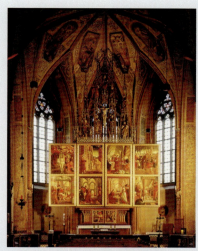

Der Flügelaltar in St. Wolfgang

Ziele erreicht?

1. Welche Bedeutung hatte das Salz für das Salzkammergut in früherer Zeit?
2. Welche Redensarten oder Sprichwörter kennen Sie im Zusammenhang mit Salz?
3. Wodurch erlangte Bad Ischl Weltberühmtheit?
4. Welche musikalischen Werke haben zur Popularisierung des Salzkammergutes beigetragen?
5. Wählen Sie weniger bekannte Orte des Salzkammerguts und stellen Sie ein Dreitagesbesichtigungsprogramm zusammen!

www.semmering.at

Semmering 1900 – auf den Spuren einer versunkenen Welt.

Es gab eine Zeit, in der der Semmering weit über die Grenzen der Donaumonarchie hinaus ein Begriff war. Die Lage in 1 000 m Seehöhe, das unvergleichlich gesunde Klima (das ihm bis heute blieb), der landschaftliche Reiz, geprägt vom Zusammenspiel schroffer Felsformationen und sanfter Wälder, sowie die Nähe zur Kaiserstadt und die eindrucksvolle Anreise über die erste Gebirgsbahn Europas mit ihren Tunnels und Viadukten machten ihn zum Treffpunkt der bedeutendsten Persönlichkeiten aus Gesellschaft, Politik und Kultur. Oskar Kokoschka, Adolf Loos, Peter Altenberg und Karl Kraus – um nur einige zu nennen – sammelten auf dem Semmering die Kraft für ihre Werke und hatten hier zum Teil sogar ihren zweiten Wohnsitz. Noch heute ist das Ortsbild des Semmerings geprägt von den imposanten Hotelbauten und den verspielten Villen dieser Zeit.
(Quelle: www.semmering.at)

2 Semmering

Der Semmering ist eine ideale Vorzeigeregion Österreichs, an der jede einzelne historische Phase der Entwicklung des Tourismus in unserem Land aufgezeigt werden kann. Hier haben wir die Möglichkeit, die veränderte Haltung der Menschen der Natur gegenüber – von der ängstlichen Scheu bis zur tatkräftigen Eroberung – Schritt für Schritt zu verfolgen.

2.1 Grundlagen der Region

„Die wilden Bergvölker, die hinter dem Semmering hausen" war ein oft wiederholter, auf die Steirer/-innen gemünzter Spruch. Dieses Vorurteil der Niederösterreicher/-innen ist aufgrund der Schwierigkeiten entstanden, mit der Bevölkerung dieser Region unmittelbar in Kontakt zu treten. Diese Schwierigkeit lag an dem fast 1 000 m hohen Berg, dem **Semmering,** der nicht nur die Wasserscheide zwischen Leitha und Mur und eine Wetterscheide für diese Region ist, sondern auch für lange Zeit ein schwer zu überwindendes Verkehrshindernis darstellte.

Geografischer und historischer Abriss

Obwohl der Semmering mit seinen 985 m der niedrigste der Alpenpässe ist, war er bis ins 18. Jahrhundert verkehrsmäßig nicht erschlossen. 1728, zum Zeitpunkt des **Ausbaus der Straße** unter Karl VI., durch die die Verbindung zwischen Wien und Triest verbessert werden sollte, begannen immer mehr Menschen das Semmeringgebiet aufzusuchen. Dort bot sich die Natur unverdorben und unverfälscht dar und bildete einen Gegensatz zur Kultur der Städte. Einzelne **Naturforscher/-innen** begaben sich nun in diese einsame Gegend und wurden zu Vorläuferinnen/Vorläufern des alpinen Tourismus.

Touristische Präsentation von Regionen

Karl Ritter von Ghega

Die Semmeringbahn

? Suchen Sie die offizielle Begründung der UNESCO für die Aufnahme der Semmeringbahn in die Liste des Weltkulturerbes und analysieren Sie sie!

Die beginnende Industrialisierung mit dem rasch wachsenden Bedarf an Transportkapazitäten und die neuen technischen Errungenschaften ermöglichten die **Errichtung einer Eisenbahnstrecke** von Wien in Richtung Semmering. 1842 war die Eisenbahnstrecke bereits bis Gloggnitz fertiggestellt. Es bedurfte der Weiterentwicklung der technischen Möglichkeiten und des Durchsetzungsvermögens eines **Karl Ritter v. Ghega** (1802–1860), um in der extrem kurzen Zeit von sechs Jahren den Bau einer Eisenbahnstrecke über den Alpenpass zustande zu bringen.

Schon 1842 hatte Karl Ritter von Ghega mit den Planungen für die Überquerung des Semmerings begonnen und es traf sich sehr gut, dass der arbeitsintensive Bau 1848 begann und somit auch ein Teil des revolutionären Arbeiterproletariats aus Wien abgezogen wurde. Bis zu 20 000 Arbeiter/-innen aus der gesamten Monarchie waren am Bau beteiligt. Sowohl die Organisation als auch die Durchführung der Arbeiten waren eine grandiose Leistung. Wie sehr die sozialen Standards der damaligen Zeit im Argen lagen, beweist die Statistik: Aufgrund von Epidemien und Arbeitsunfällen starb insgesamt ca. ein Drittel der Arbeiter/-innen. Ferdinand von Saar beschreibt in seiner Novelle „Die Steinklopfer" sehr eindrucksvoll die aufreibende Tätigkeit und die Nöte des Heeres der Arbeiter/-innen.

Die Eröffnung der 41 km langen Anlage im Jahr 1854 führte schließlich allen das Wunder der Technik vor Augen. Das Duell Mensch gegen Natur war gewonnen und die Technikgläubigkeit hatte einen großen Auftrieb erhalten. Lange Zeit war die Semmeringbahn Studienobjekt für ausländische Ingenieurinnen/Ingenieure.

Die runden Jubiläen, die mit viel mehr Pathos begangen wurden als die eigentliche Eröffnung, boten immer neue Schwerpunkte des Feierns. War im Jahre 1900 zur Weltausstellung in Paris die Semmeringbahn als Meilenstein der österreichischen Technik gepriesen worden, so betonte man 1904 die heroische Tat des Einzelkämpfers Ghega und seinen epochalen Erfolg. Die Multikulturalität der Donaumonarchie, aus deren verschiedensten Teilen die Arbeiter/-innen zusammengeströmt waren, war das Hauptaugenmerk bei den 75-Jahr-Feiern 1929. In krisenhafter Zeit erinnerte man sich gern an die glorreichen Zeiten zurück. Auch das 100-Jahr-Jubiläum im Jahr 1954 bot Gelegenheit, die nun voll einsetzende Phase des Wiederaufbaus mit der Semmeringbahn in Verbindung zu bringen.

Ende des 20. Jahrhunderts ist ein wichtiger Erfolg festzuhalten: Durch die Anstrengungen der „Alliance for Nature" wurde die Semmeringbahn in die **Liste des Weltkulturerbes** aufgenommen.

Die Bewunderung für diese technische Leistung brachte dem **alpinen Tourismus** eine neue Dimension. Wegen der Regelmäßigkeit der Bahnverbindung konnten die Menschen ihre Reise in diese Region ohne Schwierigkeiten planen und durchführen. Zunächst galt dies nur für gehobenere Schichten, die sich das Reisen leisten konnten, in weiterer Folge gewann auch der Massentourismus mehr und mehr an Bedeutung. Die Mühen des Weges wurden durch das Erleben des Reisens ersetzt.

Seit dem **Ausbau der Semmeringstraße** nach dem Zweiten Weltkrieg wurde für die Anreise das Auto zum bestimmenden Verkehrsmittel und die Fahrt mit der Bahn trat in den Hintergrund. Trotzdem sollte man nicht auf die Pionierleistung des vergangenen Jahrhunderts vergessen. Eine Fahrt mit der Bahn über den Semmering bleibt nach wie vor ein einzigartiges Erlebnis.

Sommerfrische

Die Verslumung Wiens in der zweiten Hälfte des 19. Jahrhunderts veranlasste diejenigen, die es sich leisten konnten, der Trostlosigkeit zu entfliehen. Der Semmering war das ideale Ausweichziel für Großbürgertum und Geldadel: Dort waren sie unter sich und mussten die tristen Verhältnisse in der Großstadt nicht mit ansehen. Die **Ankunft des Großbürgertums** auf dem Semmering brachte auch eine weitere **Veränderung der Landschaft** mit sich. Die Bauherren schufen eine neue Art von Villen, mit denen sie mit den üblichen Villen des Adels – etwa in Baden bei Wien – in Konkurrenz treten wollten.

Außerdem bemühte man sich, mit dem **Semmeringstil** der Villen die technischen Bauten der Semmeringbahn zu zitieren – den Sockel gestaltete man aus behauenen Steinen (wie die Trasse der Ghega-Bahn). Darüber erhob sich an der Stirnseite der Villen ein Holzaufbau im sogenannten „Laubsägestil" – der charakteristischen Verzierung von Balkon und/oder Veranda. Die ersten Villen in diesem Stil wurden Vorbilder, denen sich in Abwandlungen die meisten anderen Architektinnen/Architekten anschlossen.

Mit dem Bau großer Hotels wurde der Semmering seit den 80er-Jahren des 19. Jahrhundert zu einem der **ersten Luftkurorte der Alpen** ausgebaut. Das „österreichische Davos" erlebte seine erste Blüte und auch die Jeunesse dorée feierte hier ihre Partys. Die nun anreisenden Besucher/-innen konnten in den geschützten Hallen der Hotels die Natur als Kulisse und Schauspiel erleben und gleichzeitig die Gepflogenheiten des gesellschaftlichen Lebens – wie sie es etwa von Wien gewöhnt waren – weiterführen. Man blieb unter sich und hatte man hier seine eigene Villa, dann wurde sogar das Dienstpersonal aus Wien in die Sommerfrische mitgenommen.

> **Jeunesse dorée** = (frz: vergoldete Jugend) Kinder sehr reicher Familien, die ein luxuriöses Leben führen.

2.2 Touristisches Angebot

Schon in der **Biedermeierzeit** entwickelte sich das Semmeringgebiet – damals noch die Gegend am Fuße des Semmerings – zu einem Anziehungspunkt für Naturforscher/-innen. **Gloggnitz, Payerbach** und **Reichenau** waren Ausgangspunkte für diese „Eroberer der Landschaft". Nach dem Bau der Semmeringbahn wurden diese Orte nun für viele **Wiener Intellektuelle** interessant, die Erholung und Entspannung suchten. Nikolaus Lenau, Peter Altenberg, Arthur Schnitzler, Franz Werfel, Karl Kraus, Oskar Kokoschka, Adolf Loos und Heimito von Doderer kamen immer wieder hierher und erhöhten durch ihre häufigen Besuche die Bekanntheit der Region.

Die **Passhöhe** wurde 1880 für den Hotelbetrieb und den breiten Tourismus erschlossen. Das **Südbahnhotel** und die ersten **Villen** auf der Semmeringhöhe, die dann in Pensionen umgewidmet wurden, hatten für die nun anreisenden Besucher/-innen hohe Anziehungskraft. Und mit dem Anstieg der Besucherzahl begann man sich auf die Bedürfnisse der Besucher/-innen sowohl in Bezug auf Unterkunft als auch auf Freizeitansprüche einzustellen. Neben dem Südbahnhotel, das im Jahr 1882 errichtet wurde, sorgten später auch das **Panhans**, das **Hotel Stephanie** sowie weitere Hotelbauten, wie z. B. das **Hotel Erzherzog Johann,** für die Unterkunft der Touristinnen/Touristen. Daneben gab es **Kuranstalten** und **Touristinnen/Touristen-Häuser.**

Das Südbahnhotel auf dem Semmering, Idealtypus eines exzentrischen Palasthotels des Späthistorismus

Von den damals angelegten **Wanderwegen** profitieren die Urlaubsgäste auch heute noch. Hier errichtete man auch den **ersten alpinen Golfplatz** Österreichs. Den Freundinnen/Freunden des Bergwanderns und Bergsteigens kam man mit der Markierung verschiedener Wanderwege entgegen und mit der Errichtung der ersten **Schutzhäuser** (ab ca. 1870) wurden wichtige Stützpunkte für die Bergwanderungen geschaffen (z. B. Karl-Ludwig-Haus, größtes Schutzhaus der Ostalpen). Auf der Rax wurden sogar die neuesten touristischen Ausrüstungen erprobt.

Weitere technische Innovationen sorgten für einen neuen Besucherinnen/Besucher-Boom in dieser Region. 1900 baute man eine **Zahnradbahn auf den Schneeberg,** 1926 folgte die **Seilbahn auf die Rax.** Diese bequeme Möglichkeit des Aufstiegs verleitete viele ungeübte Städter/-innen, in vollkommen unzureichender Ausrüstung auf das Raxplateau oder auf den Schneeberg hinaufzufahren. Dies war der Beginn des Halbschuhtourismus.

Die Demokratisierung des Tourismus setzte in den 20er- und 30er-Jahren ein, als Massenorganisationen billige Ausflüge auf die **Rax** und den **Schneeberg,** die sogenannten Hausberge der Wiener/-innen, anboten und so der Gegend die Exklusivität zu nehmen begannen. Ein Weekend sollte für jedermann erschwinglich sein. Die Gebiete um Semmering, Rax und Schneeberg nahmen auch im **Wintertourismus** in Österreich eine Vorreiterrolle ein. Die Angebote dieser Region galten als Vorbild für viele andere alpine Skiregionen. Attraktionen wie eine Bobbahn, eine Sprungschanze, eine Rodelbahn wurden schon vor dem Beginn des Ersten Weltkrieges fertig gestellt und durch spektakuläre Wettkämpfe wurde der Semmering eine der bekanntesten Wintersportregionen Österreichs.

Abzeichen und Anstecknadeln alpiner Vereine – diese Zeichen der Zugehörigkeit signalisierten gleichzeitig die politische Orientierung ihrer Träger: Eichenlaub und Edelweiß für deutschnationale Orientierung; drei Nelken für sozialdemokratische „Naturfreunde"

Touristische Präsentation von Regionen

Dieses Plakat „Raxbahn" aus dem Jahr 1926/27 besticht durch sein klares und ausgezeichnetes Layout und wirkte als effektiver Werbeträger für die Region in der ersten Hälfte des 20. Jahrhunderts.

Einen **Rückschlag** brachte die Zeit nach dem Zweiten Weltkrieg, als der Osten Österreichs von sowjetischen Militärs besetzt wurde. Von diesem Niedergang konnte sich das Gebiet nach Abzug der **russischen Besatzungstruppen** nur schwer erholen.

Das Urlaubsgebiet der Jahrhundertwende war der Wohlstandsgeneration nach dem Zweiten Weltkrieg nicht mehr attraktiv genug und das Semmeringgebiet begann in einen Dornröschenschlaf zu versinken. Es wurde nur von älteren Gästen besucht, bis in den 70er-Jahren die Anziehungskraft vollkommen zu erlahmen schien.

Seit Mitte der 80er-Jahre gewann der Semmering wieder mehr an Attraktivität und die Region erlebte einen neuen Aufschwung. Man könnte diese **nostalgische Rückbesinnung** auf die altbewährten Gebiete der Anfangszeit des Tourismus als eine Reaktion auf den Flugfernverkehr deuten. Diesem Trend trug man in mehrfacher Hinsicht Rechnung. Man renovierte die alten Hotels, baute moderne Sportanlagen, die neue Gästeschichten anzogen. Für Wanderinnen/Wanderer und Radfahrer/-innen errichtete man Routen, wie den **Bahnwanderweg,** der die historische Bahntrasse entlangführt. Außerdem wirbt man für die Region durch die Abhaltung **internationaler Wettkämpfe,** wie z. B. der Skiweltmeisterschaften auf dem Stuhleck.

Heute ist der Semmering ein beliebtes Ziel für Tagestouristinnen/Tagestouristen hauptsächlich aus der Hauptstadt Wien. Dieses geänderte Freizeitverhalten des Massentourismus spiegelt sich im Werbeangebot der Veranstalter/-innen von Winterevents wider.

2.3 Kulturelles Angebot

Die Semmeringregion übte vor allem auf österreichische Künstler/-innen des ausgehenden 19. Jahrhunderts eine große Faszination aus. Die häufigen Besuche von Literatinnen/Literaten der Jahrhundertwende wie z. B. von Altenberg, Schnitzler, Bahr und vielen anderen trugen dazu bei, dass der Semmering den Ruf eines österreichischen Zauberbergs bekam.

Nach der Wirtschaftskrise, dem Zweiten Weltkrieg und der russischen Besatzungszeit dauerte es bis zum Sommer 1988, dass das **Kurtheater in Reichenau** wiederbelebt wurde und seither das Zentrum des jährlichen Aufführungssommers „Festspiele Reichenau" geworden ist. Die namhaftesten Schauspieler/-innen des Burgtheaters und des Theaters in der Josefstadt spielen im Sommer in Reichenau und ziehen zahlreiches Publikum vor allem aus Wien an. Wie rasch sich aus der Wiederholung von Veranstaltungen „Festspiele" ergeben können, zeigt die Umbenennung des jährlichen Veranstaltungssommers von „Kunst & Künstler in Reichenau" im Jahr 1995 in „Festspiele Kunst & Künstler in Reichenau". Die breite Akzeptanz veranlasste die Veranstalter/-innen, Reichenau zu einem **Festspielort** aufzuwerten. Von den Festspielen in Reichenau hat die gesamte Region enorm profitiert. Um die Aufführungen im Kurtheater reihen sich immer mehr andere Veranstaltungen, die das kulturelle Leben aufs Neue bereichern.

? Informieren Sie sich über die Festspiele in Reichenau und untersuchen Sie, welchen Beitrag sie für die Entwicklung der Region leisten!

Aktuelle Kulturangebote finden Sie auf der Homepage der Region Semmering www.semmering.at sowie auf der Homepage der Niederösterreich-Werbung www.niederoesterreich.at

🎯 Ziele erreicht?

1. Worin bestand der Reiz des Semmeringgebietes für die reichen Bürger/-innen Wiens in der zweiten Hälfte des 19. Jahrhunderts?
2. Charakterisieren Sie den Semmeringstil und nennen Sie bekannte Beispiele!
3. Worin bestand die herausragende Leistung Karl Ritter von Ghegas beim Bau der Semmeringbahn?
4. Welche Maßnahmen trugen in den letzten Jahren dazu bei, dass sich der Semmering zu einem touristischen Anziehungspunkt ersten Ranges entwickelt hat?
5. Überlegen Sie, ausgehend von der Bedeutung des Tagestourismus aus Wien für den Semmering, welche Regionen sich in Ihrer Nähe als Destinationen für den Tagestourismus anbieten. Welche Probleme ergeben sich aus dem Trend zum Tagesurlaub für die jeweils infrage kommende Region?

3 Weinviertel

3.1 Grundlagen der Region

Das **Weinviertel** bildet den Nordosten Niederösterreichs und wird von den Flüssen Donau, March und Thaya begrenzt. Aus tektonischer Sicht trennt die Waschbergzone das westliche vom östlichen Weinviertel. Die Grenze verläuft von Südwesten nach Nordosten vom Waschberg und Rohrwald zu den Leiser Bergen, von dort über die Staatzer Klippe zu den Falkensteiner Bergen.

Das **östliche Weinviertel** öffnet sich über die Marchniederung zu den Kleinen Karpaten, weshalb man es auch als Karpatenvorland bezeichnen kann. Nach Süden bildet der Große Wagram, eine deutliche Geländestufe, die Grenze zum Marchfeld.

Das **westliche Weinviertel** reicht von der Waschbergzone bis zu den Abhängen des Manhartsbergzuges und zum unteren Thayahochland. Im Süden begrenzt wiederum der Wagram das Weinviertel gegen das Tullner Becken.

Die Pulkau fließt in einem breiten Muldental zur Thaya, während der Hamelbach, die Zaya, der Waidenbach und der Weidenbach zur March hin entwässern. Rußbach, Göllersbach und Schmida haben die Donau als Vorfluter. Gerade die breiten Muldentäler, aber auch die kleineren Flussniederungen prägen neben den meist von Weingärten bedeckten Hügeln das Landschaftsbild des Weinviertels.

Tektonik = Lehre vom Bau der Erdkruste und von den Bewegungsvorgängen, die das heutige Bild entstehen ließen.

Vorfluter = jenes Fließgewässer, in das kleinere Gewässer münden; der absolute Vorfluter ist das Meer.

Pulkautal im Weinviertel

www.weinviertel.at
www.weinstrasse.co.at

Das Weinviertel – eine der sieben niederösterreichischen Tourismusregionen

Das Weinviertel ist Teil der pannonischen Klimazone, die von kontinentalen Klimaeinflüssen geprägt ist. Charakteristisch dafür sind die großen Amplituden im Jahresgang der Temperatur – die Schwankungsbreite der Sommer- und der Wintertemperaturen reicht im Mittel von +20 °C (Juli) bis −2 °C (Jänner). Die Schneedecke kann daher lange liegen bleiben – in Retz beispielsweise um die 60 Tage. Noch typischer für diesen Raum sind die Früh- und Spätfröste wie auch die sogenannte „Trockenklemme", das Fehlen der Niederschläge in den Monaten Juli und August. In Kombination mit den im österreichischen Vergleich eher niedrigen Niederschlägen ergeben sich günstige Voraussetzungen für den Weinbau.

Amplitude = (aus dem Lat.) hier: Anzahl der Grade zwischen Temperaturminimum und Temperaturmaximum.

Politische Gliederung

Das Weinviertel erstreckt sich über vier politische Bezirke – Gänserndorf, Mistelbach, Hollabrunn und Korneuburg. Auf dem Gebiet dieser vier politischen Bezirke befinden sich 123 Gemeinden, von denen 17 den Status von Städten und 71 den von Marktgemeinden haben. Mit Ausnahme des politischen Bezirks Korneuburg ist die starke Abwanderung von Arbeitskräften für das Weinviertel typisch. Die Ursachen hierfür sind einerseits in der lang andauernden Grenzlage, andererseits in der Anziehungskraft der Bundeshauptstadt Wien als Versorgungs- und Arbeitszentrum zu suchen. Nichtsdestoweniger stellt das Weinviertel fast ein Drittel des niederösterreichischen Dauersiedlungsraumes.

Verkehrserschließung

> **?** Setzen Sie sich anhand einer Straßenkarte mit der Verkehrssituation im Weinviertel auseinander!

Was sich – wie Sie noch sehen werden – vor allem für das radtouristische Angebot als Segen herausstellt, nämlich die relative Verkehrsruhe, erweist sich in anderer Hinsicht als große Belastung für das Weinviertel. Der gesamte Verkehr, insbesondere der durch die Ostöffnung sprunghaft angestiegene Transit- und Schwerverkehr, konzentriert sich auf die vier vorrangigen Bundesstraßen, die jedoch für dieses Verkehrsaufkommen kaum geeignet sind. Drei der vier Bundesstraßen sind eigentlich traditionelle Transitstrecken in die Tschechische Republik, nur eine – die Kremser Schnellstraße – erschließt ausschließlich das Weinviertel.

> **?** Ermitteln Sie die Zugsintervalle für die Bahnlinien ins und im Weinviertel!

Die **Eisenbahn** als Verkehrsalternative zum Straßenverkehr scheidet aus, da viele Nebenbahnen aus Kostengründen von den ÖBB eingestellt wurden und die Intervalle bei den Schnellbahnverbindungen nach Hollabrunn, Schleinbach und Mistelbach viel zu groß sind. Ähnliches gilt für die Franz-Josephs-Bahn, die nicht nur Teile des Weinviertels, sondern auch des Waldviertels versorgen muss. Die einzige große Eisenbahnlinie, die Nordbahn kann nur das Marchfeld und das östlichste Weinviertel entlasten. Diese Umstände tragen dazu bei, dass die angeführten Hauptverkehrsstrecken zusätzlich mit dem Tagespendelverkehr belastet sind.

3.2 Touristisches Angebot

Bis Anfang der 90er-Jahre litt das Weinviertel in kultureller und touristischer Hinsicht an einer wenig ausgeprägten Regionsidentität. Einzelne lokale Initiativen gab es zwar schon, aber das gemeinsame Empfinden als „Weinviertler" war kaum vorhanden. Für viele Weinviertler/-innen bestand dazu auch keine Notwendigkeit, kamen doch die Wiener Gäste, die das Weinviertel als Naherholungs-, Wochenend- und Tagesausflugsraum betrachteten, ziemlich sicher. Diese Ansicht dokumentierte sich im kaum ausgeprägten Beherbergungsbereich und auch in der flächendeckend kaum vorhandenen gastronomischen Profilierung in Richtung regionale Küche. Mittlerweile hat sich dank vieler Eigeninitiativen, aber auch aufgrund der Empfehlung der Tourismusberater/-innen sehr viel geändert.

Die Stärken sowie das natürliche und kulturelle Potenzial der Region wurden für viele kulturtouristische Maßnahmen eingesetzt:
- Ausbau des Radwegenetzes und Zusammenfassung zu „Radthemenwegen",
- Ausbau der weintouristischen Vermarktung (Poysdorfer Weinmarkt, Retzer Vinarium, Weinmarkt Laa an der Thaya, Kulturkeller Retzbach),
- Ausbau des kulturellen Angebots (Landesausstellungen, Revitalisierung von Burgen und Schlössern, Museen, Dorferneuerung),
- Erhöhung der Dichte von Kulturveranstaltungen,
- Schaffung eines an die natürlichen Heilvorkommen (Land um Laa, Bad Pirawarth) angegliederten Gesundheitsangebotes,
- Ausweitung des gastronomischen Angebots mit dem Schwerpunkt in der regionalen Küche im Sinne der „Niederösterreichischen Wirtshausaktion" und Dokumentation in der Karte „Niederösterreichische Wirtshauskultur".

Burg Kreuzenstein bei Stockerau

Als regionstypische Beispiele des touristischen Angebots sollen hier die **Radwanderwege** und die **Kellergassen** vorgestellt werden.

Die Radwanderwege des Weinviertels

Kaum eine niederösterreichische Landschaft ist für das Radwandern so prädestiniert wie das Weinviertel. Die sanft hügelige Landschaft, das milde Klima und die Routenführung über wenig befahrene Straßen machen das Weinviertel zum Eldorado für radbegeisterte Kulturinteressierte und Familien.

Ein Thema, das im Weinviertel immer wiederkehrt, ist der Wein. Klingende Namen wie „der Veltliner" oder „der Riesling" machen Lust aufs Radfahren und auf genussvolle Pausen. Das Konzept unterstreicht, dass gerade im Wein und im Radfahren das touristische Potenzial des Weinviertels liegt.

Die Weinradwege sind Rundkurse auf ausgewählten Strecken des neuen, flächendeckenden Grundradwegenetzes, sie sind beschildert mit Nummernsystem und ideal für Tagesausflüge und Wochenendtrips. Insgesamt 13 Rundkurse mit insgesamt 760 km wurden mit einem einheitlichen Beschilderungskonzept mit Namen regionaltypischer Rebsorten markiert. Sie verbinden die wichtigsten Attraktionen des Weinviertels und haben alle eine Bahnanbindung. Zielpublikum sind alle Radler/-innen, die nicht primär die sportliche Anstrengung suchen – die Genussradler/-innen eben!

Die Weinradwege stellen das Kernangebot für die Vermarktung des Weinviertels als Radregion dar und stehen stellvertretend für das gesamte Radwegenetz. Sie eignen sich hervorragend für die erste Kontaktaufnahme und machen neugierig. Sind die Gäste erst einmal vom Radfahren im Weinviertel begeistert und in der Region, ermöglicht ihnen das flächendeckende Grund-Radwegenetz beschildert mit Nummernsystem unzählige Routenvarianten.

Beispiel Weinradweg – Der Rivaner

Der Rivaner, mit einer Streckenlänge von ca. 53 km, eignet sich für Freizeit- und Genussradler/-innen. Von Hollabrunn geht es zu einem Highlight der Kunstgeschichte, der „Steinernen Bibel" der Pfarrkirche von Schöngrabern. Anschließend fährt man durch das reizvolle Schmidatal bis Ziersdorf, wo man in Schaubetrieben – einer Fassbinderei und einer Hammerschmiede – hautnah am Geschehen ist.

Ein Fixpunkt dieser Radroute ist der Heldenberg mit der imposanten Radetzky-Gedenkstätte. Nach einem Streifzug durch die Archäologie, der Kreisgrabenanlage von Glaubendorf, gelangt man in Hollabrunn wieder in die Gegenwart.

Detaillierte Informationen zu den 1 600 km Radtouren des Weinviertels finden Sie unter www.weinviertel.at und unter www.radviertel.at.

Kirche von Schöngrabern

Mausoleum Radetzkys, Heldenberg

? Informieren Sie sich über die anderen Radrouten im Weinviertel und stellen Sie Anbindungsmöglichkeiten an große Radwanderwege fest!

Sehenswertes auf der Strecke
- Aspersdorf: Georgskirche/Lukas von Hildebrandt
- Frauendorf/Schmida: Frauendorfer Weinbergtour mit Sortenlehrpfad
- Glaubendorf: Kreisgrabenanlagen – Zeugen aus der Steinzeit
- Göllersdorf: Pfarr- und Gruftkirche (mit Lorettokapelle)/Lukas von Hildebrandt, Schloss Schönborn
- Großwetzdorf/Heldenberg: Geheimnisvolle Kreisgräben: Die Zeitreise geht weiter! Radetzky-Gedenkstätte, nachgebaute Kreisgrabenanlagen, Englischer Garten und Sommerquartier der Lipizzaner
- Hollabrunn: Pfarrkirche 12. Jhdt., Museum „Alte Hofmühle"
- Puch: Kreisgrabenanlage
- Schöngrabern: „Steinerne Bibel" in der romanischen Pfarrkirche Mariae Geburt
- Sitzendorf/Schmida: historischer Ortskern, spätgotische Pfarrkirche, Kellerviertel
- Thern: Weidendorf mit einem Weidenweg, Weidenspielplatz und Weidengarten
- Ziersdorf: Naturlehrpfad „Köhlbergweg"

(Quelle: Weinviertler Tourismus)

? Projekt

1. Stellen Sie eine dreitägige Radtour durch das Weinviertel zusammen!
2. Arbeiten Sie dazu einen Folder aus, der Routenskizzen, Öffnungszeiten von Museen, Weinkellern und anderen Objekten sowie kulturelle Kurzinformationen enthält!
3. Organisieren Sie diese Radtour für eine Klasse Ihrer Schule! Gehen Sie dabei davon aus, dass Sie für die Hälfte der Klasse Fahrräder mieten müssen!
4. Suchen Sie für die Übernachtung der rund 30 Personen fahrradfreundliche Beherbergungsbetriebe!

Die Kellergassen

Weinkultur mit Tiefgang. Niederösterreichs Kellergassen sind ein einzigartiges Weinkulturgut, die Weinstraße Niederösterreich führt zu den längsten, schönsten und eindrucksvollsten von ihnen. Auf zahlreichen ihrer 830 km wird die Weinstraße Niederösterreich zur Gasse – und zwar zur Kellergasse.

Kellergassen sind Dörfer neben den Dörfern, mit Häusern, die weder Küchen noch Wohnräume noch Rauchfänge haben, dafür aber Zugang zu ausgedehnten Kelleranlagen bieten – Keller, die fallweise 100 m tief ins Erdreich und in eine eigene Welt unter den Weinbergen führen.

Diese „Dörfer neben den Dörfern" sind ein Refugium für eine Männergesellschaft – „Wein ist eben Männersache". Zwar widerlegen immer wieder junge Winzerinnen diese These, doch die Kellergassen bleiben in fast archaischer Tradition in Männerhand

Kellergassen sind fast ausschließlich in Niederösterreich zu finden, was einen geologischen Grund hat: In den in Niederösterreich verbreiteten Löss, der aus feinem, stark komprimiertem Sand besteht, lassen sich mit recht geringer Mühe stabile Gewölbe graben. Gar nicht wenige der historisch wertvollen Presshäuser und Keller werden auch heute noch für die Produktion und Lagerung der Weine genutzt.

Besonders attraktiv gestaltet sich der Besuch der Kellergassen im Sommer, wenn im Rahmen der zahlreichen Kellergassenfeste ausgelassene Lebensfreude die idyllischen Architekturensembles erfüllt. Wer die Kellergassen lieber individuell erkunden will, kann dies im Rahmen von Kellergassenführungen tun. Einige der rund 150 Kellergassen verfügen über kompetente Kellergassenführer/-innen, die über historische und weinkulinarische Hintergründe ihrer Kellergasse und Region umfassend Auskunft geben.

3 Weinviertel

Kellergasse in Falkenstein

Charakteristisch sind die vor den Kellern errichteten Presshäuser, durch die man erst, meist über Stufen, in den „Bauch" des Kellers gelangt: dort, wo die großen Fässer stehen, die Winzerin/der Winzer das Werden des Weins überwacht und Besucherinnen/Besuchern auch Fassproben zu verkosten gibt

Jede der Kellergassen ist einzigartig, keine gleicht der anderen. Leider wurden in den 80er-Jahren viele Presshäuser stillgelegt bzw. nicht mehr bewirtschaftet und in Zweitwohnsitze umgewandelt und ausgebaut, was sich äußerst nachteilig auf das Erscheinungsbild der kulturhistorisch wertvollen Ensembles ausgewirkt hat. Glücklicherweise wurde dieser Tendenz durch eine verschärfte Bauaufsicht wie auch durch das stark angewachsene Regionalbewusstsein ein Riegel vorgeschoben.

Besonders schöne und vor allem im ursprünglichen Zustand erhaltene Kellergassen finden Sie im Weinviertel:
- in der Region Retz in Pillersdorf, Waitzendorf und Untermixnitz;
- im Pulkautal in Deinzendorf, Zellerndorf und Haugsdorf, Untermarkersdorf und Hadres (mit 1,6 km die längste Kellergasse Österreichs);
- in der Region zwischen Buchberg und Ernstbrunner Wald in Mailberg, Großharras, Patzmannsdorf und Kleinweikersdorf;
- an der Prager Straße in Hollabrunn und Grund;
- zwischen Brünner Straße und Prager Straße in Tresdorf, Großmugl und Niederkreuzstetten;
- an der Brünner Straße in Stammersdorf, Strebersdorf, Hagenbrunn, Putzing, Großebersdorf, Hautzendorf, Kronberg (die Erhaltung dieser Kellergasse ist vor allem dem Bildhauer und Maler **Hermann Bauch** zu verdanken) und in Wolkersdorf;
- In der Region Mistelbach-Zayatal an der Veltlinerstraße in Asparn, Dobermannsdorf und Maustrenk;
- in der Klippenzone in Poysdorf, Wilhelmsdorf, Wultendorf, Wildendürrnbach, Falkenstein und Großkrut;
- am Rande des Marchfeldes und im Marchtal in Pillichsdorf, Bockfließ, Niedersulz, Velm-Götzendorf, Stillfried und in Mannersdorf am Rochusberg.

Ob man an der Weinlese teilnehmen kann, erfährt man fast immer am zuständigen Gemeindeamt. Sollte es einmal nicht klappen, kann man den besonderen Reiz dieser Ensembles auch auf Kellergassen- und Weinlesefesten erleben. Viele Winzer/-innen sind gern bereit, nach Vereinbarung private Kellerführungen und Verkostungen durchzuführen.

Über die Kellergassen hinaus, die überwiegend im Weinviertel, am Wagram und in Carnuntum angelegt sind, findet man in Niederösterreich noch andere Formen regionaler und unvergleichlicher Weinlandarchitektur.

www.weinstrassen.at

Kellergasse in Hadres

? Beschaffen Sie sich für eine der genannten Gemeinden Informationen über die Kellergasse, Kellerführungen und Termine von Veranstaltungen!

Organisieren Sie für Ihre Klassenlehrer/-innen einen Ausflug mit abschließender Verkostung!

Für die **Wachau,** das Traisental, das Kamptal, Kremstal und die Thermenregion sind lange Reihen von Winzerhäusern mit Heurigengärten typisch. In **Langenlois** ist mit dem Loisium eine in moderne Architektur gegossene Weinwelt mit Vinothek und erlebnisreichen Weingeschichte-Inszenierungen ganzjährig zu besuchen.

Andernorts liegen die Weingeheimnisse völlig verborgen. In **Retz** zum Beispiel, wo sich unter der Stadt ein Kellerlabyrinth von derartiger Länge erstreckt, dass es in seiner Ausdehnung das überirdische Wegenetz noch übertrifft (im Rahmen des „Retzer Kellererlebnisses" zu besichtigen). Oder in **Stift Klosterneuburg,** unter dem ein mehrgeschossiges Kellerensemble aus der Barockzeit in die Tiefen reicht.

> Nähere Informationen zu den Kellergassen in Niederösterreich finden Sie unter www.weinstrassen.at;
> ausführliche Informationen zu den Kellergassen und Kellergassenführungen im Weinviertel finden Sie auf der Homepage der Weinviertel Tourismus GmbH: www.weinviertel.at

3.3 Kulturelles Angebot

Für das Weinviertel sind 6 000 Jahre Siedlungsgeschichte durch viele Funde belegt. Die Zahl der Besichtigungsobjekte ist daher für Kulturtouristinnen/Kulturtouristen beachtlich. Der Bogen spannt sich von den schon erwähnten **ur- und frühgeschichtlichen Anlagen** (z. B. das Gräberfeld bei Kleinhadersdorf oder die Wallburg von Stillfried) über sehenswerte **romanische Kirchen,** wie in Schöngrabern, zu großartigen Barockschlössern, wie der Riegersburg, oder **sehenswerten städtischen Ensembles,** wie in Retz oder Eggenburg.

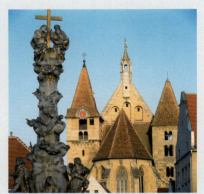

Hauptplatz in Eggenburg

Museen

Dem Wein und der Volkskultur widmen sich insbesondere das **Weinlandmuseum** in Asparn an der Zaya, das Museum **Alte Hofmühle** in Hollabrunn, der **historische Weinkeller** in Retz sowie das **Museum für Volkskunde** und das internationale **Hirtenmuseum** in Groß-Schweinbarth.

Zeugnis über den Schulalltag im vergangenen Jahrhundert legt das **Schulmuseum** in Michelstetten ab, während das **Landwirtschaftliche Museum** in Prinzendorf die bäuerlichen Arbeiten dokumentiert. Dass dieses Museum hier beheimatet ist, hat einen besonderen Grund. Hier lebte der „Erdäpfelpfarrer" Jungbluth, der im 18. Jahrhundert die Erdäpfel ins Weinviertel brachte. Laa an der Thaya bietet den Interessenten des Gerstensaftes zahlreiche Informationen im **Biermuseum.**

In **Erinnerung** daran findet jedes erste Septemberwochenende der sogenannte **Erdäpfelkirtag** statt.

Als typischer Vertreter aufbereiteter Ortsgeschichte kann das **Stadtmuseum** in Poysdorf gelten. Historisch Interessierten ist das **Museum für Ur- und Frühgeschichte** in Schloss Asparn an der Zaya ans Herz zu legen.

Freilichtanlagen

Museum für Ur- und Frühgeschichte in Asparn

www.urgeschichte.at

Mit einer Besonderheit ergänzt das schon erwähnte Museum für **Ur- und Frühgeschichte in Asparn** sein kulturhistorisches Angebot. Im Freigelände wurden rund zwanzig Rekonstruktionen von ur- und frühgeschichtlichen Behausungen, Begräbnisstätten und Wirtschaftsobjekten errichtet. Als Prunkstück kann sicher das jungsteinzeitliche Langhaus gelten, in dem Schulklassen gegen Voranmeldung auch übernachten können. Besondere Aktivitäten des Museumsteams finden meist am Wochenende oder gegen Voranmeldung statt.

Museum für Ur- und Frühgeschichte: Blick von der Alt- in die Jungsteinzeit

Eine dieser Attraktionen ist vor allem für Kinder gedacht. Sie können in einem rekonstruierten frühzeitlichen Ofen selbst ihr Brot backen. Auch das Mehl kann selbst gemahlen werden. Für das Mehl werden jene Getreidesorten benutzt, die aus Bodenfunden für die Ur- und Frühgeschichte festgestellt wurden. Darüber hinaus kann man auch beim Färben von Wolle (nicht nur von Schafwolle, sondern auch von aus Hundehaaren hergestelltem Garn!) mit Naturfarben zusehen.

Museumsdorf Niedersulz

Die Kultur des Weinviertels, der alten Kornkammer vor den Toren Wiens, prägt Niedersulz. Das Museumsdorf zeigt wie hier die Menschen lebten, präsentiert Bauernhöfe und Handwerkerhäuser samt ihrem Umfeld von Stadeln, Kapellen, Mühle, Schmiede und Wirtshaus. Alle diese Gebäude waren an ihrem Standort bedroht und wurden mit originalen Baustoffen rekonstruiert. Ausgestattet mit Möbeln, Hausrat und Werkzeugen erwecken sie den Eindruck eines gewachsenen Dorfes, das heute das größte Freilichtmuseum Niederösterreichs darstellt.

In den Kirchen und Kapellen findet sich barocke Kunst genauso wie Zeugnisse rührender Volksfrömmigkeit der vorindustriellen Zeit. Mit einer lutherischen Geheimkirche und dem im Jahr 2008 eröffneten **Täufermuseum** erzählt das Museumsdorf auch die Geschichte der religiösen Minderheiten Niederösterreichs. Über die Kultur der deutschsprachigen Bevölkerung im südmährischen Raum informieren der **Südmährerhof** und seine Ausstellungen.

Das Museumsdorf Niedersulz ist Repräsentant farbenprächtiger **Bauerngärten.** Sie sind nach historischen Vorbildern bepflanzt und dem jeweiligen Haustyp angepasst: vom aufwendigen Jugendstilgarten vor dem Bürgermeisterhaus bis zum einfachen Vorgarten des Kleinhäuslerhauses. Ein Gemüsegarten zeigt Raritäten, die den dörflichen Speisezettel aufgebessert haben. Rund ums Dorf gedeihen 400 Obstbäume mit unterschiedlichen alten Sorten, wie sie seit Jahrhunderten kultiviert werden.

Die Gärten vervollkommnen den Charme des Weinviertler Dorfes

An den Wochenenden lassen sich Handwerksmeister/-innen über die Schulter schauen und zeigen alte, fast vergessene Techniken. Am lebenden Bauernhof warten Haustierrassen, die den Menschen seit Jahrhunderten begleiten, auf große und kleine Besucher/-innen.

Themenführungen erzählen von alten Bräuchen und erwecken Dorfgeschichten zu neuem Leben. Veranstaltungen wie das Kinderfest, der **Südmährerkirtag** und verschiedene **Thementage** zeigen ein lebendiges Museumsdorf. Höhepunkt des Veranstaltungsjahres ist das große **Naturgartenfest** im September, wenn sich Freundinnen/Freunde lebendiger Volkskultur und Gartenfans treffen.

Altes Wirtshaus im Museumsdorf Niedersulz

Im ehemaligen Fürst Lichtenstein'schen Jägerhaus wurde ein **Gasthaus** eingerichtet, in dem bodenständige Küche und regionale Spezialitäten nach Saison serviert werden. In der **Kellergasse** stehen an den Wochenenden prämierte Weine der Winzer/-innen aus Niedersulz zum Verkosten bereit. Die **Dorfgreißlerei** bittet zum Gustieren von süßen und delikaten Produkten aus der Region.

Veranstaltungen

Neben den zahlreichen lokalen Kulturveranstaltungen wie Kirtagen, Weinlese und Erntedankfesten, Faschings- und Martiniumzügen, Bällen und Weihnachtsmärkten haben einige Veranstaltungen durchaus überregionale Bedeutung.

Das seit 1979 bestehende Festival **Internationale Puppentheatertage** in Mistelbach hat bereits seit langem den regionalen Rahmen gesprengt. Jedes Jahr werden dem Publikum Ende Oktober neue Formen des Puppenspiels aus den verschiedensten Weltregionen vorgestellt. Mistelbach scheint überhaupt ein guter Boden für Kultur zu sein. Auch das **Folkfestival** im Sommer lockt viele Besucher/-innen an.

Die **Felsenbühne Staatz** – mit 1 200 Sitzplätzen eine der größten Open-Air-Bühnen in Österreich, die regelmäßig mit Musicals bespielt werden – liegt am Fuße einer steil aufragenden Klippe. Die unmittelbar hinter der Bühne beginnende Naturkulisse aus Felsen, Bäumen und Sträuchern und die auf der Bergspitze thronende Ruine betten die auf mehrere Ebenen aufgeteilte Bühne ein. Bei den abendlichen Sommervorstellungen wird dieses harmonische Ensemble unter der fast tausendjährigen Burgruine noch aufwendig beleuchtet, sodass der Besuch einer Musicalaufführung in Staatz zu einem unvergesslichen Erlebnis wird!

Touristische Präsentation von Regionen

www.felsenbuehne-staatz.at

www.himmelkeller.at

Labyrinth = (von griech. Labrys – kretische Doppelaxt; Heiligtum der Doppelaxt = Palast) Irrgarten, Anlage mit verschlungenen Wegen.

Die Spielstätte, die etwa 70 Kilometer nördlich der Bundeshauptstadt Wien im Bezirk Mistelbach nahe der Grenze zu Tschechien liegt, wurde 1987 gegründet. Zwölf Jahre lang wurde sie mit Karl Mays Winnetou-Abenteuern bespielt und konnte in diesem Zeitraum über 130 000 Zuseher begrüßen.

Unter Intendant Werner Auer wurde der Spielort in Felsenbühne Staatz umbenannt und widmet sich seit 2000 jährlich an vier Wochenenden im Juli/August der Aufführung von Musicals. Dabei wird nicht nur Wert auf qualitativ hochwertige Stücke gelegt, sondern auch auf die Auswahl hervorragender Musiker/-innen und Darsteller/-innen.

Seit dem Jahr 2005 gibt es an zwei Spielwochenenden auch jeweils ein Kindermusical zu sehen, bei dem die Darsteller/-innen der abendlichen Hauptproduktion für die jüngsten Musicalfans singen und spielen.

Gemeinsam mit dem Filmhof Festival Asparn und dem Klassikfestival Schloss Kirchstetten bildet die Felsenbühne Staatz die Kulturspitze Weinviertel.

In Guntersdorf nördlich von Hollabrunn bietet die **Theatergruppe Westliches Weinviertel** in zwei Theatern – dem Theater im Stadl und dem Theater im Schloss – ein umfangreiches Programm: Theater, Kabarett, Musical und Kindertheater.

Ein besonderes Juwel ist der **Himmelkeller** in Kronberg, in dem sich nicht nur das Atelier, sondern auch die Schauräume des Malers und Bildhauers Hermann Bauch befinden. Ihm ist die Erhaltung der **Kronberger Kellergasse** zu verdanken. Sein Keller ist regelmäßig ein Treffpunkt für Künstler/-innen und Kunstinteressierte. Besonders interessant ist das **Kellerlabyrinth,** das mit seinen weit verzweigten Gängen und Gewölben den Hügel in Kronberg durchzieht. Die Kulturtouristin/der Kulturtourist befindet sich hier nicht nur auf Künstlerinnen/Künstler-Boden, sondern auch auf historischem Terrain – die Geschichte des Kronberger Hügels reicht bis in die Bronzezeit zurück.

 Ziele erreicht?

1. Wie viele Kilometer Radwegenetz hat das Weinviertel aufzuweisen? Benutzen Sie dazu auch die Website des Radviertels!
2. Sollten Sie im Weinviertel Bier trinken wollen, wo müssten Sie hinfahren?
3. Welche Museen beschäftigen sich vorrangig mit der Regionalkultur des Weinviertels?
4. Was unterscheidet Weinviertler Kellergassen von jenen anderer Regionen?

 Projekt

1. Besorgen Sie sich von lokalen Tourismusbüros Informationen über die Kulturveranstaltungen des laufenden Jahres (Inhalte, Preise)!
2. Stellen Sie aus dem gesamten Angebot je ein Programm für Kinder, Jugendliche und Erwachsene zusammen!
3. Begründen Sie Ihre Auswahl!
4. Differenzieren Sie zwischen einem Ganzjahresprogramm (Kartenabonnement) und einem Wochenprogramm, das Sie als Package mit einem Radurlaub anbieten sollten!
5. Kalkulieren Sie die verschiedenen Programme durch! Rechnen Sie beim Ganzjahresprogramm auch eine Variante durch, die die An- und Abreise mit einem Bus (Ausgangspunkt Wien) beinhaltet!

4 Sonnenland Mittelburgenland

4.1 Grundlagen der Region

Im Schatten dreier Bergländer – der Buckligen Welt im Westen, des Ödenburger Gebirges im Norden und des Günser Gebirges im Süden – hat sich das **Mittelburgenland** langsam, aber sicher zum Geheimtipp entwickelt. In geologischer Hinsicht ist das Mittelburgenland von tertiären Sedimenten, wie Leithakalk, Sanden, Schottern, Mergeln und Tonen bestimmt. Der blaue Ton liefert das Basismaterial für die bekannte **Stoober Sinterkeramik.**

Das **Mittelburgenland** öffnet sich nach Osten zur Großen Ungarischen Tiefebene und steht daher unter dem Einfluss des pannonischen Klimas. Die Flüsse und Bäche entwässern zur Rába und zeigen die für alle Flüsse an der Südostabdachung der Alpen charakteristische Nordwest-Südost-Richtung – besonders deutlich am Stoober Bach, an der Rabnitz und an der Güns erkennbar.

Politische Gliederung

Der politische Bezirk **Oberpullendorf** deckt sich mit dem Mittelburgenland. Der Bezirkshauptort Oberpullendorf entwickelte sich aus ungarischen Grenzwächtersiedlungen und wurde 1975 zur Stadt erhoben. Charakteristisch für das Mittelburgenland ist das Nebeneinander dreier Sprachgruppen. Am deutlichsten kann man das am Hauptort der Region feststellen: Während Oberpullendorf zu den vier ungarischsprachigen Gemeinden des Burgenlandes zählt, leben in Mitterpullendorf die Deutschsprachigen und in Unterpullendorf lebt die kroatische Minderheit.

www.sonnenland.at

Die Sonnenland Draisinentour erfreut sich seit einigen Jahren steigender Beliebtheit

? Informieren Sie sich über die politische Geschichte des Burgenlandes, insbesondere jene des 20. Jahrhunderts!

Dass das Mittelburgenland an seiner schmalsten Stelle, beim Sieggrabner Sattel, weniger als 10 km breit ist, liegt an der Grenzziehung und der auf die Friedensverträge nach dem Ersten Weltkrieg folgenden Volksabstimmung in Ödenburg/Sopron, aufgrund deren Ergebnis Österreich die Stadt Ödenburg mit weiteren acht Gemeinden an Ungarn abtreten musste.

? Informieren Sie sich bei den ungarischen und kroatischen Kulturvereinen über die Situation der beiden Minderheiten! Suchen Sie auch Informationen zu den Roma im Mittelburgenland!

Verkehrserschließung

Die aus dem Norden kommende Burgenlandautobahn (S31) endet in Weppersdorf. Damit ist das Mittelburgenland aus dem Großraum Wien über die A3 und S31 in weniger als einer Stunde erreichbar, aber dann müssen sich die Autofahrer/-innen an verschlungene Bundesstraßen gewöhnen. Die Mittelburgenländer/-innen stört dieser Umstand kaum, im Gegenteil – diese Landschaft fordert zur Ruhe auf. Darüber hinaus eignet sie sich hervorragend für **Radwanderungen** auf einem ausgezeichnet ausgebauten Radwegenetz.

Touristische Präsentation von Regionen

*Das **Themenradfahren,** wie auf dem Rotweinradweg, dem Lisztradweg, der Römischen Bernsteinstrasse, dem Thermalradweg, ist sehr beliebt, da Wein, Kulinarik und Kultur nicht zu kurz kommen.*

Osmanen = türkische Dynastie, benannt nach ihrem Gründer Osman I. (1288–1326), die seit dem 16. Jahrhundert unmittelbarer Nachbar und politisch-militärischer Gegner des Habsburgerreiches war.

www.sonnentherme.com

Sonnentherme Lutzmannsburg-Frankenau

❓ Welche Vorteile hat die Ausrichtung der Therme Lutzmannsburg auf die Zielgruppe Familie?

Lassen Sie sich Informationsmaterial zusenden und vergleichen Sie das Angebot mit jenem anderer oststeirisch-südburgenländischer Thermen!

Die großen **Bahnlinien** haben das Mittelburgenland ausgespart: Die Raab-Ödenburger Linie führt im Norden vorbei und der Pinkataler Seitenast der Südbahn führt über das südburgenländische Oberwart nach Schachendorf an die Grenze.

Über den Grenzübergang Rattersdorf gelangt man nach Köszeg, dem alten Güns, dessen Verteidiger 1532 einen weiteren Vorstoß der osmanischen Hauptarmee ins Wiener Becken und damit eine Belagerung Wiens verhinderten.

4.2 Touristisches Angebot

Vor allem die **Mineralwasser-** und **Heilquellen** sowie der **Wein** dominieren das touristische Angebot des Mittelburgenlandes. Als **Radlerland** hat sich vor allem der Nordteil des Mittelburgenlandes, das Blaufränkischland, profiliert, während der Südteil eher die Wanderer/-innen anlockt.

Als besonderes Zuckerl gilt der 1996 eröffnete grenzüberschreitende **Naturpark Geschriebenstein**, der im Sinne des sanften Tourismus den stillen, naturverbundenen Gast ansprechen soll. Aussichtswarten gestatten einen wunderbaren Rundblick auf das Mittel- und Südburgenland und nach Ungarn. Die Staatsgrenze verläuft bei der Aussichtswarte am Geschriebenstein – mit 884 m Seehöhe der höchste Punkt des Günser Gebirges – mitten durch die Warte. Vor der Warte befindet sich ein Wachhaus des Bundesheeres, das durch seinen Grenzsicherungseinsatz die Einhaltung des Schengener Abkommens gewährleisten soll.

Die Sonnentherme Lutzmannsburg-Frankenau

Diese Gesundheits- und Wellnesseinrichtung wurde mit EU-Förderungsmitteln errichtet und wird auch weiter ausgebaut.

Das aus ca. 900 m Tiefe kommende Thermalwasser hat im Badebereich zwischen 28 °C und 36 °C. Das im Wasser enthaltene Natrium-Calcium-Hydrogenkarbonat empfiehlt sich vor allem für die Behandlung von Erkrankungen des Bewegungsapparates, von chronischen Erschöpfungs- und Ermüdungszuständen, von Kreislauf- und Nervensystemerkrankungen sowie gynäkologischen Erkrankungen.

Die Besonderheit der ursprünglich als „Barba-Blub-Therme" (die Zeichentrickfigur Barbapapa war das Maskottchen) bezeichneten Therme ist die Zielgruppe. Die Verantwortlichen definieren sie seit der Eröffnung als **Familientherme.** Für gestresste Eltern und Erwachsene ohne Kinder wurde die Ruheoase Silent Dome hinzugefügt. Ein Großteil der Gäste stammt aus der Region und aus dem Großraum Wien.

Die **Kinderfreundlichkeit** zeigt sich in dem einzigartigen Angebot speziell für Kinder (umfangreiche Kinderprogramme), in der ausgezeichneten Kinderbetreuung sowie in der Toleranz aller (der Gäste wie der Angestellten) gegenüber Lärm. Kinderfreundliche Details, wie eigene Wasserbecken, Wasserrutschen für Kleinstkinder, Baby- und Kindersauna, Leihkinderwägen oder Klappstühle mit Sicherheitsgurten an den Wänden, beweisen, dass beim Bau tatsächlich an die kleinen Besucherinnen/Besucher gedacht wurde.

Rund um die Therme hat sich ein absolut sehenswertes und durchaus erschwingliches Hotelensemble – fünf 4-Sterne-Hotels, zahlreiche 3-Sterne-Betriebe und Frühstückspensionen – etabliert. Pauschalangebote (Nächtigungen und Thermenbesuch plus Wellnessangebote) und Schnupperwochenenden außerhalb der Ferienzeiten machen die Therme auch für vielköpfige Familien interessant.

Das Blaufränkischland

In den letzten Jahren hat sich die Region um die **Weinbauorte** Deutschkreutz, Großwarasdorf, Horitschon, Lutzmannsburg, Neckenmarkt und Raiding mit ihren – auch international ausgezeichneten – Rotweinen zum „österreichischen Bordeaux" entwickelt. Dafür sind einerseits die charakteristischen lehmigen Böden, andererseits die konsequente Ertragsbeschränkung und die Kellerarbeit der Winzer/-innen verantwortlich. Die das Mittelburgenland begrenzenden Gebirgszüge schirmen es gegen atlantische Schlechtwettereinflüsse, ab, aber auch gegen das für den Osten Österreichs so typische Regenwettertief ab.

In den **Ortsvinotheken** von Horitschon und Neckenmarkt sowie in der **Gebietsvinothek** Deutschkreutz werden die Weine des Ortes bzw. der gesamten Region zu Ab-Hof-Preisen angeboten. Kommentierte Verkostungen mit einer der Spitzenwinzerinnen/einem der Spitzenwinzer zählen zu den besonderen Erlebnissen für Weinfreundinnen/Weinfreunde.

Die traditionelle und am meisten bebaute Rebsorte des Mittelburgenlandes ist der **Blaufränkisch.** Daneben werden aber auch andere hervorragende Rot- und Weißweine angeboten wie Zweigelt, Cabernet Sauvignon, Cuvées von Cabernet Sauvignon und Merlot, Blauer Burgunder, St. Laurent, Chardonnay, Riesling und Pinot blanc.

Viele Winzer/-innen haben bereits ihr Stammpublikum aus dem In- und Ausland, das immer wieder auf weintouristische Entdeckungsreisen geht und sogar zur Lese kommt.

4.3 Kulturelles Angebot

Veranstaltungen

Kobersdorfer Schlossspiele

Seit 1972 fungiert das Schloss Kobersdorf von Mitte Juli bis Anfang August mit den **Kobersdorfer Schlossspielen** als Zentrum des komödiantischen Theaters. Viele Schauspieler/-innen aus den Wiener Theaterhäusern entdeckten im Lauf der Jahre den Reiz der Vorstellungen im Schlosshof und machten Kobersdorf zu ihrer zweiten künstlerischen Heimat.

Von 1988 bis 2003 hatte der bekannte Kammerschauspieler Rudolf Buczolich die künstlerische Leitung inne. Er gab den Schlossspielen ihr unverwechselbares Profil. Unter seiner Intendanz wurde bestes Theater der Weltliteratur auf höchstem Niveau geboten: Stücke in der Tradition der Comedia dell'Arte von Goldoni fanden sich da ebenso wie 1998 „Der Ritter vom Mirakel" von Lope de Vega. Als künstlerischer Leiter folgte ab 2004 Wolfgang Böck, dessen Programm sich von Nestroy über Molnar, Brecht und Feydeau bis zu Michael Korths „Der Kopf des Joseph Haydn" spannte. Für 2010 soll Shakespeares „Ein Sommernachtstraum" die Besucherinnen/Besucher in seinen Bann ziehen.

Internationales Kammermusikfest Lockenhaus

Ein anderer Großer der Kunstszene, der Violinvirtuose **Gidon Kremer,** ist für die künstlerische Leitung des zweiten großen Festivals im Mittelburgenland – des **Internationalen Kammermusikfestes Lockenhaus** – in der ersten Julihälfte verantwortlich.

Die Faszination dieses Festivals – vor allem für Jugendliche – besteht in der Mischung von Tradition und Moderne, E- und U-Musik. In Workshops werden neue Interpretationen und Darstellungsmöglichkeiten erarbeitet, in öffentlichen Proben aufgeführt und danach diskutiert.

Um die Finanzierung sicherzustellen, hat sich 1996 der „Verein zur Förderung des Kammermusikfestes Lockenhaus e. V." gebildet. Um vor allem Jugendlichen die Möglichkeit zur Auseinandersetzung mit aktuellen musikalischen und künstlerischen Strömungen zu geben, wurden die Eintrittspreise bewusst niedrig festgelegt. Die öffentlichen Proben sind gratis.

---

www.blaufraenkischland.at

Das Mittelburgenland ist das bedeutendste Anbaugebiet für den Blaufränkisch in Österreich

? Informieren Sie sich über das Angebot der Spitzenwinzer/-innen dieser Region!

✎ Erstellen Sie einen Angebotsraster, in den Sie bei jeder Winzerin/jedem Winzer für jede angebotene Weinsorte ein Kreuz eintragen!

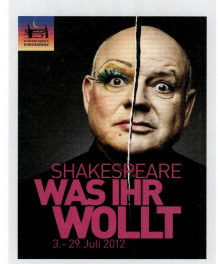

www.kobersdorf.at

www.kammermusikfest.at

Workshop = Seminar, in dem in freier Diskussion bestimmte Themen erarbeitet werden und ein Erfahrungsaustausch stattfindet.

Touristische Präsentation von Regionen

Probe mit Gidon Kremer

Franz Liszt (1811–1886), Komponist, Klaviervirtuose, auch als Dirigent, Lehrer und Förderer von großer Bedeutung.

Franz-Liszt-Zentrum Raiding

www.kuga.at

❓ Welche Bedeutung hat die Preisgestaltung bei der Auswahl von Zielgruppen von Kulturveranstaltungen?

Kuruzzen = die aufständischen habsburgfeindlichen Ungarinnen/Ungarn im 17. Jahrhundert.

Figurine eines Fähnrichs im Fahnenschwingermuseum

Lockenhaus beherbergt seit 1989 im Anschluss an die Kammermusik auch das **Gitarrenseminar Lockenhaus,** das mittlerweile zur Institution geworden ist. Geboten wird ein äußerst ansprechendes Programmangebot unter der Leitung internationaler Spitzenpädagoginnen/Spitzenpädagogen: Unterricht, Improvisation, Vorträge, Gitarrenbau, Lautenmusik, Ausstellungen, Musiktherapie, Kurse für Neue Musik und Latinjazz.

Liszt-Festival Raiding

Das Liszt-Festival in Raiding findet jährlich im Jänner, März, Juni und Oktober statt. Der Franz-Liszt-Konzertsaal befindet sich im Ortskern von Raiding, gegenüber dem Geburtshaus des Virtuosen. Mit ca. 600 Sitzplätzen eignet er sich hervorragend für Kultur- und Freizeitveranstaltungen, Tagungen, Seminare, Messen sowie für Firmen- und Produktpräsentationen.

2011 wäre Franz Liszt 200 Jahre alt geworden. Unter dem Motto „Lisztomania 2011" prägen vier Konzertzyklen, viele Sonderausstellungen und Veranstaltungen das Jahr 2011.

Kulturna Zadruga (KUGA)

Ein Kulturzentrum der besonderen Art ist die 1982 gegründete **KUGA (Kulturna Zadruga)** im burgenländisch-kroatischen Ort **Großwarasdorf.**

Wöchentliche Angebote aus den Bereichen Kabarett, Theater, Musik und Ausstellungen sowie burgenländischkroatische und ungarische Sprachkurse, Vorträge und Diskussionen zum Themenbereich Mehrsprachigkeit stehen auf dem vielseitigen Programm des multikulturellen Zentrums der mehrsprachigen Region Mittelburgenland. Die Veranstaltungen sollen dazu beitragen, den Verlust kultureller Identität durch schleichende Assimilation zu verzögern und der Abwanderung entgegen zu wirken. 28 Jahre nach ihrer Gründung ist die KUGA eines der wichtigsten Kulturzentren des Mittelburgenlandes und punktet mit Professionalität und Flexibilität.

Museen und Gedenkstätten

In **Raiding** können Musikliebhaber/-innen das Haus von Franz Liszt besichtigen und erfahren, dass Liszt zu seinen Lebzeiten ebensolchen Kultstatus hatte wie heutige Größen der Popbranche.

In **Lackenbach** befindet sich eines der schönsten burgenländischen Renaissanceschlösser. Das von Graf Esterházy aus einer Wasserburg umgebaute Schloss wurde in den Kuruzzenkriegen von ungarischen Truppen belagert. Die Neckenmarkter Bauern, die dem bedrängten Esterházy in der Schlacht von Lackenbach zu Hilfe kamen, erhielten zum Dank eine Fahne, die heute noch Bestandteil eines Brauches ist.

Ein **jüdischer Friedhof** erinnert daran, dass es im Burgenland sieben jüdische Gemeinden gegeben hat. Für die während des nationalsozialistischen Terrors ermordeten Roma und Sinti wurde 1984 aufgrund von Forderungen der Opferverbände ein Mahnmal in Lackenbach errichtet.

In **Neckenmarkt** wird der Besucherin/dem Besucher im **Fahnenschwingermuseum** der historische Ursprung des Fahnenschwingens erklärt. Bis heute wird die Fahne jedes Jahr am Sonntag nach Fronleichnam (es ist nicht mehr die von Graf Esterházy!) vom Fähnrich geschwungen. In seiner Begleitung gehen zwölf Heiducken in Uniform und der Ausschankbursch.

Kunsthandwerk

Wer gerne Körbe trägt, kommt am einzigen österreichischen Korbflechterdorf **Piringsdorf** nicht vorbei. Hier werden noch in Bewahrung alter Traditionen Körbe mit Rotbuchengestell und Haselnuss- oder Kastanienholzflechtwerk erzeugt. Während die Männer diese körperlich wesentlich anstrengendere Arbeit erledigten, stellten die Frauen im Winter die „Strohsimperln" her. Im Flechtmuseum wird die Kunst des Körbeflechtens in einzelnen Schritten dargestellt. Es werden auch Kurse angeboten, in denen man die Kunst des Strohflechtens erlernen kann.

Der Ort **Steinberg-Dörfl** nahe der ungarischen Grenze kann mit Recht auf die letzte **Blaudruckerei** Österreichs stolz sein. So selten ist die Herstellung des traditionellen Stoffes geworden, dass der ORF dem Druckerehepaar sogar eine Sendung gewidmet hat. (Näheres dazu siehe Seite 83.)

Stoob gilt als das Zentrum der **Sinterkeramik**. Diese besondere Keramik wird durch einen 24-stündigen Brennvorgang mit 1 150 °C zur Härte von Hartporzellan gebracht. Eine Fachschule für Keramik, die international besucht wird, gibt das Stoober-Wissen weiter. Hobbytöpferkurse von März bis November richten sich an ein überregionales Zielpublikum. Neben den klassischen braunen „Plutzern" wird auch bemalte Ware mit „Familienmustern" angeboten.

www.piringsdorf.at

Spezialität dieses Betriebes ist der Doppeldruck, der auf Vorder- und Rückseite je ein anderes Muster aufweist

www.originalblaudruck.at

Ziele erreicht?

1. Welche ethnischen Gruppen leben heute im Mittelburgenland?
2. Welche Zielgruppen will die Sonnentherme Lutzmannsburg ansprechen?
3. Warum wird das Mittelburgenland als „österreichisches Bordeaux" bezeichnet? Könnten Sie sich einen Grund vorstellen, warum mittelburgenländische Winzer/-innen über diesen plakativen Vergleich gar nicht so glücklich sind?
4. Wodurch unterscheidet sich das kulturelle Zentrum Burg Lockenhaus vom KUGA-Kulturzentrum in Großwarasdorf?

www.stoob.at

Projekt 1

1. Organisieren Sie in Ihrer Schule eine kommentierte Verkostung mittelburgenländischer Weine! Stellen Sie dazu den Kontakt zu einem/einer der in der Deutschkreutzer Gebietsvinothek vertretenen Winzer/-innen her!
2. Konzipieren Sie ein Rahmenprogramm, in dem die mittelburgenländische Geschichte und kulturelle Besonderheiten vorgestellt werden!
3. Planen Sie auch ein Kulinarium für diese Veranstaltung – berücksichtigen Sie daher auch den Umstand, dass Sie für die Speisenzubereitung Küchen brauchen!
4. Entwerfen Sie Einladungen mit dem Programm und versenden Sie sie rechtzeitig! Vergessen Sie nicht, den Erlagschein beizulegen – es sei denn, sie wollen bei Tisch bonieren!
5. Kalkulieren Sie die gesamte Veranstaltung für 50 Personen!

Projekt 2

1. Stellen Sie ein Package für eine vierköpfige Familie zusammen, die eine Woche im Mittelburgenland verbringt und mit den Rädern „KulTouren" unternehmen möchte.
2. Beziehen Sie in Ihr Package aktuelle Angebote der Sonnenthermenhotellerie und der Sonnentherme mit ein.
3. Geben Sie Empfehlungen für Radwanderrouten zu kulturell und/oder landschaftlich schönen Besuchspunkten ab.
4. Berechnen Sie die Routen so, dass auch Kinder mithalten können!
5. Variieren Sie den Preis für Ihr Package!

www.thermenland.at
www.thermenwelt.at

Riegersburg

? Welche kulinarischen Besonderheiten werden in dieser Region angeboten? Erstellen Sie ein typisches oststeirisches oder südburgenländisches Menü!

www.loipersdorf.at

Spondylose = krankhafte Veränderungen an den Wirbelkörpern und Bandscheiben.

Thermenlagune

5 Steirisch-burgenländische Thermenregion

5.1 Grundlagen der Region

Durch intensive vulkanische Tätigkeiten sind in der Oststeiermark nicht nur markante **Basaltkegel** entstanden, sondern auch zahlreiche **Thermen**, geografisch nördlich und südlich der Stadt Fürstenfeld entlang der steirisch-burgenländischen Landesgrenze gelegen. Die **Riegersburg,** eine der größten und besterhaltenen barocken Festungen, steht auf einem solchen Basaltfelsen.

Vor etwa 25 Millionen Jahren kam es in der Steirischen Bucht zu starken vulkanischen Aktivitäten. Heute sind aufgrund später erfolgter Ablagerungen nur noch die beiden Gleichenberger Kogel als Reste eines Schildvulkans zu sehen. Eine zweite Phase vulkanischer Aktivität ereignete sich vor etwa vier Millionen Jahren. Diese Eruptionsphase prägte durch oberflächliche Lavadecken und Tuffstiele den Südosten der Steiermark. **Basalte** und mit ihnen zusammenhängende **Mineralquellen** sind heute für die Wirtschaft dieser Region von entscheidender Bedeutung.

Das Klima dieser Region ist ein Übergangsklima mit pannonischen Einflüssen. Die Südoststeiermark gehört mit dem südlichen Burgenland zu den wärmsten Regionen Österreichs.

Politisch liegen die steirischen Thermenstandorte in den Bezirken Fürstenfeld und Hartberg, die burgenländischen in den Bezirken Oberwart, Güssing und Jennersdorf. Über die Südautobahn leicht erreichbar, ist diese Region auch für Tagestouristinnen/Tagestouristen aus Graz und Wien interessant.

5.2 Touristisches Angebot

Therme Loipersdorf

Im Bezirk Fürstenfeld gelegen, verdankt diese Therme ihre Entdeckung einer Erdölbohrung im Jahre 1972. Doch statt Erdöl wurde 62 °C heißes Wasser in einer Tiefe von 1 100 m gefunden. Ein hoher Mineralisierungsgrad des Wassers bewirkt Therapiemöglichkeiten bei Rheuma und Gelenkskrankheiten, bei Kreislauf- und Durchblutungsstörungen sowie bei Arthrosen und Spondylosen. Die Landesregierung Steiermark entschloss sich mit elf Gemeinden der Region zum Bau eines Heilbades, das 1985 eröffnet wurde.

Die Therme Loipersdorf hat sich im Herzen der oststeirischen Hügellandschaften zu einer touristisch außergewöhnlichen Destination entwickelt. Rund um die hohe Qualität des Thermalwassers entstand eine differenzierte Welt des Wohlbefindens. Eine Welt, in der klassische Auffassungen von Gesundheit und Vorsorge sowie alternative Methoden der Heilung ebenso Platz finden konnten wie genussvolle Formen einer modernen Bade- und Körperkultur.

Die Therme Loipersdorf hat im Laufe ihrer mehrfach ausgezeichneten Geschichte eine Vielfalt an individuellen Erlebnisformen hervorgebracht, die sich harmonisch zu einem großen Ganzen zusammenfügen:
- Thermenwelt: Wohlfühlen in der Thermen-Lagune und dem Saunadorf.
- Das Schaffelbad: Ruhe und Entspannung in der Relaxwelt mit vielen unterschiedlichen Becken, Saunas und Ruhezonen.
- Erlebniswelt: In dem einzigartigen Bade- und Spielareal für die ganze Familie mit Rutschen, Wildbach und umfangreicher Sportanlage erleben Groß und Klein eine tolle Zeit.
- Therapiewelt: hochwertiges Angebot an klassischen und alternativen Therapien und Beauty-Salon mit zahlreichen Behandlungsmöglichkeiten.

(Auszug aus der Homepage von Loipersdorf)

Sportliche Tätigkeiten wie Golf und Tennis werden in dieser Region bevorzugt angeboten. Flächendeckend beschilderte Radwanderwege sowohl für Familien als auch für sportliche Radfahrer/-innen runden dieses Angebot ab:
- Mühlentour: 28 km
- Römertour: 24 km
- Lafnitztal Ost: 36,9 km
- Riegersburg Raabtal: FF16: 46,5 km, FF17: 37,2 km
- Neuhauser Hügelland: 40,3 km
- Schlösslberg: 35,7 km
- Lafnitztal West: 35,1 km
- Sportliche Touren: S1: 105 km, S2: 60 km

? Gibt es einen Zusammenhang zwischen Golf und Therme? Warum wird beides in dieser Region sehr oft zusammen angeboten?

Bad Blumau

Hundert Grad heißes Wasser aus einer Tiefe von fast 3 000 m und eine zufällige Begegnung waren dazu bestimmt, eine knappe Stunde von Wien entfernt etwas ganz Besonderes entstehen zu lassen. Im Geiste eines „neuen Humanismus" schuf der österreichische Künstler **Friedensreich Hundertwasser,** gemeinsam mit dem Baumeister und Visionär Robert Rogner, im Ort Bad Blumau ein Refugium, in dem sich Natur und Architektur zu einer kreativen und inspirierenden Symbiose verbinden. Ohne Ecken und Kanten, ohne gerade Linien. Stattdessen mit Mut zur organischen Form, zu Farben, zur Fröhlichkeit und zum menschlichen Maß.

Im Mittelpunkt der Hotelanlage steht die Thermal-, Bade- und Saunalandschaft mit elf unterschiedlichen Innen- und Außenbecken. Großzügige Liegewiesen, begrünte Dächer, versteckte Plätze und Ruheoasen sowie unzählige Rückzugsmöglichkeiten im und am Wasser sorgen für wohltuende Entspannung. Gesundheits-, Beauty-, Sport- und Fitnessangebote runden das Angebot im mehrfach ausgezeichneten SPA ab.

(Quelle: Tourismusverband Bad Blumau)

www.bad-blumau.com

Rogner Bad Blumau

Stegersbach

Der Ort liegt in der Mitte des Südburgenlandes zwischen Oberwart und Güssing. Er ist Mittelpunkt des oberen Stremtales. Eingebettet in die liebliche Landschaft des Südburgenlandes liegt das Reiter's Resort Stegersbach, bestehend aus dem Allegria Hotel, der Familientherme Stegersbach und der Golfschaukel Stegersbach-Lafnitztal.

Die 1998 eröffnete Familientherme wurde 2004 ausgebaut und neu gestaltet. 1 500 m² Wasserfläche verteilen sich auf 14 Becken in verschiedenen Temperaturen und Tiefen: Baby-, Kleinkinder- und Kinderbecken, ein großes Thermalbecken mit Wildbach, Whirlpool, zwei Kaskaden-Außenbecken, Wellenbecken, Sportbecken sowie Sauna-Massagebecken und Sauna-Tauchbecken.

Erst 1989 wurden die **Heilwasser-Quellen** entdeckt, die sich seit dem Erdzeitalter in bis zu 3 000 m Tiefe, geschützt vor Umwelteinflüssen, sammelten. Das 42–45 °C heiße Wasser von Thermal 1 mit einem hohen Gehalt an zweiwertigem Schwefel wird im Therapiebereich eingesetzt. Das Wasser von Thermal 2 sprudelt unverdünnt in den Becken der öffentlichen Therme. Als weitere Heilanzeigen sind positive Wirkungen auf Herz, Kreislauf, Gelenke, Wirbelsäule und Muskulatur nachgewiesen.

Der komplett neu gestaltet Außenbereich mit großen Liegewiesen und hölzernen Sonnendecks zwischen Therme und Hotel erstreckt sich über 6 700 m². Ebenso weitläufig sind auch die Dimensionen der Saunalandschaft mit rund 2 200 m².

Zu den weiteren Annehmlichkeiten dieser Therme zählen unter anderem die familiäre Atmosphäre, die umsichtige Betreuung durch qualifizierte Mitarbeiter/-innen und viele Zusatzleistungen, die den Gästen noch mehr Möglichkeiten der Entspannung bieten. Mit zwei 18-Loch-Plätzen, einem 9-Loch-Platz und einem 5-Loch-Funparcours ist die Reiter's Golfschaukel **Österreichs größtes Golf-Resort.**

(Quelle: Reiter's Resort Stegersbach)

SPA ist im deutschen Sprachraum ein Oberbegriff für Gesundheits- und Wellnesseinrichtungen. Analog zur Wortbedeutung im Englischen wird seit einiger Zeit auch im Deutschen damit ein Heilbad bezeichnet. Häufig bezeichnen Hotels ihren Wellnessbereich als Spa.

www.stegersbach.at

Reiter's Familientherme

Reiter's Golfschaukel

Touristische Präsentation von Regionen

www.bad-gleichenberg.at

Kurort Bad Gleichenberg mit Heilbad

www.badradkersburg.at

Bad Radkersburg ist Mitglied der Urlaubsspezialistengruppe „Kleine historische Städte"

Bad Gleichenberg

„Diesen Erdenhimmel liebe ich ...", schrieb im Jahr 1906 der steirische Heimatdichter Peter Rosegger. „Gleichenberg ist eine weiche, blumenumwundene Sänfte, wo man sich in aller Behaglichkeit wohl einmal ein paar Wochen dem ungestörten Nichtstun und Nichtssein hingeben kann ..."

Der Ort verdankt seinen Namen und die Existenz seines Heilwassers den Resten eines Schildvulkans, die heute als „Gleichenberger Kogel" weithin sichtbar sind. Bereits die Römer wussten von der Heilkraft des Gleichenberger, wie antike Funde bezeugen. Heute wird in modernsten Kureinrichtungen therapiert. Neben dem umfangreichen Gesundheitsangebot im Kurhaus Bad Gleichenberg laden die Hotels mit ihren Wellnessanlagen zum Erholen und Kraft tanken ein.

Es gibt viele Möglichkeiten, die Region zu erleben:
- Erlebnisreiche Wanderungen führen durch ein wahres Bilderbuffet.
- Entlang der Schlösserstraße gilt es die kulturellen Schätze zu entdecken: Sagen und Mythen erzählen von der abwechslungsreichen, oft schicksalhaften Geschichte der Region.
- Weinstraßen und Vinotheken laden zu dem einen oder anderen Gläschen ein.

Egal, was man auch unternimmt, die Hügel, die sich wie sanfte Falten über das Steirische Thermenland legen, lassen viele Möglichkeiten zu: Ob man alleine, zu zweit oder in der Gruppe unterwegs ist, oder sich einer der zahlreich angebotenen begleiteten Touren anschließt, in und um die Region Bad Gleichenberg gibt es viel zu entdecken.

(Quelle: Tourismusverband Bad Gleichenberg)

Bad Radkersburg

Die Region ist gekennzeichnet durch ein mildes Klima, in dem Wein, Kürbisse und Mais wachsen. Ursprüngliche Aulandschaften wechseln sich mit sanften Weinhügeln ab. 1978 stieß man bei einer Bohrung in ca. 1 900 m Tiefe auf eine besonders ergiebige, heiße und mineralstoffreiche Thermalquelle.

Bad Radkersburg bewegt
Einzigartige Kombination mit historischer Grenzstadt, modernen Kurangeboten, Thermenhotels, lebendiger Altstadt mit Renaissancearkadenhöfen, einem sehenswerten Museum im alten Zeughaus und einem besonderen Kulturangebot.

Die 700 Jahre alte Grenzstadt ist der südlichste Ort im Steirischen Thermenland. Als Mitglied der Schlösserstraße ist die Stadt nicht nur zum Anschauen – Kultur wird lebendig durch die prachtvollen Bauwerke, schmucken Fassaden, malerischen Plätze. Für die sorgsame Denkmalpflege wurde Bad Radkersburg mit der **Europagoldmedaille für Denkmalpflege** ausgezeichnet. Lebenslust und Moderne verschmelzen beeindruckend mit Geschichte und Tradition.

Parktherme – Therme, die bewegt ...
Sich zu bewegen und sich auch entsprechend entspannen zu können ist untrennbar mit einem gesunden Lebensstil verbunden. Nur wer in Bewegung bleibt, wird gesund und vital durch sein Leben schreiten. Sei es durch Bewegung im gesunden Thermalwasser der Parktherme beim Aktiv- und Vitalprogramm oder durch Aktiv-Einheiten in der Natur beim Power-Yoga, beim Nordic Walking oder durch Schwimmen von kraftvollen Längen im temperierten 50-Meter-Sportbecken der Parktherme. Die Parktherme bietet zahlreiche Möglichkeiten sich aktiv zu betätigen, den Körper kennenzulernen und durch monatliche Schwerpunktthemen das Besondere zu erleben.

Genussradeln ohne Grenzen
Die Stadt ist Ziel und beliebter Ausgangspunkt einer beeindruckenden Radregion mit idyllischen Weinbergen, romantischen Aulandschaften und grenzüberschreitenden Touren nach Slowenien. Von der Familie über die Genussradler/-innen bis hin zu sportlich Ambitionierten. In kleinen Tagestouren wird die Region entdeckt; die neue, informative

Entdeckungskarte macht es möglich. MUREGIO – das Suchspiel mit dem Rad, der neue Hit in der Bike-Arena.

Zu den bekanntesten Radtouren zählen:
- Der Murradweg: Mit 365 km ist er der längste der steirischen Flussradwege und führt vom Mursprung im Lungau bis nach Bad Radkersburg.
- Der Thermenlandradweg: Der 148 km lange Radweg führt von Mönichkirchen, knapp an der niederösterreichischen Grenze, bis nach Bad Radkersburg.

(Quelle: Tourismusverband Bad Radkersburg)

Bad Waltersdorf

Inmitten des Steirischen Thermenlandes, ca. 60 km von Graz und 120 km von Wien entfernt gelegen, findet sich die Thermenregion Bad Waltersdorf. Hier sind Genießer/-innen am Zug: Kaum wo gibt es eine vergleichbare Dichte an hochwertigen Wellness-Einrichtungen, allen voran die **Heiltherme Bad Waltersdorf, die H$_2$O-Erlebnistherme Sebersdorf** und die Thermenoasen der exklusiven Hotels.

Täglich quellfrisch fließen 1,9 Millionen Liter heilkräftiges, rund 62 °C heißes Thermalwasser aus dem Bauch der Erde. Auf Temperaturen zwischen 28 und 36 °C abgekühlt sprudelt es in die sieben Thermalbade- und Schwimmbecken der Heiltherme Bad Waltersdorf – mit garantiert einwandfreier Thermalwasserqualität. Im Spa-Bereich der Heiltherme werden Anwendungen mit regionaltypischen Produkten der **„Traditionell Steirischen Medizin"**, z. B. mit Heublumen, Kürbiskernen, Hochmoor oder Äpfeln angeboten. Auch die Gegend um den Kur- und Öko-Musterort Bad Waltersdorf weckt die Lebensenergien.

Der 18-Loch-Golfplatz Bad Waltersdorf mit Feng-Shui-Kraftpunkten zählt zu den meistbeachteten Anlagen Österreichs. Top-Unterkünfte – vom 5-Sterne-Luxushotel bis zu den Thermen-Appartements – punkten mit Auszeichnungen wie „Best Health Austria", „Ökogütesiegel" oder „Relax Guide". Auch die Heiltherme wurde **2009** mit dem Award **„Beste Therme Europas"** ausgezeichnet!

Zum Genuss wird ein Besuch der zahlreichen Buschenschenken, Dorfgasthäuser, Haubenlokale oder Weinhöfe. Steirische Gastlichkeit genießen und einfach Ausspannen ist die Devise in Bad Waltersdorf!

Neben zahlreichen Freizeit- und Sportmöglichkeiten wie Reiten, Wandern oder Radfahren ist Bad Waltersdorf auch Treffpunkt für **Heißluftballonfahrer/-innen** aus aller Welt.

(Quelle: Tourismusverband Bad Waltersdorf)

Heiltherme Bad Waltersdorf

Bad Tatzmannsdorf

Bad Tatzmannsdorf hat sich in den vergangenen Jahren einem „gesunden" Wandel unterzogen: Aus dem klassischen Kurort im Südburgenland entwickelte sich ein **Gesundheitszentrum** mit den Angebotsschwerpunkten Kur, Therme und Sport, die in ihrer Kombination einmalig in Österreich sind.

Bereits im 17. Jahrhundert fanden die Mineralquellen von Bad Tatzmannsdorf urkundliche Erwähnung. Der Ort ist der einzige unter Österreichs Kuranbietern mit gleich drei natürlichen Heilvorkommen, die die Grundlage für das umfassende Kurprogramm bilden:
- Natürliche Kohlensäure,
- Heilmoor und
- Thermalwasser

sind die tragenden Säulen der **„Bad Tatzmannsdorfer Kur"**, die ihren zeitgemäßen Charakter vom ganzheitlichen Ansatz erhält. Im Zuge der „Bad Tatzmannsdorfer Kur" können sich Körper, Geist und Seele regenerieren. Die natürlichen Heilmittel von Bad Tatzmannsdorf kommen in Form einer Vielzahl von Therapien bei Herz-Kreislauf- und Gefäßerkrankungen, rheumatischen Beschwerden des Stütz- und Bewegungsapparates sowie Wirbelsäulenproblemen zur Anwendung.

Kurzentrum Bad Tatzmannsdorf

Touristische Präsentation von Regionen

? Welchen Thermenstandort würden Sie bei Erkrankungen des Stützapparates bevorzugen?

Erstellen Sie ein Freizeitprogramm für Kurtouristinnen/Kurtouristen, die die unmittelbare Umgebung kennen lernen möchten.

www.stmartins.at

Die **Thermenvielfalt** stellt einen besonderen Anziehungspunkt für Gäste dar: Bad Tatzmannsdorfer Thermalwasser sorgt in fünf verschiedenen Thermenlandschaften für Wohlfühlerlebnis. In der für jedermann zugänglichen Burgenlandtherme erstreckt sich das heilsame Wasser auf 1 200 m² Fläche. Darüber hinaus bieten mittlerweile fünf Hotelbetriebe der gehobenen Kategorie den Vorteil großzügiger hauseigener Thermen- und Wellnesslandschaften.

Neben der Thermenvielfalt bietet Bad Tatzmannsdorf seinen Gästen ein breites Spektrum an **sportlichen Aktivitäten** wie Golf, Laufen, Nordic Walking, Tennis, Wandern und Radfahren. Golfspielern steht ein Golfparadies mit einem 9- und einem 18-Loch-Platz sowie **Europas größtem Golfodrom** zur Verfügung. In der Lauf- und Walkingarena finden Läufer/-innen, Nordic Walker/-innen und Wanderinnen/Wanderer in Bad Tatzmannsdorf und seinen Umlandgemeinden 418 Kilometer markierte Lauf- und Walking-Strecken. Eine Reihe an „Running"-Specials wie Spezialbahnen und Trainingseinrichtungen runden das Lauf- und Walking-Angebot ab.

(Quelle: Gästeinformation Bad Tatzmannsdorf)

St. Martins Therme & Lodge

In einer der ursprünglichsten und vielleicht atemberaubendsten Naturlandschaften Europas, am Rande des Nationalparks Neusiedler See – Seewinkel, an einem idyllischen See gelegen, eröffnete 2009 in Frauenkirchen die St. Martins Therme & Lodge ihre Tore.

Als touristischer Leitbetrieb bietet die Therme ihren Gästen ein exklusives Refugium für den Rückzug und für Entdeckungsreisen in die Natur und eröffnet ihnen somit eine neue Dimension – einen Ort, sich selbst und der Natur näherzukommen, einen Ort für Genießer/-innen und Entdecker/-innen. Diesem Konzept folgend, haben Gäste die Möglichkeit, mithilfe von zahlreichen Outdoor-Programmen die herrliche Umgebung des Nationalparks Neusiedler See – Seewinkel zu entdecken, wie man sie noch nie erlebt hat.

Der Tagesgast, der eine Therme sucht, wird die Kraft des Wassers entdecken. Die großzügige Wellness- und Thermalwasserwelt mit Innen- und Außenbecken, ausgedehnten Ruheräumen mit Ausblick in die Natur und Liegebereichen auf der Halbinsel des thermeneigenen Sees bilden den „klassischen" Teil des Angebots.

Die rund 40 Lacken im Seewinkel können aufgrund ihres hohen Salzgehaltes für Heilzwecke genutzt werden, so zum Beispiel der in nächster Nähe zur St. Martins Therme & Lodge gelegene Zicksee mit einem Kurhaus in Sankt Andrä.

(Quelle: St. Martins Therme & Lodge)

5.3 Kulturelles Angebot

Sehenswürdigkeiten der Region

Schlösserstraße
Die Region im Südosten Österreichs bietet eine Reihe von kulturellen Sehenswürdigkeiten in Schlössern und Burgen; z. B. Obermayerhofen, Burgau und Riegersburg in der Steiermark sowie Lockenhaus, Schlaining und Güssing im Burgenland (Näheres dazu siehe Kapitel 2.1 Themenstraßen, Seite 47).

Radwanderwege
Auf Radrundwegen können Touristinnen/Touristen Sehenswürdigkeiten und landschaftliche Besonderheiten der Region erleben, wie beispielsweise:
- den Edelserpentin-Radweg bei Bad Tatzmannsdorf,
- den Burg-Güssing-Radweg,
- den Thermen-Radweg bei Jennersdorf,
- den Weinidylle-Radweg von Lockenhaus nach Güssing.

Museen
Auf Spuren der Vergangenheit kann man sich in den unterschiedlichsten Museen begeben. Museen im südlichen Burgenland und in der Oststeiermark zeigen zu einzelnen Themen unterschiedlichste Exponate.

Einige Beispiele
- Freilichtmuseum „Ensemble Gerersdorf"
- Weinmuseum Moschendorf
- Landtechnisches Museum Burgenland
- Stiefelmachermuseum
- Schnapsbrennereimuseum
- Gläsermuseum der Güssinger Mineralwasser GmbH
- Römersteinmuseum in Bad Waltersdorf

Auf kulturellem Sektor wurden in einigen Thermalorten neue Initiativen gesetzt. So dient das **Kulturhaus** in **Bad Waltersdorf** als Veranstaltungsort für Ausstellungen, Konzerte, Bälle und Seminare.

! Mit der ClubCard der Schlösserstraße können Sie ein Jahr lang die schönsten Schlösser und Burgen im Südosten Österreichs so oft Sie wollen besuchen.

? Erkundigen Sie sich über Inhalt und Thematik sowie Standort von Landesausstellungen der Steiermark in den letzten Jahren!

Kulturhaus Bad Waltersdorf: European Dance Masters, 2010

🎯 Ziele erreicht?

1. Wie ist die Thermenregion von wichtigen Ballungszentren aus erreichbar?
2. Wodurch zeichnet sich das Klima in dieser Region aus?
3. Welche kulturellen Highlights bieten sich im südlichen Burgenland?
4. Welche Krankheiten können im Zuge eines Kuraufenthaltes in den Thermen behandelt werden – und worauf haben sich die einzelnen Thermen spezialisiert?

6 Lungau

6.1 Grundlagen der Region

Der Lungau ist das höchstgelegene inneralpine Becken. Der gesamte Lungau liegt über 1 000 m Seehöhe und befindet sich in den Zentralalpen. Umrahmt wird er von den Hohen Tauern im Westen. Dort erreichen die Berge in der Hafner Gruppe die 3 000-Meter-Grenze. Im Norden umgeben die Radstädter und die Schladminger Tauern den Lungau. Auch hier gibt es Berge mit über 2 700 m Höhe, wie der Preber mit 2 740 m. Die Berge im Süden sind die Gurktaler Alpen, die auch als Nockberge bekannt sind.

Bekannt geworden ist der Lungau für seine klimatischen Besonderheiten. Wegen der Beckenlage ist besonders im Winter das Phänomen der **Temperaturumkehr** (Inversion) zu beobachten. Die Nebeldecke hängt oft wochenlang über dem Boden, während auf den Bergen die Sonne scheint und milde Temperaturen vorherrschen. Dies führt zu Temperaturen bis zu minus 30 °C. Der Lungau gilt als ein **Kältepol** in Österreich. Der Hauptfluss ist die **Mur,** die am Murtörl in den Hohen Tauern entspringt. Die Gletscher der letzten Eiszeit haben durch ihre Erosionstätigkeit viele Karseen hinterlassen, die sich großer Beliebtheit als Wanderziele erfreuen. Seen dieser Art sind die Rotgüldenseen in der Hafner Gruppe, der Lignitzsee und der Prebersee in den Schladminger Tauern und die vielen Seen im Bereich von Obertauern, wie der Grünwaldsee oder der Hundsfeldsee.

Politische Gliederung

Der politische Bezirk **Tamsweg** mit der Bezirkshauptmannschaft in Tamsweg umfasst den gesamten Lungau, der aus 15 Gemeinden besteht. Ein Sonderfall ist der Ort **Obertauern,** der sich auf dem Gebiet von zwei Gemeinden befindet. Der Lungauer Anteil am südlichen Teil des Tauernpasses gehört zur Gemeinde Tweng im Taurachtal.

Im Süden grenzt der Lungau an Kärnten und im Osten an die Steiermark.

Verkehrserschließung

Umrahmt von den Bergen der Zentralalpen gilt der Lungau als peripherer Raum abseits der großen Zentren. Im transeuropäischen Verkehr spielte der Lungau seit der Antike eine Rolle. Die Alpenübergänge über den Katschberg und den **Radstädter Tauernpass** wurden schon von den Römern benutzt. Die Römerstraße über den Tauernpass konnte anhand von Funden nachgewiesen werden.

Die Rolle als Transitweg spielt die Region bis heute. Nach der Fertigstellung der Tauernautobahn A10 rollt der europäische Verkehr durch einstmals stille Täler wie das Zederhaustal. Zwei Tunnel unter dem Tauernhauptkamm und unter dem Katschberg ermöglichen auch im Winter ein problemloses Vorwärtskommen.

Für die Tourismusbranche bleibt das Problem der **Tunnelmaut,** die zusätzlich zur Mautvignette zu entrichten ist. Tagesskitouristinnen/Tagesskitouristen aus Süddeutschland fahren bei der Tauernautobahn Schistation in Flachauwinkel vor der Mautstelle ab.

Anschluss an das Eisenbahnzeitalter fand der Lungau am Ende des 19. Jahrhunderts. 1894 erreichte die **Murtalbahn** von Unzmarkt Mauterndorf. Die Murtalbahn wurde als Schmalspurbahn errichtet und hat eine Spur von 760 mm.

1973 stellten die Steiermärkischen Landesbahnen den Personenverkehr und 1980 den Güterverkehr auf der Strecke Tamsweg–Mauterndorf ein. Dieser Teil wird vom **Club 760** als **Museumsbahn** betrieben. Von Unzmarkt über Murau nach Mauterndorf verkehren planmäßig moderne Triebwagen. Die Strecke Tamsweg–Murau wird auch mit einem Dampfbummelzug befahren.

---

www.lungau.at

www.bergbahnen-lungau.at

Kar (Talform) = kesselförmige Vertiefung an einem Berghang mit flachem Boden und steilen Rückwänden. Talwärts wird es häufig durch einen Karriegel abgeschlossen, in dem sich auch ein Karsee bildet.

❗ Eine **interaktive Karte** auf der Homepage der Ferienregion Lungau vermittelt Ihnen einen umfassenden Überblick über das touristische Angebot der Region, z. B. Sehenswürdigkeiten, Rad- und Kulturwanderwege, Lehrpfade u. v. a. m.

❓ Bestellen Sie Werbematerialien des Lungaus! Stellen Sie ein Programm für einen einwöchigen Familienaufenthalt im Sommer und im Winter zusammen!

Taurachbahn – Österreichs höchstgelegene Schmalspurbahn: von Mauterndorf bis St. Andrä und zurück fährt die historische Dampflok von Juni bis September durch das Taurachtal

❓ Organisieren Sie eine Fahrt mit dem Dampfbummelzug nach Murau. Berücksichtigen Sie das kulturelle Interesse der Teilnehmer/-innen!

6.2 Touristisches Angebot

Wintersport

Der Lungau hat sich im Winter einen sehr guten Ruf als **familiengerechtes Skigebiet** erworben. Die Skischaukeln St. Margarethen/Aineck zum Katschberg, Mauterndorf/St. Michael über das Speiereck, das sehr familiäre Skigebiet Mariapfarr/Fanningberg und Karneralm/Schönfeld bieten schneesicheres Skifahren den ganzen Winter.

Der **Lungo-Skipass**, der auch Obertauern inkludiert, ermöglicht einen abwechslungsreichen Urlaub. Dieser Pass inkludiert 59 Liftanlagen und 300 km Skiabfahrten. Für die Langläufer/-innen steht ein weites Loipennetz im Tal zur Verfügung.

Sommersport

Wandern, Trekking und **Bergsteigen,** insbesondere im Nationalpark Hohe Tauern, sind die wichtigsten Säulen des Sommerangebotes. Besonders die vielen Bergseen werden als Wanderziele beworben.

Aber auch als **Raderlebnisregion** ist der Lungau bekannt geworden. In Muhr beginnt der Murradweg „Tour de Mur". Für Golfer/-innen steht ein **Golfklub** in St. Michael im Lungau zur Verfügung. **Rafting** auf der Mur ist zu einem beliebten Sport geworden.

6.3 Kulturelles Angebot

Museen

Unter dem Titel **Lungauer Museumsreise** ist ein Angebot von vier Lungauer Schwerpunktmuseen entstanden. Es sind dies das Lungauer Heimatmuseum in Tamsweg, das Hochofenmuseum Bundschuh, der **Denkmalhof Maurerhaus** in Zederhaus und das **Lungauer Landschaftsmuseum** in Mauterndorf. Nach dem Besuch aller vier Museen erhalten die Besucher/-innen den Erinnerungsanstecker „Lungauer Kasmandl".

Der Samson

Im Hochbarock wurden Sagengestalten bei den Fronleichnamsumzügen mitgeführt. Ende des 18. Jahrhunderts wurde dieser Brauch verboten. Seit damals wurde dieser Brauch von den kirchlichen Festen getrennt und der Samson zu anderen Festen herumgetragen. **Samsonumzüge** finden in Tamsweg, Mauterndorf, Mariapfarr, St. Michael, Muhr, St. Andrä und Unternberg statt. Der älteste Samson ist der aus Tamsweg. Er stammt aus dem Jahre 1635. Die Gestalten sind bis zu sechs Meter hoch und wiegen ca. 80 kg.

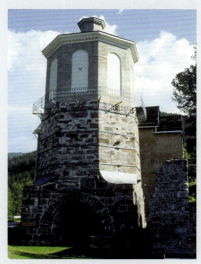

Hochofenmuseum Bundschuh

Das Prangstangentragen

Das Prangstangentragen findet in **Zederhaus** am 24. Juni und in **Muhr** am 29. Juni statt. Die Vorbereitungen dauern eine Woche und die ganze Bevölkerung ist daran beteiligt. Die bis zu 85 kg schweren und 8 bis 12 m hohen Stangen werden mit frischen Alm- und Wiesenblumen umwickelt und von den jungen, unverheirateten Männern getragen. Angeblich geht dieser Brauch auf einen Dankumzug nach einer Ungezieferplage vor 200 Jahren zurück.

Samsonumzug in Mariapfarr

Wasserscheibenschießen am Prebersee

Es ist nicht bekannt, seit wann und warum dieser Brauch stattfindet. Jährlich am letzten Wochenende im August findet das **Preberschießen** statt. Es wird auf das Spiegelbild der Schützenscheibe im Wasser gezielt und geschossen. Das Geschoß wird von der Wasseroberfläche abgelenkt und soll die Scheibe am Ufer treffen.

Prangstangentragen

Schloss Moosham

Silberbergwerk Ramingstein

Schloss Moosham

Schloss Moosham war der Verwaltungssitz des Landpflegers des Erzbischofs von Salzburg und der Gerichtsbarkeit. Die Hexenprozesse sind in Sagen noch lebendig. Nach dem Verfall erwarb Hans Graf Wilczek das Schloss und renovierte es. Heute ist Schloss Moosham ein viel besuchtes **Privatmuseum.**

Wallfahrtskirche St. Leonhard bei Tamsweg

Für viele ist diese Kirche die schönste **gotische Landkirche** im süddeutschen Raum. Besonders die Glasfenster sind weithin bekannt. Die Malerdynastie der Lederwasch wohnte am Leonhardsberg im Mesnerhaus. Noch heute wird die Kirche von der Mesnerfamilie betreut.

Bergwerke und Hochöfen

Der Montangeschichte kann die Besucherin/der Besucher in Ramingstein in einem **Schaubergwerk** nachgehen. Besichtigt werden kann ein ehemaliges Silberbergwerk aus dem Jahre 1443. Nach Erschöpfung der Vorkommen wurde 1780 der Betrieb eingestellt.

Ein **Montanlehrpfad** führt auf einer vierstündigen Wanderung zu einem Marmorsteinbruch und zum historischen Bergbaugebiet.

In Bundschuh und in Kendlbruck können – frei zugänglich – ehemalige Hoch- und Schmelzöfen besichtigt werden.

Ziele erreicht?

1. Was ist die klimatische Besonderheit des Lungaus?
2. Beschreiben Sie die Vielfalt des touristischen Angebotes im Lungau!
3. Geben Sie einen Überblick über die kulturellen Sehenswürdigkeiten im Lungau!

7 Nockberge

7.1 Grundlagen der Region

Das **Kärntner Nockgebiet** ist eine in sich geschlossene Landschaft mit charakteristischen Bergformationen. Geografisch verbindet das Hochtal von Bad Kleinkirchheim das Gegendtal mit dem oberen Gurktal. Das gesamte Gebiet liegt im Dreiländereck von Salzburg, Steiermark und Kärnten und umfasst Gemeinden wie Albeck, Bad Kleinkirchheim, Deutsch-Griffen, Ebene Reichenau, Feld am See und Gnesau.

Die **Almwirtschaft** ist seit historischer Zeit eine wichtige Lebensgrundlage der Menschen im Alpenraum. Unter äußerst schwierigen Bedingungen wurden landwirtschaftlich genutzte Almflächen geschaffen, bewirtschaftet und gepflegt, eine unabdingbare Voraussetzung für die Erhaltung der charakteristischen Bergwelt.

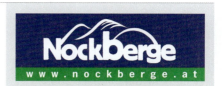

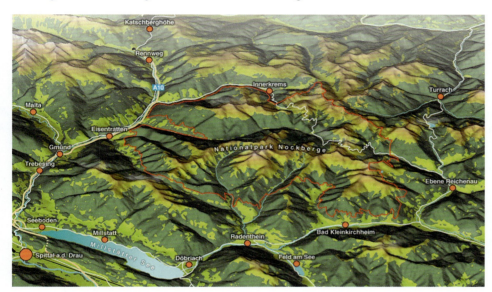

? Erkunden Sie An- und Abreisemöglichkeiten mit öffentlichen Verkehrsmitteln von Ihrer Heimatgemeinde nach Sirnitz, indem Sie An- und Abfahrtszeiten sowie einzelne Tarife mit angeben!

So ist die Landschaft der Nockberge einerseits eine relativ unberührte Naturlandschaft, andererseits eine Kulturlandschaft, die vom Menschen seit Jahrhunderten genutzt und dadurch verändert wurde. Mahd, Beweidung und Holznutzung haben dazu beigetragen, dass ein charakteristisches Landschaftsbild entstanden ist.

Die **Kärntner Nockberge** zählen zu den interessantesten Gebirgsformationen Europas und sind durch ihre geomorphologische Ausbildung der runden „Nocken" eine Rarität im alpinen Raum.

Durch das **Kärntner Nationalparkgesetz** aus dem Jahre 1983 sind die Nockberge mit einer Vertikalerstreckung von 1 300 bis 2 440 m und dem Rosennock als höchstem Berg zum Nationalpark erklärt worden. Dies war eine Folge massiver Proteste der ortsansässigen Bevölkerung gegen eine geplante Skigebietserschließung.

Der **Nationalpark Nockalmgebiet** wird in eine Kernzone mit den Bereichen südlich von Innerkrems, Nockalmstraße, Falkert und Bad Kleinkirchheim sowie eine Außenzone und eine Nationalparkentwicklungsteilregion unterteilt.

! Bergbäuerinnen/Bergbauern vollbringen Leistungen, deren Bedeutung nicht unterschätzt werden soll und kann.

7.2 Touristisches Angebot

In den Nockbergen bietet sich den Besucher/-innen sowohl im **Winter** als auch im **Sommer** eine Reihe von sportlichen Möglichkeiten. So stellt sich **Bad Kleinkirchheim**, um nur ein Beispiel zu nennen, als ein vielfältiger Wintersportort mit einer Reihe von Angeboten dar. Alpine Wintersportarten, Eisstockschießen und Schneeschuhwandern dienen körperlicher Ertüchtigung. Fun Highlights wie der spektakuläre Nocky Flitzer (Sommer-/Winterrodelbahn) auf der Turracher Höhe sprechen die unterschiedlichsten Zielgruppen an.

? Welche Rolle spielt Bad Kleinkirchheim im internationalen alpinen Skirennsport? Kennen Sie bekannte Skirennläufer/-innen aus dieser Region?

Touristische Präsentation von Regionen

? Erstellen Sie ein Wochenprogramm für eine Familie mit zwei Kindern in dieser Region! Achten Sie darauf, dass Sport, Natur, Kultur und Gesundheit in das Programm dieser Woche mit einbezogen werden!

Kärntner Radmarathon Bad Kleinkirchheim/Nockberge – Herzstück ist die 35 Kilometer lange Panoramastraße durch den Nationalpark Nockberge

☞ Wussten Sie, dass ...
die erste Etappe der bekannten vier- bis sechstägigen Radtour „Alpe Adria Transalp" (vom Alpenhauptkamm bis zum Meer) durch den Nationalpark Nockberge führt?

➡ Nähere Informationen zum Nationalpark Nockberge finden Sie auf Seite 66.

Kranzel = Kranz aus verschiedenen Blüten, der einer Mädchenstatue aufgesetzt wird.

Kranzelreiten in Weitensfeld

Nationale und internationale Rennen und Meisterschaften des alpinen Skisports bringen dem Fremdenverkehr zusätzliche Besucher/-innen und Einnahmen.

Naturrodelbahnen, wie z. B. in Feld am See, bieten den Besucherinnen/Besuchern die Möglichkeit, sich in dieser Sportart zu betätigen, sind aber auch Austragungsorte für internationale Meisterschaften.

Die **Thermen** von Bad Kleinkirchheim mit einem Thermalwasser von 36 °C, mit geringem Radongehalt und einer Reihe von Elementen als Inhaltsstoffen, wie Calcium, Magnesium, Natrium, Kalium u. a. m. sind für ihre heilende, unterstützende Wirkung bekannt. Das Wasser ist im medizinischen Bereich vielfältig anwendbar, unterstützt Kreislauf, Immunsystem, Bindegewebe und Gefäße und lindert rheumatische Erkrankungen. Neben der heilenden Wirkung des Thermalwassers ermöglicht eine Reihe von Bädern, wie z. B. das neu gestaltete **Thermal Römerbad** mit 13 verschiedenen Saunen und die **Therme St. Kathrein,** auch einfach Badespaß als Freizeitvergnügen.

Bad Kleinkirchheim, zu Recht als **„Bikerparadies"** bezeichnet, bietet Radsportlerinnen/Radsportlern 1 000 km Rad- und Mountainbiketouren in allen Schwierigkeitsgraden. Mit dem **Kärnten Radmarathon Bad Kleinkirchheim/Nockberge** wurde eine neue Radsportveranstaltung ins Leben gerufen, die eine große Chance auf einen Klassiker in der Radsportszene südlich des Alpenhauptkamms hat.

Golf wird in der Golfanlage Bad Kleinkirchheim angeboten – der 18-Loch-Championplatz „Kaiserburg" lässt so manches Golferherz höher schlagen.

Im **Nationalpark Nockberge** kann man Besonderheiten der alpinen Natur- und Kulturlandschaft erwandern. Für Interessierte veranstaltet die Nationalparkverwaltung geführte Wanderungen, die jeweils einem thematischen Schwerpunkt gewidmet sind:
- geologische und botanische Wanderung,
- Wildbeobachtung in einem Bergwaldrevier,
- Weitwanderung durch die Nockberge,
- Kinderwanderung und Kindernachmittag,
- kulturhistorischer Spaziergang durch ein Bergbauerndorf,
- das Leben auf einem Bergbauernhof,
- Sennhüttenführung,
- mit dem Postbus in den Nationalpark.

So bietet der Nationalpark Nockberge die Möglichkeit eines **nachhaltigen Tourismus** als Alternative und ist gleichzeitig ein Musterbeispiel für die Symbiose von Naturlandschaft und Kulturlandschaft in den Randbereichen. Dabei kann die ortsansässige Bevölkerung die zukünftige touristische Entwicklung dieser Region weitgehend selber mitbestimmen.

7.3 Kulturelles Angebot

Brauchtumspflege

Durch das **Kärntner Heimatwerk** wurde das Interesse an der Tracht neu belebt. So besitzt jedes Kärntner Tal eine Mustertracht, die für die Region typisch ist. Alltagsdirndl, Festtracht sowie Winterdirndl sind hier durchaus getragene Textilien.

Am Pfingstmontag versammeln sich in **Weitensfeld** viele Reiter und Läufer, um den Brauch des **Kranzelreitens** zu pflegen, der auf eine Sage, die mit dem historisch belegten Ereignis der Pest zu tun hat, zurückgeht.

Die **Ringkämpfe** sind ein uraltes Brauchtum in den Kärntner Nockbergen, die von Sommergästen häufig besucht werden. Es gibt auch die Brauchtumsgruppe **„Ringer des Nockgebietes"** im Rahmen des Kärntner Bildungswerks. Das Ringen findet jedes Jahr ab Pfingsten in den Gemeinden Fresach, Arriach, Himmelberg, Wachsenberg, Sirnitz, Deutsch-Griffen, Ebene Reichenau statt. Den Jahreshöhepunkt stellt die Landesmeisterschaft, die jedes Jahr in einer anderen Gemeinde ausgetragen wird, dar.

Sehenswürdigkeiten

Nordöstlich der Pfarrkirche St. Nikolaus in **Sirnitz** befindet sich im Friedhof ein achteckiger spätgotischer Bau aus der zweiten Hälfte des 15. Jahrhunderts. Es handelt sich hier um den schönsten **Barockkarner** Kärntens. 1781 wurde der Karner als Freithofkapelle St. Michael bezeichnet. Besonders sehenswert sind auch die Wandmalereireste sowie Figurenreste aus dem 16. Jahrhundert.

An der Straße auf die Hochrindl, ein im Winter stark frequentiertes Skigebiet, befindet sich das sogenannte **Tattermandl,** eine Statue, die an die Türkenkriege erinnert.

In **Flattnitz** gibt es ein Amtshaus aus dem 16. Jahrhundert, das zu den ältesten in Österreich zählt.

St. Lorenzen ist als höchstes Pfarrdorf in Kärnten bekannt und gleichzeitig die älteste Niederlassung an der oberen Gurk. Bergbauern, deren Wiesen extreme Hanglagen aufweisen, leisten hier beim Einbringen der Heuernte schwere Arbeit und tragen damit zur Erhaltung einer ökologisch und touristisch äußerst reiz- und wertvollen Kulturlandschaft bei.

Im **Schloss Albeck** können jährlich wechselnde Ausstellungen besucht werden. So wurde 1998 die Ausstellung „Sisi & Diana – zwei königliche Schicksale" gezeigt. Die ständige Ausstellung **„Albecker Engelwelt"** ist ein Beitrag zur Suche des heutigen Menschen nach einem Gegengewicht zum vorherrschenden Materialismus eines technisch-rationalistischen Zeitalters. Für viele Kulturinteressierte ist das Schloss Albeck bereits ein Begriff. Es ist eine wichtige Plattform für junge Künstlerinnen/Künstler geworden – mit Vorträgen, Konzerten und einem vielfältigen Ausstellungsprogramm.

Die **Nockalmstraße** führt durch ein fast unberührtes Gebiet Kärntens, beginnt in Kremsbrücke im Liesertal, erreicht Innerkrems und danach mit 2 042 m Höhe ihren höchsten Punkt. Sie weist eine Länge von 34 km auf und verbindet das Liesingtal mit dem oberen Gurktal.

An der Nockalmstraße im Zentrum des Nationalparks liegt das **Karlbad.** Hier wird in hölzernen Trögen, über die Bretter gelegt werden, das Wasser mit glutheißen Steinen auf rund 40 °C aufgewärmt. Die Kurgäste legen sich in die Holztröge und werden mit Brettchen so zugedeckt, dass nur wenig Dampf entweichen kann. Die Bauernfamilie Aschbacher betreibt jeweils im Sommer nunmehr in der achten Generation den Badebetrieb samt Gaststätte, Pension und Viehzucht. Der Ruf des Wirts zum Bad, ein lang gezogenes „Booooodn!", hat „Jedermann"-Charakter.

Kulinarische Besonderheiten

Das Nockgebiet ist auch bekannt für kulinarische Besonderheiten. So werden als **Wildsalate** junger Löwenzahn und Brunnenkresse geboten. Das **Ritschert,** eine dicke Selchsuppe mit Rollgerste, Bohnen und Suppenkräutern, ist für die Region ebenso typisch wie speziell zubereitete **Kasnudeln** und **Kletzennudeln,** die in ganz Kärnten konsumiert werden können.

Karner = Friedhofskapelle als Beinhaus.

Freithof = alte Bezeichnung für Friedhof.

? Planen Sie eine Dreitageswanderung in dieser Region mit Übernachtungen in Berghütten!

www.schloss-albeck.at

Spartanisches Kurvergnügen – das Badehaus Karlbad

Kärntner Kasnudeln (Teigtaschen, gefüllt mit Bröseltopfen und Kräutern und Minze)

🎯 Ziele erreicht?

1. Vergleichen Sie die Möglichkeiten des Sommersports dieser Region mit denen des Wintersports und versuchen Sie in diesem Zusammenhang ein Stärken- und-Schwächenprofil zu erstellen!
2. Was versteht man unter Kranzelreiten und wo findet es statt? Klären Sie die Erreichbarkeit unter Mithilfenahme einer Straßenkarte!
3. Zählen Sie typische kulinarische Besonderheiten dieser Region und ganz Kärnten auf und erklären Sie, was man darunter versteht!
4. Erstellen Sie eine Menükarte mit typischen Gerichten dieser Region!

www.montafon.at

8 Montafon

8.1 Grundlagen der Region

Das Montafon ist ein ca. 40 km langes Tal und wird von der Ill durchflossen. Es beginnt südlich von Bludenz und erreicht am Alpenhauptkamm die Silvrettagruppe. Östlich wird das Tal durch die Verwallgruppe begrenzt. Die Gebirgsgruppe im Westen ist der Rätikon. Das Tal ist ein Trogtal, das durch die Erosionstätigkeit der eiszeitlichen Gletscher entstanden ist. Große Höhenunterschiede kennzeichnen das Tal. Seine elf Orte liegen zwischen 650 und 1 450 m, umringt von Bergen bis 3 312 m. Der Hauptort Schruns befindet sich auf 690 m. Das alpine Klima des Montafon wird vom Atlantik beeinflusst. Anteile an der **Gletscherwelt** hat das Montafon in der Silvrettagruppe in der Region des Piz Buin, des höchsten Berges von Vorarlberg.

Schon im Zweiten Weltkrieg begann der Bau der **Illkraftwerke,** um das sommerliche Schmelzwasser der Gletscher zur Energiegewinnung zu nutzen. Mehrere Speicherseen, wie der **Silvrettastausee** auf der Bielerhöhe oder der **Vermuntstausee,** prägen das Landschaftsbild.

Silvrettastausee auf der Bielerhöhe

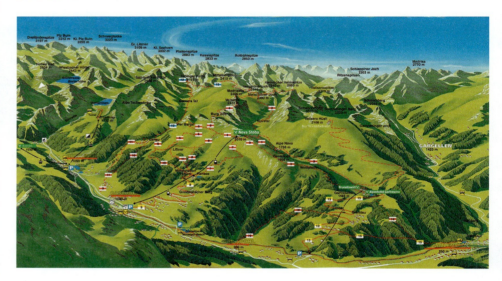

Besiedelt wurde das Montafon von den Rätoromanen. Viele Ortsnamen und Gebäude erinnern noch daran. Später kamen die Walser und die Alemannen dazu. 1394 kam die Herrschaft Bludenz schließlich durch Kauf an Österreich.

Politische Gliederung

Das Montafon gehört zum politischen Bezirk Bludenz. Im Süden grenzt es an die Schweiz und im Osten an Tirol.

Die Hauptorte sind
- Schruns,
- Tschagguns,
- St. Gallenkirch,
- Gaschurn,
- Gargellen und
- Partenen.

Schruns-Tschagguns

Verkehrserschließung

Das Montafon ist von der **Rheintalautobahn** und der **Arlbergschnellstraße** aus auf der Bundesstraße 188 zu erreichen. Am Ende des Tales erreicht die Straße die **Silvretta-Hochalpenstraße.** Wegen der Anbindung an das süddeutsche Autobahnnetz ist das Montafon ein beliebtes Ziel von Tagestouristinnen/Tagestouristen aus den Ländern Bayern und Baden-Württemberg.

1905 wurde die **Montafonerbahn** von Bludenz nach Schruns eröffnet. Diese Privatbahn ermöglicht den direkten Anschluss an das internationale Bahnnetz.

8.2 Touristisches Angebot

Touristische Entwicklung

Das Montafon wurde schon am Anfang des 20. Jahrhunderts als Tourismusregion bekannt. Im Jahre 1926 war der Schriftsteller Ernest Hemingway drei Monate Gast in Schruns als Skitourist. Erst durch die Weltwirtschaftskrise und die Tausend-Mark-Sperre verlor das Montafon den Tourismus als Einnahmequelle.

Aufgrund der leichten Erreichbarkeit von den süddeutschen Ballungsräumen erstickte das Montafon schon in den 70er-Jahren im Verkehr. Das **Montafonkonzept** versuchte Lösungen zu finden. Das Ergebnis waren die Beschränkung des Massentourismus und der Weg zum **Qualitätstourismus.**

Für die Tourismuswerbung nicht zu unterschätzen ist die Tatsache, dass der Film „Schlafes Bruder" im Montafon gedreht wurde.

Gargellen

Wintersport

Hauptattraktion für die Touristinnen/Touristen sind die Skigebiete **Silvretta Montafon Hochjoch** bei Schruns, Golm bei Tschagguns, **Silvretta Montafon Nova** zwischen Gaschurn und St. Gallenkirch und Schafberg in Gargellen. In das **Skigebiet Silvretta Montafon Nova** führen drei Zubringerbahnen. 60 Liftanlagen erschließen 200 km Skiabfahrten. Permanente Carvingstrecken, Halfpipes und Rodelbahnen bieten für den Wintersport viele Möglichkeiten. Auch für die Langläufer/-innen stehen viele Loipen zu Verfügung. Markierte Winterwanderwege ermöglichen es den Touristinnen/Touristen, abseits der Piste Erholung an der frischen Luft zu finden.

Gaschurn

Sommerangebot

Im Sommer stützt sich das Angebot auf die **Bergwelt** und die **Wandermöglichkeiten.** Für die Radfahrer/-innen bietet das Montafon derzeit 30 markierte Mountainbikerouten abseits der Straßen. Auch geführte Touren sind zu buchen. Die Golfer/-innen finden Möglichkeiten für die Ausübung des Sports in Partenen und in Tschagguns. Staatlich geprüfte Pilotinnen/Piloten bieten für **Paragleiter/-innen** Tandemflüge an. In **Kreativwochen** werden den Gästen künstlerische Techniken wie Zeichnen, Ölmalerei oder Fotografie vermittelt. Auch für Kinder werden Malkurse organisiert.

Eine der Hauptsehenswürdigkeiten im Montafon ist die **Silvretta-Hochalpenstraße.** Sie wird jährlich von ca. 440 000 Personen besucht. Die Straße führt auf die Bielerhöhe in 2 032 m Höhe. Auf dem Silvrettastausee der Illkraftwerke verkehren Motorausflugsboote. Dies ist der höchstgelegene Motorbootverkehr in Europa.

Silvretta-Hochalpenstraße

Mountain-Beach-Naturerlebnispark

Der Freizeitpark Mountain Beach ist nicht vergleichbar mit den herkömmlichen Anlagen, sondern ist österreichweit eine einmalige Kombination aus Bade- und Freizeitbereich. Heute ist der Freizeitpark mit über 27 000 m² Fläche, davon ca. 7 000 m² Wasserfläche, Österreichs einzigartiger, größter Naturerlebnispark.

Der Mountain Beach soll nicht nur den Badebegeisterten dienen, sondern enthält auch zahlreiche andere Freizeiteinrichtungen und wird somit zum Freizeitpark für jede Jahreszeit. Beachvolleyballplatz, Sprungtürme, Hängebrücke u. v. m. komplettieren das Freizeitangebot.

Freizeitpark Mountain-Beach

Barockkirche von Bartholomäberg

www.sagenspiele.at
www.freilichtspiele.at

8.3 Kulturelles Angebot

Bartholomäberg

Bartholomäberg, auch als Sonnenbalkon des Montafons bezeichnet, ist die älteste Siedlung im Montafon. Die **Barockkirche** aus dem Jahre 1732 mit gotischem Knappenaltar (1525) und wertvollen Glasgemälden um 1575 sowie dem Hochaltar (1740) und der landesweit bedeutenden Orgel aus dem Jahre 1792 ist eine Sehenswürdigkeit. Orgelkonzerte werden regelmäßig in dieser Kirche abgehalten. Der Pfarrhof erinnert an die rätoromanische Besiedlung.

Silbertal

Die ehemalige Bergbaugemeinde bietet am Kristberg die **Knappenkapelle St. Agatha.** Im Ort kann man das liebevoll eingerichtete **Bergbaumuseum** besichtigen. Besonders empfehlenswert ist auch eine Führung in der Bergknappenkapelle St. Agatha, dem ältesten Gotteshaus im Montafon.

Kulturelles Highlight in Silbertal ist die **Freilichtbühne,** die übrigens mit einem Spielgelände von 20 000 m² die größte Europas ist. Auf der Freilichtbühne werden alte Sagen der Region in einer einzigartigen Naturkulisse präsentiert. Das gesamte Gelände wurde den Sagenspielen angepasst. Dabei wurde großer Wert auf eine harmonische Einfügung der Kulissenbauten geachtet. Das Gesamtbild präsentiert sich so, als wäre alles seit jeher dort gestanden.

Die Zuschauer/-innen werden direkt, durch das „Vorbeispielen" der Mitwirkenden, in eine Zeit längst vergangener Tage zurückgeführt

„Pfeifer Huisile im Bann des schwarzen Schutzengels", 2010

Museen

Das **Montafoner Heimatmuseum** zeigt historisches Kulturgut aus dem gesamten Montafon.

In Gaschurn kann die Besucherin/der Besucher im **Tourismusmuseum** der Geschichte des Tourismus nachgehen. Alte Skier zeugen von der Tourismusentwicklung im Montafon.

Das **Montafoner Bergbaumuseum Silbertal** zeigt die Bergbaugeschichte im Montafon.

Das alte **Frühmesshaus** ist seit 2009 das vierte Museum im Montafon. Es steht am wohl wichtigsten Standort, den die Kulturgeschichte des Landes zu bieten hat. Hier, an der Wiege des Montafons und auch Vorarlbergs hat vor Jahrtausenden die Besiedlungsgeschichte begonnen, hier ist der Ursprung des Montafons auch dem Namen nach zu suchen.

Montafoner Sommerkonzerte

Seit mehr als 26 Jahren veranstaltete der Stand Montafon (Gemeindeverband der zehn Montafoner Gemeinden) die Montafoner Sommerkonzerte, eine Konzertreihe mit einem Schwerpunkt im Bereich Orgelkonzerte. Seit Sommer 2004 wird das Kulturfestival **„Montafoner Sommer"** veranstaltet, welches unter dem Motto „Montafoner Geschichten, Menschen und Plätze" heimischen und internationalen Künstlerinnen/Künstlern eine Bühne bietet.

Altes Frühmesshaus Bartholomäberg

Volksmusiktage im Montafon

Im Sommer finden die mittlerweile traditionellen „Montafoner Volksmusiktage" statt. Drei Tage, immer am letzten Wochenende im August, musizieren Volksmusikgruppen aus ganz Österreich und aus dem benachbarten Ausland in verschiedenen Orten des Montafons. Nach der Eröffnung spielen und singen die Musikgruppen in verschiedenen Gasthäusern und Hotels. Auch in den Bergrestaurants steht die Volksmusik im Mittelpunkt. Ein Festabend, Gottesdienste, Frühschoppen, Gstanzlsingen und Weisenblasen runden das Programm, der „Montafoner Volksmusiktage" ab.

(Aus der Homepage der Montafon Tourismus GmbH)

Weisenbläser Messe

Kunstgewerbe

Besonders die **lokale Kunstgewerbeszene** wird in den Prospekten beworben. Wachszieher/-innen, Kunstschmiedinnen/Kunstschmiede, Kunsttischler/-innen, Hinterglasmaler/-innen, Holzschnitzer/-innen, Glasmaler/-innen und Maler/-innen versuchen die regionale Tradition, wie z. B. die Herstellung von Montafoner Möbeln, wiederzubeleben.

Das 1996 gegründete **Kunstforum Montafon (KFM)** hat es sich zur Aufgabe gemacht, den künstlerisch-kreativen Ansprüchen von Einheimischen und Gästen sowohl in aktiven (Seminare, Workshops) als auch in passiven Bereichen (Ausstellungen, Kunstvermittlung) zu entsprechen. Kurs- und Ausstellungsort ist die ehemalige Lodenfabrik in Schruns, wo bestens adaptierte Räume ganzjährig zu Verfügung stehen.

www.kfm.at

Das Kursprogramm zeichnet sich durch hohe Qualität aus und richtet sich an Anfänger und Fortgeschrittene, an all jene, die ihre Freizeit sinnvoll und kreativ gestalten wollen. Es lädt zur künstlerischen Entfaltung in eines der schönsten Alpentäler ein.

Das engagierte Ausstellungsprogramm zeigt vorwiegend zeitgenössische österreichische Positionen der bildenden Kunst. So ist das KFM bereits zu einer renommierten Begegnungsstätte für die Kunst geworden.

Kunstforum Montafon in Schruns

„Vorarlberg isst ..."

Eine Besonderheit der anerkannt guten Küche in Vorarlberg ist die Tatsache, dass die Köchinnen und Köche schon seit vielen Jahren eng mit der heimischen Landwirtschaft zusammenarbeiten. In ihren Küchen verwenden sie, wo immer möglich, regionale und saisonale Köstlichkeiten und zaubern daraus Bodenständiges oder Kreativ-Leichtes. Initiativen wie die **„KäseStrasse Bregenzerwald"**, **„bewusstmontafon"** und Veranstaltungen im **Biosphärenpark Großes Walsertal** fördern das Zusammenspiel von Gastronominnen/Gastronomen und Landwirtinnen/Landwirten.

Unter dem Motto **„Vorarlberg isst ... besser"** haben sich die Wirtinnen/Wirte der Qualität verschrieben. Ob regionale oder ethnische Küche, ob Beisl oder Spitzenrestaurant, ob Szenelokal oder Weinkeller – für die Beteiligten ist die Zufriedenheit des Gastes oberste Prämisse.

❗ Guter Geschmack hat für Vorarlberg nicht nur in Architektur und Design eine große Bedeutung. Auch beim Essen und Trinken präsentiert sich das Land geschmackvoll.

🎯 Ziele erreicht?

1. Welche Möglichkeiten findet die Wintertouristin/der Wintertourist im Montafon vor?
2. Beschreiben Sie die kulturellen Angebote im Montafon!
3. Organisieren Sie eine Projektwoche im Montafon!
   - Bilden Sie Gruppen für die Themen Organisation, Kultur, Sport, Gastronomie und Abendbetreuung!
   - Erarbeiten Sie die Inhalte an Hand der Literatur und präsentieren Sie das Material im Rahmen einer Projektpräsentation!

Angewandtes touristisches Marketing

Angebotsqualität, Markenbildung, Marktpräsenz und Entwicklung von Kernkompetenzen sind die Schlüsselworte im touristischen Marketing.

Kooperationen auf betrieblicher und regionaler Ebene führen zu einem schlagkräftigen Marktauftritt.

Meine Ziele

Nach Bearbeitung dieses Kapitels kann ich
- die Grundlagen des touristischen Marketings beschreiben;
- die Methoden des modernen touristischen Marketings erklären und anwenden;
- die Strukturveränderungen in der regionalen Tourismusorganisation erörtern.

1 Grundlagen des touristischen Marketings

Ziel des **touristischen Marketings** ist es, einer weit gefächerten Kundschaft die Vorzüge eines Gebietes mit einem möglichst vielfältigen Angebot ansprechend zu präsentieren.

In den 60er-Jahren erreichten aufgrund der beginnenden Mobilität – die ersten Autos waren gekauft, das Straßennetz war dichter verknüpft – immer mehr Menschen touristisch attraktive Orte. Ihre Ansprüche waren angesichts ihrer noch geringeren Kaufkraft bescheiden. Man sah daher damals keine Notwendigkeit, touristisches Marketing zu betreiben. Ein Hinweis auf die Attraktivität einer Gegend genügte, um den Besucherstrom in das betreffende Gebiet zu lenken. Aber mit dem Ansteigen der Kaufkraft erwarteten die Besucher/-innen auch zunehmend attraktivere Angebote.

Die Erkenntnis, dass dem touristischen Marketing eine immer größere Bedeutung für das Überleben von Orten oder Regionen zukommt, hat sich erst in den letzten Jahren durchsetzen können, nachdem zuvor massive Umsatz- und Besuchereinbußen verzeichnet worden waren.

Die Besucher/-innen erwarten heute
- umfassende Informationen,
- raschen und bequemen Transport,
- eine Unterkunft, die ihre Ansprüche befriedigt, und
- ein möglichst vielfältiges und abwechslungsreiches Angebot vor Ort.

> **Marketing** = Ausrichtung der Teilbereiche eines Unternehmens auf das absatzpolitische Ziel und auf die Verbesserung der Absatzmöglichkeiten.

Information

Heute schließen sich die meisten Fremdenverkehrsorte den modernen Formen der Werbung an. Es ist unabdingbar, mit einer eigenen **Homepage** im Internet oder zumindest auf einer Homepage einer Region im World Wide Web präsent zu sein. Die Statistiken über die Zugriffe auf eine Homepage lassen immer deutlicher das Interesse der potenziellen Gäste an dieser modernen und bequemen Urlaubsplanung erkennen. Hier kann man auf einen Blick die Vorzüge der Region, die verschiedenen sportlichen und kulturellen Angebote sowie die Unterkunftsmöglichkeiten abfragen, um den Urlaub nach eigenen Wünschen und finanziellen Möglichkeiten gestalten zu können.

Angewandtes touristisches Marketing

In Österreich haben 70 % der Haushalte Zugang zum Internet. Weltweit sind 20 % der Menschen online. In vielen Ländern in Europa, wie z. B. in den skandinavischen Staaten, gehört Internet zum Alltag der Menschen. Für den kleineren Teil der Bevölkerung, die noch keinen Internetzugang haben, gelten natürlich nach wie vor die traditionellen Formen des Angebots u. a. in Form von **Inseraten** in Zeitungen und Zeitschriften, **Prospekten** und **Fernseheinschaltungen.**

Plant man in einem Gebiet außerordentliche Events, die besonders publikumswirksam sind und Besuchermassen anlocken sollen, so werden solche Veranstaltungen schon Monate vorher durch **Plakate** und Einschaltungen in **Zeitungen** und mit **Fernsehspots** beworben. Diese Angebote bringen der Region eine große Anzahl von Tagestouristinnen/Tagestouristen und ihre Präsenz in den Medien hat längerfristig eine große Werbewirksamkeit für die gesamte Region.

Im Allgemeinen haben sich Zusammenschlüsse von mehreren Gemeinden oder ganzen Regionen als vorteilhaft erwiesen, um das Gebiet mit seinen Attraktionen gemeinsam den Interessentinnen/Interessenten anzubieten. Diese **Angebote im Paket** bieten den potenziellen Urlauberinnen/Urlaubern eine größere Übersichtlichkeit über das Angebot, das sie in ihrem künftigen Urlaubsgebiet erwartet.

Die Zusammenarbeit der Marketingverantwortlichen mit lokalen und überregionalen Vereinen hat sich ebenfalls als wichtig und fruchtbringend erwiesen. So kann man sich mit eigenen Angeboten den Aktionen von Vereinen wie Alpenverein oder Naturfreunden anschließen oder auch auf die aktuellen Vorhaben der lokalen Vereinigungen als touristische Attraktionen hinweisen.

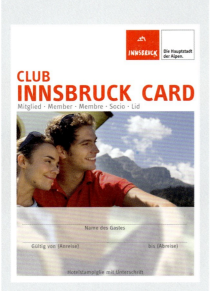

Ab einer Übernachtung in Innsbruck und seinen Feriendörfern werden die Gäste kostenlos Mitglied im Club Innsbruck.

Die CLUB INNSBRUCK CARD wird den Gästen bei Ankunft in ihrer Unterkunft überreicht und bietet viele Vorteile:

kostenlos
- geführte Bergwanderungen
- Laternenwandern
- Wanderbus
- Skibus
- Welcomedrink an der Casinobar
- Kinderanimation Natterer See
- Eintritt Lanser See

ermäßigt
- Skipässe
- diverse Bergbahnen
- Tiroler Abend (Alpenbühne Gundolf)
- Golf (Golfclub Innsbruck-Igls)
- Tennis (Parkclub Igls)
- Tennishalle Reichenau

Transport

Ein Tourismusort muss für seine Besucher/-innen leicht und bequem erreichbar sein. Das **Privatauto** – heute das gängigste und beliebteste Verkehrsmittel – wird überall den größten Prozentsatz der Anreisemöglichkeiten ausmachen. Darauf müssen sich Regionen und Orte einstellen, indem sie den individuell anreisenden Besucherinnen/Besuchern die Anreise mit bequemen Parkmöglichkeiten erleichtern. Doch gibt es auch die Konzepte der autofreien Orte mit Parkmöglichkeiten am Ortsrand und einem öffentlichen lokalen Verkehrsnetz. Die Schweizer Vorbilder wie Zermatt oder Wengen wurden auch in Serfaus umgesetzt.

Der Einsatz **öffentlicher Verkehrsmittel** muss den Besucherinnen/Besuchern als ein Angebot nähergebracht werden, das die Qualität des Aufenthaltes entscheidend erhöht. So ist man vor allem in Orten mit äußerst beschränktem Parkplatzangebot bestrebt, Privatautos an der Peripherie auf eigenen Parkplätzen zu belassen. Der Transfer in den Ort wird kostenlos durchgeführt. Vor allem in Wintersportgemeinden hat sich dieses Service bestens bewährt. Ein Beispiel dafür ist Werfenweng, wo die **„Sanfte Mobilität"** (nähere Informationen dazu siehe Seite 205) und die Anreise mit dem öffentlichen Verkehrsmittel im Mittelpunkt des Marketings stehen.

Unterkunft

Die angebotenen Unterkünfte müssen den Erwartungen der Gäste entsprechen. Gäste wollen im Urlaub nicht auf den **Komfort,** den sie zu Hause gewöhnt sind, verzichten. Komfort und hygienische Standards haben sich in den letzten Jahren in Österreich deutlich verbessert. Man findet kaum mehr Unterkünfte ohne Warm- und Kaltwasser im Zimmer, neu geschaffene Gästezimmer haben selbstverständlich Dusche und WC integriert.

Auch in den Beherbergungsbetrieben schreitet die **Spezialisierung** immer mehr voran. So findet man immer öfter z. B. Golfhotels, Thermenhotels oder Strandhotels. Diese Betriebe beherbergen Gäste, die eine bestimmte Attraktion des Ortes besuchen, aber bieten auch ganze Anlagen mit vielen unterschiedlichen Möglichkeiten, die von den Gästen genützt werden können.

Immer beliebter werden auch Aufträge an Künstler/-innen, eine Hotelanlage zu gestalten. Sie drücken mit den Hotelbauten der Landschaft gleichzeitig ihren eigenen künstlerischen Stempel auf, z. B. das Rogner-Bad-Blumau-Hotel, gestaltet von Friedensreich Hundertwasser.

Vielfältiges und abwechslungsreiches Angebot vor Ort

Rogner-Bad-Blumau-Hotel; Architekt Friedensreich Hundertwasser

Für ein modernes Marketing ist es erfahrungsgemäß viel effizienter, lokale Angebote mit denen der Nachbarschaft und der Region zu vernetzen. Bei dieser **Vernetzung** werden die einzelnen kulturellen, natürlichen und wirtschaftlichen Ressourcen verschiedener benachbarter Orte einer Region zentral erfasst, verwaltet und veröffentlicht.

Orte oder Regionen können oft Besonderheiten aufweisen, die sich ins öffentliche Bewusstsein eingeprägt haben. Die so entstandenen **Klischees** können für die Vermarktung sehr gut eingesetzt werden, da sie die Besucher/-innen über Bekanntes zu Unbekanntem führen. Die Wirksamkeit der Klischees kann erhöht werden, wenn sie die Interessentinnen/Interessenten durch Slogans oder Bilder erreichen. Hier sind Marketingexpertinnen/Marketingexperten gefordert, den Touristinnen/Touristen ausgehend von diesem klischeehaften Einstieg durch unterschiedliche Zusatzangebote weitere Möglichkeiten zu eröffnen.

💡 Was würden Sie als kulturelle, naturelle und wirtschaftliche Ressourcen der Region in Ihrer Umgebung aufzählen?

Dem Gast wird so eine breite Palette von Möglichkeiten angeboten, aus der er und seine Begleiter/-in den Bedürfnissen und Interessen gemäß auswählen können. Gleichzeitig profitiert jeder der teilnehmenden Orte, weil auf diese Weise ein großer Kreis an Interessentinnen/Interessenten angesprochen wird und sie den Eindruck vermittelt bekommen, ihren Urlaub in einer Region von großer Vielfalt an Attraktionen zu verbringen.

Die Vorteilscards, mit denen verschiedene Angebote der Region durch Preisnachlässe den Besucherinnen/Besuchern schmackhaft gemacht werden, werden in letzter Zeit immer häufiger angeboten und von den Besucherinnen/Besuchern sehr gerne angenommen. Sie sind auch eine Konsequenz der Vernetzung.

Wenn sich Angebote immer wieder auf bestimmte Themen beziehen, werden Besucherschichten, die sich dafür interessieren, leichter an die Region zu binden sein. Sie neigen dann dazu, auch andere Angebote der Region in Anspruch zu nehmen, und werden vielleicht auch einmal Stammgäste.

❓ Welche Schwerpunkte bieten sich in Ihrer Region zur Vermarktung an?

Österreich Werbung (ÖW)

Strategische Schwerpunkte
Die vier strategischen Schwerpunkte der Österreich Werbung stellen die Richtungsschilder für die Zukunft dar und verdichten die Strategie auf wenige prägnante Worte:

 **Urlaub in Österreich** www.austria.info

www.austriatourism.com
www.austria.info

1. Internationale Markenwirksamkeit sicherstellen
Eine starke Marke, die das Vertrauen der Marken-Zielgruppe genießt, stellt einen entscheidenden Wettbewerbsvorteil dar. Die Marke „Urlaub in Österreich" spricht jene wohlhabende und wirtschaftlich erfolgreiche Zielgruppe an, die sich durch hohe Reiseintensität und Ausgabebereitschaft auszeichnet und nach neuen Impulsen für eine Reise nach Österreich sucht. Die Marke gibt dem Urlaubsland Österreich ein prägnantes und auf die Interessen der Zielgruppe abgestimmtes Profil.

2. Die international erfolgversprechendsten Märkte bewirtschaften
Die ÖW nimmt aufgrund ihres Markt-Know-Hows und ihres Markt-Monitorings innerhalb der Tourismuswirtschaft eine Vorreiterrolle ein. Die für das Tourismusangebot attraktivsten und am stärksten wachsenden Märkte werden identifiziert, bearbeitet und für den österreichischen Tourismus aufbereitet. Dadurch trägt die ÖW zur Steigerung der Wettbewerbsfähigkeit, zur positiven Entwicklung des Marktanteils am internationalen Tourismus und zur Steigerung der Ganzjahresnachfrage bei.

3. Innovationsorientierte Systempartnerschaften aufbauen, um gemeinsam wie ein Unternehmen agieren zu können

In dieser strategischen Stoßrichtung wird das Ziel fokussiert, Synergiepotenziale in der Tourismuswirtschaft auszuschöpfen, nachhaltige Kooperationen zu schaffen und eine gemeinsame strategische Ausrichtung als Basis zu definieren. Solche Systempartnerschaften sind beispielsweise die **„Allianz der Zehn"** (ein Zusammenschluss aller Landestourismusorganisationen mit der ÖW, zur koordinierten gemeinsamen Bearbeitung definierter Märkte) oder die **Gruppe der Urlaubsspezialisten.** Aber auch Wirtschaftsförderungsinstitutionen, Berater/-innen, Marktforscher/-innen etc. gehören zu solchen Partnerschaften dazu. Die ÖW sichert die Wettbewerbsfähigkeit indem sie Innovations- und Entwicklungsimpulse an die Tourismusbranche in Österreich leisten.

4. Die ÖW bestätigt sich als zukunftsfähiges Unternehmen am Markt

Die Mitarbeiter/-innen der ÖW gelten national und international als Kompetenzträger/-innen und generieren mit ihrem Wissen einen nachhaltigen Nutzen für die Tourismusanbieter/-innen des Landes. Neben dieser fachlichen Eignung besitzt jede/jeder einzelne auch kulturelle Kompetenz, um überzeugend die Markenwerte zu repräsentieren.

Der Öffentliche Leistungsauftrag (ÖLA)

Die effiziente Erfüllung des Öffentlichen Leistungsauftrages (ÖLA) ist zentrale Rolle der Arbeit der ÖW. Die ÖW sieht in der **Stärkung des Markenprofils** eine ihrer Hauptaufgaben, damit touristische Anbieter/-innen nachhaltig von einer starken Dachmarke profitieren können. Um das Wissen über Märkte und die Destination Österreich systematisch zu managen, investiert die ÖW in den Ausbau moderner Marktforschungs-, Marktinformations- und Kommunikationssysteme. So wurde z. B. **T-MONA,** der Tourismus Monitor Austria, ein Befragungsprojekt, das seit 2004 im Zwei-Jahres-Rhythmus die Bedürfnisse der Österreich-Urlauber/-innen erhebt, entwickelt und wird durchgeführt.

Mit diesem Wissen leistet die ÖW einen wichtigen Beitrag zur marktgerechten Angebotserstellung in Österreich. Neben den Nachfrage sichernden Aktivitäten in den etablierten Märkten setzt die ÖW einen Schwerpunkt auf die Bearbeitung zusätzlicher Herkunftsmärkte, um das Gästeaufkommen nach Österreich nachhaltig zu steigern.

Der ÖLA bezieht sich im Wesentlichen auf zwei Bereiche: **Basisdienstleistungen** und **Marketingaktivitäten.** Dabei steht immer die **Marke „Urlaub in Österreich"** im Vordergrund. Basisdienstleistungen, die allen Anspruchsgruppen gleichermaßen zur Verfügung gestellt werden, umfassen unter anderem:
- Weiterentwicklung einer starken Dachmarke
- Zur-Verfügung-Stellen des internationalen ÖW-Netzwerkes
- Informationspflicht gegenüber österreichischen Tourismusunternehmen und Kundinnen/Kunden
- Informieren über das touristische Angebot z. B. durch das „Urlaubsservice der ÖW", Österreichs größtem Tourismus-Callcenter sowie Produktschulungen (Urlaub in Österreich) für Reiseveranstalter/-innen und Reisebüros in den Märkten
- Betreuung von Medien und Reiseveranstalterinnen/Reiseveranstaltern in den Märkten
- Versand von Werbemitteln
- Investition in Hoffnungsmärkte

Darüber hinausgehend werden Marketingaktivitäten im Rahmen des öffentlichen Leistungsauftrages durchgeführt, diese sind beispielsweise:
- Alle Plattformen für die Tourismuswirtschaft (z. B. Messen oder Workshops) unter der Dachmarke „Urlaub in Österreich"
- E-Marketing auf der Website www.austria.info, der größten österreichischen Tourismus-Plattform im Internet mit Informationen und Angeboten aus ganz Österreich
- Kampagnen unter der Dachmarke „Urlaub in Österreich"

(Quelle: Jahresbericht der Österreich Werbung 2008, www.austriatourism.com)

🎯 Ziele erreicht?

1. Nennen Sie Möglichkeiten der Information und Werbung für einen Tourismusort!
2. Definieren Sie den Begriff Marketing!
3. Welche Vorteile für Kundinnen/Kunden und Anbieter/-innen bringt die Vernetzung von lokalen Angeboten?
4. Beschreiben Sie die strategischen Schwerpunkte der Österreich Werbung!

2 Marktanalyse

Kundinnen/Kunden und Konkurrentinnen/Konkurrenten sind die Objekte der Marktforschung. Neben der Konsumentenforschung ist die Beobachtung der Konkurrenz (z. B. Testkäufe) von Bedeutung. Die Methode, von den Besten der Branche zu lernen, nennt man **Benchmarking.**

Methoden der Marktforschung sind Primärerhebungen wie
- Befragungen,
- Beobachtungen,
- Experimente.

Die **Sekundärforschung** stützt sich auf die Auswertung vorhandenen Datenmaterials. Dies sind die österreichische Fremdenverkehrsstatistik, statistische Jahrbücher, die Statistiken der österreichischen Wirtschaftskammer etc.

Kaufentscheidung

Die Kaufentscheidung des Menschen wird von äußeren und inneren Faktoren bestimmt.

Äußere Faktoren

Ein sehr bestimmender äußerer Faktor ist die **finanzielle Situation.** Soziale Faktoren wie Gruppenentscheidungen bestimmen wesentlich das Kaufverhalten. Dies trifft z. B. auf die Familie zu.

Oft orientiert sich das Kaufverhalten an anderen Bezugsgruppen wie z. B. an höheren **sozialen Schichten.** Durch den Konsum bestimmter Güter versucht man die Zugehörigkeit zu einer Gesellschaftsschicht zu demonstrieren. Dies trifft in großem Maße auf die Tourismusbranche zu. In späterer Folge versuchen auch die finanzschwächeren Schichten, dieses Verhalten zu imitieren.

Zu **Leitbildern** des Konsumverhaltens entwickeln sich berühmte Film-, Fernseh- und Sportstars oder auch bekannte Politiker/-innen. Es sei nur an Urlaubsorte wie Lech am Arlberg erinnert. Wer möchte nicht mit Angehörigen des niederländischen oder britischen Königshauses in der Seilbahn fahren?

Innere Faktoren

Zu den inneren Entscheidungsfaktoren zählt die **Wahrnehmung.**

Aufnahme, Selektion und Interpretation von Reizen sind die Grundlagen für die Entstehung von Verhaltensweisen.

Über die **Emotionen** gelangen die Menschen zu Motiven und Einstellungen.
- **Motive** ermöglichen die Zielgerichtetheit des Verhaltens.
- Zu **Einstellungen** kommt der Mensch, wenn die Beurteilung eines Sachverhaltes zu den Motiven und Emotionen hinzukommt.

Bei der Reiseentscheidung findet dieser Prozess ebenso statt wie bei anderen Kaufentscheidungen. Durch die Werbung muss dieser Prozess angesprochen und in Gang gesetzt werden.

Für die Reisebranche besonders wichtig sind **Images,** da sie eine handlungsauslösende Komponente haben, die auch als Kauf- und Buchungsbereitschaft zu bezeichnen ist.

Salzburg ist bei den Touristinnen/Touristen z. B. geprägt durch folgende Images:
- Mozart
- Festspiele
- Kultur
- Sound of Music

Benchmarking = das Setzen von Maßstäben und Richtwerten. Die Unternehmen einer Branche orientieren sich an den Bestwerten eines Unternehmens der gleichen Branche.

Erstellen Sie einen Fragebogen mit maximal zehn Fragen zum Urlaubsverhalten und befragen Sie Schüler/-innen, Lehrer/-innen und Eltern!

Veröffentlichen Sie die Auswertung und stellen Sie diese einer Übungsfirma in Ihrer Schule zur Verfügung!

Emotionen sind wahrgenommene innere Erregungszustände.

Image = Bild, das in diesem Fall von einer Region vermittelt wird. Images sind mehrdimensionale Einstellungen und somit die Gesamtheit aller subjektiven Ansichten und Vorstellungen.

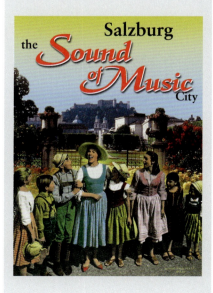

Ein weiterer interner Faktor ist das **individuelle Wertesystem.** Es bestimmt, ob sich die Kundin/der Kunde für bestimmte Sachverhalte interessiert oder Risiken eingehen will.

Um Risiken abzubauen, wird verstärkt auf Informationssuche gegangen oder auf bewährte Markenprodukte zurückgegriffen.

Das Wertesystem unterliegt einem Wandel. Zum Beispiel hat sich in den letzten Jahren das Umweltbewusstsein stärker entwickelt. Obwohl auf der einen Seite Umweltgütesiegel für Tourismusbetriebe vergeben werden, steigen das Flugaufkommen und der Individualreiseverkehr weiter an. Dies zeigt, dass sich der **Wertewandel** nicht sofort auf das Verhalten auswirken muss.

> ### 🎯 Ziele erreicht?
> 1. Erläutern Sie die Entstehung von Haltungen und Einstellungen als Grundlage einer Kaufentscheidung!
> 2. Was bedeutet Image!

3 Situationsanalyse im Unternehmen

Durch den immer härter werdenden Wettbewerb auf den touristischen Märkten hat auch in dieser Branche ein Ausleseprozess bei Unternehmen und Regionen eingesetzt. Eine systematische Planung des Marktauftritts und die Bearbeitung differenzierter Teilmärkte werden immer wichtiger. **Trends** müssen erkannt und in attraktive Angebote verpackt werden.

Trend = erkennbare Grundrichtung einer Entwicklung.

Die Tourismusbranche war lange durch Zuwachsraten verwöhnt. Der kurzfristige Umsatz, der ohne viel Aufwand zustande kam, überdeckte beginnende Probleme. Nachhaltiges und langfristiges Denken wurde nicht gepflegt. Gegenwärtig kann ein langfristiger Erfolg auf den Märkten nur durch eine konsequente und systematische Vorgangsweise erreicht werden.

 Erarbeiten Sie die Grundlagen des Marketings aus dem Lehrbuch für Betriebswirtschaftslehre! Wenden Sie diese Kenntnisse auf die Tourismuswirtschaft an!

Am Anfang steht die **Analyse der Situation.** Daran schließt die **Planungsphase** an. **Ziele** müssen definiert werden. Bei der Umsetzung der Ziele muss der Mensch im Mittelpunkt stehen. Die touristische Leistungserstellung ist ein Dienstleistungsprozess. Die Bedürfnisse der Menschen als Kundinnen/Kunden müssen berücksichtigt werden.

Entwicklung von Unternehmenszielen – Planung von Marketingstrategien

Im Unternehmen müssen Wertvorstellungen vorhanden sein, an denen sich die Ziele orientieren.
- Es werden Aussagen über die Grundausrichtung des Unternehmens und seine Beziehungen zu anderen Bereichen – wie z. B. Umwelt, Mitarbeiter/-innen, Qualität des Angebotes, Potenzial an Sachmitteln und Personal – gemacht.
- In Unternehmen und in den Tourismusorganisationen wird häufig vom **Leitbild** gesprochen.

Leitbilder = gesetzmäßig formulierte Aussagen über die Ausrichtung eines Ortes oder eines Unternehmens.

- Im nächsten Schritt werden die **Unternehmensziele** abgeleitet. Aussagen zu Umsatz-, Marktanteils- und Renditezielen werden formuliert.
- Man macht sich Gedanken über die Umsetzung dieser Ziele – man entwickelt **Marketingstrategien.**
- Dies kann eine Marktsegmentierung zur Folge haben. Es entsteht ein **Marketingmix** unter Einsatz verschiedener Marketinginstrumente, um die unterschiedlichen Geschäftsfelder zu bearbeiten. Zum Beispiel kann ein Beherbergungsunternehmen die Märkte für Rad-, Wellness- und Familienurlauber/-innen bearbeiten.

Einerseits müssen neue **Kundinnen/Kunden** gewonnen werden, andererseits muss die Bindung der Kundinnen/Kunden **an das Produkt** erreicht werden.

Qualität muss das oberste Ziel sein. Ein positives Erlebnis wird dreimal, ein negatives Erlebnis elfmal weitererzählt. Kundinnen/Kunden zu halten, verursacht weit weniger Kosten, als Neukundinnen/Neukunden zu gewinnen.

Die **Zufriedenheit der Kundinnen/Kunden** muss ebenfalls oberste Priorität haben. Sie muss durch ein angemessenes Preis-Leistungs-Verhältnis erreicht werden. Gerade in diesem Punkt sind den österreichischen Tourismusunternehmen in der Vergangenheit Vorwürfe gemacht worden.

Das Umsetzen dieser Ziele verlangt auch das Schaffen der **Gewinn-** und **Renditenmaximierung**.

Der Markt muss nach **Zielgruppen** aufgeteilt und bearbeitet werden. Die Zielgruppen müssen sich an einem Ort oder in einem Unternehmen vertragen. Diese Diskussion wurde z. B. zwischen Skifahrerinnen/Skifahrern und Snowboarderinnen/Snowboardern in den Skiorten geführt. Auch der Konflikt zwischen Wanderinnen/Wanderern und Mountainbikerinnen/Mountainbikern kann in diese Kategorie eingeordnet werden.

Angestrebt wird auch die **Unverwechselbarkeit** eines Unternehmens oder einer Region. Dies soll zu einer glaubwürdigen und klaren Positionierung auf den Märkten führen. Maßgebend muss neben dem objektiven Blick auch das Bild der Kundin/des Kunden von einer Region oder einem Unternehmen sein. Man spricht in diesem Zusammenhang von **Corporate Identity**.

Oft wird darunter in der Praxis nur das **Corporate Design** verstanden, wie immer wiederkehrende Logos, Schriftzüge oder Farben. Beispiele sind das Logo der Österreich Werbung auf den Verpackungen von österreichischen Produkten oder das Tirol-Logo als Werbeträger im Fußball, Skisport und bei vielen anderen Produkten.

> **Corporate Identity (CI):** Damit wird die Position bzw. das Selbstverständnis eines Unternehmens bezeichnet. Durch die CI wird das Unternehmen zu einer unverwechselbaren Persönlichkeit.
>
> Der sichtbare Teil der Corporate Identitiy ist das **Corporate Design (CD),** das Erscheinungsbild eines Unternehmens in der Öffentlichkeit.

Ziele erreicht?

1. Nennen Sie die wichtigsten Schritte bei der Planung von Unternehmenszielen!
2. Was versteht man unter „Corporate Identity" und „Corporate Design"?

4 Marketinginstrumente

Zunächst muss überlegt werden, wie ein strategisches Ziel umgesetzt werden kann, um im nächsten Schritt die entsprechenden Marketinginstrumente einzusetzen.

Marketinginstrumente			
Produktpolitik	**Preispolitik**	**Distributionspolitik**	**Kommunikationspolitik**
Entscheidungen und Maßnahmen zur Erstellung eines Güter- und Dienstleistungsangebotes	Festlegung der Preise nach Marktkriterien, Zielgruppen, Regionen, Vertriebswegen, Zeitpunkten	Vertriebsmöglichkeiten des Produktes, Verkaufsförderung	Werbung, Public Relations

4.1 Produktpolitik

Unter Produktpolitik versteht man die aufeinander abgestimmten Entscheidungen und Maßnahmen eines Unternehmens, mit dem Ziel, ein marktgerechtes Angebot an Sachgütern und Dienstleistungen zu erstellen. Es ist zu entscheiden, welche Produkte angeboten werden und wie die einzelnen Produkte gestaltet bzw. weiterentwickelt und verändert werden. Da die Entwicklung und die Vermarktung von Produkten Kosten verursachen, müssen Unternehmen ihre produktpolitischen Maßnahmen sorgfältig überlegen und planen sowie mit den übrigen Marketingmaßnahmen abstimmen.

Bei der Produktgestaltung muss unterschieden werden zwischen
- der ersten Gestaltung einer Leistung,
- der Verbesserung,
- der Erneuerung und
- der Ausscheidung einer Leistung.

Erstellung des Leistungsprogramms

Bei der ersten Festlegung des Leistungsprogramms muss über **Hauptleistungen** (Verkehrsträger, Unterkunft, Verpflegung, Transfer etc.) und **Zusatzleistungen** (Reisebetreuung, Rahmenprogramm etc.) unterschieden werden. Auch bestehen die Möglichkeiten der Programmveränderung, der Programmerweiterung oder der Programmreduzierung.

Markenpolitik

? Beobachten Sie die Waren beim Einkauf! Auf welchen finden Sie das Österreich-Logo?

Die Markenpolitik soll die Austauschbarkeit verhindern und ein **unverwechselbares Produkt** erzeugen. Eine touristische Marke ist dann vorhanden, wenn ein Markenname mit **Logo** vorhanden ist. Diese Marke muss in den Massenmedien beworben werden. Die Qualität und das Erscheinungsbild der Marke müssen gleichbleibend sein und ständig verbessert und aktualisiert werden. Ziel ist eine hohe Marktakzeptanz.

In der Tourismusbranche in Österreich existieren
- Einzelmarken von Regionen (Ötztal-Arena) oder Betrieben (Das Weiße Rössl),
- Markenfamilien (Kinderhotels),
- Dachmarken (Österreich, Tirol),
- Mehrmarken (ein Hotel ist an mehreren Markenfamilien beteiligt).

? Welche regionalen Markenbezeichnungen tragen die österreichischen Skirennläufer/-innen?

Unter **Markenimitation** versteht man die Nachahmung, um Anlaufkosten zu sparen. So wird beispielsweise das Konzept des Babydorfes Trebesing (siehe Seite 188) in Kärnten auch in Deutschland etabliert.

Gemeinschaftsmarken dienen zur Verbesserung der geringen Marktmacht.

Merchandising

Merchandising-Artikel zum Musical „Ich war noch niemals in New York" (Raimund Theater Wien, 2010)

Merchandising ist die Kreation und der Verkauf von Artikeln, die im Zusammenhang mit touristischen Leistungen stehen (z. B. T-Shirts, Kappen, Anstecker, Aufkleber oder Kaffeetassen). Dies wird von den Tourismusverbänden, aber auch von Unternehmen betrieben. Dazu gehört auch der Verkauf von Ansichtskarten und Souvenirs, z. B. in Theatern während der Pause.

USP – Unique Selling Proposition

Darunter versteht man einen Mehrwert im Angebot. Dieser Mehrwert macht das Produkt unverwechselbar und ist nur bei diesem speziellen Produkt vorhanden. Er kann auch nicht imitiert werden.

? Welche Merchandising-Aktivitäten kennen Sie? Kontaktieren Sie die Tourismusverbände und Theater in Ihrer Umgebung!

Bei kulturtouristischen Produkten ist dieser Mehrwert meistens der Standort oder nur vor Ort vorhandene Kunstschätze, die an einem anderen Ort nicht zu sehen sind.

Beispiel für USP – Die fünf Markenbausteine des WienTourismus

Mit welchen USPs (unique selling propositions), Submarken oder Themen wird die Marke bzw. die Destination Wien „aufgeladen"?

In einem auf den jeweiligen Markt, Auftritt bzw. die jeweiligen Kommunikationspartner/-innen abgestimmten Mix sollen unschlagbare Argumente für Wien ins Treffen geführt werden – und das immer wieder aktuell. Im Marketing Konzept 2010 hat der Wiener Tourismusverband fünf Markenbausteine entwickelt, die Grund für den touristischen Erfolg der letzten Jahre sind.

Mit den fünf Markenbausteinen „Imperiales Erbe", „Musik- und Kulturangebot", „Kultur des Genusses", „Funktionierende Stadt" sowie „Balance Stadt/Grünraum" will der WienTourismus den internationalen Gast zukünftig überzeugen:
- „Wien ist eine Stadt mit imposantem imperialem Erbe."
- „Wien ist Musik- und Kultur-Welthauptstadt."
- „Wien verfügt über einen einzigartigen Lifestyle, die Kultur des Genusses."
- „Wien ist im internationalen Vergleich eine sehr gut funktionierende Stadt."
- „Wien verfügt über eine Balance zwischen Stadt und Grünraum, die es sonst in keiner Metropole gibt."

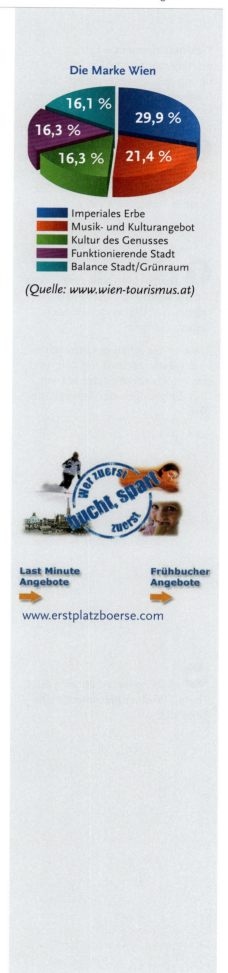

(Quelle: www.wien-tourismus.at)

4.2 Preispolitik

Die Preispolitik im Tourismus unterscheidet sich nicht wesentlich von anderen Branchen. Interessant ist die Betrachtung der **Preisdifferenzierung.**

Zeitliche Preisdifferenzierung

Zeitliche Preisunterschiede ergeben sich aus verschiedenen Saisonen. Auch Last-Minute-Angebote, Stand-by-Tarife und der Frühbucherbonus zählen dazu.

Räumliche Preisdifferenzierung

Unter räumlicher Preisdifferenzierung versteht man den Verkauf eines Produktes an verschiedenen Orten zu unterschiedlichen Preisen. Eine Hotelkette bietet dasselbe Zimmer in gleicher Qualität in Wien und Salzburg zu unterschiedlichen Preisen an.

Personenbezogene Preisdifferenzierung

Wird für Kinder, Familien oder Senioren etc. ein unterschiedlicher Preis kalkuliert, dann spricht man von personenbezogener Preisdifferenzierung.

Die Preise können auch unterschiedlich nach dem **Einsatz von Vertriebswegen** sein. Das heißt, identische Leistungen werden über unterschiedliche Verkaufsstellen zu unterschiedlichen Preisen vertrieben. Die Wochenkarte einer Liftgesellschaft wird an der Tageskasse zu anderen Bedingungen angeboten als in einem Gesamtpaket, bei dem diese Leistung mitgekauft wird. Darunter fallen z. B. Angebote der Österreichischen Bundesbahnen. Dabei werden die Anreise und eine Liftkarte gemeinsam angeboten.

Beispiel für personenbezogene Preisdifferenzierung – Tages-Thermen-Eintrittspreise 2010

Erwachsene: EUR 19,00*	Kinder, Jugendliche 6–15 Jahre: EUR 11,00*
*Rückzahlung bei Kurzaufenthalten	*Rückzahlung bei Kurzaufenthalten
– bis 1 Stunde EUR 9,00 retour	– bis 1 Stunde EUR 3,00 retour
– bis 2 Stunden EUR 7,00 retour	– bis 2 Stunden EUR 2,50 retour
– bis 3 Stunden EUR 4,00 retour	– bis 3 Stunden EUR 2,00 retour
– bis 4 Stunden EUR 2,00 retour	– bis 4 Stunden EUR 1,50 retour

Versehrte, Schüler/-innen, Studentinnen/Studenten, Lehrlinge: EUR 15,00
Seniorinnen/Senioren – Freitag: EUR 16,20

Yieldmanagement = Ertragsmanagement unter Berücksichtigung zeitlich unterschiedlicher Nachfrage- und Marktsituationen.

❓ Ermitteln Sie in einem Reisebüro die Möglichkeiten der Preisdifferenzierung! Ordnen Sie diese in Kategorien ein!

❓ Beobachten und vergleichen Sie die Werbung der Tourismusregionen in drei verschiedenen Tageszeitungen!

Erklären Sie allfällige Unterschiede in der Berichterstattung aufgrund der Verschiedenheit der Märkte und Zielgruppen der Tageszeitungen!

➡ Nähere Informationen zum Thema **Product-Placement** siehe Seite 173.

Yieldmanagement

Das **Yieldmanagement** versucht ein preisgesteuertes Kapazitätsmanagement auf der Basis der zeitlichen Preisdifferenzierung zu erreichen. Fluggesellschaften müssen den Weg zwischen langfristig buchenden Niedrigpreis-Kundinnen/Kunden und kurzfristig buchenden Geschäftsreisenden und somit Hochpreis-Kundinnen/Kunden differenzieren. Die Kapazitäten müssen je nach Preis ausgewogen sein, um nicht bei Überbuchung der Billigplätze Hochpreis-Kundinnen/Kunden abweisen zu müssen.

Auch Hotels, die „all inclusive" pauschal anbieten, müssen hinsichtlich der Kapazität die Relation zu kurzfristig buchenden Kundinnen/Kunden finden. Die Deckungsbeiträge sind bei kurzfristig buchenden Kundinnen/Kunden höher.

4.3 Distributionspolitik

Distributionspolitik			
▼	▼	▼	▼
Vertriebsorganisation	Vertriebsweggestaltung	Verkaufsförderung	Messepolitik

- Unter den Begriff **Vertriebsorganisation** fallen die Computerreservierungssysteme.
- Bei der **Vertriebsweggestaltung** wird zwischen dem direkten und dem indirekten Vertriebsweg (über Reisebüros und Veranstalter/-innen) unterschieden.
- Bekannte **Verkaufsförderungsinstrumente** sind die Kundenkarten, wie z. B. die Kärnten Card.
- Die **Beteiligung an Messen** gehört zu den wichtigsten Marketinginstrumenten. Bekannt sind die **ITB (Internationale Tourismusbörse)** in Berlin und die Wiener Ferienmesse in Österreich.

4.4 Kommunikationspolitik

Die Kommunikationspolitik einer Region oder eines Unternehmens beschäftigt sich mit

- **Werbung** (in Printmedien, elektronischen Medien, Direktwerbung, Katalogen, Prospekten, Außenwerbung),
- **Public Relations** (Medienkontakten, Journalistenreisen, Veröffentlichungen, Betriebsbesichtigungen) und dem
- **Sponsoring** von Veranstaltungen, Persönlichkeiten oder Organisationen.

Immer mehr Bedeutung erlangt das **Product-Placement.** Darunter versteht man im touristischen Bereich die Erstellung von Drehbüchern für Spielfilme und Fernsehserien, die bestimmte Produkte in das Zentrum des Geschehens rücken.

Ziele erreicht?

1. Welche Marketinginstrumente kennen Sie?
2. Erläutern Sie die Begriffe „Merchandising" und „Yieldmanagement"!
3. Nennen Sie Möglichkeiten der Preisdifferenzierung und verdeutlichen Sie diese mit Beispielen!
4. Welche Instrumente stehen der Kommunikationspolitik eines Unternehmens zur Verfügung?

5 Beispiele des touristischen Marketings in Österreich

5.1 Die Urlaubsspezialisten (Angebotsgruppen) der Österreich Werbung

Aufgrund der Betriebsstruktur der österreichischen Tourismuswirtschaft sind Kooperationen unbedingt notwendig. Im Jahr 2008 boten in Österreich 13 800 gewerbliche Betriebe (1- bis 5-Stern-Betriebe) ca. 579 900 Betten an. Das bedeutet eine durchschnittliche Zahl von 42 Betten pro Betrieb. Diese kleinbetriebliche Struktur schafft im Vergleich zu internationalen Ketten Nachteile auf den Märkten. Die Hotelkette „Holiday Corporation" (früher „Holiday Inn Worldwide") verfügt in 1 695 Häusern über mehr als 700 000 Betten weltweit. Das sind mehr, als in Österreich insgesamt an gewerblichen Betten zur Verfügung stehen.

Um die Marktpräsenz zu stärken, wurde die Kooperation der **Urlaubsspezialisten** gegründet. Damit versucht man gegenüber den international operierenden Hotelketten aufzuholen. Diese haben gegenüber Einzelbetrieben folgende Vorteile:
- Konzerneigene strategische und operative Marketingpläne
- Markenbildung
- Einheitlicher Auftritt
- Zentrale Verkaufsabteilung,
- Zentral durchgeführte Marktbearbeitung
- Verkaufsförderung durch die Hotelkette
- Buchbarkeit über Computerreservierungssysteme
- Kooperationen mit Reiseveranstaltern, Reisebüros, Fluglinien etc.

> ❗ Mit der Grundsatzentscheidung der Österreich Werbung, das System der Urlaubsspezialisten ins Leben zu rufen, wurde ein erfolgreicher Weg des nationalen Tourismusmarketings eingeschlagen.

Angebotsgruppen der Urlaubsspezialisten

Diese Angebotsgruppen sind Marketingkooperationen von eigenständigen Anbieterinnen/Anbietern, die konkrete Urlaubserlebnisse für eine **Zielgruppe** anbieten.

Die ersten Angebotsgruppen (z. B. Golf-, Kinderhotels) wurden 1987 ins Leben gerufen. Dies waren Gründungen von Vereinen mit einem **gemeinsamen Angebotskatalog** für eine bestimmte Zielgruppe.

1997 haben sich diese Gruppen zur **größten Hotelkooperation in der österreichischen Tourismusgeschichte** zusammengeschlossen.

Die **Ziele** der gegenwärtigen **Urlaubsspezialisten Marketing GmbH** sind:
- Markenstrategie mit der Dachmarke Urlaubsspezialisten
- Marken – Kooperationen mit der Wirtschaft
- Kostenmanagement für die einzelnen Themengruppen

Das System der Urlaubsspezialisten bietet heute in 16 Gruppen zu Themen wie Reiten, Golfen, Fischen, Wellness oder Urlaub mit Kindern in 1 000 Mitgliedsbetrieben und Mitgliedsorten ca. 500 000 Betten an. Die Urlaubsspezialisten konnten durch ihre Spezialisierung und Schlagkraft im Kooperationsmarketing ihre Auslastung wesentlich steigern. Die Bedeutung der Urlaubsspezialisten für den österreichischen Tourismus zeigen folgende Zahlen:
- Die Urlaubsspezialisten verbuchen ca. 20 % der österreichischen Tourismuseinnahmen.
- Jedes dritte 4- oder 5-Stern-Hotel ist Mitglied bei einem Urlaubsspezialisten.
- Gemessen an der Zahl der Betten ist der Verband der Urlaubsspezialisten das „viertgrößte Bundesland" Österreichs.
- Die Auslastung der Mitgliedsbetriebe liegt weit über dem österreichischen Durchschnitt.

> ❗ Die Urlaubsspezialisten sind auf bestimmte Zielgruppen gerichtete Tourismusbetriebe, die durch ihre Spezialisierung den Gästen ein perfektes Urlaubserlebnis bieten.

(Quelle: Österreich Werbung [www.austriatourism.com])

? Wählen Sie einen Urlaubsspezialisten, und leuchten Sie anhand der Literatur den historischen, geografischen, biologischen und wirtschaftlichen Hintergrund aus!

Die Urlaubsspezialisten-Gruppen	
Sport	**Kultur**
■ Fischwasser Österreich ■ Golf in Austria ■ Mountain Bike Holidays ■ Langlaufen & Nordic-Fitness in Österreich ■ Österreichs Wanderdörfer ■ Reitarena Austria	■ Kleine Historische Städte ■ Hotels & Casinos Austria ■ Weinreisen Austria
Familie	**Marktspezifisch**
■ Kinderhotels ■ family austria – Hotels & Appartements	■ Autriche Pro France ■ L'Austria per l'Italia
Natur	**Gesundheit**
■ Urlaub am Bauernhof ■ Naturidyll	Schlank und Schön in Österreich

Beispiel Naturidyll-Hotels (früher Landidyll-Hotels)

28 Hotels bieten seit 1992 naturverliebten Genießerinnen/Genießern ein Wohlfühlerlebnis der besonderen Art:
- Alle Häuser sind von der Eigentümerfamilie persönlich geführte Hotels.
- Sie befinden sich in idyllischer Lage in der Natur, an Waldrändern oder Seen oder in kleinen traditionellen Orten.
- Die Naturidyll-Hotels sind mindestens in der 3-Stern-Kategorie eingestuft (zwei Drittel der Betriebe bewegen sich im 4-Sterne-Bereich),
- Jedes Haus bietet kreative, naturverbundene Angebote für Familien, Natur-Aktive und Romantiker/-innen.
- Regionaltypisches Ambiente und gebietstypische Angebotsgestaltung in Küche, Keller und Architektur zeichnen die Betriebe aus.
- Umweltbewusstsein muss sich im Betrieb widerspiegeln, alle Mitglieder streben das Österreichische Umweltzeichen für Tourismusbetriebe an.

www.naturidyll.com

Beispiel Fischwasser Österreich

Diese Angebotsgruppe wurde 1989 gegründet. 30 Betriebe mit 2 150 Betten sind mittlerweile Mitglieder und müssen folgende Bedingungen erfüllen:
- Ein anerkannt gutes Fischrevier muss sich in der Nähe der Betriebe befinden, ebenso ein leicht erreichbares Fachgeschäft für Fischereizubehör.
- Eine technische Infrastruktur, wie Gefriermöglichkeit für Maden, Trockenraum für die Anglerbekleidung oder die Bereitstellung von Ruderbooten, muss vorhanden sein.
- Die Zubereitung des Fanges in der Hotelküche sollte möglich sein.

Besonders Hotels im Salzkammergut haben diese Möglichkeit genutzt.

Mit dieser Angebotsgruppe wird die Möglichkeit des „Wassertourismus" ausgeschöpft. Die Nutzung der Seen und Flüsse zu sportlichen Zwecken mit einer relativen Wetterunabhängigkeit wird den Touristinnen/Touristen geboten.

www.fischwasser.com

5.2 Marketingaktivitäten der Österreich Werbung

Für die österreichischen Tourismusanbieter/-innen stellt die Österreich Werbung **maßgeschneiderte Marketingmaßnahmen** abgestimmt auf ihre jeweiligen Bedürfnisse und Marktchancen zur Verfügung. Im Zentrum des internationalen Auftritts der Österreich Werbung steht die Frage nach der Herkunft der Gäste und der Erschließung neuer Märkte. Um effizient und koordiniert agieren zu können, werden jährlich in einem Marketingplan festgelegt, welche Quellmärkte wie bearbeitet werden. Eine aktive Bearbeitung erfolgt 2010 in **40 Märkten weltweit** wie beispielsweise:

? Besorgen Sie sich die Werbematerialien der Österreich Werbung bezüglich der Kernkompetenzen! Wählen Sie einen Bereich aus und erarbeiten Sie dazu Angebote für Familien, Seniorinnen/Senioren und Frauen!

Deutschland	Dänemark	Indien
Schweiz	Schweden	China
Österreich	Ungarn	Japan
Italien	Polen	Vereinigte Arabische Emirate
Niederlande	Tschechische Republik	Kuwait
Frankreich	Rumänien	Katar
Belgien	Russische Föderation	Saudi-Arabien
Luxemburg	Ukraine	Thailand
Spanien	USA	Korea
Großbritannien	Australien	Taiwan

❗ Mit ihren 30 Vertretungen wird die ÖW auch 2010 weit über 1 500 Marketingaktivitäten durchführen.

Besonders die traditionellen Quellenmärkte wie Deutschland wurden verstärkt in der letzten Zeit bearbeitet, um auch der jüngeren Bevölkerung das Urlaubsland Österreich näher zu bringen.

Beispiel Quellmarkt Deutschland

Auf der weltweit größten Tourismusmesse, der Internationalen Tourismusbörse (**ITB**) 2010, präsentierten sich die österreichischen Aussteller/-innen unter dem Dach der Österreich Werbung den ca. 110 000 Fachbesucherinnen/Fachbesuchern und 70 000 Berliner Privatgästen unter dem Motto „Österreich neu entdecken".

„Österreich neu entdecken" ist 2010 auch das Motto der neuen Image-Kampagne in Deutschland, deren wesentliches Element das **Web 2.0** ist – Internetangebote, die tatsächlich interaktiv sind und bei denen die User/-innen reagieren können. Via Facebook oder **Twitter** können Urlauber/-innen mit den von der „Allianz der Zehn" ausgewählten **Testimonials** (eines pro Bundesland plus eine überregionale Genuss-Botschafterin) in Kontakt treten oder sich auf einem der Blogs über Möglichkeiten für einen gelungenen Urlaub in der jeweiligen Region schlau machen.

Das Konzept des Messeauftritts unter dem Dach der Österreich Werbung wird jährlich adaptiert.

Neuerungen 2010
- Ausgewählte Flächen für Sonderexponate
- Neue Österreich-Werbung-Erlebniswelten
- Neues Bonsystem mit Speisenkontingent
- Service durch die Tourismusschulen Salzburg

Eine Ausstellereinheit umfasste 2010
- eine Standfläche von ca. 6 m² und Stauraum im Lagercontainer,
- eine Stellwand inklusive Titel, Bildwelt und Logo,
- eine Info-Einheit mit Beratungscounter inklusive Prospektfächer,
- zwei Barhocker,
- einen reservierten Besprechungstisch im Network Café,
- Essensbons über 40 Hauptspeisen und insgesamt 80 Vor-/Nachspeisen, inklusive Getränke.

Strategische Schwerpunkte der Österreich Werbung in Deutschland 2010
- Entfaltung im Sommer: „Österreich. Von Natur aus wandern."
- Genussskilauf und Regeneration: „Österreich. Wo der Winter zu Hause ist."
- KulturLand: „Kulturgeflüster aus Österreich."
- Winterkampagne: **Direct Mailings** zum Thema Badeurlaub und Wellness, Fachmedienkampagnen in deutschen Fachzeitschriften sowie Last-Minute-Angebote im Internet.

Twitter = eine Plattform für das Publizieren von Kurznachrichten. Es wird auch als soziales Netzwerk oder ein meist öffentlich einsehbares Tagebuch im Internet (sogenannter Blog) definiert. Twitter wurde im März 2006 der Öffentlichkeit vorgestellt und gewann 2007 den South by Southwest Web Award in der Kategorie Blogs.

Testimonial = zu Werbezwecken eingesetzte Fürsprache von einer meist der Zielgruppe bekannten Person.

❗ Der Auftritt der Österreich Werbung auf der ITB verbindet jedes Jahr aufs Neue die Vermittlung von Information über ein wunderbares Urlaubsland mit einer Fülle von Eindrücken und Erlebnissen, die Lust machen, es zu besuchen.

2010 setzte die Österreich Werbung das Wissen um die Bedeutung des Zusammenspiels von Gefühl und Empfindung noch konsequenter um und entwickelte eigens einen Duft: Ein Hauch von gemähtem Gras und frischem Heu lag über dem Stand, wirkte dezent und sorgte für unvermitteltes Wohlbehagen.

Direct Mailing = Versand von persönlich adressierten Briefen an mögliche Österreichurlauber/-innen. Die Adressen sind in einer Kartei vorhanden.

Angewandtes touristisches Marketing

Beispiel Direct Mailing Kampagne – Aufruf an österreichische Unternehmen
Wellness- und Gesundheitsangebote stehen nach wie vor hoch im Kurs. Nutzen Sie die Chance, mit unserem Wellness-Mailing insgesamt 20 000 potenzielle Gäste zu erreichen und Ihr Angebot vorzustellen.

Ihre Vorteile
- Bewerbung Ihres Angebots bei 15 000 deutschen und 5 000 österreichischen potenziellen Gästen
- Zielgruppenoptimierte Kundenansprache

Unsere Leistungen
- Professionelle Darstellung Ihrer Inhalte im hochwertigen Pocket-Mailing
- Aufbereitung Ihrer Texte
- Bereitstellung von ÖW-Adressen mit entsprechenden Urlaubskriterien
- Komplettabwicklung inklusive Handling der Antworten
- Zusendung der Belegexemplare

Ihre Investition
EUR 4.500 exklusive MwSt.

Termin
Buchbar bis Ende März; Versand im September

❗ Seit dem Jahr 2000 bearbeitet die Österreich Werbung von Peking aus den chinesischen Markt. Alle Mitarbeiter/-innen der Österreich Werbung in Peking sprechen chinesisch.

💡 Wien, Innsbruck, Salzburg, Vösendorf und Linz zählen zu den beliebtesten Destinationen chinesischer Gäste. Finden Sie eine Erklärung, warum Touristinnen/Touristen aus China nach Vösendorf kommen?

Bildung von Marktgruppen

Um effizient vorgehen zu können wurden folgende Marktgruppen und dafür spezielle Marketingpläne entwickelt:
- **Arabische Länder** (Saudi Arabien, Bahrain, Oman, Kuwait, Katar und Vereinigte Arabische Emirate): Es wird mit „Best of Austria" geworben.
- **Russische Föderation und Ukraine:** Ziel ist es, die Märkte der Ballungsräume außerhalb von Kiew, Moskau und St. Petersburg zu bearbeiten.
- **Austria para sus amigos:** 50 österreichische Anbieter/-innen, vier spanische Partner/-innen und drei Fluglinien bilden diese Gruppe, um den spanischen Markt zu bearbeiten.
- **Rumänien:** Ab 2010 werden 15 Destinationen gebündelt am rumänischen Markt auftreten.

5.3 Bearbeitung der Fernmärkte

Für die Bearbeitung der Fernmärkte ist es von Bedeutung spezielle Angebote zu entwickeln, die Österreich unverwechselbar auf den Märkten platzieren. Als wichtige Fernmärkte gelten Japan, Thailand, Korea, China, Australien, Südamerika und Nordamerika. Dabei wird auf die zahlungskräftige Kundschaft gesetzt, denn diese kann sich den Urlaub leisten und ist dadurch unabhängiger von weltwirtschaftlichen Veränderungen. Es wird dabei auf das Spannungsfeld zwischen Tradition und Innovation gesetzt: **klassische Imagestärken** und **Klischees** in Verbindung mit Modernem. Auch der Winter in Österreich steht zunehmend im Vordergrund.

Bei der in Wien stattfindenden Veranstaltung **„Austria. Destination Summit 2010"** treffen Tourismusspezialistinnen/Tourismusspezialisten aus Österreich, Kanada, Australien und den USA zusammen. Unter dem Motto „engage, explore, experience" greift die Österreich Werbung den Trend nach authentischen Reiseerlebnissen auf und präsentiert 60 ihrer wichtigsten Marktpartnern die Marke „Urlaub in Österreich" in einer erlebbaren Form. Das Spannungsfeld Tradition und Innovation soll auf allen Ebenen zum Ausdruck gebracht werden. Bestehende Kontakte können intensiviert und besonders in Einzelgesprächen gepflegt werden. Fachjournalistinnen/Fachjournalisten nehmen daran teil und berichten über die vorgestellten Angebote. Auch für den Markteinstieg ist dies eine günstige Gelegenheit.

In den asiatischen Ländern **Südkorea** und **Taiwan** werden **Business Seminare** für Reiseveranstalter/-innen und Reisebüroagentinnen/Reisebüroagenten in Form von Symposien veranstaltet, die die Möglichkeit zu Verkaufsgesprächen bieten. VIP-Dinners in Seoul und Taipei mit Entscheidungsträgerinnen/Entscheidungsträgern stellen Österreich in den Mittelpunkt des Interesses. Dabei wird Österreich interaktiv erlebt. Die vor den VIP-Dinners stattfindenden Pressekonferenzen sollen Medienvertreter/-innen auf Österreich aufmerksam machen.

Beispiel Marketingplan für China

China ist, nach Ankünften gerechnet, der drittwichtigste Fernmarkt für Österreich und nach Japan der zweitwichtigste asiatische Herkunftsmarkt. 2009 wurden rund 146 000 Ankünfte und 207 400 Nächtigungen aus dem Markt China verzeichnet.

Das Österreich-Image wird dominiert von klassischer Musik (Strauss, Mozart), Geschichte (Imperial Austria, „Sisi", Habsburger) und Tradition. Nun soll der Imagefächer durch das Spannungsfeld zwischen Tradition und Moderne sowie durch die Kombination von Kultur- und Naturerlebnissen erweitert werden. Mit neuen Produkten wie Themenrouten soll Österreich als Monodestination im Gruppenreisebereich positioniert werden.

Aufgrund der kurzen Verweildauer chinesischer Gäste in Österreich gilt es außerdem „Entschleunigungsprogramme" anzubieten und verstärkt auf Individualreisende zu setzen. Für Österreich stehen die einkommensstarken Zielgruppen im Fokus, da diese die relativ niedrigen Ausgaben im kerntouristischen Bereich durch Shoppingausgaben kompensieren.

Der arabische Tourismusmarkt

Die Ankünfte in Österreich aus arabischen Ländern haben sich von 2002 bis 2007 mehr als verdreifacht. Das Jahr 2008 brachte wieder einen Zuwachs von 11,8 %. Im Bereich der Überseemärkte liegt nach Ankünften der arabische Raum hinter den USA und Japan an dritter Stelle. Die Gäste aus den arabischen Ländern bleiben länger als die anderen Überseegäste (Aufenthaltsdauer 3,6 Tage) und geben auch dreimal so viel Geld pro Tag aus.

Im Fokus der Österreich Werbung stehen Saudi Arabien, Kuwait, Katar und die Vereinigten Arabischen Emirate. Beworben wird speziell die Sommerfrische, da die Flucht vor der Hitze des Sommers eines der wichtigsten Reisemotive ist. 70 % der Übernachtungen werden im Juli und August registriert. Auch das Erlebnis des Regens wird von den arabischen Touristinnen/Touristen gesucht. Kultur in den Städten gehört zum Angebotsmix in der Sommerfrische dazu. Angesprochen werden Menschen zwischen 30 und 60 Jahren mit einem hohen Bildungsniveau. Oft reisen die Gäste aus den arabischen Ländern im Verband der Großfamilie. Ein familienfreundliches Klima ist daher bei der Angebotserstellung von großer Bedeutung. Am beliebtesten sind als Aufenthaltsorte Wien und Orte im Bundesland Salzburg.

Zwei zentrale Marketingstrategien wurden 2009 für den arabischen Raum entwickelt:
- **„Österreich in aller Munde"**: Die Strategie dient dazu, die Tradition der Kultur des mündlichen Austausches in arabischen Gesellschaften zu nützen. Dabei geben gesellschaftliche Meinungsmacher/-innen ihr Wissen über Österreich mündlich weiter.
- **„Picture yourself in Austria"**: Dabei werden z. B. in Geschäftsstraßen Menschen vor Österreichmotiven fotografiert. Das Bild wird ausgehändigt, auf die ÖW-Homepage gestellt und kann dann an Freunde verschickt oder heruntergeladen werden. Das Urlaubsfoto mit dem Effekt der Postkarte ist somit schon vor dem Urlaub entstanden. Es muss nur noch das Bild in die Realität umgesetzt werden.

Beispiel Quellmarkt Nordamerika

Nordamerika ist weltweit der größte Tourismusmarkt und für Österreich der wichtigste Fernmarkt. Speziell für Touristinnen/Touristen aus den USA ist Europa das Fernreiseziel Nummer eins.

Jährlich reisen ca. 13 Millionen Menschen aus den USA und Kanada nach Europa. 20 % der Amerikaner/-innen haben die finanziellen Möglichkeiten und auch das Interesse. Somit beläuft sich der Markt auf ca. 60 Millionen Menschen, die potenzielle Kundinnen/Kunden sind. Durch viele historische Kontakte steht auch die Kultur an erster Stelle. Die beliebtesten Destinationen sind Wien, Salzburg, Graz und Innsbruck, aber auch Seefeld, Lech und St. Anton am Arlberg.

Marketingschwerpunkte
- **Kulturreisen im Spannungsfeld Tradition und Innovation – Austria. Art. Architecture. Design:** Dabei werden die Bereiche der klassischen Kultur mit der Moderne verbunden. Das zentrale Werbemittel der Kampagne ist ein 16-seitiges Destinations-Magazin – **„Austria. Art, Architecture & Design"-Magazin** – das als Gemeinschaftsproduktion mit etablierten Reise- und Kunst-Magazinen geplant ist. Mit einer Mindestauflage von 160 000 Stück wird die Beilage in den USA, Kanada und Australien eingesetzt. Weitere Exemplare werden als Handouts bei Messen und Events verteilt sowie den Reiseanfragen beigelegt.
- **Weinerlebnis Österreich:** Das Weinerlebnis als authentisches Erlebnis. Im Zentrum steht der Winzer/die Winzerin als Kommunikator/-in.
- **Natur und Kultur in den Alpen – „Elevate your Couriosity – The Alps – Alpine Tourist Commission":** Die Alpen werden als Sommerdestination in Zusammenarbeit mit Deutschland, Italien, Frankreich und der Schweiz neu positioniert. Dabei wird aber auch darauf Bedacht genommen, die Marke Österreich zu stärken.

? Stellen Sie für die Kulturkampagnen der Österreich Werbung den historischen Hintergrund zusammen!

? Beschreiben Sie die einzigartigen Sehenswürdigkeiten der österreichischen Landeshauptstädte!

Angewandtes touristisches Marketing

> ❗ Für die einzelnen Herkunftsmärkte sind eigene Internetsites in der jeweiligen Landessprache eingerichtet und über die Seite www.austria.info abrufbar.

5.4 Marketing im Internet

Seit Jänner 1995 ist die Österreich Werbung im Internet präsent. Das B2C-Portal der Österreich Werbung www.austria.info sichert sowohl technisch als auch inhaltlich den Partnerinnen/Partnern der heimischen Tourismuswirtschaft eine führende Rolle im E-Tourismus. Mit den Werbemöglichkeiten auf der Internet-Plattform wird weltweite Präsenz garantiert. Gleichzeitig gelingt es, den Marktanteil im internationalen Tourismus erheblich auszubauen. Nützliche Infos für österreichische Touristiker/-innen finden sich auf dem Business- und Serviceportal der Österreich Werbung www.austriatourism.com.

Mittlerweile sind ca. 20 % der Weltbevölkerung online, und das Internet ist das wichtigste Medium der Gegenwart und Zukunft. Die meisten Anschlüsse bestehen in Europa, Nordamerika und Japan. Besonders in den skandinavischen Staaten gibt es eine fast flächendeckende Versorgung mit Internet. Auch die finanzkräftigen Schichten in den Ländern der Peripherie haben meistens Möglichkeiten, auf das Internet zuzugreifen.

Im Jahre 2009 waren 70 % der Österreicher/-innen, die älter als 14 Jahre sind, online bzw. hatten Zugang zum Internet.

(Quelle: www.statistik.at)

> **E-Commerce** = Elektronischer Handel, auch Internet- oder Online-Handel, ist der virtuelle Einkaufsvorgang via Datenfernübertragung innerhalb der Distributionspolitik des Marketings bzw. des Handelsmarketings. Hierbei wird über das Internet eine unmittelbare Geschäftsbeziehung zwischen Anbieter/-innen und Abnehmer/-innen abgewickelt.

Im Jahr 2002 lag der Anteil des **E-Commerce** in der europäischen Reisebranche noch bei 3 %. Im Vergleich dazu erfolgten im Jahr 2009 38 % aller Hotelbuchungen weltweit über das Internet. Ein weiteres Drittel wurde durch das Internet beeinflusst. Damit ist das Internet zum weltweit wichtigsten Ort des Marketings geworden.

Das Internet wird zwar die gedruckten Prospekte nicht gänzlich ersetzen, aber in Zukunft immer mehr den Werbeauftritt von Tourismusunternehmen unterstützen. Die online gestellten Materialien sind für die Kundin/den Kunden jederzeit abrufbar.

Für den Auftritt im Internet eignen sich
- aktuelle News wie Wetterberichte, Webcams, neue Angebote und Veranstaltungstermine,
- alle interaktiven Dienste wie Buchung, Bestellung von weiterführenden Materialien oder Gewinnspiele,
- standardisierte Information ohne Erklärungsbedarf, z. B. Wegbeschreibung, Preislisten oder historische Daten,
- Transport von Emotionen via Fotogalerie, Videoclips und Musik.

Grundlagen der Erstellung von Websites
- Die Website muss professionell gestaltet und benutzerfreundlich sein, d. h. die Inhalte sollen klar strukturiert und leicht auffindbar sein. Sie sollen ansprechend und vor allem aktuell sein – die ständige Aktualisierung ist ein Grundsatz des Erfolges.
- Aus der Website muss eindeutig hervorgehen, an welche Zielgruppe sich die Site richtet.
- Die Möglichkeit einer Anfrage über ein Kontaktformular erhöht die Wirksamkeit der Website.
- Verschiedene interaktive Elemente, wie Gästebücher oder Newsletter unterstützen die Kundenbindung.
- Im Impressum wird die Verantwortung für die Site bekanntgegeben.
- Um auch international tätig sein zu können, muss gemäß den Zielgruppen auch der Inhalt in einer Fremdsprache, meist Englisch, angeboten werden.
- Routenplaner und Karten sollten in die Site integriert werden, um vom Gast bei der Anreise schnell gefunden zu werden.
- Linkpartnerschaften erhöhen die Chance auch im Netz gefunden zu werden.

> ❓ Vergleichen Sie die verschiedenen Internetplattformen der österreichischen Tourismusbranche. Was gefällt Ihnen gut, was könnte Ihrer Meinung nach noch verbessert werden?

Die Website www.austria.info steht in den jeweiligen Landessprachen zur Verfügung. Die Österreich Werbung hat ihre führende Rolle im E-Tourismus weiter ausgebaut. Auf ihrer Website gelangt man über **„Suchen & Buchen"** auf die Sites von Beherbergungsbetrieben und Tourismusunternehmen. Somit gibt es die Möglichkeit der **Direktbuchung**. Auch werden spezielle Angebote als **Eye-Catcher** auf der Site sichtbar gemacht, die zur Direktbuchung führen.

5 Beispiele des touristischen Marketings in Österreich

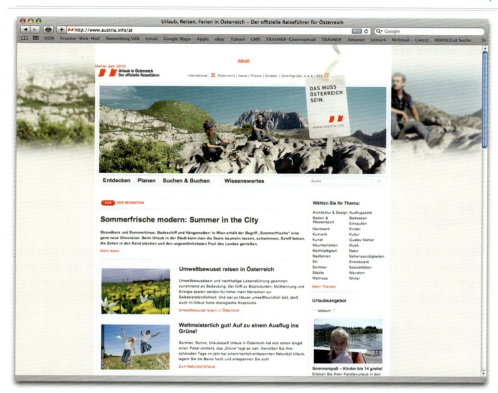

Internet-Angebote der Österreich Werbung zum Thema Kultur
- Österreichs Städte
- Museen in Österreich
- Österreichs Galerieszene
- Moderne Architektur in Österreich
- Zeitgenössische Kunst in Österreich
- Österreichs Welterbestätten
- Österreichs Musikszene
- Tanz- und Performancefestivals
- Österreichs Filmgeschichte
- Literarische Themenwege
- Kultur entlang der Donau

Auf der Seite für die **USA** finden sich beispielsweise folgende Hinweise
- 150 Years Gustav Mahler
- Art, Architecture & Design
- Austria's Wine Country
- Austria's Wine Regions
- Classical Balls ...

Beispiel Direktbuchung mit Tiscover

Da sich am Beginn des Internetbooms ein Wildwuchs an Seiten von Beherbergungsbetrieben entwickelt hat, wurde eine einheitliche Plattform geschaffen. Daran nehmen mittlerweile alle Bundesländer und auch die Alpenregionen in Deutschland, Italien und der Schweiz teil.

Viele Informationen über die einzelnen Orte und Regionen werden mit einer einheitlichen Verkaufsplattform für die Tourismus- und Freizeitwirtschaft kombiniert. Somit wird für alle Unternehmen die Möglichkeit eines **einheitlichen Internetauftritts** ermöglicht.

Tiscover bietet ca. 25 000 buchbare Unterkünfte und hatte im Jahr 2008 ca. 23 Millionen Nutzer/-innen, 420 Millionen Seitenaufrufe und mehr als eine Million Anfragen und Buchungen. Damit zählt dieses Urlaubsportal zu den weltweit erfolgreichsten. Die Website bietet Informationen zu über 2 000 Urlaubsregionen, rund 800 Skigebieten und ca. 700 Badeseen.

www.tiscover.com

Folgende Teilbereiche bietet Tiscover
- **Reiseziele:** Informationen über Österreich, Deutschland, Italien und die Schweiz.
- **Hotels und Unterkünfte:** Je nach Region erscheinen die buchbaren Unterkünfte.
- **Themenurlaub:** Familie, Gesundheit & Wellness, Ski & Snowboard, Wandern, Radfahren/Biken, Wassersport, Golfen, Action & Adventure, Natur, Romantik/Hochzeit, Gourmet sowie Kunst/Kultur/Event.
- **Skigebiete:** Durch Eingabe des Urlaubsziels (Ort, Stadt, Region oder Skigebiet) oder durch Anklicken auf der Karte erscheinen alle Informationen.
- **Badeseen:** Eine Karte mit den direkt wählbaren Seen gibt Auskunft über die Bezeichnung des Sees, dessen Größe, Strand und Lage (Ort und Bundesland).
- **Last Minute:** Unter diesem Link erscheinen viele sofort buchbare Packages, die kurzfristig angeboten werden.

? Besuchen Sie auf der Homepage von Tiscover die Seite Ihrer Schulregion. Zählen Sie die direkt buchbaren Betriebe!

5.5 Markenbildung

Marken sind besonders geschützte Zeichen, die dazu dienen, Produkte von anderen, gleichartigen Produkten zu unterscheiden. Sie müssen **unverwechselbar** und **positiv besetzt** sein und sollen auch eine emotionale Komponente beinhalten.

Marken garantieren die **gleich bleibende Qualität** eines Produktes. Käufer/-innen verbinden mit der Marke für sie positive Erlebnisse.

Um einen einheitlichen und effizienten Marktauftritt zu erreichen, werden auch in der Tourismusbranche Marken entwickelt.

Dies erfordert eine sorgfältige Planung und ein koordiniertes Maßnahmenpaket zur Formung, Führung und Darstellung der Marke.

Eine starke Marke, die das Vertrauen der Marken-Zielgruppe genießt, stellt einen entscheidenden Wettbewerbsvorteil dar. Die Marke **„Urlaub in Österreich"** spricht jene wohlhabende und wirtschaftlich erfolgreiche Zielgruppe an, die sich durch hohe Reiseintensität und Ausgabebereitschaft auszeichnet und nach neuen Impulsen für eine Reise nach Österreich sucht. Die Marke gibt dem Urlaubsland Österreich ein prägnantes und auf die Interessen der Zielgruppe abgestimmtes Profil.

Markenkonzept

Die **Marke „Urlaub in Österreich"** positioniert Österreich als Urlaubsland, das inspirierend wirkt, Erholung bietet und bringt seine kulturellen Glanzpunkte zum Leuchten.

Die Marke erzählt von bewegenden Kultur- und Naturerlebnissen, von einer neuen Begegnungsqualität, von unzähligen Möglichkeiten zur Regeneration und einer hervorragenden Küche. Gleichzeitig rückt die Marke Innovatives – von zeitgenössischer Architektur bis hin zu kulinarischen Neuinterpretationen – immer mehr in den Vordergrund und beleuchtet es aus neuen Blickwinkeln.

Beispiel Tirol Werbung

Die Tirol Werbung gründete eine eigene Tochtergesellschaft „Marke Tirol Management GmbH". Es soll der nicht touristischen Wirtschaft in Tirol eine Plattform für die Beteiligung und die Pflege der Marke Tirol bieten.

Die Tirol Werbung erstellte Vergaberichtlinien für das **Tirol Logo.** Die Tirol Werbung erreicht mit den Imagekampagnen mehr als 350 Millionen Menschen. Im Jahr 2006 wurden mehr als 100 000 Produkte mit dem Tirol Logo verkauft, da viele Lizenzen an Partner/-innen der Tirol Werbung vergeben wurden.

Eine wichtige Aktion ist die Kooperation mit der Tiroler Loden AG. Mit der Tirol-Kollektion wird ein Schritt in Richtung erfolgreicher Markentechnik gesetzt.

Im **Sportsponsoring** wählte die Tirol Werbung 59 Bewerber/-innen aus. Bedeutende Partner/-innen sind die Nationalmannschaften des Österreichischen Skiverbandes, die das Tirol-Logo tragen.

www.tirolwerbung.at

Auch die Zusammenarbeit mit dem **FC Tirol** führte zu einem gesteigerten Bekanntheitsgrad der Marke Tirol. Partner/-innen sind auch das Hahnenkammrennen in Kitzbühel und das EA-Generali-Open in Kitzbühel.

5.6 Österreich Werbung und Sport – eine Kooperation

Skistars, die für Österreich werben, weil sie erfolgreich, jung, dynamisch, mutig und schlagfertig sind, werden von allen geliebt. Sie haben Fans und diese Fans sind auch bereit, dafür Geld auszugeben. Gerne fahren sie in jene Regionen, die den Nimbus des Spitzensports haben, gerne fahren sie über jene Pisten, auf denen ihre Stars irgendwann einmal zum Sieg gerast sind. Was liegt also näher, als dass die Österreich Werbung eng an diese sympathischen Spitzensportler/-innen rückt und durch sie ihre Urlauber/-innen zusätzlich beglückt.

Fans beim Hahnenkammrennen in Kitzbühel

Die Österreich Werbung nutzt Imagesynergien
Die Kooperation mit dem ÖSV beinhaltet eine Vielfalt gemeinsamer Marketing- und Werbemaßnahmen. Ziel ist es, die Kompetenz Österreichs sowohl im alpinen Spitzensport als auch im Qualitätstourismus noch mehr hervorzuheben. Durch die Zusammenarbeit und den gemeinsamen Auftritt im In- und Ausland gelingt es, Österreich als Tourismusdestination und Wirtschaftsstandort erfolgreich zu positionieren.

Nimbus = das besondere Ansehen einer Sache, einer Person, oder einer Personengruppe.

Synergien = Summe von positiven Ergebnissen, die größer ist als die Summe der Einzelbeiträge.

> **Wien/Treble Cone, 22. 8. 2008**
> Die Kooperation zwischen der Österreich Werbung und dem Österreichischen Skiverband trägt nun auch auf der südlichen Hemisphäre Früchte: Während ihres Trainingslagers im anspruchsvollsten Skigebiet Neuseelands, Treble Cone, erhielten die ruhmreichen Österreicher/-innen Besuch von australischen Sportjournalistinnen/Sportjournalisten.
>
> Diese hatten die exklusive Gelegenheit, das wahrscheinlich beste Skiteam der Welt beim Training zu studieren und persönlich kennen zu lernen. Initiiert und durchgeführt wurde dieser Besuch von der Leiterin des ÖW-Büros Sydney, Mag. Astrid Mulholland-Licht. Anlass für die Aktion gab es allerdings auch noch einen weiteren: Diesen Winter wirbt Treble Cone – auf Initiative der Österreich Werbung – mit einem Preisausschreiben, das die glückliche Siegerin/den glücklichen Sieger an den Ort des wohl berühmtesten Skirennens der Alpen nach Kitzbühel bringen wird – zum Hahnenkammrennen! Diese Promotion wurde in Kooperation mit Kitzbühel, dem ÖSV und der Fluglinie Emirates realisiert.

(Quelle: www.austriatourism.com)

Österreichs Damenslalom-Team in Australien

5.7 Product-Placement

Unter **Product-Placement** versteht man die Miteinbeziehung eines Produktes in einen Film oder eine Show.

Das Product-Placement gewann in den letzten Jahren zusehends an Bedeutung. Die österreichische Tourismuswerbung setzt verstärkt auf die Darstellung der Tourismusangebote in **Fernsehfilmen** und **-serien.**

Die Produktionen werden aus Mitteln der Tourismuswerbung mitfinanziert. Die Konfrontation der Seher/-innen mit dem Logo, den Regionen und Angeboten soll zu einer verstärkten Nachfrage führen.

In den Angebotsprospekten werden auch die Filmausschnitte zur Attraktivitätssteigerung herangezogen. Somit verschwimmen Realität und Film. Idealbilder und Wunschvorstellungen werden integriert.

Die Serie „**Schloßhotel Orth**" führte zu einer verstärkten Nachfrage in der Traunseeregion. Als problematisch erwies sich die Tatsache, dass das gezeigte Hotel in Gmunden nicht existiert. Auch der Badeurlaub und das schöne Wetter im Film entsprechen in Gmunden leider nicht immer der Realität.

Den Wörtherseetourismus kurbelte Ende der 80er-Jahre die Serie „**Ein Schloss am Wörthersee**" an.

Filmworkshop in Gmunden

Angewandtes touristisches Marketing

Auch die **„Piefke-Sage"** führte zu einer verstärkten Kommunikation über Tirol. Als negativ müssen allerdings die Sexfilme der 60er-Jahre, die häufig im Alpenraum spielen, bezeichnet werden.

Die Tirol Werbung trat 1997 als **Official Sponsor der Europatournee des Cirque du Soleil** mit dem Programm **Alegría** auf. Es wurde die touristische Präsentation mit einer exklusiven Show verbunden und Tirol international ins Rampenlicht gerückt. In Amsterdam, München, Berlin, Wien und Düsseldorf wurde ein Tirol-Empfang veranstaltet, an dem insgesamt über 1 400 Vertreter/-innen der Medienwelt mit Begleitung teilnahmen.

Durch die verstärkten Medienaktivitäten wurden über 90 Millionen Kontakte (Leser/-innen, Hörer/-innen, Seher/-innen) erzielt. 1998 wurde diese Aktion in den Städten London, Madrid, Barcelona, Hamburg, Antwerpen, Zürich und Frankfurt weitergeführt.

Der Tourismus im **Burgenland** erfuhr einen Aufschwung durch die Fernsehserie **„Der Winzerkönig"**. Auch hier wird von der burgenländischen Tourismuswerbung der Film mit den Drehorten als Werbemittel eingesetzt.

Das Programm **„Urlaub nach Drehbuch" – Auf den Spuren des Winzerkönigs,** ist ein wichtiger Teil des Angebotes in der Region um den Neusiedlersee. Die Drehorte sind mit Hinweistafeln gekennzeichnet und bieten den Touristinnen/Touristen die Möglichkeit des Nacherlebens vor Ort.

> **Mit dem Winzerkönig reisen ...**
> Es gibt Rollen, die „bleiben" einem Schauspieler. Ob der Winzerkönig so eine Rolle ist, wird die Zukunft zeigen. Vor allem nach der zweiten Staffel. Die Aussicht, das Image des „Winzerkönigs" noch etwas länger mit mir spazieren zu tragen, ist jedenfalls durchaus reizvoll ...
>
> Der Thomas Stickler ist nämlich eine überaus sympathische Person. Und seine Arbeit, der Weinbau, ist eine so freudvolle und abwechslungsreiche Tätigkeit! Noch dazu in diesem Umfeld: Die pannonische Sonne, die Weinberge, die malerischen Gassen von Rust, die alten Häuser und Buschenschenken. Und der See als Traumkulisse ...
>
> Wie sehr diese Landschaft prägt, haben wir beim Dreh erlebt. Beim täglichen Kontakt mit den Bewohnerinnen/Bewohnern von Rust, die uns so freundlich aufgenommen haben. Auch wenn wir einiges an Unruhe in ihren Alltag gebracht haben. Aber das haben sie nicht nur in Kauf genommen – nein, sie haben sogar begeistert mitgespielt im Film und kleinere Statistenrollen übernommen. Ihr Wissen und ihr Einsatz hat viel dazu beigetragen, dass die TV-Serie auch ein Stück Winzerwirklichkeit mit transportiert hat.
>
> Ich kann Sie nur einladen: Vergleichen Sie Film und Wirklichkeit – besuchen Sie das Land der Sonne, den Neusiedler See, die Heurigen und die Weingüter. Probieren Sie Wein und Köstlichkeiten der Region. Gehen Sie auf eine pannonische Weinreise, und Sie werden feststellen, dass das Märchen vom Winzerkönig vielerorts schon wahr geworden ist ...
>
> Ihr Harald Krassnitzer

(Quelle: www.burgenland.info/static/files/winzerkoenig.pdf)

Auch in **Kitzbühel** wird mit der Serie **„SOKO Kitzbühel"** Tourismuswerbung gemacht.

> **Auf den Spuren der Filmstars in den Kitzbüheler Alpen**
> Die Region ist von Natur aus gesegnet mit ihrer Schönheit und unzähligen Möglichkeiten ... wie geschaffen für einen Traumurlaub in den Tiroler Bergen. Begeben Sie sich mit Ihrer höchstpersönlichen „Film-Fantasie" auf die Reise quer durch die Kitzbüheler Alpen-Filmwelt. Besuchen Sie legendäre Drehorte und rufen Sie beeindruckende Bilder aus Ihrem Filmgedächtnis wach. Treten („wandern") Sie in die Fußstapfen namhafter Regisseurinnen/Regisseure oder Schauspieler/-innen.

Das Erfolgsrezept der Serie „SOKO Kitzbühel" ist ebenso simpel wie genial. Eine junge Ermittlerin und ein junger Ermittler, ein Haubenkoch und eine Gräfin in den Hauptrollen, dazu zahlreiche Gast-Schauspieler.

Die komplizierten Fälle, die es zu klären gilt, werden mit einer ausgewogenen Mischung aus kriminalistischem Sachverstand, kulinarischer Kombinationsgabe und viel Einfühlungsvermögen gelöst.

Neben den beiden Kriminalisten Andreas Kiendl alias Klaus Lechner bzw. Lukas Roither alias Jakob Seeböck und Kristina Sprenger alias Karin Kofler und der Jetset erprobten Gräfin Schönberg (Andrea L'Arronge) hat immer wieder auch Haubenkoch Hannes Kofler (Heinz Marecek) großen Anteil daran, dass bis zum Ende jeder Folge alle Morde aufgeklärt und sämtliche Verbrecher/-innen überführt sind.

Ein Blick hinter die Kulissen von SOKO Kitzbühel – wussten Sie, dass …
- bei nur einer Dreh-Einstellung bis zu 100 Personen am Set mitwirken (Schauspieler/-innen, Regie, Komparsinnen/Komparsen, Helfer/-innen …)?
- für ca. fünf Minuten fernsehtauglicher Bilder mindestens ein gesamter Drehtag nötig ist?
- sechs bis sieben Autorinnen/Autoren an den SOKO Kitzbühel-Folgen (Drehbuch) schreiben?
- SOKO Kitzbühel nicht nur für die Fernseh-Welt sondern auch für die Wirtschaft der Region ein enormer „Gewinnbringer" ist?

SOKO Kitzbühel Filmtour – auf den Spuren von Kommissarin Karin Kofler
Wer dabei ist, erhält einen kriminalistisch tiefen Einblick in die Entstehung der Serie und spannende Blicke hinter die Filmkulissen.

Gäste der Kitzbüheler Alpen haben im Sommer erstmals Gelegenheit, auf den Spuren der erfolgreichsten österreichischen Krimiserie SOKO Kitzbühel zu wandeln. Erfahren Sie Hintergründe der Dreharbeiten, sehen Sie lustigste „Outtakes" und „Hoppalas", erkunden Sie die Drehorte und posieren Sie für Ihr persönliches Erinnerungsfoto zwischen den Stars.

Stationen der SOKO Kitz Filmtour:
- Jeden Dienstag im August von 9:00 bis ca. 15:00 Uhr.
- Filmguide gibt Exklusiv-Infos zur Geschichte von SOKO Kitzbühel.
- Wanderung durch Kitzbühel, Besichtigung der Drehorte in der Innenstadt.
- Spaziergang zur Villa Mellon.
- Ein Taxibus chauffiert zur SOKO-Kitzbühel-Schaltzentrale mit Requisitenlager. Der erste Aufnahmeleiter führt durch die Kommando-Zentrale.
- Fahrt zur Studiokulisse und Besichtigung des SOKO-Kitzbühel-Kommissariats.
- Fahrt zum Alpengasthof Filzerhof – alias „Pochlaner Stuben".

(Quelle: www.kitzalps.com/filmtourismus)

„Lilly Schönauer" im Salzkammergut
In die neue Folge der TV-Sendereihe „Lilly Schönauer" geriet Tourismus-Landesrat Viktor Sigl bei seinem Besuch am Set. Die Serie erreichte auf ARD 4,5 Millionen Zuschauer/-innen. Am Tag nach der Erstausstrahlung wurden an die Tourismusregion Traunsee 140 Anfragen gerichtet.

(Quelle: Die O.Ö. Landesillustrierte, Nr. 2/2010)

? Welche Fernsehfilme zum Thema Product-Placement werden gesendet?

Wählen Sie einen Film aus und stellen Sie die touristische Entwicklung anhand der Strukturdaten der Region dar!

Welche Veränderungen sind festzustellen?

Der „Steiermark-Joker" ist österreichweit einzigartig: Mit einem Ticket kann der Gast 27 Skigebiete und die vier steirischen Top-Thermen genießen, und das insgesamt 181 Tage lang. Die Preise sind bewusst niedrig gehalten. 22 eigene Pakete wurden geschnürt, um Kindern, Jugendlichen, Familien und Erwachsenen eine optimale Tarifauswahl zu bieten

5.8 Vorteilskarten

Um eine stärkere Bindung der Kundinnen/Kunden an die touristischen Angebote zu erreichen, wurden Kundenkarten in Form von **Rabatt-** und **Vorteilskarten** entwickelt. Mit diesen Karten werden direkt und sofort **Preisvergünstigungen** gewährt.

Neben den Vorteilen für die Kundinnen/Kunden haben diese Karten einen **hohen Werbewert** für die Anbieter/-innen. Einzelne Leistungsanbieter/-innen konnten aber noch keinen Mehrumsatz beobachten.

Historisch gesehen sind die Ursprünge in den Gästekarten zu suchen, die aber immer nur auf den Nächtigungsort ausgerichtet waren.

Aufgrund der höheren Mobilität am Urlaubsort ist der Bewegungsraum der Touristinnen/Touristen größer geworden. Auch die All-Inclusive-Erfahrungen aus außereuropäischen Urlaubsdestinationen erforderten die Entwicklung dieser **regionalen Vorteilskarten**.

Beispiele
- Kärnten Card
- Cards der Steiermark (Region Ausseerland–Salzkammergut: Sommerclou 2010; Urlaubsregion Murtal: Bonuscard; Region Schladming-Dachstein und Ramsau am Dachstein: Sommercard; Steiermark-Joker…)
- Wien Card
- Salzburg Card
- Vorarlberg Card
- Innsbruck Card
- Ostalpen Card
- Linz, Card 2010

Die Linz, Card 2010 ist bei der Tourist Information am Hauptplatz und am Hauptbahnhof, im Dom-Center Linz, sowie in vielen Linzer Museen und Linzer Hotels und am blue danube airport Linz erhältlich

❗ Erstellen Sie eine Liste der touristischen Vorteilskarten in Österreich! Welche Unterschiede und welche Gemeinsamkeiten lassen sich feststellen?

Schon ab EUR 29,00 stehen den Besucherinnen/Besuchern „Innsbrucks Schätze" für 24 Stunden kostenlos zur Verfügung

Beispiel Linz, Card 2010

Das große Erlebnispaket zum kleinen Preis – das Besucherticket für die ganze Stadt.

Leistungen
- Freier Eintritt in den Einrichtungen Lentos Kunstmuseum Linz, Nordico – Museum der Stadt Linz, Ars Electronica Center, Schlossmuseum Linz, Landesgalerie Linz und OK Offenes Kulturhaus Oberösterreich
- Kostenfreie Benutzung der öffentlichen Verkehrsmittel der LINZ AG LINIEN im angegeben Zeitraum
- Ermäßigter Eintritt in die voestalpine Stahlwelt
- Ermäßigter Eintritt in das Akustikon
- Ermäßigung bei einem geführten Stadtrundgang mit einem Austria Guide
- Ermäßigung für eine Fahrt mit dem Linz City Express
- Ermäßigter Eintritt im Linzer Tiergarten
- 20 % Ermäßigung für eine Segway-City-Tour mit LINZerSCHWEBEN
- Ermäßigter Eintritt in das Schloss Ebelsberg
- 20 % Ermäßigung für eine Schiffahrt Linz – Aschach – Linz mit der Reederei Donauschifffahrt Wurm & Köck
- Paket Jetons und Begrüßungssekt im Casino Linz um EUR 21,00 statt EUR 25,00
- Ermäßigter Eintritt bei der OÖ Landesausstellung
- 10 % Ermäßigung beim Eintritt in die Mechanische Klangfabrik in Haslach
- 14 % Ermäßigung beim Eintritt ins Stift St. Florian
- Ermäßigung bei der Autovermietung EasyMotion

Preise LINZ, CARD 2010
- 1-Tageskarte EUR 15,00; ermäßigt: EUR 10,00
- 3-Tageskarte EUR 25,00; ermäßigt: EUR 20,00

Ermäßigungen
- Kinder (6 bis 14 Jahre)
- Schüler/-innen
- Studentinnen/Studenten bis 26 Jahre
- Lehrlinge
- Zivil- und Präsenzdiener/-innen
- Behinderte mit Begleitperson erhalten zwei ermäßigte Cards
- Aktivpassinhaber/-innen
- ÖAMTC/ADAC-Mitglieder erhalten pro Karte zwei ermäßigte Cards
- Besitzer/-innen einer gültigen ÖBB-Fahrkarte mit Ziel Linz

Beispiel Innsbruck Card

Die Innsbruck Card öffnet den Besucherinnen/Besuchern zu besonders günstigem Preis die Türen zu den wichtigsten Museen und Sehenswürdigkeiten in Innsbruck, aber auch in den Münzerturm in Hall und die Swarovski Kristallwelten in Wattens ...

Sie inkludiert je eine Berg- und Talfahrt mit den Bergbahnen in der Region Innsbruck, die freie Fahrt mit dem „The Sightseer Bus", dem „Kristallwelten Shuttle" und allen öffentlichen Verkehrsmitteln in Innsbruck sowie nach Igls, Rum/Hall, Natters/Mutters und retour.

Für einige Leistungen erhalten die Besucherinnen/Besucher mit der Innsbruck Card eine Reduktion: Tiroler Abend der Familie Gundolf in Innsbruck, Ferienparadies Natterer See, Die Börse (Bike Rental), Gästebob Olympia Bobbahn Igls, Sightseeing (Schubert Stadtrundfahren), i-tour Stadtrundgang, Eislaufen in der Olympiaworld Innsbruck, sowie in einigen Fachgeschäften in Innsbruck.

Preise Innsbruck Card
- 24 Stunden EUR 29,00
- 48 Stunden EUR 34,00
- 72 Stunden EUR 39,00
- Kinderermäßigung (6–15 Jahre) 50 %

Kärnten Card

Mit der Kärnten Card hält man den Schlüssel für Erlebnis, Spaß und jede Menge Vorteile in der Hand. Sie öffnet die Türen zu über 100 Ausflugszielen in Kärnten, die man beliebig oft besuchen kann. Außerdem gibt es mit der Kärnten Card bei über 50 Bonuspartnerinnen/Bonuspartnern tolle Ermäßigungen.

Die Kärnten Card ist bei mehr als 140 Verkaufsstellen in ganz Kärnten erhältlich, z. B. in den Tourismusbüros. Bei vielen Beherbergungsbetrieben erhält man die Kärnten Card für die Dauer des Aufenthalts sogar gratis dazu.

Preise Kärnten Card

1 Wochen Karte	- EUR 34,00 für Erwachsene - EUR 14,00 für Kinder (6–14 Jahre) - Für Kinder unter 6 Jahren und ab dem 3. Kind gratis!
2 Wochen Karte	- EUR 42,00 für Erwachsene - EUR 18,00 für Kinder (6–14 Jahre) - Für Kinder unter 6 Jahren und ab dem 3. Kind gratis!
5 Wochen Karte	- EUR 53,00 für Erwachsene - EUR 26,00 für Kinder (6–14 Jahre) - Für Kinder unter 6 Jahren und ab dem 3. Kind gratis!

Die Kärnten Card ist von 18. April bis 10. Oktober 2010 gültig und kann in Verbindung mit einem Lichtbildausweis beliebig oft genutzt werden

5.9 Gastlichkeit als Grundlage erfolgreichen Marketings

Um auf Dauer als Tourismusort und Region erfolgreich auf den Märkten auftreten zu können, muss die historisch gewachsene Gastfreundlichkeit weiterentwickelt werden. Gemeint ist damit die innere Einstellung der Einwohner/-innen in den Tourismusorten.

Aus dem Bewusstsein heraus, dass die Wirtschaft in vielen Orten abhängig ist von der touristischen Nachfrage, sollen sich **Verantwortungsgefühl, Zuverlässigkeit, Rücksichtnahme** und **Toleranz** entwickeln.

www.gastlichkeit.at

Tourismusgesinnung

Da das touristische Angebot das Versprechen der Erfüllung von Erwartungen ist, muss versucht werden, den Aufenthalt am Urlaubsort so angenehm wie möglich zu gestalten. Der Gast erwartet sich ein Zuhause, nette Nachbarinnen/Nachbarn und eine angenehme Gesellschaft. Dies betrifft sowohl die Bewohner/-innen vor Ort als auch die anderen Gäste.

In Zeiten der stärker werdenden Kommunikationsdefizite kommt dem zwischenmenschlichen Bereich in der Betreuung der Gäste immer mehr Bedeutung zu.

"Unter Tourismusgesinnung wird die aktive Zuwendung zu den Belangen des Kur- und Freizeit-Tourismus verstanden. Sie ist Ausdruck einer von Verstand und Gefühl getragenen positiven Gestaltung der zwischenmenschlichen Beziehungen im Bereich des Gästeverkehrs und seiner Vernetzungen."
(Bundesministerium für wirtschaftliche Angelegenheiten: 1 000 Jahre Gastlichkeit in Österreich, Der einladende Ort. Wien 1996)

Kennzeichen der perfekten Gastlichkeit

- Entwicklung einer gesamtheitlichen Dienstleistungsqualität durch Betreuung im menschlichen Sinne.
- Verstärkung der Gästebetreuung durch das örtliche touristische Management: Es soll das Eingewöhnen vor Ort erleichtert werden. Der Gast soll sich zurechtfinden und Geborgenheit empfinden. Körperliches Wohlbefinden soll sich einstellen und Stress soll vom Gast ferngehalten werden.
- Die Behebung erkannter Mängel.
- Eine glaubwürdige und stimmige Umweltkultur und Ortspflege.
- Eine realitätsgetreue Information der Gäste.
- Die Entwicklung eines zielgruppenorientierten Marketings, um im Gästemix keine Widersprüche vorzufinden.

Große Bedeutung kommt dabei der Unterkunftsgeberin/dem Unterkunftsgeber und den örtlichen Tourismusinformationen zu.

❓ Entwickeln Sie einen Fragebogen zur Gastlichkeit und führen Sie eine Gäste- und Bewohner/-innen-Befragung in einem Tourismusort durch! Präsentieren Sie das Ergebnis!

www.boeg.at

Der Bund österreichischer Gastlichkeit (BÖG)

Alle Mitgliedsbetriebe des Bundes österreichischer Gastlichkeit bieten saisonale Regionalküche. Die Gerichte werden überwiegend aus Produkten der Region nach traditionellen Rezepturen bzw. kreativ verfeinert zubereitet. BÖG-Betriebe pflegen die österreichische Ess- und Trinkkultur und sind überwiegend familiär geführt.

Die BÖG-Betriebe werden in drei Typen eingeteilt:
- Restaurants
- Landgasthöfe/Wirtshäuser
- Kaffeehäuser/Café-Restaurants

Restaurants bieten ein geschmackvolles, dem Stil des Hauses angepasstes Ambiente und eine angenehme Wohnzimmeratmosphäre, gehobene Tisch- und Glaskultur mit einem fachkundigen, freundlichen Service.

Landgasthöfe bieten ein landestypisches Ambiente und eine gemütliche bodenständige Atmosphäre; ein Stammtisch und eine Stehschank gehören ebenso zum Betriebstyp wie die persönliche Betreuung der Gäste.

Kaffeehäuser bieten eine große Auswahl an österreichischen Mehlspeisen und Getränkespezialitäten in typischer Kaffeehausatmosphäre mit traditionellem Service.

Ziele erreicht?

1. Warum ist positive Mundpropaganda für einen Betrieb so wichtig?
2. Erläutern Sie die Entstehung von Haltungen und Einstellungen als Grundlage der Kaufentscheidung!
3. Was bedeutet „Image"?
4. Was ist eine touristische Marke?
5. Welche Möglichkeiten bietet das Internet als Marketinginstrument?
6. Erläutern Sie den Begriff „Product-Placement"!
7. Erstellen Sie einen Katalog der Marketingaktivitäten der Österreich Werbung!
8. Erörtern Sie die Bedeutung der Gastlichkeit als Grundlage des Marketings!

Marketing für Teilmärkte

Die Verschiedenartigkeit der Zielgruppen und des Angebots erfordert unterschiedliche Marketingstrategien. Städte liegen als touristische Destinationen – vor allem für Kurzurlaube – im absoluten Spitzenfeld touristischer Aktivitäten. Ebenso wie die Bildungsreisen zählen sie zu den kulturorientierten, teureren Angeboten. Auch der Kongresstourismus macht sich mehrheitlich die städtische Infrastruktur und das städtische Kulturangebot für das Rahmenprogramm zunutze.

Neben diesen klassischen Formen des Tourismus gewinnen die aktivitäts-orientierten Formen wie Rad- und Abenteuertourismus zunehmend an Bedeutung und sprechen nicht nur ein jugendliches Zielpublikum an. Die Wellness-Idee hat dem Gesundheitstourismus neben der klassischen Kur ein zweites Standbein ermöglicht. Als Zielgruppen gleichermaßen interessant sind Familien und Eventtouristinnen/Eventtouristen, auch wenn die Ausgabenbereitschaft sehr unterschiedlich ist.

 Meine Ziele

Nach Bearbeitung dieses Kapitels kann ich
- die Vielfalt der Interessen des Publikums in den unterschiedlichen Marktsegmenten beschreiben;
- die speziellen Angebote erklären, mit denen der Tourismusmarkt auf die unterschiedlichen Interessen reagiert.

Marketing für Teilmärkte

1 Städtetourismus

1.1 Großstädte

? Vergleichen Sie drei verschiedene Reiseführer einer Ihnen gut bekannten Stadt und stellen Sie die unterschiedlichen Schwerpunkte fest!

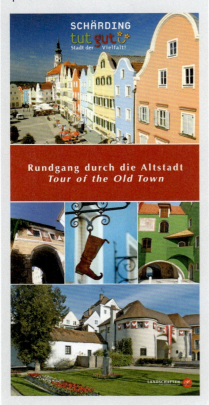

? In welcher Weise wurden in letzter Zeit in Österreich Jubiläen in Städten in Hinblick auf die Tourismusbetriebe vorbereitet?

? Legen Sie drei Besichtigungsprogramme Ihrer Landeshauptstadt vor – für einen, drei und fünf Tage!

Touristische Angebote, die sich die großen Städte in Europa oder Übersee zum Ziel setzen, haben in den letzten Jahren einen überdurchschnittlichen Zuwachs an Interessentinnen/Interessenten gefunden. Dieser Trend ist auch in Österreich immer stärker spürbar. Reisebüros gehen daher dazu über, in ihren Angeboten neben den gängigen Urlaubsdestinationen – Bergen, Seen – besonders die **Städte als eigene Reiseziele** anzubieten.

Welche Motive veranlassen die Touristinnen/Touristen, eine reine Städtetour zu unternehmen? Ein wichtiger Grund ist vor allem in den geänderten Urlaubsgewohnheiten der Reisenden zu finden. Man genießt den Winterurlaub auf den Skipisten, verbringt einen ausgiebigen Sommerurlaub am Wasser und zwischendurch nützt man immer öfter die Angebote, der einen oder anderen Stadt einen kurzen **Kulturbesuch** abzustatten.

Und dies ist schon ein wichtiges Kennzeichen des Städtetourismus: Die **Dauer** reicht von einem Tag bis zu ungefähr einer Woche. Es hängt von der unterschiedlichen Dauer des Aufenthaltes ab, ob man nur die Sehenswürdigkeiten innerhalb der Stadt besucht oder ob man sich auch dafür entscheidet, das angrenzende Umland kennen zu lernen.

Prinzipiell sind Städtereisen **keine Billigurlaube.** Vergleicht man aber verschiedene Städte in ihren Angeboten, so stellt man sehr große Preisunterschiede fest. Sie spielen bei der Entscheidung der Touristinnen/Touristen eine große Rolle. Die starke Konkurrenz um die Gunst der Touristinnen/Touristen veranlasst die Reiseanbieter/-innen dazu, Interessentinnen/Interessenten durch Sonderangebote, d. h. spezielle Arrangements, in die einzelnen Städte zu locken.

Preisvergleiche bezüglich der Unterkunft werden den Kundinnen/Kunden durch die internationalen Standards für die Bewertung der Hotels sehr erleichtert. Diese Informationen kann man bereits aus dem **Prospekt** ersehen und sie sind für die Anbieter/-innen bindend. Dadurch ergibt sich für die Besucher/-innen die Sicherheit, die von ihnen erwarteten Konditionen im Urlaubsort vorzufinden.

Schon die Prospekte geben einen Überblick über die Attraktionen der Stadt und ihrer Umgebung. Aus ihnen ist auch etwas vom Flair der Stadt zu erahnen, das die Anbieter/-innen den Besucherinnen/Besuchern zu vermitteln versuchen. Dieser erste Eindruck kann durch die sehr ausführlichen und übersichtlichen **Stadtführer** vertieft werden. Sie bieten nicht nur einen guten Einstieg in die Geschichte, sondern auch eine Liste der speziellen Angebote einer Stadt, sodass die individuelle Entscheidung, welche Sehenswürdigkeiten man besuchen möchte, erleichtert wird.

Ein besonderer Reiz für Interessentinnen/Interessenten von Städtereisen sind die vielen unterschiedlichen **kulturellen Angebote.** Museen – vom Heimatmuseum bis zu Spezialräumen, die ein Spezifikum der Stadt oder der Region ansprechen oder einen Superlativ für die Stadt bedeuten – tragen neben den Theaterhäusern, die ebenfalls gerne am Abend besucht werden, zu einem gelungenen Gesamteindruck einer Städtereise bei.

Runde Jahrestage der Gründung einer Stadt sowie Jubiläen berühmter Persönlichkeiten, die mit der Stadt in Verbindung gebracht werden können, und die Festivitäten, die damit verbunden sind, bieten zusätzliche Anlässe, Besucher/-innen in eine Stadt zu locken.

Hauptsächlich größere Städte – aber auch immer öfter kleinere – versuchen, durch **Events** wie z. B. durch Konzerte mit bekannten Künstlerinnen/Künstlern oder Sportveranstaltungen, Zusatzattraktionen anzubieten, die ebenfalls die Stadt mit ihrem Umland in die Schlagzeilen bringen.

Im aktuellen Kulturkalender können sich die Besucher/-innen schon bei Planung der Reise über Aktivitäten informieren, die zur Zeit des Besuches stattfinden werden und so das Sightseeing-Programm ergänzen. Oft sind es gerade solche Kulturaktivitäten, die den ersten Anstoß für die Wahl einer bestimmten Stadt als Reiseziel geben.

Kulturhauptstadt

Nur wenige Städte haben die große Chance, ein Jahr lang im Rampenlicht der Öffentlichkeit zu stehen. Mit dem Titel **„Kulturhauptstadt Europas"** – die beiden österreichischen Städte Graz (2003) und Linz (2009) hatten diesen Titel bereits inne – kann eine Stadt über einen längeren Zeitraum eine Vielzahl von Angeboten für Interessentinnen/Interessenten aus unterschiedlichsten Altersgruppen und Bildungsschichten anbieten. Das Kulturprogramm einer Kulturhauptstadt kann als Anregung für Ideen in anderen Städten dienen, die sie mit Fantasie nach ihren Möglichkeiten und Ressourcen für sich adaptieren können.

LINZ 2009
KULTURHAUPTSTADT
EUROPAS

Städtereisen

Es gibt zwei unterschiedliche Möglichkeiten Städtereisen zu buchen, die sich von der Anzahl der Buchungen her etwa die Waage halten: individuelle Reisen und Gruppenreisen.

Individuelle Reisen

Werden Städtereisen **individuell** unternommen, dann sind die Besucher/-innen an kein organisiertes Programm gebunden und können den Aufenthalt selbstständig planen. Diese Form des Reisens fördert und erleichtert den Kontakt mit der ansässigen Bevölkerung und gibt Gelegenheit für Erlebnisse abseits der üblichen touristischen Durchschnittsangebote. Voraussetzungen dafür sind Minimalkenntnisse der Sprache des Landes und die Bereitschaft, sich auf überraschende und ungeplante Situationen einzulassen mit der Erwartung, daraus Gewinn ziehen zu können.

Geschichte, Architektur und interessante **Sehenswürdigkeiten** einer Stadt sind die wichtigsten Aufhänger, um bei den Touristinnen/Touristen das Interesse an einer Stadt zu wecken. In Wien hat das Stadtrundfahrtunternehmen **„Vienna Sightseeing Tours"** eine Rundfahrt mit 15 Stationen eingerichtet, die an möglichst vielen der Highlights der Stadt vorbeiführt und so einen raschen Überblick bietet. Damit die Touristinnen/Touristen individuell ihre Route nach den eigenen Interessen und der eigenen Zeiteinteilung gestalten können, bietet man ihnen ein Zweitagesticket an, das auf dieser Route wie eine Netzkarte gilt. Es wird von vielen Reisenden gerne angenommen.

? Besuchen Sie die kulturellen Aktivitäten von „Linz 09" im Internet und lassen Sie sich davon zu einem verlängerten Kulturwochenende in Ihrer Stadt oder der nächsten größeren Stadt anregen. Gruppenarbeit eignet sich für diese Aufgabenstellung besonders gut!

www.viennasightseeing.at

Gruppenreisen

Andererseits sind **Städte-Gruppenreisen** sehr beliebt, da ihre Veranstalter/-innen den Teilnehmerinnen/Teilnehmern die Gewissheit vermitteln, sicher die wichtigsten Highlights der besuchten Stadt zu sehen und gleichzeitig genug Freizeit für eigene Bedürfnisse wie Shopping oder den Besuch zusätzlicher Veranstaltungen zu haben. Beim **Shopping** bieten sich in vielen Städten auch die **periodischen Märkte** an, auch Advent- und Ostermärkte, die in einzelnen Städten eine besondere Attraktion darstellen.

Wer mehr Zeit hat und sich mit spezielleren Themen einer Stadt auseinander setzen will, wird Führungen buchen, die von Spezialistinnen/Spezialisten angeboten werden. In Wien kann man aus 45 verschiedenen **Spaziergängen** in den gängigen Fremdsprachen wählen. Die staatlich geprüften Fremdenführer/-innen sind freiberuflich tätig, ihre Angebote sind ihr geistiges Eigentum und sie sind interessiert, dass keine Unbefugten – mit qualitativ minderen Leistungen – ihrem Image und damit dem Image der Stadt schaden. Sie sind an einem bestimmten Logo zu erkennen.

Von einem Urlaubsaufenthalt in einer Stadt sind die **kulinarischen Angebote** nicht wegzudenken. Sie vermitteln nicht nur einen Eindruck der regionalen Küche, sondern können auch manchen Einblick in die Geschichte und die verschiedenen Einflüsse gewähren, denen diese Küche unterworfen ist. Der Besuch eines typischen Restaurants gehört zum Programm einer Städtereise (wenn man auch realistischerweise bedenken muss, dass sich viele Touristinnen/Touristen während des Tages mit kleinen Imbissen begnügen).

„Die Himmel erzählen die Ehre Gottes" – auf den Spuren Josef Haydns

Jede Homepage einer Stadt weist neben den zentralen Sehenswürdigkeiten auch immer auf den Reiz der **angrenzenden Region** hin. Diese Angebote werden normalerweise bei längeren Aufenthalten in Anspruch genommen. Die Ziele werden – entsprechend der Dauer der Ausflüge – so angepriesen, dass die Besucher/-innen aufgrund der ihnen noch zur Verfügung stehenden Zeit ihre Entscheidungen treffen können.

? Besuchen Sie die Homepage der Wiener Spaziergänge www.wienguide.at und informieren Sie sich über Führungen zum Thema Kunst & Architektur!

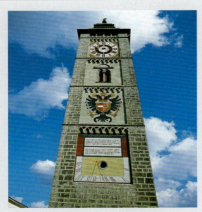

Ennser Stadtturm mit Doppeladler

Ergänzen Sie die nachfolgend angeführten Beispiele durch einige andere, die Ihnen bekannt sind:

- **Baden:** Die Kur- und Kongressstadt
- **Bad Radkersburg:** Die Thermenstadt
- **Enns:** Die älteste Stadt
- **Feldkirch:** Die Schubertiade-Stadt
- **Hallein:** Die Salzstadt
- **Hall in Tirol:** Die Inn-Stadt

1.2 Kleinere Städte

Wenn kleinere Städte auch keinen so hohen Bekanntheitsgrad wie die größeren haben, so ist aus ihrer speziellen Lage oder historischen Situation auch eine gewisse Stadtindividualität zu bemerken. Diese **speziellen Charakteristika** werden dann natürlich auch für die Werbung eingesetzt.

Im Gegensatz zu den größeren Städten steht beim Urlaub in Kleinstädten die **Erholungsabsicht** im Vordergrund. Einerseits sind die Angebote leicht überschaubar und ohne Stress erreichbar, andererseits bieten sich Ausflüge in die umgebende Natur an. Dementsprechend ist auch die Altersstruktur der Urlauber/-innen gelagert: Kleinstädte ziehen hauptsächlich älteres Publikum als Urlauber/-innen an. Manche Beherbergungsbetriebe bieten ihren Gästen auch einen Abholdienst aus ihren Heimatorten an, um ihnen die Strapazen der Fahrt mit öffentlichen Verkehrsmitteln zu ersparen. Es kommen aber auch Besucher/-innen mit speziellen Vorstellungen, die sich auf Sehenswürdigkeiten, Museen, Theater oder einen kulinarischen Betrieb beziehen können.

In Bezug auf die Qualität kultureller Erlebnisse müssen Kleinstädte den größeren sicherlich nicht nachstehen, die PR-Situation ist aber hier eine grundlegend andere als in einer Großstadt. Ankündigungen auf Flugblättern oder in Zeitungseinschaltungen erreichen ein weit kleineres Publikum als z. B. in einer Landeshauptstadt.

Heute wird eine Reihe von Gewerbebetrieben der früheren Zeit, die damals ein Bestandteil des Wirtschaftslebens des Ortes waren, als Museen erhalten und dem Publikum zugänglich gemacht. Diese Idee, die in England ihren Ursprung hat, findet auch bei uns immer größeren Anklang. Solche **Schaubetriebe** sind in jeder Kleinstadt eine Attraktion.

Ziele erreicht?

1. Nennen Sie Motive für eine Städtereise!
2. Welche Unterschiede bestehen zwischen Großstädten und kleineren Städten hinsichtlich des Programmangebots?
3. Stellen Sie fest, welche Faktoren die Besucherfrequenzen unterschiedlicher Nationalitäten im Städtetourismus im Laufe der Zeit beeinflussen! (Tipp: Denken Sie an Währungsparitäten, Einfluss des Terrorismus, aktuelle weltpolitische Ereignisse …)

2 Kongresstourismus

Hinter diesen vier Wörtern verbirgt sich ein wichtiger und sehr lukrativer Zweig innerhalb der Tourismusindustrie: Es sind die **Kennwörter für organisierte Veranstaltungen.** Diese umfassen sowohl kleine Veranstaltungen mit etwa 20 Personen, können aber auch – wie z. B. der **Kardiologenkongress** 1998 in Wien mit mehr als 20 000 Teilnehmerinnen/Teilnehmern – Großveranstaltungen sein, deren Organisation für Veranstalter/-innen und Hotelgewerbe ein Höchstmaß an logistischer Vorbereitung erfordert.

Die Veranstaltungsorte internationaler Kongresse sind auch Mitglieder der **International Congress and Convention Association (ICCA).** Diese erstellt u. a. Statistiken über das Ranking der Kongressstädte. 2009 teilte sich Wien den ersten Platz mit der französischen Hauptstadt Paris. In beiden Städten fanden 139 internationale Kongresse statt. Hinter Wien und Paris folgten Barcelona mit 136, Singapur mit 118 und Berlin mit 100 Kongressen.

Fahnen des Kongresszentrums Hofburg in Wien

Wie wichtig der **Kongresstourismus** ist, zeigen die Zahlen dieser expandierenden Sparte im Rahmen des Gesamttourismus: Für das Jahr 2006 wies die Anzahl der Kongresse und Firmenevents eine Steigerungsrate von 33 % auf, die Gästezahl ein Plus von 19 % und die kongressbedingten Nächtigungszahlen ein Plus von 12 %.

Qualitätstourismus, wie er sich im Rahmen der Kongressveranstaltungen durchsetzt, wirkt sich auch auf die Bettenstruktur in der Kongressstadt aus. Hier geht der Trend zum 4- und 5-Sterne-Hotel. Auch zur durchschnittlichen Auslastung der Hotelbetten tragen Kongresse, die in Monaten abgehalten werden, in denen der normale Tourismus eher zurückgeht, ganz entscheidend bei.

Um das Zustandekommen eines Kongresses zu ermöglichen, müssen mehrere Institutionen zusammenarbeiten und ihre Aktivitäten koordinieren:
- Stadtverwaltung
- Kongresszentrum
- Veranstalter/-in

Alle drei sind aus unterschiedlichsten Motiven am Zustandekommen der Veranstaltung interessiert.

Als **Kongress** bezeichnen wir eine Veranstaltung, an der mindestens 150 Personen für mindestens zwei Tage (300 Nächtigungen) teilnehmen.

Logistik: Ursprünglich bedeutet das Wort „Versorgung der Truppe, militärisches Nachschubwesen". Auch bei der Durchführung eines Großkongresses müssen unterschiedlichste organisatorische Detailfragen gelöst werden, um einen möglichst reibungslosen Ablauf der Veranstaltung zu gewährleisten.

Die typische Kongresstouristin/ der typische Kongresstourist
- besucht hauptsächlich Städte,
- reist am liebsten im Frühling und im Herbst,
- gibt etwa dreimal so viel aus wie die Durchschnittstouristin/ der Durchschnittstourist (ca. 450 EUR pro Tag).

❓ Recherchieren Sie im Internet die aktuellen Zahlen der Nächtigungen sowie den Prozentsatz der Einnahmen durch den Kongresstourismus einerseits für Österreich, andererseits für Ihr Bundesland und wenn möglich für Ihre Stadt!

Wie hat sich das statistische Zahlenmaterial seit 1995 verändert? Wie erklären Sie sich diese Veränderungen?

Marketing für Teilmärkte

💡 **Erinnern Sie sich noch:**
Was bedeutet Umwegrentabilität?

❗ Da jedoch naturgemäß nicht alle Menschen in einer bestimmten Region oder Stadt ausschließlich wegen solcher Großveranstaltungen Geld ausgeben (ihren Urlaub dort verbringen), handelt es sich bei Prognosen über Umwegrentabilität immer um Schätzungen, die nach oben und unten offen sein können.

Kongresszentrum Hofburg

❓ Warum kommt es bei Großveranstaltungen zu unterschiedlichen Einschätzungen der Umwegrentabilität zwischen Veranstalterinnen/Veranstaltern und den regionalen unterstützenden öffentlichen Institutionen?

❓ Welche Faktoren müssen Sie berücksichtigen, um die optimale Auslastung der Beherbergungsbetriebe während des Jahres zu gewährleisten?

Österreichs wichtigste Kongressstädte
- Wien
- Salzburg
- Innsbruck
- Bad Gastein
- Baden
- Graz
- Villach

Stadtverwaltung

Die Stadtverwaltung sieht die lukrativen Möglichkeiten für die Stadt und unterstützt Kongressaktivitäten, um über die **Umwegrentabilität** mehr Einnahmen verbuchen zu können. Die Erfahrung bestätigt, dass Teilnehmer/-innen an Kongressen bis zu sechsmal so viel Geld ausgeben wie andere Touristinnen/Touristen. Dies unterstreicht den wirtschaftlichen Stellenwert, der dieser Branche für den Ort und seine Umgebung zukommt. Kongressveranstalterinnen/Kongressveranstaltern werden je nach Größe des Kongresses Förderungen gewährt, um den Kongress in die Stadt zu bringen und damit die Veranstalterin/den Veranstalter längerfristig an die Stadt zu binden. Die Stadt ist bereit, ihre Verbundenheit mit einem gerade stattfindenden Kongress unter Beweis zu stellen, indem sie einen offiziellen Empfang für alle Teilnehmer/-innen gibt.

Kongresszentrum

Das **Kongresszentrum** ist bestrebt, die Rentabilität der zur Verfügung stehenden Räumlichkeiten zu erhöhen, also versucht man eine möglichst hohe Auslastung zu erreichen und jeden möglichen Veranstaltungstermin wahrzunehmen. Weltweit gibt es knapp 1 000 Kongresszentren, die Großkongresse mit mehr als 4 000 Teilnehmerinnen/Teilnehmern ausrichten können; in letzter Zeit machen neue Kongressstädte in Asien, Japan und Australien den Europäerinnen/Europäern starke Konkurrenz. Das Kongresszentrum in der **Wiener Hofburg,** wo z. B. die Abschlusskonferenz am Ende des EU-Vorsitzes Österreichs im Dezember 1998 stattfand, hat als Veranstaltungsort eine lange Tradition.

Veranstalter/-innen

Die **Veranstalter/-innen** sind interessiert, mit der Stadtverwaltung und dem Kongresszentrum möglichst günstige Konditionen zur Durchführung auszuhandeln und auch Unterstützungen für die Abhaltung des Kongresses zu erlangen.

Es werden von jeder Veranstalterin/jedem Veranstalter internationaler Kongresse bestimmte **Standards** verlangt, sowohl für die technische Ausrüstung der Räumlichkeiten des Kongresses als auch für die Vorinformation der Teilnehmer/-innen über den Komfort der Unterkunft, über die Infrastruktur und Möglichkeiten für Rahmenprogramme. Diese thematisch verwandten Zusatzveranstaltungen heben das Interesse an der Tagung und wirken sich positiv auf die Besucherzahlen aus (z. B. wurde parallel zum Kardiologenkongress im Herbst 1998 eine pharmazeutische Ausstellung präsentiert).

Zum Service für die Teilnehmer/-innen während der Veranstaltung gehört geschultes Personal (Hostessen), das mit entsprechenden Sprachkenntnissen, Ortskenntnissen und gutem Auftreten den Teilnehmerinnen/Teilnehmern – falls erwünscht – entsprechende Orientierungen bieten kann. Auch Möglichkeiten zur Simultanübersetzung in verschiedene Sprachen müssen vorhanden sein.

Solche Großveranstaltungen machen auch deutlich, welche enormen Anstrengungen bezüglich der **Sicherheit** der Teilnehmer/-innen sowie der Informationsmöglichkeiten der Berichterstatter/-innen aus aller Welt unternommen werden müssen.

Die **Freizeit** der Teilnehmer/-innen hat für den Veranstaltungsort eines Kongresses einen gleich großen Stellenwert wie die Fachveranstaltung selbst – die große Kaufkraft von Kongressteilnehmerinnen/Kongressteilnehmern bewirkt, dass die Umwegrentabilität dieser Art von Veranstaltungen zum Tragen kommt. Kongressteilnehmer/-innen und Kongresstouristinnen/Kongresstouristen sind gehobene Konsumentinnen/Konsumenten in einer Stadt.

Über das **kulturelle Angebot** – wie Theateraufführungen, Museums- und Ausstellungsbesuche, Stadtführungen – werden die Kongressteilnehmer/-innen durch Folder oder Programmübersichten in der Tagungsmappe, die jedem zu Beginn der Veranstaltung überreicht wird, informiert.

Auch das **Shopping** der Kongressteilnehmer/-innen wirkt sich deutlich auf die Einnahmen der Stadt aus. Voraussetzung ist, dass sich die Geschäftswelt auf die Gewohnheiten des Kongresspublikums durch flexible Ladenöffnungszeiten einstellt, wie es international üblich ist. Daher verlangt das Flair einer auf Renommee bedachten Kongressstadt sowohl von der Geschäftswelt als auch von der Gewerkschaft den Mut zu ungewohnten Entscheidungen.

Ein anderes wichtiges Angebot sind die **kulinarischen Erlebnisse.** Auch diesbezüglich sollen die Teilnehmer/-innen ausführlich über das Tagungsbüro informiert werden.

Den Teilnehmerinnen/Teilnehmern werden meist auch Ausflüge in die nähere und weitere Umgebung im Rahmen des Freizeitprogramms angeboten. Das sind z. B. geführte Tagesausflüge zu architektonisch bedeutenden Bauten in der Umgebung, meist gekoppelt mit einem kulinarischen Programm.

Um diese Angebote zu unterstreichen, werden den Kongressbesucherinnen/Kongressbesuchern besondere **Vorteilskarten** angeboten, die ihnen in den Bereichen Kultur, Gastronomie und Shopping Preisnachlässe gewähren.

Ziele erreicht?

1. Welche Faktoren müssen die Veranstalter/-innen bei der Ausrichtung eines Kongresses bedenken?
2. In welchen Zeiträumen müssen Kongresse und Tagungen geplant werden?
3. Bekanntlich geben Kongresstouristinnen/Kongresstouristen viel mehr Geld aus als die übrigen Touristinnen/Touristen. Ermitteln Sie die Prozentsätze, die diese Verhältnisse widerspiegeln!

3 Gesundheitstourismus

Eine steigende Zahl von Gästen besucht Österreich, um etwas für die Gesundheit zu tun – bestehende Leiden zu lindern, Stressabbau zu betreiben, sich selbst etwas Gutes zu tun und einem neuen Körper- und Gesundheitsbewusstsein Ausdruck zu verleihen. Auch eine steigende Zahl von Inländerinnen/Inländern nutzt die vielfältigen Angebote österreichischer Gesundheitsbetriebe.

Formen des Gesundheitstourismus	
klassischer Kuraufenthalt	Wellness (Medical Wellness)

Der **klassische Kuraufenthalt** dient zur Behebung körperlicher Erkrankungen und stellt damit ein medizinisches Programm dar. Dafür ist eine Mindestaufenthaltsdauer von drei Wochen unabdingbare Voraussetzung. Die eingesetzten Kurmittel verleihen dem Kurort neben seiner Lage und/oder seiner Geschichte seine Einzigartigkeit.

Im Gegensatz dazu ist **Wellness** ein präventives – also vorbeugendes – Konzept, das neueste Forschungsergebnisse in einem Gesundheitsprogramm berücksichtigt. In den letzten Jahren kam es durch eine wahre Inflation von Wellness-Produkten zu einer Verwässerung des Begriffs Wellness. Um die Medizin und Gesundheit wieder mehr in den Mittelpunkt zu rücken, wurde dem Begriff „Wellness" nun die Eigenschaft „medical" vorangestellt.

Der Header von Thermenland-Urlaub (www.thermenland-urlaub.at) signalisiert, was Gäste von Wellness erwarten: Wohlfühlen und genießen!

! Der OÖ-Tourismus erarbeitet in einem mehrmonatigen Prozess gemeinsam mit dem Zukunftsforscher Mag. Andreas Reiter (ZTB Zukunftsbüro Wien) und Expertinnen/Experten aus dem Tourismus- und Gesundheitsbereich Zukunftsszenarien für den „Gesundheitsurlaub 2015" in Oberösterreich. Näheres dazu siehe

www.oberoesterreich-tourismus.at/alias/lto/marktforschung/904708/marktforschung.html

Wie Hotelbetriebe die Chancen, die sich aus Medical Wellness ergeben, beurteilen (Europäisches Gesundheitszentrum für Naturheilverfahren [NHV]):
- 13 % kein wirklich gutes Thema
- 40 % echtes Trendthema
- 47 % gute Ergänzung

❗ Gesundheitsurlauber/-innen zählen zu den ausgabenfreudigsten Touristinnen/Touristen. Im Schnitt geben sie um die 110 Euro pro Tag aus – um fast 30 Euro mehr als der Durchschnittsgast.

✏ Nennen Sie als Beispiele Orte für die beiden genannten Formen des Gesundheitstourismus!

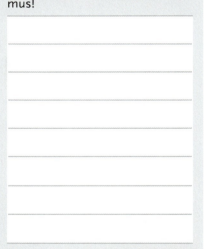

Therme Geinberg

Bedeutung von Medical Wellness im Gesundheitstourismus
- **Medical Wellness** kann als Dachbegriff verstanden werden, welcher der Unterscheidung zwischen passiver, also klassisch verstandener Wellness, und aktiver Wellness, also dem bewussten Umgang mit sich und seinem Körper, dient.
- **In Medical Spas** geht es vor allem um die Förderung der Eigenverantwortung und um das Gesundsein.

Anbieter/-innen müssen die Bedürfnisse der Kundinnen/Kunden in den Mittelpunkt stellen. Medical Wellness und Prävention verlangen eine aktive Teilnahme der Kundinnen/Kunden. Die Kundin/der Kunde trifft nicht bloß eine Kaufentscheidung, sondern auch eine viel weitgehendere Entscheidung für eine bewusste Lebensweise. Diese Entscheidung werden Kundinnen/Kunden nur dann treffen, wenn sie ihre persönlichen Bedürfnisse durch das unterbreitete Angebot beantwortet sehen. Daher müssen die Bedürfnisse oder Erwartungen der potenziellen Kundinnen/Kunden in den Mittelpunkt der Angebotspolitik gestellt werden.

Medical Wellness soll die Gesundheitsurlauber/-innen mit **Maßnahmen der Verhaltensmedizin** versorgen und helfen sie gesund zu erhalten. Medical Wellness stellt dabei den Spaß an der eigenen Gesundheit und dem eigenen Körper in den Vordergrund – bildet also die Brücke zwischen subjektivem Wohlbefinden, Prävention und ärztlich begleiteter Gesundheit.

Die Produktentwicklung von Medical-Wellness-Angeboten kann daher nur durch die Zusammenarbeit von Touristiker/-innen und Mediziner/-innen durchgeführt werden.

In den letzten Jahren zeigt sich anhand von Wachstumsraten ein deutlicher Trend hin zu gesundheitsorientierten, medizinisch fundierten Angeboten und weg von „passiver Wellness", also reinen Wohlfühlprogrammen. Die Informationen zu Medical-Wellness-Angeboten holen sich die Gäste überwiegend aus dem Internet bzw. spielt Mund-Propaganda im Bekanntenkreis eine große Rolle. Auch Beiträge in Zeitungen werden mit großem Interesse verfolgt.

(Quelle: Oberösterreich Tourismus)

Kurorte – Heilbäder – Thermen
Österreich verfügt über eine große Anzahl von Heilbädern, Thermen und Kurorten, die alle gesetzlich geprüft und anerkannt sind. Die Indikationsliste ist so groß, dass jedes Gesundheitsproblem behandelt, gebessert, oder bei rechtzeitiger Vorsorge sogar vermieden werden kann. Zahlreiche Thermen und Wellness-Zentren laden zum Wohlfühlen und Entspannen auf höchstem Niveau ein.

Beispiel Thermenregionen in Oberösterreich
Oberösterreich hat sich touristisch in den letzten Jahren immer mehr in Richtung Gesundheitsurlaub entwickelt. Ergebnis dieser Entwicklung ist unter anderem die Erfolgsstory der Therme Geinberg inmitten des Innviertels. Ebenso kann das Angebot der Therme Bad Schallerbach in der Vitalwelt Hausruck zu sehen sein. Die traditionellen Thermen in Bad Ischl und in Bad Hall runden das Gesundheits- und Wellnessangebot ab.

Thermenregion Geinberg
In der noch jungen Tourismusgemeinde Geinberg und den umliegenden Gemeinden des Innviertels erwartet die Besucher/-innen ein abwechslungsreiches, qualitativ hochwertiges Urlaubs- und Freizeitangebot. Therme, Badeseen, Sportplätze, Tennisplätze, Radwege, Natur- bzw. Europareservat Unterer Inn ...

Das touristische Zentrum, die Therme Geinberg, ist eines der modernsten Thermenzentren Europas, mitten im Herzen des oberösterreichischen Innviertels. Die Quelle sprudelt bereits seit den 80er-Jahren des letzten Jahrhunderts und tritt als Natrium-Hydrogencarbonat-Chlorid-Schwefel-Wasser mit einer Quelltemperatur von ca. 97 °C ans Tageslicht.

Thermenregion Bad Hall
Die Bad Haller Heilquellen sind den Menschen schon seit langem bekannt. Die Stiftungsurkunde des Stiftes Kremsmünster aus dem Jahre 777 erwähnt bereits die „Quelle am Sulzbach".

Einzigartig ist die spezielle Augenkur, die immer mehr an Bedeutung gewinnt. Vor allem das meist durch intensive Bildschirmarbeit verursachte „trockene Auge" kann erfolgreich behandelt werden.

Thermenregion Bad Ischl
Bad Ischl bildet das Herzstück des Salzkammergutes und wird oft als heimliche Hauptstadt und kulturelles Zentrum der Region gesehen. Jeder, der Bad Ischl kennt, spürt die starke Polarität dieser Stadt. So zeigt sie sich einerseits als traditioneller Kurort, der an die Zeit erinnert, als die Reichen und Schönen noch zur „Sommerfrische" hierher fuhren. Andererseits verbirgt sich hinter der historischen Fassade eine weltoffene und gastfreundliche Kongress-, Kur- und Kulturstadt.

Salzkammergut-Therme

Mitten im Herzen des Salzkammergutes gelegen bietet die neue Salzkammergut-Therme Bad Ischl den passenden Rahmen für einen unvergesslichen Aufenthalt. Hier ist – wie in der ganzen Region – das Thema „Salz und Sole" bestimmend.

➡ Weitere Informationen zu Bad Ischl finden Sie auf Seite 120.

Thermenregion Bad Schallerbach
Einen erholsamen Urlaubsaufenthalt garantieren
- in Bad Schallerbach
  - das Aquapulco – Österreichs attraktivster Wassererlebnispark,
  - das Colorama – Österreichs erste Farblichttherme,
  - das Relaxium – Saunawelt mit über 20 verschiedenen Relaxattraktionen,
  - das Physikarium – Gesundheitskompetenzzentrum,
  - das Paradiso Superior – 4-Sterne-Gesundheits- und Relaxhotel,
- in Gallspach das Institut Zeileis – einzigartig für Geist, Körper und Seele,
- in Haag am Hausruck der Weg der Sinne – Natur erleben, erspüren und genießen.

Farblichttherme Bad Schallerbach

„Schlank & Schön in Österreich"
1989 wurde „Schlank & Schön in Österreich" die **erste Wellness-Hotelgruppe** der Welt gegründet. Heute spezialisiert sich „schlank und schön" auf zwei Gruppen, auf **Wellness-Hotels** in denen der Wohlfühlfaktor im Vordergrund steht und auf **Gesundheitshotels** mit medizinischer Kompetenz.

 Erinnern Sie sich noch: Was versteht man unter Synergien?

- Das Angebot positioniert sich über Qualität, Spezialisierung und Nachhaltigkeit.
- In der Zwischenzeit wird das Produkt international mit dem Namen **„Health & Spa Austria"** und **„Benessere in Austria"** vermarktet.
- Der Schwerpunkt liegt im Bereich Verkauf und Marketing.
- Kooperationen und Synergien werden weiterhin angestrebt, die Qualität wird laufend weiterentwickelt, um auch in Zukunft die Position beizubehalten.

Wenngleich der Kuraufenthalt vor hundert Jahren durchaus auch als „Fun" verstanden wurde, wie die Kurkonzerte, die Theater und Casinos beweisen, ist doch das Image der traditionellen Kur heute etwas „angestaubt". Die Bemühungen hinsichtlich betrieblicher Qualitätssteigerung und Angebotsvielfalt haben bereits Erfolge gebracht – das Bild wandelt sich stark.

www.schlankundschoen.at

 Ziele erreicht?
1. Wodurch unterscheiden sich klassische Kur und Wellness-Aufenthalt?
2. Nennen Sie Beispiele für Marketingmaßnahmen im Bereich des Gesundheitstourismus, die es derzeit in Österreich gibt!

Marketing für Teilmärkte

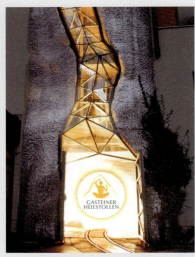
Gasteiner Heilstollen

? Projekt 1

1. Stellen Sie für Ihr Bundesland oder eines Ihrer Wahl ein Verzeichnis der Kurbetriebe sowie der zur Anwendung kommenden Heilmittel zusammen!
2. Ergänzen Sie Ihre Zusammenstellung um die medizinische Indikation – d. h. um eine Aufstellung der mit den Heilmitteln behandelten Erkrankungen!
3. Setzen Sie Ihre Recherchen in zwei Karten Ihres Wahlbundeslandes um! In der ersten differenzieren Sie die Heilmittel mit verschiedenen Signaturen (Form und Farbe). In der zweiten Karte führen Sie dieselbe Arbeit für die medizinischen Indikationen durch.

? Projekt 2

1. Analysieren Sie das Angebot eines auf Wellness spezialisierten Kurortes oder Betriebes Ihrer Wahl! Differenzieren Sie dabei zwischen gesundheitsfördernden Maßnahmen und Freizeit- oder Activity-Möglichkeiten!
2. Stellen Sie ein Kulturprogramm für eine Woche zusammen, das entweder Regionalkultur zum Inhalt hat oder Kulturschätze der Region präsentiert! Es müssen dabei zumindest 40 % des Programms aktivitätsorientiert sein.
3. Passen Sie Ihr Programm in den Programmverlauf und das Angebot der Wellness-Woche ein!

4 Familientourismus

In der heutigen Zeit ist es gar nicht so selbstverständlich, dass sich Beherbergungsbetriebe auf die Unterbringung von Familien spezialisieren, scheint doch dieser Entschluss im ersten Augenblick für den Betrieb nur Schwierigkeiten zu bringen. In der Zeit der Tourismusflaute erwies es sich jedoch, dass der Familientourismus gleichbleibende Zahlen verzeichnen konnte, und daraus ersieht man, dass die Familien innerhalb der Gesamttourismusbranche ein beachtliches Potenzial an Kundinnen/Kunden darstellen.

Da beim Familienurlaub die Kinder im Mittelpunkt stehen, sind – sei es im Dorf oder im Haus – bestimmte Voraussetzungen nötig. Die Praxis eines **Kinderarztes** ist z. B. in einem Urlaubsort, der von vielen Familien besucht wird, unbedingt erforderlich, und im Haus ist **kinderfreundliches Personal** selbstverständlich.

In den letzten Jahren haben sich Hotels auf Familien mit (Klein-)Kindern spezialisiert. 1988 wurde das erste Babyhotel Österreichs, das Anfang der 80er-Jahre in Trebesing gegründet worden war, für diese Idee mit dem Innovationspreis ausgezeichnet. Die gesamte Infrastruktur dieses Dorfes ist heute auf Babys eingestellt: Sogar ein Babyfriseur hat sich in dem Dorf angesiedelt.

Die Familienhotels in Österreich, Deutschland und Italien bieten

 Alles Smile: All inklusive Familienhotels

 Fred's Swim Academy: Schwimmkurse für Kinder

 Wellness im Familienhotel: Wohlfühlprogramme für Groß und Klein

 Hokus-Pokus-Zauberschule

 Windel-Wedel-Skischule für Pistenflöhe ab zwei Jahren

 Smiley goes Net: Kinder lernen mehr über das Internet

 Theater und Kinderkino: das Smileyplexx

 Baby perfect: Baby-Service für Ihren Familienurlaub

 TUIfly Partnerbetriebe

 Singleurlaub mit Kind: Top-Angebote für Alleinreisende

 Kinderurlaub am Bauernhof: mit der Kuh auf Du

Europas erstes Baby- und Kinderhotel® in Trebesing

In der Zwischenzeit hat die Idee Schule gemacht – auch in anderen Orten Österreichs wurden Kinderhotels gegründet. Die Kinderhotels Europa Management und Marketing GmbH bietet auf ihrer Homepage www.kinderhotels.com umfassende Informationen über die mittlerweile 48 Kinderhotels in Österreich, Deutschland und Südtirol.

Das Gefühl der Freiheit ist für die Kinder Garant für einen gelungenen Urlaub. Dieses Gefühl entsteht, wenn sie ungehindert ihrem Bewegungsdrang freien Lauf lassen und – wann immer sie wollen – das Haus verlassen können, um in der Nähe zu spielen. Vorteilhaft ist es, wenn das Haus im Grünen abseits größerer Verkehrswege liegt und die Eltern leichter ihrer Aufsichtspflicht nachkommen können.

Eine wichtige Voraussetzung für allgemeine Zufriedenheit ist der ausreichende Raum, der den Gästen zur Verfügung steht. Ideal sind **Appartementangebote,** die sich nach der Anzahl der Familienmitglieder richten, sowie Gemeinschaftsräume, die den Kindern zur Verfügung stehen, damit längere Regenperioden positiv erlebt werden können.

Die unterschiedlichen Altersstufen bringen verschiedene Anforderungen mit sich – Familien mit Babys bis zu drei Jahren, mit Kindern bis zehn Jahren und mit Jugendlichen über zehn Jahren benötigen völlig unterschiedliche Einrichtungen für einen erfolgreichen Ferienaufenthalt. Fast alle Unterkünfte bieten Gemeinschaftsräume für Schlechtwetterprogramme, einen Kinderclub mit Betreuung, Musikraum, Bibliothek, Spielothek, Tischtennis sowie einen Clubraum für Jugendliche. Fernsehen und Video sind heutzutage fast überall Selbstverständlichkeiten.

Für die **Bedürfnisse der Babys** müssen entsprechende Koch-, Wasch- und Wickelmöglichkeiten vorhanden sein. Ein Babyfon ist heute fast unerlässlich und Zusatzangebote wie Gästekindergarten und Kinderwagenverleih sind große Erleichterungen für anreisende Familien mit Kleinkindern. Hochstühle und Kindersets im Speisesaal sind heute in jedem Restaurant vorhanden, erst recht in einem Kinderhotel.

Dem Drang der älteren Kinder nach Abenteuern kommen Einrichtungen wie ein **Streichelzoo, Reiten** oder die sogenannten **Abenteuerspielplätze** sehr entgegen. **Lehrpfade** verbinden Bewegungs- und Wissensdrang miteinander. Kulturelle Möglichkeiten stehen den Kindern mit relativ einfachen Mitteln zur Verfügung: Zum Theaterspielen benötigen sie oft nur alte Kleider, die in ihrer Fantasie sofort umgedeutet werden. Animationen dieser Art sind ohne großen Aufwand möglich und kommen bei Kindern sehr gut an.

Es gibt auch Angebote, die der ganzen Familie zur Verfügung stehen und ihnen – wie bei Card-Ermäßigungen – die Möglichkeit bieten, mit den Kindern unterschiedlichen Alters erlebnis- und abwechslungsreiche Unternehmungen durchzuführen. Damit soll allen Familienmitgliedern die Chance gegeben werden, ein Programm zu absolvieren, an dem alle mit Freude und Gewinn teilnehmen.

Ein Urlaub in einem Familienhotel macht Eltern und Kindern gleichermaßen viel Spaß. Das Angebot der Kinderhotels Europa ist auf die Bedürfnisse von Familien perfekt zugeschnitten. Unabhängige Prüfer/-innen und anonyme Tester/-innen von Familienmagazinen kontrollieren die hohen **Qualitätskriterien** der Kinderhotels Europa. Die **Auszeichnung mit 3, 4 oder 5 Smileys** zeigt auf einen Blick, was man in einem Familienhotel in Österreich, Bayern und Südtirol mindestens erwarten darf. Die ständige Kontrolle garantiert, dass die Kriterien eingehalten werden und der hohe Standard in der Baby- und Kinderbetreuung erhalten bleibt.

> Kinder müssen draußen bleiben! Immer mehr Hotels öffnen nur für Erwachsene ihre Türen, um den Ansprüchen der Gäste nach Erholung, Entspannung und vor allem Ruhe gerecht zu werden. Diskutieren Sie Für und Wider!

> Wer sich als Kinderhotel mit 3, 4 oder gar 5 Smileys schmücken will, der muss schon einiges bieten. Nachfolgend ein Angebot eines Familienhotels, das mit 4 Smileys ausgezeichnet ist:

Hotellage
Vom Verkehr völlig abgetrennter Kinderspielbereich mit direktem und gesichertem Zugang zum Hotel. Gehobener Standard mit Hallenbad oder einem Indoor-Kinderplanschbereich.

Familienzimmer-, Suiten- und Appartementausstattung
- Geräumige Zimmer und Appartements
- Babyfon in jedem Zimmer
- Möglichkeit zum Aufhängen der Wäsche im Bad und/oder auf dem Balkon
- Verdunkelbare Schlafzimmer

Verpflegungsbereich
Kindertisch einmal täglich mit Betreuung an fünf Tagen in der Woche, Kindersaftbar mit mindestens zwei verschiedenen Säften (10:00–20:00 Uhr).

Spielbereich
Dem Hotel entsprechend großer Spielbereich.

Serviceleistungen
- Ganztägige Baby- und Kinderbetreuung an fünf Tagen in der Woche durch ausgebildete Fachkräfte
- Mindestens einmal pro Woche organisiertes Programm für die ganze Familie wie z. B. Spielnachmittag, Kindermodenschau oder Picknick
- Mindestens zwei Kinder- oder Babybetreuungskräfte

🎯 Ziele erreicht?

1. Welche Voraussetzungen muss ein Betrieb erfüllen, um den Aufgaben eines kinderfreundlichen Hotels gerecht zu werden?
2. Warum erweisen sich Unterkünfte für Familien im Auf und Ab der Tourismustrends als besonders stabil?
3. Was ist für die Lage eines Familienhotels von Wichtigkeit?

5 Bildungsreisen

Bildungsreisen unterscheiden sich von allen anderen Arten des Tourismus durch die Absicht der Teilnehmer/-innen, sich im Rahmen dieser Reise **spezielle Kenntnisse** über ein **bestimmtes Thema** anzueignen. Das Reisebüro legt aufgrund des Themas oder des Reisezieles ein **festes Programm** vor, das den Teilnehmerinnen/Teilnehmern schon vor Antritt der Reise bekannt gegeben wird. Solche Reisen werden zusätzlich durch **vorangehende Veranstaltungen** und durch **Skripten** oder **Literaturangaben** ergänzt. Das heißt jede Teilnehmerin/jeder Teilnehmer weiß ziemlich genau, was sie/er zu sehen bekommt, stellt sich auch darauf ein – daher sind zusätzliche Einzelwünsche durch kurzfristige Änderung des Programms nur schwer zu erfüllen.

Vorteile der Bildungsreisen

- Übernahme aller organisatorischen Belange durch die Veranstalterin/den Veranstalter: Die Teilnehmer/-innen müssen sich weder um Transport noch um Quartier oder Essen kümmern, auch nicht um das Besichtigungsprogramm oder Führungen.
- Darüber hinaus sind Veranstalter/-innen von Bildungsreisen bestrebt, ihren Kundinnen/Kunden **Sonderführungen mit Spezialistinnen/Spezialisten** zu bieten. Am Ende der Reise sollen die Teilnehmer/-innen die Gewissheit haben, dass sie hochqualitative Informationen erhalten haben.
- Verschiedene Reisebüros haben sich genau auf diese Form des Tourismus spezialisiert, sodass die Palette der Angebote für Interessentinnen/Interessenten in den einschlägigen Medien immer größer wird.

Eventuelle Nachteile der straffen Organisation für die einzelne Teilnehmerin/den einzelnen Teilnehmer

Sich an einer Gruppenreise zu beteiligen, ist nicht jedermanns Sache. Es wird von den Teilnehmerinnen/Teilnehmern viel Rücksicht und Toleranz gefordert, um einen reibungslosen Ablauf der Bildungsreise zu garantieren. Da diese Eigenschaften nicht immer von allen Teilnehmerinnen/Teilnehmern aufgebracht werden, ist es Sache der Reiseleitung ausgleichend zu wirken, auftretende Spannungen innerhalb der Gruppe zu vermindern und niemanden zu bevorzugen oder zu benachteiligen.

Sie muss sich bemühen, in kritischen Situationen bewusst rational zu reagieren und sich strikt jeder parteiischen Äußerung zu enthalten und im Hinblick auf das von allen akzeptierte Programm die Streitigkeiten beizulegen.

Gründliche Vorbereitung durch die Veranstalterin/den Veranstalter

Von der Veranstalterin/vom Veranstalter verlangen die Organisation und Durchführung einer Bildungsreise **ausgezeichnete Vorkenntnisse** die Thematik betreffend. Daher ist es sehr vorteilhaft, sich nicht nur auf Spezialliteratur zu verlassen, sondern auch Kontakte mit ortsansässigen Spezialistinnen/Spezialisten zu pflegen.

Verantwortungsbewusste Reiseleiter/-innen sollten immer bedenken, dass bei solchen Reisen möglicherweise auch Teilnehmer/-innen mit überdurchschnittlichen Kenntnissen zum Thema mitfahren. Eine oberflächliche Behandlung der Thematik würde zu Enttäuschung und Frustration dieser Teilnehmer/-innen führen. Daher sind zusätzliche Fachkenntnisse der Leiterin/des Leiters einer Bildungsreise immer sehr wichtig.

Auch bei Beachtung des strengen Programms dieser Art des Tourismus – wie vorher bereits erwähnt – sollte man doch bedenken, dass die Teilnehmer/-innen auch den Wunsch nach **Freizeit** haben. In dieser Zeit möchten sie ihre Einkäufe beim Shopping erledigen oder Angebote der besuchten Gegend in Anspruch nehmen, die im Arrangement nicht inkludiert sind.

Stellen Sie eine Liste von Büchern zusammen, die Ihnen für eine Kulturreise nach Salzburg, Tirol und Vorarlberg als empfehlenswert erscheinen!

Erarbeiten Sie eine Strategie, wie Sie als Reiseleiter/-in einer Kulturreise die unterschiedlichen Interessen der Teilnehmer/-innen, die zu Konflikten führen können, in Einklang bringen würden.

Nehmen Sie an, Sie werden mit folgenden Situationen konfrontiert: Wünschen nach Einkaufsmöglichkeiten, die das Programm verzögern; Zusatzwünschen nach Besichtigungen; Reklamationen über das Essen; Beanstandung der Unterbringung im Ausland ...

Wünschenswerte und günstige Ergänzungen von Bildungsreisen sind für die Teilnehmer/-innen Zusatzangebote, die über die angestrebten Bildungsziele der Reise hinausgehen. Dazu eignen sich besonders **kulinarische Besonderheiten** oder **künstlerische Darbietungen,** die für die Region typisch sind und welche die Besucher/-innen erleben können. Sie bringen Abwechslung und rücken Aspekte in das Bewusstsein der Teilnehmer/-innen, die das Bild des bereisten Gebietes vervollständigen. Hier zeigt sich eine wichtige Funktion der Reiseleitung: Ist sie in der Lage, gute Kontakte zu Ortsansässigen herzustellen, so kann sie sicher sein, dadurch der Gruppe authentische Erlebnisse zu vermitteln, die als geglückte Ergänzungen der vorher gebotenen Wissensinhalte gelten können.

 An welche Ermäßigungen müssen Sie als Reiseveranstalter/-in für eine Bildungsreisegruppe denken?

Ziele erreicht?

1. Nennen Sie Vor- und Nachteile von straff organisierten Bildungsreisen!
2. Welche Anforderungen würden Sie als Teilnehmer/-in einer Bildungsreise an die Reiseleitung stellen?

6 Radtourismus

Das Fahrrad einst ...

Die Geschichte des Fahrrades beginnt Anfang des 19. Jahrhunderts mit der Erfindung des **Laufrades.** Mitte des 19. Jahrhunderts wurde das **Hochrad** entwickelt, erst 1885 dann das **Niederrad.** Die nächste Erfindung – die des **Gummireifens** um 1890 – brachte endgültig den Durchbruch: Das Rad wurde nun immer mehr zu einem gängigen Fortbewegungsmittel. Die anfänglichen Vorbehalte durch die Exekutive und die Fußgänger wurden z. B. in Wien 1898 mit der allgemeinen Freigabe aller Straßen für den Fahrradverkehr ausgeräumt.

Bis in die 30er-Jahre war das Rad das meistbenützte Transportmittel, von da an verlor es gegenüber dem Auto immer mehr an Bedeutung. Die Ereignisse des Zweiten Weltkrieges bewirkten, dass die Räder für einige Jahre wieder das Straßenbild dominierten. Ab den 50er-Jahren verdrängte das Auto das Rad aus dem Verkehr derart, dass z. B. 1977 in Wien nur 11 km an Radwegen zur Verfügung standen.

... und jetzt

In den 80er-Jahren bekommt das Rad neue Funktionen: Es kommt als **Sportgerät** in Mode, kommt dem Bewegungsdrang der Benützer/-innen entgegen und ist für immer weitere Bevölkerungskreise ein sichtbares Zeichen für den **Umweltschutzgedanken.**

Im Rahmen von **Radtouren** können die unterschiedlichsten sportlichen, sozialen und kulturellen Bedürfnisse abgedeckt werden. Touren über die Alpen, Radmarathonveranstaltungen und die Fahrt mit Mountainbikes durch die Wälder sind willkommene Herausforderungen für engagierte Sportler/-innen.

Gemeinschaftserlebnisse sind Gruppenfahrten: Für Familien, Vereine, Schulklassen oder Gruppen von Gleichgesinnten lassen sich Touren in unterschiedlicher Länge und mit den verschiedensten Schwierigkeitsgraden planen. Auf kulturelle Sehenswürdigkeiten wird in allen Radwegeunterlagen speziell hingewiesen. Sie werden für Kulturinteressierte Ziele ihrer Touren sein, dienen aber auch als willkommene Gelegenheiten für Rast und Erholung.

Wussten Sie, dass ... der „Auto-, Motor- und Radfahrerbund Österreichs" (ARBÖ) – heute als einer der beiden großen österreichischen Autofahrerclubs bekannt – im Jahre 1899 als Radfahrerverband entstanden ist?

Laufrad

Wussten Sie, dass ... 2006 in Wien bereits 1 000 km an Radwegen zur Verfügung standen? Bis zum Jahr 2010 soll der Anteil des Radverkehrs am gesamten Verkehrsaufkommen von 5 % auf 8 % erhöht werden.

Marketing für Teilmärkte

Radwege in Österreich

www.radtouren.at

Betrachtet man auf der Homepage der Radtouren in Österreich die Radkarte, sieht man ein dichtes Netz von **Radwanderwegen,** aus denen man Touren von verschiedenen Schwierigkeitsgraden und unterschiedlicher Länge je nach den Interessen der Benützer/-innen auswählen kann. Dort findet man auch Hinweise auf Raststätten und Sehenswürdigkeiten bei den einzelnen Stationen, sodass man auch die Unterbrechungen der Tour individuell und sinnvoll planen kann.

Ein weiteres Kennzeichen des modernen Radtourismus ist die Koppelung mit anderen Verkehrsmitteln. Wird eine bestimmte Radtour, deren Ausgangspunkt in größerer Entfernung liegt, geplant, kann man zum Beispiel mit der Bahn oder dem Auto anreisen. Die ÖBB haben schon in den 70er-Jahren eine eigene Aktion **„Fahrrad am Bahnhof"** ins Leben gerufen. Man reist mit dem Zug an, leiht das Fahrrad am Bahnhof aus, beginnt seine Tour und kann bei jedem anderen Bahnhof das Rad wieder abgeben.

👉 **Wussten Sie, dass ...** auf dem Treppelweg früher Pferde die Donauschiffe stromaufwärts zogen?

Das eigene Rad als Reisegepäck mit der Bahn aufzugeben, ist eine andere Möglichkeit, zum Ausgangspunkt einer Tour zu gelangen. Viele Benützer/-innen des Donauradwanderweges wählen die Reise nach Passau mit der Bahn und beginnen von dort mit ihrem Rad die mehrtägige Tour auf dem ehemaligen Treppelweg in Richtung Wien.

Beispiel Donauradweg – von Passau nach Wien

www.donau-touristik.at

Der Donauradweg war eines der ersten Projekte, das mehrere Bundesländer übergreifend zügig ausgebaut wurde, durch seinen geringen Schwierigkeitsgrad rasch von den unterschiedlichsten Bevölkerungsgruppen angenommen wurde und sehr zur Popularisierung des Radwanderns beigetragen hat.

Ein Einbruch in der Zahl der Radwanderinnen/Radwanderer ergab sich in den letzten Jahren aus der Tatsache, dass immer mehr Mountainbikes gekauft wurden und daher Gegenden mit größeren Höhenunterschieden und Schwierigkeitsgraden bevorzugt werden.

Immer mehr Gastronomie- und Hotelbetriebe haben sich auch darauf spezialisiert, an Interessentinnen/Interessenten, die mit dem Auto anreisen, Räder zu verleihen. Viele Radler/-innen fahren heute auch mit dem eigenen Auto, auf dem die Räder verstaut sind, zum Ausgangspunkt ihrer Radtour.

- **Start:** Passau (bzw. Schärding)
- **Ziel:** Wien (bzw. Bratislava)
- **Länge:** 434 km (Passau bis Wien 325 km)
- **Höhenunterschied:** 118 m
- **Strecke:** Der Donauradweg ist eben und zu 90 % verkehrsfrei.
- **Beschilderung:** OÖ: R1/NÖ: R6
- **Familieneignung:** Für Familien mit Kindern ab 9 Jahren sehr gut geeignet.

Für Touren, die mehrere Tage dauern – zu denen man sich heute in überwiegender Zahl entscheidet – muss auch für entsprechende Unterkünfte gesorgt werden. Und immer mehr Gasthäuser und Restaurants spezialisieren sich entlang der beschilderten Radrouten auf die sportlichen Gäste.

Der Radtourismus hat seinen fixen Platz innerhalb der österreichischen Tourismusindustrie. Die Investitionen in neue Radwege amortisieren sich sehr rasch, und alle Orte entlang der Routen profitieren von ihrem sportlichen Publikum. Es hat sich erwiesen, dass die Radfahrer/-innen durchschnittlich mehr Geld ausgeben als „gewöhnliche" Touristinnen/Touristen, und daher versucht man, ihnen zusätzliche Anreize entlang ihres Weges anzubieten, die sie im Rahmen eines **Radwanderpasses** in Anspruch nehmen können. Ermäßigungen für die Fahrten mit Seilbahnen oder Zahnradbahnen sollen sie dazu verleiten, Sehenswürdigkeiten auch abseits ihres Weges zu besuchen.

Entlang der Donau zu radeln ist ein Vergnügen für die ganze Familie. Gemeinsam mit dem Fluss geht's, immer mit der Unterstützung eines leichten Gefälles, von Passau über Wien bis zur Staatsgrenze nahe Hainburg. Eine Tour mit unvergesslichen Erlebnissen

Ausbau der Radwege

Radtourismus benötigt hauptsächlich gut überlegte **Primärinvestitionen.** Eine Infrastruktur, die den Wünschen und Ansprüchen der Radtouristinnen/Radtouristen entgegenkommt, bestimmt entscheidend den Ruf des Angebotes einer Region. Die Anlage der Route mit **Asphaltierung** und entsprechender **Beschilderung** ist die Grundlage für einen Weg, der von den Teilnehmerinnen/Teilnehmern akzeptiert wird. Das Anlegen einer entsprechenden Karte zur Orientierung, die Beschreibung der Route mit Hinweisen auf Schwierigkeit, Länge, mit den verschiedenen Attraktionen sind entscheidend dafür, ob dieses neue Angebot angenommen wird.

Bis jetzt wurde hauptsächlich von den großen und spektakulären Radrouten gesprochen, die auch ein internationales Publikum finden, aber ebenso wichtig sind die lokalen Radwege, deren wichtigste Funktion es ist, den Radfreundinnen/Radfreunden vor ihrer Haustür die Möglichkeit der Bewegung zu geben, ohne lange Anfahrten in Kauf nehmen zu müssen. Nach solchen Radwegen besteht immer mehr Nachfrage, denn dabei kann man ein paar Stunden ohne kulturellen oder sportlichen Leistungsstress ausspannen. So entschließen sich auch immer mehr kleine Gemeinden, lokale Radwege anzulegen.

Eine andere Entwicklung sind die geführten Radwege, die ähnlich wie Kulturwanderwege neben dem Erlebnis der Landschaft per Rad den Teilnehmerinnen/Teilnehmern auch eine Reihe von Sehenswürdigkeiten und gesellschaftlichen Stopps bieten. Bei Streckenlängen bis zu 50 km bleibt neben der Fahrzeit genügend Spielraum für die vorgesehenen Aktivitäten.

Clevere Tourismusmanager/-innen werden es vermeiden, diesen wichtigen Teilmarkt des Tourismus zu vernachlässigen, da zufriedene Radtouristinnen/Radtouristen, auch wenn sie persönlich die Region nicht noch einmal besuchen sollten, trotzdem durch Mundpropaganda für die Region werben werden.

🎯 Ziele erreicht?

1. Warum ist der Fahrradtourismus eine der rentabelsten Arten des Tourismus?
2. Welche Voraussetzungen tragen dazu bei, dass eine Region von Radtouristinnen/Radtouristen besucht wird?
3. Wodurch kann eine Stadt die Qualifikation einer „radfreundlichen Stadt" erwerben?
4. Stellen Sie in Ihrer Region eine Ein-, eine Zwei- und eine Dreitagesradroute für eine Jugendgruppe unter dem Motto „Fahrrad am Bahnhof" zusammen!

7 Eventtourismus

Die Freizeitgesellschaft der Gegenwart und nahen Zukunft ist die Ursache für die immer größer werdende Nachfrage nach Veranstaltungen und Ereignissen. Die touristische Nachfrage konzentriert sich gegenwärtig auf Events. Jeder Tourismusort versucht, Events zu organisieren und sich damit auf dem Markt zu platzieren. Nicht die Sehenswürdigkeiten und Naturschönheiten beleben das Angebot, sondern auf die Inszenierung der vorhandenen Gegebenheiten kommt es an.

Nur wo Landschaft und Kultur inszeniert werden, wird die Aufmerksamkeit des touristischen Marktes erzielt. Besonders für Städte ist dieses Konzept von Bedeutung. Dort kann auf kleinem Raum ein hohes Maß an Unterhaltungsmöglichkeiten geboten werden. In Österreich haben sich Wien, Salzburg, Graz, Linz und Innsbruck international in diesem Marktsegment in Szene gesetzt.

Beispiel Wien

Wien bezeichnet sich selbst als größtes Unterhaltungszentrum Mitteleuropas.

www.wien-tourismus.at

Ständige Veranstaltungen im Sommer am Rathausplatz, Snowboardevents im Prater, die Wiener Festwochen, Klangbogen Wien, Osterklang Wien, Wien modern, Musikfestival Resonanzen, die Musicalstadt Wien, Advent in Wien und der Silvesterpfad mit 700 000 Besucherinnen/Besuchern sind Grundlage für die Steigerung der Nächtigungszahlen.

Marketing für Teilmärkte

GUS = Gemeinschaft Unabhängiger Staaten; bezeichnet den Zusammenschluss verschiedener Nachfolgestaaten der Sowjetunion (UdSSR) seit dem 8. Dezember 1991.

Ankünfte und Nächtigungen von 1995 bis 2010

Jahr	Ankünfte	Nächtigungen	+/− in %
1995	2 806 057	7 049 710	
1996	2 902 924	7 264 041	3,0
1997	2 962 766	7 261 614	0,0
1998	3 153 173	7 669 421	5,6
1999	3 130 814	7 565 646	−1,4
2000	3 268 289	7 701 081	1,8
2001	3 256 719	7 687 546	−0,2
2002	3 233 442	7 655 391	−0,4
2003	3 355 356	7 955 076	3,9
2004	3 543 610	8 429 398	6,0
2005	3 680 078	8 768 660	4,0
2006	3 933 814	9 356 044	6,7
2007	4 235 317	9 675 208	3,4
2008	4 593 960	10 232 472	5,8
2009	4 385 529	9 842 827	−3,8
2010	4 878 654	10 860 126	6,1

(Quelle: www.wien-tourismus.at)

Nächtigungen 2011 nach Monaten

Monat	Nächtigungen
Jänner	605.140
Februar	524.523
März	867.358
April	1.009.776
Mai	1.046.457
Juni	1.025.045
Juli	1.147.545
August	1.190.316
September	1.116.301
Oktober	1.002.384
November	857.643
Dezember	1.003.389
Insgesamt	11.405.048

(Quelle: www.wien.gv.at/statistik)

Die Wiener Szene als Touristinnen/Touristen-Magnet

Übernachtungen nach Herkunftsländern der Gäste 2008

Österreich	2 001 659
Nachbarländer	3 266 970
Deutschland	2 110 363
Italien	575 954
Schweiz und Liechtenstein	304 117
Slowakische Republik	32 151
Slowenien	36 083
Tschechische Republik	100 189
Ungarn	108 113
Europäische Länder	2 988 251
Frankreich	285 850
Großbritannien, Nordirland	400 288
Niederlande	207 133
Polen	105 835
Spanien	364 264
GUS	428 681
Amerika	743 162
USA	518 427
Afrika	49 506
Asien	702 378
China	72 974
Japan	248 572
Südkorea	50 752
Taiwan	23 631
Australien u. Neuseeland	130 953
Übriges Ausland	349 593
Insgesamt	10 232 472

(Quelle: www.wien.gv.at/statistik/daten/pdf/gaesteuebernachtungen.pdf)

Eventtouristinnen/Eventtouristen geben viel Geld pro Kopf und Tag aus und sind somit der Garant für einen qualitativ hochwertigen Tourismus. Besonders Erstbesucher/-innen sehen die Stadt als aktiv und „in". Die Gäste, die Wien als modern sehen, sind mit dem Urlaub am zufriedensten. Die jüngeren Besucher/-innen kommen wegen spezieller Events nach Wien, besuchen tagsüber Museen und gehen abends gerne aus.

2000 stellte der Wien-Tourismus sein Marketing unter das Motto „motion+emotion – Wiener Szene 2000" und hob damit jene gegensätzlichen Seiten der Stadt hervor, deren Polarität den Aufenthalt für Gäste so reizvoll macht: Einerseits die aufregende Eventmetropole mit Garantie für beste Unterhaltung, andererseits das gemütliche Wien, das zu Entspannung und Erholung einlädt.

Ab Herbst stand die Arbeit des Wien-Tourismus bereits vorwiegend unter dem Thema „kunstjahrwien2001/02". Dieses wurde gewählt, um das 2001 eröffnende MuseumsQuartier prominent ins Marketing einbinden zu können, ohne dabei bewährte Publikumsmagneten wie die bestehenden Kulturinstitutionen zu vernachlässigen.

Die Marktanalyse 2009 brachte für Wien folgende fünf Marketingschwerpunkte:
- „Wien ist eine Stadt mit imposantem imperialem Erbe."
- „Wien ist Musik- und Kultur-Welthauptstadt."
- „Wien verfügt über einen einzigartigen Lifestyle, die Kultur des Genusses."

- „Wien ist im internationalen Vergleich eine sehr gut funktionierende Stadt."
- „Wien verfügt über eine Balance zwischen Stadt und Grünraum, die es sonst in keiner Metropole gibt."

Der Marketingmix aus Event, Weltkultur und Freizeitgestaltung im Grünraum hat an Bedeutung zugenommen. Auch das Funktionieren einer Großstadt ist von Bedeutung, da dies sehr zum Wohlfühlen im Urlaub beiträgt.

Wiener Staatsopern-Ballet

Beispiel Salzburg

Auch Salzburg ist als Eventzentrum das ganze Jahr über aktiv. Dabei ist es einerseits notwendig, von dem Image der Festspielstadt loszukommen, andererseits von diesem Image zu profitieren. Die Besucher/-innen der Festspiele Salzburg Festival sollen zu einem Besuch auch zu anderen Jahreszeiten animiert werden, z. B. zum Salzburger Winterfest im Advent, zur Mozartwoche, zu den Pfingstfestspielen, den Osterfestspielen, zum Salzburger Straßentheater und zum Jazzherbst.

Die Verjüngung der Gästestruktur ist auch Ziel des touristischen Managements. Dies bedarf eines neuen Angebotes für jüngere Gäste.

Salzburger Altstadt

www.linz.at

Beispiel Linz

Keine österreichische Stadt hat sich in den letzten Jahrzehnten so stark verändert wie Linz. Jahrzehntelang bemühte sich die oberösterreichische Landeshauptstadt, das alte Image der Industrie- und Stahlstadt, einer Arbeiterstadt alter Prägung mit katastrophalen Luftwerten abzulegen und sich international als ein Standort mit hoher Lebensqualität und international beachteten kulturellen Ambitionen zu präsentieren. Linz hat sich in konsequentem Bemühen eine unverwechselbare Marke aufgebaut. Es ist heute ein wirtschaftlich erfolgreicher, moderner, qualitativ vielseitiger Lebensraum.

Linz ist
- Landeshauptstadt
- Avantgardestadt
- Designhauptstadt
- Klassisch mit Brucknerfest
- Kühn mit Ars Electronica
- Zukunftsweisend mit dem Design Center
- Utopisch mit der Klangwolke

Und nebenbei bemerkt ist Linz auch die Hauptstadt der Linzer Torte

(Aus einem Prospekt der OÖ Werbung)

Linzer Hauptplatz mit Dreifaltigkeitssäule

Seit Anfang der 70er-Jahre findet jedes Jahr das Brucknerfest in Linz statt. Anton Bruckner, geboren in Ansfelden bei Linz, war einige Jahre Domorganist in Linz. Bruckner ist somit der Garant der Unverwechselbarkeit des Festivals. Die alljährliche **Klangwolke** über Linz wurde zu einem Markenzeichen.

Das **Ars Electronica Center** – das Museum der Zukunft – wurde auf 6 500 m² erweitert und ziert nun als LED-beleuchteter Glasbau das linke Donauufer.

Klangwolke beim Brucknerfest

In ihrer spezifischen Ausrichtung und langjährigen Kontinuität ist Ars Electronica eine weltweit einmalige Plattform für digitale Kunst und Medienkultur, die heute von vier Säulen getragen wird:
- Einem avantgardistischen Festival
- Einem Sparten-Wettbewerb
- Einem Museum mit Bildungsauftrag
- Einem Medienkunstlabor, das künstlerische Kompetenzen für Forschung und Industrie zugänglich macht

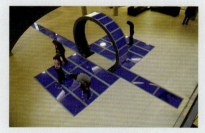
Ars Electronica Futurelab

www.aec.at

Marketing für Teilmärkte

www.pflasterspektakel.at

www.lentos.at

Im Sommer findet das **Pflasterspektakel** in der Innenstadt statt. Dabei wird Straßenkunst von hoher Qualität gezeigt. Besonders durchreisende italienische Touristinnen/Touristen besuchen diese Veranstaltungen. Im Rahmen des Linzer Kultursommers werden nahezu täglich Konzerte, Theateraufführungen und Open-Air-Veranstaltungen geboten.

Mit dem Bau des **Lentos** hat Linz seit Mai 2003 ein Kunstmuseum, das mit seiner internationalen Sammlung zu den wichtigsten Museen moderner Kunst in Österreich zählt. Das Lentos liegt am Donauufer zwischen Hauptplatz und Brucknerhaus, gegenüber dem Ars Electronica Center.

In der deutschen Zeitschrift „Globo" wird Linz als gelungener Balanceakt zwischen Kunst und Kommerz, Prüderie und Provokation und zwischen gestern und morgen bezeichnet.

2009 war Linz Kulturhauptstadt Europas. Die verschiedenen Aktivitäten von Linz09 wurden im Internet vorgestellt.

> Mit seinen Projekten erzählt Linz09 verschiedene Geschichten über die Stadt Linz: Linz Welcome, Linz Hauptstadt, Linz Macht, Linz Reise, Linz Welt, Linz Gedächtnis, Linz Wissen, Linz Lust, Linz Feiertag und Linz Traum. Vergangenheit, Gegenwart und Zukunft spiegeln sich darin in vielfältiger Weise wider. Daneben bilden Europa und die Welt zwei weitere programmatische Pole, um die Stadt in ihrer Offenheit spürbar zu machen.
>
> Eine Stadt im Aufbruch, die nach neuen Zielen sucht – eine Stadt der Veränderung. Linz 2009 Kulturhauptstadt Europas versteht sich als Teil dieses Prozesses, als Projekt nachhaltiger Stadtentwicklung sowie als Anreiz und Motor für Bewegung.

(Quelle: www.linz.at)

Im Jahre 2009 war Linz die Kulturhauptstadt Europas. Viele Veranstaltungen, Installationen, Ausstellungen und Theaterveranstaltungen brachten Linz in den Blickpunkt der europäischen Kulturszene. Kritiker/-innen an den Kulturhauptstadt-Konzepten stellten die Nachhaltigkeit der Investitionen infrage.

! 2009 wurde erstmals die Grenze von 700 000 Übernachtungen überschritten.

Linz09 – das bedeutete 365 Tage lang Kultur in allen Facetten und ein gutes Stück Veränderung in und für Linz. Die Besucher/-innen sind diejenigen, die über den Erfolg eines Kulturhauptstadtjahres entschieden haben. Während angesichts der Wirtschaftskrise alle großen österreichischen Städte einen Rückgang bei den Nächtigungszahlen verbuchen mussten, konnte Linz ein Plus von 9,5 % verzeichnen. Fast 3,5 Millionen Menschen besuchten mehr als 7 700 Veranstaltungen, Ausstellungen, Festivals, Aktionen und Projekte von Linz09.

Entwicklung der Übernachtungen der Linzer Gäste

2004	2005	2006	2007	2008	2009
647 482	686 926	685 167	675 834	674 119	738 555

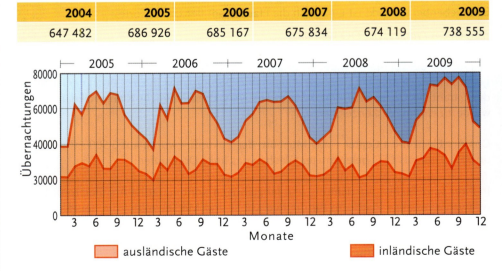

2008 waren 46 % der Gesamtübernachtungen Ausländernächtigungen. Die Übernachtungen stiegen im Jahr 2009 gegenüber dem Jahr 2008 um 9,6 %. Das Jahr der Kulturhauptstadt zeigt sich eindrucksvoll in der Statistik. Die ausländischen Gäste kamen verstärkt in den Sommermonaten nach Linz. Die Inlandsnachfrage verteilte sich relativ gleichmäßig über das ganze Jahr.

Im Beobachtungszeitraum 2005 bis 2010 war der Juli 2009 mit 46 047 Ankünften und 77 507 Nächtigungen der Monat mit der stärksten Auslastung. Die Tiefwerte werden jährlich in den Monaten Jänner und Februar verzeichnet. Die durchschnittliche Aufenthaltsdauer betrug 1,72 Tage und war damit geringfügig kürzer als im Jahr davor. Die kurze Aufenthaltsdauer entspricht dem internationalen Trend und dokumentiert den hohen Anteil des Veranstaltungstourismus.

75 % der Übernachtungen entfallen auf 3- und 4-Stern-Unterkünfte. Ein besonders hoher Anstieg wurde bei Walk-in-Gästen registriert. Der Trend zu den Qualitätsunterkünften hält an. Im Jahre 2009 stiegen die Übernachtungen in den 4- und 5- Stern-Betrieben um 7,7 %.

Die positive Entwicklung des Tourismus in Linz lässt sich auf das Kulturprogramm, viele Kongresse, wie Zahnärztekongress und Tagung der Regionen Europas, sowie Seminare und Produktpräsentationen im **Design Center** zurückführen.

Walk-in-Gäste = Gäste, die ohne Vorausbuchung anreisen.

Produktpräsentation im Design Center

🎯 Ziele erreicht?

1. Welche Bedeutung haben Events für die touristische Entwicklung?
2. Welche Gästeschichten und Zielgruppen werden mit Events angesprochen?
3. Wählen Sie eine Stadt, und untersuchen Sie ihr Eventangebot!
   - Vergleichen Sie die touristischen Strukturdaten der letzten zehn Jahre!
   - Stellen Sie einen Zusammenhang zu den Events her!
4. Linz Kulturhauptstadt 2009/Essen (und das gesamte Ruhrgebiet) Kulturhauptstadt 2010 – eine logische Abfolge. Stellen Sie fest, in welchen Bereichen die beiden aufeinander folgenden Kulturhauptstädte Parallelen aufweisen und wo die unterschiedlichen Schwerpunktsetzungen zu finden sind!

8 Abenteuertourismus

Entwicklung des Abenteuertourismus

Was noch vor 100 Jahren als eine herausragende Einzelleistung und als ein Abenteuer besonderer Art galt, z. B. die Besteigung eines der höchsten Gipfel der Alpen, ist heute Selbstverständlichkeit und für die große Masse der Touristinnen/Touristen möglich. Es gibt keine Transportprobleme mehr, die Touren sind markiert, extremere Stellen durch Seile, Haken und Leitern gesichert. Die Ausrüstung ist wesentlich besser und sicherer geworden und in vielen Fachgeschäften erhältlich. Somit verliert diese Form des Tourismus das Flair der Außergewöhnlichkeit. Mit dieser Entwicklung wird das Abenteuer zu einem alltäglichen Erlebnis, das man mit vielen anderen teilt.

Um etwas Besonderes zu erleben, macht man sich daher auf die Suche nach neuen, schwierigeren Zielen. Diese sportlichen Ziele sind durch die Werte gekennzeichnet, die für die Menschen im heutigen Berufsleben für ihr Weiterkommen unerlässlich scheinen: Leistung, Profilierungsdrang und Einzelkämpfertum.

Canyoning

Motive für den Abenteuertourismus

Wenn sich Menschen auf solche Abenteuer einlassen, streben sie immer nach **Rekorden**, die sie von ihrer Umgebung abheben. Sie wollen aber auch bei diesen Gelegenheiten die **Grenzen ihrer eigenen Leistungsfähigkeit** erfahren und erweitern.

Die **Freude am Risiko** ist ein weiteres Motiv für solche Unternehmungen. Man sucht die Konfrontation mit der Natur, aber in kontrolliert gefährlichen Situationen.

❓ Kann Abenteuertourismus gefährlich sein? Erkundigen Sie sich über die Versicherungsbedingungen für die Teilnehmer/-innen an Angeboten der Abenteuertourismusbranche!

Marketing für Teilmärkte

❓ Besorgen Sie Kataloge, die für die Interessenten am Abenteuertourismus eine Hilfe für die Gestaltung ihres Urlaubsvergnügens sein könnten!

Für einen Tag oder ein Wochenende gelingt die Flucht aus den geregelten Bahnen des Berufslebens. Man versucht, Sport, Abenteuer und Natur zu verbinden und sich selbst gegenüber der Natur zu beweisen. Nach dem bestandenen Abenteuer kehrt man wieder in die üblichen Bahnen des Lebens zurück, mit einigen Fotos als Trophäen in Händen. Die Stärke des Erlebnisses hinterlässt einen solchen Eindruck, dass die Teilnehmer/-innen noch lange Zeit davon zehren können und in ihnen der Wunsch nach Wiederholung aufkommt.

Paragleiten bei Hinterstoder

Veranstaltungen

Die Veranstaltungen sind relativ kurze, aber prägende Erlebnisse, oft nur von einigen Stunden. Sie können sich wiederholen, falls man längere Zeit seines Urlaubs in der Nähe verbringt. Für solche Veranstaltungen sind keine aufwendigen infrastrukturellen Voraussetzungen notwendig, Beispiele dafür sind

- **Bungeejumping, Rocketbungee, Houserunning**
  Charakteristikum: die Angst vor dem freien Fall zu überwinden und seine Sicherheit ganz in die Hand der anderen zu legen.
- **Paragleiten, Fallschirmspringen, Drachenfliegen**
  Charakteristikum: Gefühl des Fliegens, getragen durch die Kraft des Windes. Gleichzeitig bietet sich die Möglichkeit, das Panorama der Landschaft aus der Vogelperspektive zu genießen.
- **Rafting, Kajak**
  Charakteristikum: Eingehen auf eine gefahrvolle Situation im reißenden Wasser.

Rafting

Veranstalter/-innen und Interessentinnen/Interessenten

Das Unternehmen für solche Veranstaltungen hat seinen Sitz in deren Nähe. Es verfügt über die nötigen Ausrüstungen und auch die theoretischen Voraussetzungen für die geplanten Abenteuer. Für verschiedene Aktivitäten sind Einführungskurse und Informationen über die Sicherheitsbestimmungen nötig sowie die Anwesenheit einer geprüften Begleiterin/eines geprüften Begleiters.

❓ Sammeln Sie Eindrücke von Menschen aus Ihrem Bekanntenkreis, die eine solche Veranstaltung einmal gebucht haben. Beachten Sie besonders, in welcher Weise sie die Erinnerung daran pflegen!

Der Wunsch nach Extremerlebnissen im Rahmen eines Abenteuerurlaubs steigt in immer weiteren Bevölkerungskreisen. Dies erhöht auch bei den Veranstalterinnen/Veranstaltern den Druck, die Zahl der Angebote zu erhöhen und bereits gebuchte Veranstaltungen auch unter ungünstigeren Umständen durchzuführen. Dadurch ergibt sich auch ein größeres Sicherheitsrisiko, das sich in diesem Bereich des Tourismus rasch zur Lebensgefahr für die Teilnehmer/-innen entwickeln kann.

Informationen über die Veranstaltungen werden hauptsächlich über einen Verteiler, Einschaltungen in einschlägigen Zeitschriften und über Mundpropaganda in den interessierten Kreisen verbreitet.

Manche Sportarten sind an Ausrüstungen gebunden, deren Anschaffungskosten die Möglichkeiten des Einzelnen bei weitem übersteigen und große Transportprobleme bereiten würden. So werden sie durch die Veranstalter/-innen zur Verfügung gestellt.

Die Teilnehmer/-innen fahren mit eigenen Verkehrsmitteln zum Ort der Veranstaltung, sie sind jung, alleine oder zu zweit. Seltener werden Angebote für die gesamte Familie offeriert.

Ziele erreicht?

1. Warum hat sich der Abenteuertourismus als eigene Urlaubsform entwickelt?
2. Welche Motive veranlassen Menschen, an einer solchen Extremform des Tourismus Gefallen zu finden?
3. Nennen Sie Beispiele für Veranstaltungen des Abenteuertourismus und erklären Sie ihre Charakteristika!

Neue Trends

Wie kein anderer Wirtschaftszweig wird der Tourismus von immer neueren Trends geprägt. Trends, die Risiken und Chancen mit sich bringen, die der österreichischen Tourismuswirtschaft neue Zielgruppen eröffnen, zugleich aber Nachhaltigkeit und sorgfältigen Umgang mit der Natur verlangen.

 **Meine Ziele**

Nach Bearbeitung dieses Kapitels kann ich
- neue Trends des österreichischen Tourismus beschreiben und dazugehörige Entwicklungen in der Tourismusbranche beurteilen;
- die Kennzeichen von Ökotourismus und nachhaltigem Tourismus erörtern;
- Maßnahmen eines nachhaltigen Tourismus verstehen und Vorteile für Tourismusunternehmen und Umwelt erkennen;
- die Probleme bei der touristischen Nutzung von Naturräumen analysieren;
- die bestehenden und projektierten Themenparks in Österreich nennen;
- die Anlage von Themenparks hinterfragen.

1 Nachhaltiger Tourismus

Eine Reihe von **Trends** sind im Tourismus feststellbar, durch die einerseits versucht wird, neue Zielgruppen und damit Absatzmärkte zu gewinnen, andererseits Traditionelles bewahrt werden soll.

Ökologische, kulturelle und landschaftliche Ressourcen, Sensibilität für die Umwelt und den eigenen Körper sind mit ein Grund dafür, dass **Natur** und **Sport** im Tourismus zunehmend an Bedeutung gewinnen.

Sustainable Tourism = eine Tourismusform, bei der versucht wird, alte ökologische und gesellschaftliche Strukturen aufrechtzuerhalten, Lebens-, Wirtschafts- und Erholungsraum nachhaltig zu sichern und möglichst wenig zu verändern.

Ökotourismus, umweltschonendes Reisen, Sustainable Tourism, naturbezogener Tourismus und nachhaltiger Tourismus sind Begriffe für eine Tourismussparte, die nur sehr schwer zu definieren ist.

Die **IUCN** definierte **Ökotourismus** als umweltverantwortliche Reisen und Besuche zum Genuss und zur Bewunderung der Natur und der damit verbundenen kulturellen Besonderheiten. Sie fördern Naturschutz, haben wenige Umweltauswirkungen und stützen sich auf aktive Beteiligung der lokalen Bevölkerung.

Erinnern Sie sich noch:
Was ist die IUCN und welches Ziel verfolgt sie?

Nach der **Ecotourism Society** ist Ökotourismus eine verantwortungsvolle Form des Reisens in naturnahe Gebiete, die zum Schutz der Umwelt und zum Wohlergehen der lokalen Bevölkerung beiträgt.

Schnellen Fern- und damit meist verbunden Massentourismus umweltverträglich zu gestalten, ist unmöglich. So endet Ökotourismus beim Abheben vom heimischen Flughafen.

Solange Menschen Überschüsse an Mobilität, Geld, Freizeit und Lebenslust haben, wird es immer Tourismus geben. Es könnte aber die Touristin/der Tourist den Genuss der Natur als einen Beitrag zu ihrem Schutz erleben (siehe Nationalparks, Seite 62).

Die ideale Ökotouristin/der ideale Ökotourist

Die Gruppe der **idealen Ökotouristinnen/Ökotouristen** umfasst Menschen, die über mittlere bis hohe Einkommen verfügen und für naturorientierte Reisen viel Zeit aufbringen. Sie sind sich bewusst, dass trotz größtem Bemühen negative Aspekte entstehen. Sie nehmen Transporte in Kauf, die auch unbequem und langsam sind, verwenden Lokalprodukte bei der Verpflegung und übernachten in kleinen Hotels mit wenig Luxus. Sie zeigen großes Interesse an biologischen Zusammenhängen, reagieren auf negative Umweltveränderung sofort und tragen zur Finanzierung von Naturschutzmaßnahmen bei.

www.hauser-exkursionen.de

Reisebüros, die diese Zielgruppe bewerben wollen, haben sich Folgendes für Gruppenreisen zum Ziel gesetzt (am Beispiel „Hauser Exkursionen" Deutschland):
- Partnerschaftliche Zusammenarbeit mit Leistungsträgerinnen/Leistungsträgern vor Ort.
- Möglichst viel Organisation über einheimische Agenturen.
- Respekt vor der Bevölkerung in den Zielgebieten.
- Möglichst sachliche und ehrliche Kundeninformation.
- Gut geschulte Reiseleitung mit hohem Umweltbewusstsein.
- Gruppengrößen nur selten über zehn Personen.
- Wenn Fernreisen, dann länger als 20 Tage.
- Vermeidung von unnötigem Luxus.
- Transporte (außer An- und Abreise) mit lokalen Verkehrsmitteln.
- Zeltplätze außerhalb der Siedlungen.
- Großer Anteil an Reisen zu Fuß.
- Verpflegung aus lokaler Belieferung.
- Möglichst umweltschonende Brennstoffnutzung.
- Abfallverminderung und dessen schonende Entsorgung.

1 Nachhaltiger Tourismus

1.1 Fallbeispiele eines Ökotourismus

Als Ökotourismus kann eine Reise nur dann angesehen werden, wenn als Reiseziel Natur, Förderung von Schutzvorhaben sowie Stärkung der regionalen Tourismuswirtschaft im Vordergrund stehen.

Jagdtourismus

Obwohl in Mitteleuropa Jagd- und Ökotourismus kaum miteinander vereinbar scheinen, kann diese Art allen Anforderungen eines nachhaltigen Tourismus entsprechen. Diese Form ist auf Naturräume ausgerichtet, braucht wenig touristische Infrastruktur und bringt hohe Gewinne für Reiseveranstalter/-innen, Inhaber/-innen der Jagdrechte und Teile der Bevölkerung. Ein entsprechender Gewinn könnte mithelfen, wertvolle Ökosysteme zu fördern.

Fotosafaris

Diese Reiseform findet zwar größere Akzeptanz als der Jagdtourismus, ihre Auswirkungen sind aber sehr oft weit schwerwiegender. Höhere Teilnehmerzahlen der Reisegruppen, deren meist höhere Mobilität, verbunden mit entsprechenden Emissionen, Störung der Fauna, Sammeln von Pflanzen tragen dazu bei, dass diese Art des Tourismus auch Probleme bereiten kann. Als Ökotourismus kann dies jedoch gelten, wenn dadurch wirklich Förderung von Schutzvorhaben und Einkommensalternativen für die lokale Bevölkerung entstehen (z. B. Nationalparktourismus).

Canyoning (Schluchting)

Dies ist eine relativ neue Variante im sporttouristischen Angebot von Reiseveranstalterinnen/Reiseveranstaltern. Dabei werden Schluchten entlang des Wasserlaufs durchwandert, durchschwommen, durchklettert. Hoher Erlebniswert ist eng mit einem Naturbezug verbunden, während die benötigte Infrastruktur minimal ist. Der Reiz dieses Angebots liegt in der erfolgreichen Überwindung eines Angstgefühls, hoher Konzentration und damit hundertprozentigem Gegenwartsbezug, körperlicher Fitness und im Naturbezug.

Flussfahrten

Auf kleinen und mittleren Flüssen sind Kajak-, Kanu-, Paddelboot- und Schlauchbootfahrten eine Form des Tourismus mit hohem Naturbezug und relativ hoher Verwirklichung eines sanften Tourismus. Beim sogenannten **White Water Tourism** geht es in erster Linie um Sport, Nervenkitzel, Selbstüberwindung und Teamwork. Die Grenzen zwischen einem nachhaltigen Tourismus und dem Massentourismus mit allen seinen Nachteilen sind fließend und können leicht überschritten werden.

So entsteht durch den speziellen Transport der umfangreichen Ausrüstung eine Verkehrsbelastung mit entsprechenden Emissionen. An den Aus- und Einstiegsstellen kann es zu Vegetationszerstörung und Müllproblematik kommen.

Alpines Klettern und Wandern

Alpintouristinnen/Alpintouristen sind im Regelfall gekennzeichnet durch einen hohen Grad an Umweltverständnis und rücksichtsvollem Verhalten der Natur gegenüber. Sie sind bestrebt, vorhandene touristische Infrastruktur zu nützen, und konsumieren die einheimische Küche.

Trotzdem kann es durch Tätigkeiten wie Ausputzen der Kletterrouten, Benützen von Bäumen als Sicherungspunkte, Biwakieren und Picknicken an exponierten Stellen zu Beeinträchtigung von Flora und Fauna kommen. Erosion, Trampelpfadbildung und Bodenverdichtung tragen ein Übriges dazu bei, dass es zu Belastungen der natürlichen Umwelt kommt.

Nationalpark Hohe Tauern

❓ Vergleichen Sie Zielgruppen für Fotosafaris und Jagd! Versuchen Sie anhand von Reisebüroangeboten zu klären, welches der beiden Fallbeispiele einem nachhaltigen Tourismus in Bezug auf Transport, Ausrüstung, Unterkunft und Programm mehr entspricht!

Canyoning

Beim **White Water Tourism** spielen vor allem Bootsfahrten wie Rafting eine Rolle. Rasch fließendes Wasser, das oft als weiß aufschäumende Wellen und Strudel sichtbar wird, sowie seichte und tiefe Stellen versprechen eine erlebnisreiche Tour durch beeindruckende Natur.

Kanufahrt

❓ Erkundigen Sie sich nach Möglichkeiten für Flussfahrten in Ihrer näheren Umgebung und versuchen Sie zu klären, ob und warum Interessenkonflikte mit örtlichen Fischerei- und Jagdgesellschaften bestehen!

Neue Trends

Klettersteig Dachstein Südwand

? Wählen Sie einen Urlaubsort aus, in dem Trendsportarten angeboten werden und der zugleich als Kur- und Erholungsort bekannt ist! Zählen Sie Zielgruppenkonflikte auf und versuchen Sie Lösungsmöglichkeiten anzubieten!

Die Tourismuswirtschaft hat rasch erkannt, dass **Trendsportarten** wie Mountainbiking, Rafting, Canyoning, Paragliding eine **neue Chance für den Tourismus** sind. So wird für eine Zielgruppe wie Jugendliche der alpine Raum wieder interessant und es kann mit neuen Übernachtungszuwächsen gerechnet werden.

Trotzdem gibt es einige negative Aspekte
- Vorbehalte von Forst-, Jagd-, Fischerei- und Landwirtschaft wegen Beeinträchtigungen durch entsprechendes Verhalten.
- Zusätzliche Belastung der Umwelt im Sommer, vor allem wenn Aufstiegshilfen benützt werden.
- **Verkehrsbelastung** durch den Transport umfangreicher und aufwendiger Ausrüstung.
- Konflikte in der Imagebestimmung der Urlaubsorte; bei Kur- und Erholungsorten gibt es bei gleichzeitigem Angebot von Trendsportarten **Zielgruppenkonflikte.**

Insgesamt sind die vom Tourismus verursachten Konflikte **ein Problem der Masse** und daher auch vom sanften Tourismus oder Ökotourismus nur zum Teil lösbar.

1.2 Fallbeispiele für nachhaltigen Tourismus
Landwirtschaft und Tourismus

Als beste Beispiele für eine funktionierende Symbiose zwischen Landwirtschaft und Tourismus bieten sich zwei Regionen in Österreich an, die durch ihre spezielle geografische Lage wenig Industrie aufweisen, im Tourismus weniger bekannt sind und nach neuen Strategien für steigende Gästezahlen suchten.

Das südliche Lavanttal

Das **südliche Lavanttal** in Kärnten ist gekennzeichnet durch Obstanbau und ist landschaftlich sehr reizvoll. Die beinahe industriefreie Zone hat aber eine hohe Auspendlerrate. So haben sich etwa 270 Landwirtinnen/Landwirte mit 40 Gastwirtinnen/Gastwirten zu einem Verein zusammengeschlossen, dessen oberstes Ziel Weiterbildung, Öffentlichkeitsarbeit und Vermarktung landwirtschaftlicher Produkte ist.

Tourismus, Landwirtschaft und Gewerbe bilden eine fruchtbare Symbiose zur Schaffung eines Regionsprofils. **Mostwanderwege,** auf denen die Tradition der Mostherstellung erklärt wird, und **Obstbaumpflanzaktionen,** bei denen 5 000 Obstallee- und Obstgartenbäume gepflanzt wurden, beleben die alte Kulturlandschaft.

Bregenzerwald

Auch im **Bregenzerwald** sind landwirtschaftliche Betriebe mit Milch- und Viehwirtschaft dominierend.

1992 wurde eine Initiative namens **Natur und Leben Bregenzerwald** gegründet. Ihr gehören neben Gemeinden und öffentlichen Institutionen der Vorarlberger Naturprodukteverein, das Junge Gastgewerbe Vorarlberg, die Regionalplanungsgemeinschaft, der Verband Bregenzerwald-Tourismus, zahlreiche Landwirtinnen/Landwirte, einige Gewerbe-, Gastgewerbe- und Handelsbetriebe sowie Sennereien an. Ziel dieser Gemeinschaft ist die Vermarktung örtlicher landwirtschaftlicher Produkte vor Ort und ihre Einbindung in das regionale Gastgewerbe. So stehen bäuerliche Erzeugnisse im Mittelpunkt des kulinarischen Themenangebots. Auf den Speisenkarten einzelner Gastwirtinnen/Gastwirte werden bäuerliche Lieferantinnen/Lieferanten und Sennereien namentlich genannt.

Das Verkaufssystem **Bauernkasten** und Angebote örtlicher landwirtschaftlicher Produkte zur eigenen Zusammenstellung eines „Bauernfrühstücks" sind Möglichkeiten einer Direktvermarktung und verschaffen den einheimischen Landwirtinnen/Landwirten ein entsprechendes Einkommen.

Bauernhaus im Bregenzerwald

Das österreichische Umweltzeichen für Tourismusbetriebe – UZTB

Der Tourismus in Österreich lebt nach wie vor von und mit seiner Umwelt, ein sorgfältiger Umgang mit den natürlichen Ressourcen ist Grundlage, um die Voraussetzungen für Österreich als Tourismusland aufrecht zu erhalten.

Durch die Sensibilisierung der Gesellschaft gegenüber Umweltschäden wird es speziell für touristische Betriebe immer wichtiger, sich Maßnahmen für umweltschonende Betriebsabläufe zu überlegen, da viele Menschen bereits ihr Urlaubsziel oder die Unterkunft nach ökologischen Gesichtspunkten auswählen.

Mit dem österreichischen Umweltzeichen für Tourismusbetriebe wurde 1996 ein Gütesiegel geschaffen, durch dessen Erwerb Österreichs Tourismusunternehmen die Möglichkeit geboten wird, Umweltbewusstsein auch nach außen zu demonstrieren.

Die grafische Gestaltung des österreichischen Umweltzeichens erfolgte durch den Künstler Friedensreich Hundertwasser, der dem Umweltministerium seine Entwürfe unentgeltlich zur Verfügung gestellt hat. Das aufgrund seiner kreativen Symbolik (Erde, Wasser, Luft, Natur) sehr einprägsame Zeichen wurde vom Umweltministerium als Verbandsmarke angemeldet.

www.umweltzeichen.at

Das österreichische Umweltzeichen für Tourismusbetriebe
- **spart Betriebskosten:** Der bewusste Umgang mit Energie und Wasser sowie Abfallvermeidung und -reduzierung helfen die Betriebskosten zu senken.
- **belebt das Marketing:** Mit dem Umweltzeichen werden neue Marktsegmente erschlossen.
- **steht für Qualität:** Ein hoher Standard im touristischen Angebot sind die Voraussetzungen für das österreichische Umweltzeichen.
- **bringt direkten Umweltnutzen:** Durch die umweltfreundliche Betriebsführung helfen die Betriebe mit, die intakte Natur und Umwelt zu erhalten und somit einen Anreiz für Gäste zu schaffen, wiederzukommen.

Kriterien

Grundvoraussetzung für die Verleihung des Umweltzeichens ist die Einhaltung aller einschlägigen Gesetze und Verordnungen. Darüber hinaus gibt es einen Anforderungskatalog, der die gesamtheitliche Beurteilung des Betriebes in folgenden Bereichen vorsieht:
- Allgemeine Betriebsführung, Umweltmanagement
- Energie
- Wasser, Abfall, Luft, Lärm, Büro
- Reinigung, Chemie, Hygiene
- Bauen und Wohnen, Ausstattung
- Lebensmittel, Küche
- Verkehr und Außenbereich

Die zu erfüllenden Anforderungen sind in **Muss- und Soll-Kriterien** gegliedert, wobei erstere unabdingbare Mindestanforderungen darstellen. Die Soll-Kriterien werden mit Punkten bewertet. Jeder Betrieb muss insgesamt mindestens 65 Punkte erreichen. Dabei ist es verpflichtend, in allen sieben Bereichen auch Soll-Kriterien umzusetzen.

Durch die Einbindung aller Anforderungen des EU-Umweltzeichens für Beherbergungsbetriebe bzw. Campingdienste in den Kriterienkatalog des österreichischen Umweltzeichens soll es Betrieben dieser beiden Betriebskategorien leichter gemacht werden, das österreichische Umweltzeichen und das EU-Umweltzeichen in einem Prüfungsprozess zu erhalten.

Ausgebildete „Umweltzeichen-Berater/-innen" sind bei der Umsetzung der Maßnahmen zur Erlangung des Umweltzeichens behilflich. Einige Bundesländer unterstützen diese Beratungen durch Fördermaßnahmen. Umfassende Unterlagen und Hilfsmittel zur Umsetzung der Kriterien werden bereitgestellt. Mit der Prüfungsabwicklung wurde der **VKI** vom Umweltministerium beauftragt. Es besteht ein bundesweiter Prüfer/-innen-Pool.

VKI = Verein für Konsumenteninformation. Der Verein berät Konsumentinnen/Konsumenten und hilft ihnen ihre Rechte durchzusetzen.

Für sein Engagement erhält der Betrieb nach positiver Prüfung die Auszeichnungsurkunde des Lebensministeriums sowie diverse Unterlagen. Der Betrieb ist nun berechtigt, das Umweltzeichen vier Jahre lang für Werbezwecke zu nutzen. Danach ist eine Neuüberprüfung nach der gültigen Richtlinie notwendig, um die Zeichennutzungsdauer zu verlängern.

Neue Trends

? Spielen Sie die Rolle einer Hotelbesitzerin/eines Hotelbesitzers (Restaurantbesitzerin/Restaurantbesitzers), die/der ihre/seine Mitarbeiter/-innen schulen und motivieren will, um das österreichische Umweltzeichen zu erwerben:

- Welche Argumente würden Sie in Bezug auf Wasser- und Energieverbrauch verwenden?
- Wie könnten Sie auf Ihre Mitarbeiter/-innen einwirken, vermehrt öffentliche Verkehrsmittel zu verwenden? Ist dies ohne größere Probleme überhaupt möglich?
- Wie würden Sie Ihre Gäste informieren? Entwerfen Sie ein kurzes Handout zu diesem Thema!

Motto des Moorheilbades Harbach in NÖ: „Ein gesunder Mensch braucht eine gesunde Umwelt"

Transportenergieverbrauch pro Aufenthaltstag
Für Touristinnen/Touristen oder Reiseveranstalter/-innen heißt dies: Wenn schon eine weite Flugreise, dann für eine möglichst lange Urlaubsreise. Und für den Urlaubsort bedeutet dies: Wenn schon Gäste aus der weiten Ferne, dann mit möglichst vielen Übernachtungen.

Die Benutzer/-innen des österreichischen Umweltzeichens für Tourismusbetriebe werden in folgende Kategorien eingeteilt:
- **Kategorie 1:** Beherbergungsbetriebe (bis 20 Betten)
- **Kategorie 2:** Beherbergungsbetriebe (21 bis 100 Betten) Gastronomiebetriebe, Gruppenunterkünfte, Campingplätze, Schutzhütten
- **Kategorie 3:** Beherbergungsbetriebe (101 bis 200 Betten)
- **Kategorie 4:** Beherbergungsbetriebe (> 200 Betten)

(Quelle: www.umweltzeichen.at)

Tourismusbetriebe mit österreichischem Umweltzeichen

In Österreich gibt es bereits eine ganze Reihe von Tourismusbetrieben mit erworbenem Umweltzeichen, wobei eine rege Nachfrage vorherrscht und auch Tourismusschulen das Umweltzeichen erworben haben.

Beispiel Moorheilbad Harbach
Ökologie und **Qualitätsbewusstsein** haben in der Philosophie des Betriebes einen festen Stellenwert. Probleme ergeben sich in einer kurzfristigen Umsetzung, da vor allem Mitarbeiter/-innen und Gäste aktiv mitwirken müssen. Besonders bei den Mitarbeiterinnen/Mitarbeitern ist es wichtig eine Sensibilisierung für dieses Thema zu erreichen.

Ein weiterer wichtiger Punkt ist die Zusammenarbeit von Tourismus und Landwirtschaft, ohne die das Umweltzeichen nicht so schnell erreicht worden wäre.

 Ziele erreicht?

1. Erörtern Sie die Kennzeichen von Ökotourismus und nachhaltigem Tourismus!
2. Was ist das österreichische Umweltzeichen und wozu dient es?
3. Nennen Sie Kriterien, die nötig sind, um das österreichische Umweltgütezeichen zu erwerben!

2 Alternative Reiseformen

Kundinnen-/Kunden- und Erlebnisorientierung ist im zukünftigen globalen Tourismusmarkt eine Grundvoraussetzung für den Erfolg. Eine nachhaltige Tourismusentwicklung ist aber besonders in unserem Alpenraum ohne Sicherung **von ökologischen Standards** nicht möglich. Daher sind neue Erfolgskennziffern im Tourismus, unter anderem auch für die Bewertung des Zustandes der Umwelt, notwendig.

Es ist feststellbar, dass das Umweltbewusstsein der Kundinnen/Kunden im Vergleich zu den 80er- und 90er-Jahren gesunken ist.

Weltweit kann von einem Rückgang im Tourismus nicht gesprochen werden. Immer mehr Urlaubsreisen gehen mit immer schnelleren Verkehrsmitteln in immer fernere Regionen – bei kürzerem Aufenthalt vor Ort. Es stellt sich die Frage, ob Erlebnis und grenzenlose Mobilität neue Maßstäbe für die Tourismusentwicklung sind.

In den 50er-Jahren erfolgte der Umstieg von der Bahn auf das Auto, in den letzten Jahren ist eine massive Zunahme des **Flugtourismus** festzustellen. Aus Sicht einer Gesamtökobilanz ist diese Entwicklung trotz einiger positiver technischer Erneuerungen (schadstoffärmere Flugzeuge, bessere Koordination der Starts und Landungen) in den letzten Jahren katastrophal und die Belastungen nehmen weiter zu. Technische Erneuerungen und andere durchaus positive Entwicklungen können nichts anderes als kosmetische Eingriffe sein, dürfen aber nicht darüber hinwegtäuschen, dass sich an der Gesamtsituation nur wenig ändert.

Um dem entgegenzuwirken, sollten in einem regionalwirtschaftlich orientierten Tourismuskonzept, den Transport betreffende Umweltindikatoren, nicht fehlen, wie z. B.
- Transportenergieverbrauch für die Anreise,
- Anteil der Gäste mit Hauptreiseverkehrsmittel Bahn, Bus oder Rad oder
- die Anteile der Fahrten im Urlaubsgebiet mit Bahn, Bus oder Rad.

Als **Schlüsselindikator** für eine umweltverträglichere Tourismusentwicklung zählt der **Transportenergieverbrauch pro Aufenthaltstag.** Der Verkehr ist im Zusammenhang mit dem Reisen auch aus ökologischer Sicht ein zentrales Thema. So hat das Umweltministerium in Umsetzung des Nationalen Umweltplans das **Modellvorhaben Autofreier Tourismus** entwickelt.

Das EU-Modellprojekt **Sanfte Mobilität (SAMO) in Tourismusorten und -regionen** versucht, in ausgewählten Gemeinden Lösungen für den Alpenraum zu entwickeln. So wurde für den Modellort **Werfenweng** ein spezielles Bahnanreisekonzept entworfen. Als Fortsetzung dieses Projektes ist ein **Europäisches Netzwerk von Tourismusorten mit sanfter Mobilität** geplant.

Indikator = ein Umstand oder Merkmal, das als Anzeichen oder als Hinweis auf etwas anderes dient.

Beispiel Lungauer Tälerbus

Im Salzburger **Lungau,** einer vom Tourismus noch nicht komplett erschlossenen Region mit der Chance auf einen nachhaltigen und sanften Tourismus, wird seit 1989 ein **Verkehrsverbundsystem** für Touristinnen/Touristen forciert.

Kleinbusse, teilweise mit **solargespeisten Elektromotoren,** bringen Touristinnen/Touristen zu Ausgangs- und Endpunkten von Wanderungen in Seitentälern. Trotz der Bemühungen der einzelnen Gemeinden und Verkehrsämter, die Attraktivität zu erhöhen (z. B. durch dichtere Intervalle und eine Reihe von neuen Routen der einzelnen Busse), kann sich dieses Unternehmen nicht selbst finanzieren. Nur durch intensive Unterstützung des Landes Salzburg ist eine Weiterführung möglich.

Gründe dafür liegen einerseits in der mangelnden Konkurrenzfähigkeit zum Privat-Pkw, andererseits in einer fehlenden Abstimmung zu anderen öffentlichen Verkehrsmitteln, besonders an Sonn- und Feiertagen.

Seit Beginn der Wintersaison 1997/98 wurde im Lungau der sogenannte **Lungau-Takt** eingeführt. Im Rahmen dieses Projektes wurden einerseits die Verbindungen zu den Skigebieten, andererseits auch die Erreichbarkeit der Orte untereinander wesentlich verbessert. Zudem wurde ein breites Fahrkartenangebot aufgelegt, das die Erwartungen einzelner Zielgruppen erfüllt. Durch die Einführung der **Lungau Tages- oder Wochenkarte** ist die Benützung aller Buslinien möglich.

www.taelerbus.at

Diskutieren Sie die Vor- und Nachteile von Elektromobilen!

Beispiel Gemeinschaft autofreier Schweizer Tourismusorte (GaST)

Die **Gemeinschaft autofreier Schweizer Tourismusorte GaST** bezweckt die Entwicklung und Förderung der gemeinsamen Interessen von autofreien Ferienorten der Schweiz. Als Pionier des **sanften Tourismus** steht die Interessensgemeinschaft GaST seit 1988 für Autofreiheit als ganzheitliche Ferienphilosophie. Die Feriendestinationen Braunwald, Bettmeralp, Mürren, Riederalp, Rigi, Saas Fee, Stoos, Wengen und Zermatt erfüllen die hohen Qualitätskriterien der Autofreiheit.

Ziel der Gemeinschaft ist es, den Urlauber/-innen einen hohen Erholungswert zu bieten und darüber hinaus alle beteiligten Anspruchsgruppen zum schonenden und sanften Umgang mit der Natur und den Ressourcen nachhaltig zu sensibilisieren.

In den Tourismusorten gibt es aufgrund eines allgemeinen Fahrverbots für Verkehrsmittel mit Verbrennungsmotoren **keinen Privatverkehr.** Selbst umweltfreundliche Fahrzeuge zu gewerblichen Transportzwecken werden beschränkt und von einem Bedarfsnachweis abhängig gemacht.

GaST – Wo auch Ihr Auto Ferien macht
„Autofreiheit bedeutet totaler Verzicht auf den individuellen Personenverkehr und größtmöglicher Verzicht auf Verbrennungsmotoren."
(Definition der „Autofreiheit" durch die GaST-Tourismus-Direktorinnen/Direktoren)

www.auto-frei.ch

Neue Trends

Gemeinschaft autofreier Schweizer Tourismusorte

Intakte Natur und himmlische Ruhe – das sind die gemeinsamen attraktiven Nenner der Gemeinschaft autofreier Schweizer Tourismusorte (GaST)

? Erkundigen Sie sich nach der geografischen Lage und Erreichbarkeit von Werfenweng! Recherchieren Sie, wie die einheimische Bevölkerung auf diese Entwicklung reagiert!

Ein typischer Urlaubstag in Lech am Arlberg

? Die Schadstoffbelastung ist aufgrund der Verkehrsbelastung enorm. Der Sektor Verkehr hatte 2007 mit 64,3 % den größten Anteil an den Stickoxid-Emissionen. Informieren Sie sich auf der Website des Umweltbundesamtes www.umweltbundesamt.at über die gesundheitsbeeinträchtigenden Luftschadstoffe. Stellen Sie fest, inwieweit auch Phänomene wie das Waldsterben mit diesen Schadstoffen zusammenhängen!

Die autofreien Feriendestinationen der Schweiz sind alle gut mit öffentlichen Verkehrsmitteln (Bahn, Postbus oder Schiff) erreichbar. Gäste und Gepäck werden mit Elektroautos abgeholt und zu den einzelnen Unterkünften gebracht. Die Bequemlichkeit eines eigenen Pkws wird durch die Vorteile einer fast **autofreien Region** mehr als kompensiert.

Auch in Österreich gibt es Ansätze einer solchen Entwicklung, z. B. die Salzburger Gemeinde **Werfenweng,** wo **Elektromobile** angeboten werden, die von den Touristinnen/Touristen für einzelne Fahrten gebucht werden können und sich als die Attraktion schlechthin erweisen. Eine zu geringe Anzahl von Fahrzeugen und damit verbundene Engpässe scheinen ein lösbares Problem zu sein. Auf das Problem der Anreise mit öffentlichen Verkehrsmitteln wird in der Entwicklung eines Verkehrskonzeptes eingegangen, wobei auch andere Gemeinden wie Bischofshofen mit seiner speziellen Lage als Bahnknotenpunkt mit einbezogen werden.

Beispiel Reduktion des Verkehrs in Wintersportorten

Die Urlaubsgäste von **Lech am Arlberg** werden mit Skibussen zu den Liftstationen gebracht, um den Individualverkehr einzuschränken. Das Problem sind Tagestouristinnen/Tagestouristen, die in billigeren Nachbarorten wohnen und mit dem eigenen Pkw anreisen. Daher hat Lech seit 1991 die maximale Anzahl an Skifahrerinnen/Skifahrern limitiert und durch **kontrollierte Ausgabe von Liftkarten** geregelt. Nur mit der Bahn angereiste Gäste und Einheimische erhalten eine **Liftkartengarantie.**

Eine Verminderung der Verkehrsbelastung durch An- und Abreise vom Urlaubsort kann nur durch eine enge Zusammenarbeit zwischen Urlaubsorten und Herkunftsregionen der Touristinnen/Touristen erfolgen.

Mehrere Salzburger Wintersportorte haben mit den ÖBB ein Konzept entwickelt, das Bahnfahrt, Abholung und Gepäcktransport sowie Hotel und Liftkarte in einem günstigen Angebotspaket enthält. Publicrelations und Werbung in den Heimatländern der Gäste haben dafür gesorgt, dass es auch angenommen wird, und steigende Übernachtungszahlen deuten auf eine günstige Entwicklung hin.

Der Versuch, Großstädte wie Paris oder Amsterdam direkt mit Kurswagen zu erreichen, ohne lästiges Umsteigen in Kauf nehmen zu müssen, wurde aber vorerst wegen logistischer Probleme aufgegeben.

Ziele erreicht?

1. Was ist die GaST?
2. Welche Möglichkeiten hat ein Wintersportort, den Verkehr zu reduzieren? Nennen Sie Beispiele!

Projekt

1. Mit welchen öffentlichen Verkehrsmitteln kann man von Wien in typische Wintersportorte reisen?
2. Erkundigen Sie sich nach Abfahrts- und Ankunftszeiten, Fahrpreisen und Fahrtdauer und speziellen Angeboten!
3. Vergleichen Sie diese Daten mit einer Pkw-Anreise!
4. Erstellen Sie ein Profil der Stärken und Schwächen öffentlicher Anreisemöglichkeiten und einer Pkw-Anreise nach ökologischen und ökonomischen Gesichtspunkten!

3 Themen- und Freizeitparks

In einer Zeit, in der die Gesellschaft (der Industrieländer) von sich behauptet, sie sei eine **Freizeitgesellschaft,** wird dem steigenden Unterhaltungsbedürfnis der Menschen durch die Errichtung von Themen- und Freizeitparks Rechnung getragen. Während in den USA der Umgang mit solchen Einrichtungen bereits erprobt und damit fast Gewohnheit ist, entwickelt sich in Europa die Nachfrage nur zögernd.

3.1 Themenparks – Massentourismus in Reinkultur

Sicher ist eines: Solche Parks sprechen nicht die klassischen Kultururlauber/-innen, sondern die **Massentouristinnen/Massentouristen** an. Das Angebot dieser Parks muss daher ein wesentlich größeres Zielpublikum mit weniger spezifischen Interessen erreichen. Dies scheint auf den ersten Blick einfacher, als es tatsächlich ist. Ein breites Spektrum an Erlebniswünschen zu befriedigen, bringt die Betreiber/-innen dieser Parks rasch in Zugzwang. Nur ausgeprägte und häufig ins Gigantische übersteigerte Attraktionen lassen die Besucherströme fließen. Selten wird in Themen- oder Freizeitparks regionale Kultur verkauft. Der Trend geht in Richtung **„Universal-Kultur",** die grenzen- und regionslos ist.

Die am häufigsten angeführten Argumente für Themenparks sind wirtschaftlicher und regionalpolitischer Natur. Bedenkt man, dass beispielsweise Disney World in Orlando mit 25 Milliarden US-Dollar ein Fünftel des Sozialproduktes von Florida stellt, so hat die Errichtung von solchen erlebnisorientierten Parks viel für sich.

Kaum eine Regionalpolitikerin/ein Regionalpolitiker kann sich der Faszination solcher Daten entziehen. Darüber hinaus werden häufig **Synergieeffekte** wie Belebung des Einzelhandels, der Gastronomie, der Hotellerie oder Verbesserung der Infrastruktur und nicht zuletzt die Schaffung von Arbeitsplätzen als Argumente ins Treffen geführt, um Bewohnerinnen/Bewohnern eines potenziellen Parkstandortes diesen schmackhaft zu machen.

Die Kehrseite der Medaille liegt allerdings klar auf der Hand: Zumeist sind Themenparks konjunkturabhängig. Zum einen sind die allgemeine Wirtschaftslage und damit das Einkommen der privaten Haushalte entscheidende Faktoren dafür, ob gereist und mithin auch das Angebot von Themenparks konsumiert wird. Zum anderen kann in einer Zeit, die vor allem von einer auffälligen **Kurzlebigkeit von Trends** gekennzeichnet ist, die Konjunktur für Themenparks leicht abreißen. Kurz gesagt: Themenparks leben vom Zeitgeist; auch Micky Mouse und Donald Duck, Legoland und Gardaland können aus dem Trend rutschen.

Themenparks sind nicht grundsätzlich abzulehnen, lösen sie doch (bis jetzt) Touristenströme aus. Lässt man sich auf dieses Wagnis ein, muss man sich als Betroffene/-r, aber auch als Planer/-in über einige Punkte im Klaren sein.

Grundsätzliche Überlegungen

- Themenparks erfordern **enorme Investitionssummen,** für die **Sponsorinnen/Sponsoren** und **Garantinnen/Garanten** gefunden werden müssen. Diese haben kein Interesse, ihr **Venturecapital** (Risikokapital) in den Rauchfang zu schreiben. Verhandlungen mit den „auserwählten" Gemeinden sind meist beinhart, da bei den einzusetzenden Summen (im Schnitt zwischen 150 und 800 Millionen Euro) kein Platz für altruistische (uneigennützige) Wohltäter/-innen ist.
- Themenparks sind von einer **hohen Auslastung** abhängig. Eine – als Idealfall herbeigewünschte – konstant hohe Dauerauslastung erscheint aus mehreren Gründen wenig wahrscheinlich. Je mehr Gemeinden und/oder Regionen ihr regionalpolitisches Heil in solchen Parks suchen, desto größer ist die Konkurrenz und desto schwieriger die Anwerbung von Besucherinnen/Besuchern. Als massentouristische Einrichtung sind auch Themenparks an die Hauptreisezeiten gebunden; diese Spitzen (meist von Mai bis September) müssen das ganze Jahr tragen.

---

www.cusoon.at/freizeitparks

Was sich Politiker erhoffen ...
In Heidenreichstein wurde am Samstag mit der Anderswelt ein für Österreich einmaliger Abenteuerpark eröffnet. ....
Landeshauptmann Dr. Erwin Pröll betonte bei der Eröffnung, das Waldviertel mit seiner weltweit einzigartigen Landschaft sei eine Zukunftsregion für Menschen, die in der Alltagshektik Ruhe suchen. Die attraktive und anziehende Landschaft, die natürlichen Ressourcen, das hohe kulturelle Niveau und tüchtige Menschen seien das größte Potenzial des Landes. Die Anderswelt mit ihrer Orientierung in die Zukunft sei eines jener Projekte, von denen gerade die Grenzregionen profitieren können.
Auch Landeshauptmannstellvertreterin Heidemaria Onodi erwartet sich von dem Projekt einen Beitrag zur Belebung der Region und der Grenzlandgemeinden. Als für den Naturschutz zuständiges Regierungsmitglied hofft sie insbesondere auf eine Symbiose mit dem Naturpark Hochmoor Heidenreichstein.
Landesrat Ernest Gabmann sprach von einem touristischen Leitprojekt für die Marke Waldviertel. Erlebnisparks lägen voll im Trend, über 100 000 Besucher/-innen pro Jahr sollen auch den anderen Sehenswürdigkeiten des Waldviertels zugute kommen und Impulse bzw. Wertschöpfungseffekte für die gesamte Region liefern.
(Aus dem Amtsblatt der BH Baden Nr. 8, 20. 04. 2002)

... und wie sie die Realität einholt
... Der Themenpark in Niederösterreich schließt seine Pforten – aufgrund von mangelndem Besucherinteresse war an eine Fortführung des Parks nicht zu denken. Die Anderswelt scheint nicht die Gunst der heraufbeschworenen Götter gehabt zu haben. Zu wenig Besucher/-innen – von Saison zu Saison sogar weniger – kamen nach Niederösterreich zu dem Themenpark. Unwirklich (der Slogan war „Ist die Wirklichkeit wirklich wirklich?") auch die kurze Zeit, die das Projekt durchgehalten hat. Schon nach drei Jahren war jetzt Schluss.
(Quelle: www.style.at)

? Suchen Sie aus dem ersten Text jene Reizbegriffe heraus, die Ihrer Meinung nach im Redekonzept der drei Politiker/-innen als unbedingt zu erwähnen markiert waren. Finden Sie drei Gründe, die das Scheitern eines Themenparks erklären können.

- Themenparks bringen eine Reihe von Problemen mit sich. Zum einen sind es Verkehrsprobleme, die sich aus den angepeilten 10 000 bis 15 000 Besucherinnen/Besuchern pro Tag (österreichische Beispiele) ergeben. Dazu kommt ein enormer Flächenverbrauch auf zum Teil besten landwirtschaftlichen Nutzflächen. Dadurch wird der Bodenpreis in die Höhe getrieben und das Immobiliengefüge der Region durcheinander gebracht. Schließlich bewirken die täglichen Verkehrslawinen gemeinsam mit dem hohen Wasserverbrauch und der Abwassererzeugung starke ökologische Belastungen.

Was anfänglich als Hauptargument für Themenparks (vor allem in peripheren Regionen) angeführt wird, nämlich die Schaffung von Arbeitsplätzen, kann sich bei näherer Betrachtung oder längerer Präsenz eines Parks durchaus als Irrtum herausstellen. Arbeitsplatzprobleme einer Region können damit auch nicht gelöst werden. Nimmt man als Beispiel Disneyland Paris her, so kann man hier mit großer Wahrscheinlichkeit annehmen, dass Arbeitnehmer/-innen aus dem Großraum Paris keineswegs das Gros der Arbeitsplätze besetzen – zumindest nicht der qualifizierten und gut bezahlten.

3.2 Themen- und Freizeitparks in Österreich

Wenn man auf eine strenge Unterscheidung von Themen- und Freizeitparks verzichtet, lassen sich auf dem **Freizeitportal Cusoon** in Österreich 33 solcher Parks mit unterschiedlicher Thematik und unterschiedlicher Zielgruppendefinition unterscheiden. Das Spektrum reicht von allgemeiner Unterhaltung (wie beim Wiener Prater) über kinderspezifische Märchenwanderwege und -parks bis zu **Edutainment**-Parks mit durchaus interessant aufbereiteten Inhalten (wie die Wiener Minopolis oder das Murmliwasser Serfaus). Die im Anschluss dargestellten Beispiele belegen die Entwicklung und Adaptierung solcher Freizeitideen sowie deren zielgruppenspezifisches Angebot.

Großraum Wien

Die **virtuellen** Welten des **Vienna Globe Resort Park,** mit dem der Austrokanadier Frank Stronach in **Ebreichsdorf** ein Stück „Entertainment made in USA" nach Österreich bringen wollte, sind über einen Werbeprospekt nicht hinausgekommen. Die Widerstände von politischer und ökologischer Seite, die dem **Global Player** entgegengebracht wurden, waren zu stark.

An die Stelle dieses Projekts ist Frank Stronachs eigentliches Steckenpferd – die Errichtung einer Pferderennbahn – getreten. Das **Magna Racino,** das von der Unternehmensführung auf der Homepage als **modernster Pferdesportpark Europas** bezeichnet wird, ist weit mehr als eine Pferderennbahn. Als solche stünde sie zu sehr in Konkurrenz zu den Traditionsbahnen in Baden und Wien-Freudenau. Die Magna-Gruppe hat nach Startschwierigkeiten, die sich aus der Standorttreue der eher kleinen, dafür aber umso traditionsbewussteren Gruppe der Pferderennsport-Liebhaber/-innen ergab, aus dem Racino einen Standort für Incentives, Firmenevents (Indoor und Outdoor), Glücksspiele sowie Wetten und Entertainment gemacht. Frank Stronach wandelte mit seinem Team einen anfänglichen Flop in ein durchaus gewinnträchtiges Unternehmen und eine Event-Location für Betuchte um.

Da schon das „uneingeschränkte Einkaufsvergnügen" der SCS-Wien in finanzieller Hinsicht Kopfzerbrechen bereitete, wurde 1998 das Konzept **Erlebniswelt Prater** aus der Taufe gehoben. Damit sollte nicht nur der alte Wurstelprater als Tourismusattraktion reanimiert, sondern auch Abwanderung von Kaufkraft verhindert und eine einheitliche Erlebniszone vom Praterstern bis zum Stadion geschaffen werden. Eine grundlegende **Umorientierung auf Hightech** einerseits und die Ansiedelung des kanadischen **Cirque de Soleil** andererseits, die jedoch nicht gelang, sollten die Motoren der Entwicklung sein.

Um nach fünf Jahren Planung dem Prater dennoch ein „neues Gesicht" zu geben und eine „Frischzellenkur" zu verpassen, wurde 2003 Emanuel Mongon, ein französischer Experte für Themenparks und Freizeitanlagen, von der Vizebürgermeisterin mit der Entwicklung eines Masterplans für den Prater beauftragt.

Edutainment = der Begriff setzt sich aus den englischen Wörtern education (Bildung) und entertainment (Zeitvertreib) zusammen und bezeichnet ein Konzept der elektronischen Wissensvermittlung, bei dem die Inhalte spielerisch und gleichzeitig auch unterhaltsam vermittelt werden.

virtuell = eigentlich ein Begriff aus dem Bereich der Computerprogrammierung, meist in Verbindung mit dem Wort „Realität". Virtuelle Realität wird durch Programme erzielt, die künstliche, dreidimensionale Räume berechnen und als Bild auf entsprechende Ausgabegeräten erzeugen. Der Begriff virtuell wird heute häufig als Synonym für „künstlich" verwendet.

Global Player = Unternehmen, das Standorte in vielen Ländern der Welt unterhält. Der Umsatz des Unternehmens ist weltweit so hoch, dass globale Betriebsentscheidungen der Unternehmensführung die Wirtschaftslage und Arbeitsmarktsituation auf nationaler Ebene stark beeinflussen können.

www.magnaracino.at

Die mit den Praterunternehmerinnen/Praterunternehmern nicht abgesprochenen Eingriffe in die traditionellen Strukturen des Praters („Praterdynastien") führten zu heftigen Auseinandersetzungen mit dem Praterverband und der politischen Opposition. Mongons Konzept, sämtliche Plätze von Wasser „umspülen" zu lassen und zudem jedes Jahr eine neue Attraktion hinzuzufügen, stieß auf erheblichen Widerstand. Dieser konnte jedoch 2005 mit der **„Praterresolution"** beigelegt werden. Darin einigten sich die Praterunternehmer/-innen mit der Gemeinde Wien über die künftige Ausrichtung eines „modernen, aber traditionellen Praters", der ja der älteste Vergnügungspark der Welt ist. Über das Expertenhonorar für Mongon und die architektonisch-künstlerische Qualität der Disneyland-ähnlichen Eingangsarchitektur gingen allerdings erneut die Meinungen der im Gemeinderat vertretenen Parteien auseinander.

Abgesehen von den bei einem solchen Projekt durchaus üblichen Meinungsverschiedenheiten ist es jedoch vor allem im Gastronomiebereich gelungen, neben die schon etablierten Betriebe wie das Schweizerhaus eine weitere Attraktion anzusiedeln. Das **„Palazzo"** des Starkochs Reinhard Gehrer bietet Erlebnisgastronomie vom Feinsten. Weiterhin gibt es als Vorgabe der Gemeinde – im Gegensatz zu anderen Parks – keinen Eintritt. Seit 2009 ermöglicht die online bestellbare **„Pratercard"** bei vielen Unternehmen bargeldloses Bezahlen.

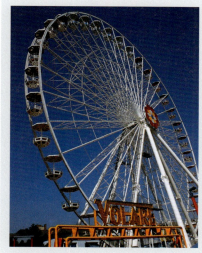

www.prater.at

Ganz dem Edutainment – der Kombination von Unterhaltung und Bildung – verschrieben hat sich die 2005 von Hanno und Erwin Soravia gegründete **Minopolis**, die Stadt der Kinder. 2009 von einer Kapitalinvestmentfirma übernommen, ist der Bestand der an der Wiener Reichsbrücke und damit einer U1-Station liegenden Erlebnis- und Lernwelt gesichert.

In 25 Themenstationen können sich Kinder in 90 Berufen damit auseinandersetzen, was Waren und Dienstleistungen sind, wie Geld verdient und behalten wird. Der pädagogische Effekt wird dadurch verstärkt, dass alle Kinder mit einem Startkapital von 110 Eurolino versehen werden, das sie zu Beginn zur Kontoeröffnung nutzen oder am Ende des Spieltages mit dem hinzuverdienten Geld vermehren können. Realistisch ist auch die Jobsuche beim AMS und die Tatsache, dass das auf dem Spielkonto liegende Geld bis zum nächsten Besuch auch Zinsen trägt. Neben der spielerischen Erkundung der Erwachsenenwelt zählen die Kinderparties in Minopolis und regelmäßige Events zu den absoluten Highlights.

www.minopolis.at

Niederösterreich

An die Stelle der 2005 geschlossenen Anderswelt in Heidenreichstein tritt 2011 ein von den im Waldviertel beheimateten „Käsemachern" betriebenes ehrgeiziges Projekt – die **Käseerlebniswelt.** Seit dem Ankauf des Areals 2008 wird an der Neugestaltung unter Einbeziehung der vorhandenen Bauten gearbeitet. Die Käsemacher wollen ihren künftigen Besucherinnen/Besuchern sowohl eine Schauproduktion als auch die Möglichkeit zur „kulinarischen Erkundung" bieten. Da ihnen bewusst war, dass mit dem Thema Käse die Zielgruppe doch eingeschränkt ist, wird mit der Errichtung einer Skateboardbahn und dem Ausbau eines vorhandenen Beachvolleyballplatzes die Zielgruppe um die Familien erweitert. Damit scheint das Unternehmen auf eine ertragssicherere Basis gestellt.

www.kaesemacher.at

Tirol

Der bisher einzige Themenpark Westösterreichs, André Hellers **Kristallwelten in Wattens,** die rund um die Kristallglaserzeugung von Swarowski kreist, zählt mittlerweile zu den etablierten und faszinierendsten Erlebniswelten Österreichs. In sechzehn Stationen können sich die Gäste von den Ideen André Hellers und der mit ihm kooperierenden internationalen Künstlerinnen und Künstlern gefangen nehmen lassen. Schon allein die Namen der Stationen machen Lust auf den Rundgang: Mechanical Theatre, Kristalldom, La Primadonna Assoluta oder Kristallwald.

Damit das Merchandising nicht zu kurz kommt, können die Gäste in der im „Riesen" untergebrachten Crystal Stage, dem weltweit größten Swarowski-Shop, je nach Geschmack und finanziellen Möglichkeiten einkaufen. Darüber hinaus bietet sich der „Riese", das

http://kristallwelten.swarowski.com

Neue Trends

Franchising = (aus dem Engl.: franchise = Konzession) Absatzsystem, bei dem selbstständige Unternehmer/-innen Waren und Dienstleistungen des Franchiseunternehmens anbieten. Sie sind vertraglich dazu verpflichtet, das Warenzeichen oder Logo ihres Franchiseunternehmens deutlich sichtbar an ihren Waren, Verpackungen und Merchanidisingprodukten anzubringen. Für diese Lizenz zahlt das Franchiseunternehmen eine (hohe) einmalige oder eine laufende umsatzabhängige Abgabe. Obwohl sie eigentlich kaufmännisch selbstständig agieren, sind die Franchisenehmer/-innen in Teilbereichen – wie Sortiment, Preise und Verkaufsraumgestaltung – an die Weisungen ihrer Partner/-innen gebunden; dafür unterstützen sie diese bei Werbung und Finanzierung aktiv und stellen ihnen ihr Know-how zur Verfügung.

www.salzwelten.at

www.styrassicpark.at

Wahrzeichen der Kristallwelten, auch als vielfältig nutzbare Event-Location für Kinder, Musik, Workshops, Kulinarien und Clubbings an. Die ausgezeichnet gestaltete Homepage verstärkt den positiven Gesamteindruck – in den Kristallwelten hat sich ein sorgfältig durchdachtes und behutsam erweitertes Konzept durchgesetzt, dessen roter Faden sowohl vor Ort als auch in der virtuellen Aufbereitung erkennbar ist.

Das mit großem finanziellem Aufwand 1999 gestartete **PlayCastle** in **Seefeld** musste seine Tore bereits schließen, da die Auslastung weder den Erwartungen der Betreiber/-innen entsprach noch die kreditgebenden Banken zufrieden stellte. Auch die Hoffnungen, die Idee im Franchiseverfahren zu multiplizieren, erfüllten sich nicht.

Salzburg

Wie vergänglich Ideen sein können, kann man an der **Alpenwelt** im **Oberpinzgauer Mittersill** erkennen. War noch 1998 von einer Eröffnung 1999 die Rede, so wurde Mitte 2000 vom Salzburger Landeshauptmann zwar die unbedingte Notwendigkeit des Projekts betont, aber über neuerliche Machbarkeitsstudien ist man nach dem Ausstieg des vormaligen Hauptsponsors Siemens nicht hinausgekommen. Dabei hätte das Projekt Alpenwelt die Alpen so schön zur Vermarktung aufbereitet – dem Willen der Planer/-innen zufolge hätten Gondeln und Sessellifte die Besucher/-innen zu einem Amphitheater, zu Streichelzoos und natürlich zur (hochalpinen) Hotellerie befördert.

Die kritische Haltung von Touristikerinnen/Touristikern, Soziologinnen/Soziologen, Geografinnen/Geografen, Architektinnen/Architekten und Volkskundlerinnen/Volkskundlern zu solchen künstlichen Welten wurde bereits 1998 im tourismuswissenschaftlichen Buch „ErlebnisWelten" zum Ausdruck gebracht.

Oberösterreich

Hallstatt in Oberösterreich baut auf Traditionelles – die **Erlebniswelt Salzbergwerk.**

Das wie Hallein und Altaussee zur Vereinigung „Salzwelten" gehörende Salzbergwerk Hallstatt bietet Familien und Schulklassen ebenso wie Einzelbesucherinnen/Einzelbesuchern einen spannenden Einblick in die historische Salzgewinnung. In lebensgroßen Dioramen kann man die Mühsal der Bergmannsarbeit nachempfinden und auf der mit 64 Metern längsten Rutsche mit Radarmessung die erzielte Geschwindigkeit messen lassen. Umfangreiche Packages für Familien und Schulen (Klassenzimmer unter Tage, Sonderführungen, Projektwochen, Kombination Bergwerk und Museum) bieten wirklich für jede/jeden etwas. Neu im Vermittlungsprogramm sind MP3-Audioguides in zehn verschiedenen Sprachen.

Steiermark

Der Kurort Bad Gleichenberg wartet seit 1999 mit einer Attraktion auf, deren Hauptakteure die „Ur-Steirer" sind – jene Dinosaurier, die in Trias, Jura, Kreide und Perm die steirische Landschaft bevölkerten. Dass der **Styrassic Park** dabei Namensanleihe bei Steven Spielbergs Jurassic Park nimmt, stört nicht weiter – es ist ja ein steirischer Saurierpark!

Das Programm ist vor allem auf Kinder abgestimmt, denen auch einiges geboten wird: die Styrassic Park Tour, die Urzeit Rally, die Vulkanexpedition und das Programm „Einmal im Leben ein Forscher". Der in nur sieben Monaten unter wissenschaftlicher Beratung der Universität Berlin aufgebaute Park „beheimatet" über 70 lebensgroße Sauriermodelle, die zum Teil auch animiert sind.

Wenngleich es sich um keinen Themenpark im eigentlichen Sinn handelt, so verdient das **Schoko-Laden-Theater** des Ausnahme-**Chocolatiers Josef Zotter** in Bergl besondere Erwähnung.

Hier ist es gelungen, die Produktion der „süßesten Nebensache der Welt" in ein olfaktorisch-künstlerisches Erlebnis zu verwandeln. Nach einem kurzen Film über Zotters wichtigsten Rohstoff – die Kakaobohne – und seine wichtigsten Partner/-innen – die Kakaobäuerinnen/Kakaobauern – erleben die Gäste dieser außergewöhnlichen Schokoladenmanufaktur den Weg der Kakaobohnen vom Lager bis zum Endprodukt live mit, können sie riechen, schmecken und über die funkgesteuerten Headsets auch hören. Wie viel man erfahren möchte, bleibt jedem Gast überlassen, da man auch Stationen „überspringen" kann, ohne den Gesamtzusammenhang aus den Augen zu verlieren.

Dramaturgisch exzellent aufgebaut endet die Tour im Shop, in dem die eben noch verkosteten Köstlichkeiten „zur Nachbereitung" zu Hause gekauft werden können. Zotters Schokoladenwelt braucht keine Zielgruppendefinition, sie zieht an – zumal man bei jedem Genuss das beruhigende Gefühl haben kann, „bio und fair" gehandelt zu haben.

www.zotter.at

Zotters Schokoladenwelt – eine Expedition ins Reich der Sinne …

3.3 Der Sonderfall: Kulturparks

Gerade das Land Niederösterreich setzt erfreuliche Akzente in eine andere Richtung.

> Kulturparks präsentieren in ausgewählten Museen und Ausstellungen herausragende Zeugnisse ihrer Geschichte, Kultur und Natur, doch die Hauptrolle spielt die Landschaft selbst, die ihre Besonderheiten entlang von „Themenwegen" und an ganz besonderen „Erlebnispunkten" entdecken lässt.

(Aus: Niederösterreich-Kultur. Tipps, Daten und Adressen 1998. Amt der NÖ Landesregierung, Abteilung Kultur und Wissenschaft, St. Pölten 1997)

Das Konzept der Themenstraße wird hier mit einem vielfältigen Kulturangebot – u. a. Konzerten, Oper und Operette, Theater, Kino, Kabarett, Literatur, bildender Kunst, Landkultur, höfischer Kultur – kombiniert.

Im **Kulturpark Kamptal** ermöglichen drei „Eingangstore" in Eggenburg, Langenlois und Horn den Einstieg in die „Zeitreise".

www.eisenstrasse.info

Der **Kulturpark Eisenstraße-Ötscherland** entlang des Ybbs- und Erlauftales ruft die jahrhundertealte Kultur der Eisenverarbeitung und den Transport des Eisens in Erinnerung und verstärkt durch zahlreiche Groß- und Kleinveranstaltungen in 16 Gemeinden diese historische Tradition.

Im **Archäologischen Park Carnuntum** bei Petronell und Bad Deutsch-Altenburg haben sich die Betreiber/-innen besonders der museumspädagogischen Betreuung von Kindern, Familien und Schulklassen gewidmet. Im Gegensatz zu klassischen Rekonstruktionskonzepten, die vor allem den Bestand sichern, hat sich die archäologische Leitung von Carnuntum zum (wissenschaftlich abgesicherten) Neubau von Gebäuden entschlossen.

Viele erlebnisorientierte Wochenend- und Ferienveranstaltungen unter dem Motto „Carnuntum. Rom lebt" geben den Besucherinnen/Besuchern ein Gefühl für das Leben in der römischen Stadt Carnuntum.

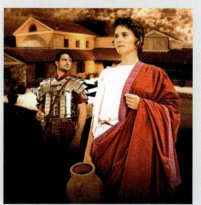

www.carnuntum.co.at

Bis 2011, dem Jahr der **Niederösterreichischen Landesausstellung „Erobern und Entdecken"**, soll durch zahlreiche Rekonstruktionen die ehemalige römische Donaumetropole in neuem Glanz erstrahlen.

Besonders bemerkenswert sind die vielen Programme für Kinder, Schulklassen, Gruppen und Incentives in den drei Besucherbereichen Petronell (Zivilstadt), dem Amphitheater und dem Museum Carnuntinum in Bad Deutsch-Altenburg. Ergänzt werden diese Programme durch Sonderveranstaltungen wie Gladiatorenkämpfe, das Carnuntiner Römerfest und Kulinarien („Römische Gaumenfreuden"), die dem Veranstaltungskalender der Homepage sowie den downloadbaren PDF-Foldern für Gruppen und Schulklassen zu entnehmen sind.

Museum Carnuntium in Bad Deutsch-Altenburg

www.noe-landesausstellung.at

🎯 Ziele erreicht?

1. Stellen Sie Pro- und Kontraargumente zu Themenparks einander gegenüber! Füllen Sie dazu die Felder der Tabelle aus!

Aspekte	Pro	Kontra
soziale Verträglichkeit		
wirtschaftliche Effekte		
ökologische Auswirkungen		

2. Wann sind solche Parks erfolgreich? Belegen Sie Ihre Argumente anhand der angeführten Beispiele!

3. Sammeln Sie unter Benutzung von Zeitungsarchiven und des Internets Artikel zu einem Themen- oder Freizeitpark in Österreich!
   - Erstellen Sie anhand Ihrer Recherchen eine Chronologie der Entstehung (bzw. Projektierung) des Parks sowie der Meinungen vor, während und nach der Errichtung!
   - Vervollständigen Sie Ihre Dokumentation mit Prospektmaterial, Internetfotos oder eigenem Foto- oder Videomaterial!

❓ Projekt

1. Erstellen Sie ein Verzeichnis sämtlicher Themen- und Freizeitparks in Europa und gliedern Sie sie nach Themenschwerpunkten!

2. Ermitteln Sie für ausgewählte Parks Besucherzahlen, Auslastungsgrad und Umsätze der letzten Jahre!

3. Bereiten Sie eine multimediale Präsentation Ihrer Forschungsergebnisse vor! Diese Präsentation soll das Eröffnungsreferat eines Symposions zum Thema „Wie viele Themenparks verträgt Europa?" sein.

4. Planen Sie ein zweitägiges Symposion, zu dem Sie Referentinnen/Referenten aus verschiedenen Bereichen von Tourismus und Freizeit einladen! Ein Vorschlag: Interessante unterschiedliche Denkansätze könnten von Vertreterinnen/Vertretern einzelner Themen- und Freizeitparks, von Freizeitforscherinnen/Freizeitforschern, von Sozialpsychologinnen/Sozialpsychologen, von Raumplanerinnen/Raumplanern und von Kulturphilosophinnen/Kulturphilosophen kommen. Ort der Veranstaltung soll (so es die räumlichen Gegebenheiten zulassen) Ihre Schule sein.

5. Erstellen Sie auch ein praktikables Finanzierungskonzept für dieses Symposion! Einige Ihrer Wunschreferentinnen/Wunschreferenten kommen sicher nicht ohne Spesenersatz. Bedenken Sie, dass Sie für die Referentinnen/Referenten auch Übernachtung und Verköstigung bezahlen müssen!

Tourismuspolitik

Um auf den internationalen Märkten gegen die Konkurrenz auftreten zu können, bedarf es politischer Steuerungsinstrumente.

Mit Förderung der Länder werden Konzepte und Leitbilder entwickelt und mit Unterstützung durch die öffentliche Hand in die Realität umgesetzt.

 Meine Ziele

Nach Bearbeitung dieses Kapitels kann ich
- die Aufgabenverteilung und die Zuständigkeiten in der Tourismuspolitik erklären;
- anhand von Tourismusgesetzen die Organisation und Finanzierung der Tourismusorganisationen erklären;
- die Förderungsmöglichkeiten in der Tourismuswirtschaft beschreiben.

1 Träger der Tourismuspolitik und tourismuspolitische Aktivitäten

Die Tourismuswirtschaft ist ein relativ junger Wirtschaftszweig. Erst nach dem Zweiten Weltkrieg entwickelte sich die Branche in vielen Regionen in der heutigen Dimension.

Es war lange Zeit nicht klar, welche Bereiche der Wirtschaft dazuzuzählen sind. Abgrenzungen zu weiten Bereichen der Wirtschaft waren und sind schwierig.

Die Ursprünge sind in der **Gastronomie** und **Hotellerie** zu suchen. Dies waren die ersten Unternehmen, die sich mit der Entwicklung einer Tourismuspolitik zu beschäftigen begannen.

Aufgrund der immer komplexer werdenden Zusammenhänge wurde klar, dass andere Bereiche mit dieser Branche in engem Zusammenhang stehen. Verkehrsunternehmen, Landwirtschaft, Einzelhandel usw. sind von der Tourismuswirtschaft nicht zu trennen. Gegenwärtig wird von **Tourismus- und Freizeitwirtschaft** gesprochen. Die Freizeit wird in Zukunft der Arbeitszeit gleichwertig gegenüberstehen. Dies erfordert eine **neue integrative Sicht von Tourismuspolitik**.

Im Jahre 2002 fand erstmals eine **Tourismuskonferenz** auf Initiative der Bundesregierung statt. Diese wurde in Obertauern abgehalten. Es wurden touristische Themen auf breitester Ressortebene diskutiert.

150 Tourismusexpertinnen/Tourismusexperten diskutierten in sechs Arbeitskreisen folgende Themen:
- Arbeit und Tourismus
- Zukunft des Tourismus
- Ländlicher Raum und Tourismus
- Verkehr und Tourismus
- **Kultur und Tourismus**
- Gesundheit und Tourismus

> „Besonders freut es mich, dass Kultur und Tourismus mit dieser Veranstaltung so eng zueinander gefunden haben. Ab dem Jahr 2003 arbeiten wir an einem weiteren Gesamtstrategieprojekt, nämlich einem Kultur- und Tourismuscluster in Österreich, als weiterem Schwerpunktprogramm."

(Staatssekretärin Marès Rossmann, ÖW-bulletin, Juni 2002, S. 31)

! Aussagen wie diese von Marès Rossmann, der damaligen Staatssekretärin für Tourismus, und die Tatsache, dass der Bereich Kulturtourismus auf Regierungsebene ein Thema geworden ist, zeigen seine steigende Wertigkeit.

Cluster = Anhäufung von Betrieben, die miteinander kooperieren und Unternehmens- und Standortvorteile gegenseitig nutzbar machen.

1.1 Die Europäische Union

Um eine europäische Tourismuspolitik zu entwickeln, müsste Tourismus ein europäisches Anliegen werden. Österreich hat im Europäischen Rat den Antrag gestellt, Tourismuspolitik auf **europäische Ebene** zu bringen. Dies ist umso verständlicher, da Österreich nach Marktanteilen an der Tourismuswirtschaft international an sechster Stelle steht. Auch ist die Tourismuswirtschaft für viele europäische Staaten von enormer Bedeutung. Die spanische, griechische, italienische oder französische Wirtschaft wäre ohne die Einnahmen aus diesem Wirtschaftsbereich nicht denkbar.

Viele Tourismusregionen sind nicht durch Staatsgrenzen abgrenzbar.

Seit Inkrafttreten des **Schengener Abkommens** sind die nationalen Grenzen nicht mehr raumwirksam.

Gemeinsame **supranationale Steuerungsmechanismen** sind notwendig.

Ein Beispiel dafür war die bis im Jahr 2000 eingehobene **Getränkesteuer**. Im österreichisch-bayrischen Grenzgebiet führte diese nur in Österreich eingehobene Abgabe zu Preisunterschieden.

☞ **Wussten Sie, dass ...** das erste Schengener Abkommen aus dem Jahr 1985 stammt? In diesem Übereinkommen vereinbarten fünf europäische Staaten, perspektivisch auf Kontrollen des Personenverkehrs an ihren gemeinsamen Grenzen zu verzichten. Das Abkommen sollte die Schaffung eines europäischen Binnenmarktes vorantreiben und ist nach dem luxemburgischen Ort Schengen benannt, wo es unterzeichnet wurde.

Supranational = über die einzelnen Nationen hinausgehend.

Eine europäische Region ist auch das **Dreiländereck** Kärnten, Slowenien und Friaul-Julisch-Venetien.

Der Europäische Rat ist dem österreichischen Vorstoß nicht gefolgt und hat die Tourismuspolitik weiterhin als nationalstaatliches Anliegen bezeichnet. Dies entspricht der subsidiären Struktur der Europäischen Union. Verärgerte Stimmen betonen allerdings, dass die Tourismusbranche zu wenig Lobbyistinnen/Lobbyisten aufbieten kann und daher auf europäischer Ebene nicht gehört wird.

> **Subsidiaritätsprinzip** = gesellschaftspolitisches Prinzip, nach dem übergeordnete gesellschaftliche Einheiten (z. B. Bund, EU) nur solche Aufgaben übernehmen sollen, zu deren Wahrnehmung untergeordnete Einheiten (z. B. Länder, Gemeinden) nicht in der Lage sind.

1.2 Der Bund

Nach der österreichischen Verfassung sind alle Bereiche, die nicht vom Bund wahrgenommen werden, **Ländersache.**

Dies trifft auf die Tourismuswirtschaft zu. Bedingt ist dies durch die historische Entwicklung. Die junge Branche hat sich von unten nach oben entwickelt. An der Basis in den Regionen sind Einrichtungen zur Umsetzung tourismuspolitischer Anliegen entstanden. Der Bedarf an **zentraler Steuerung** ist erst sehr spät erkannt worden.

In der österreichischen Bundesregierung ist der Bereich Tourismus je nach Zuständigkeit auf die verschiedenen Ministerien aufgeteilt.

Das **Bundesministerium für Land- und Forstwirtschaft, Umwelt und Wasserwirtschaft (BMLFUW)** deckt den Bereich des Österreichischen Umweltzeichens für Tourismusbetriebe ab. Dieses Gütesiegel erhalten Betriebe, die sich darum bewerben und die geforderten Kriterien erfüllen. Besonderer Wert wird auf die Energienutzung und die Abfallwirtschaft gelegt.

www.lebensministerium.at

➡ **Umweltzeichen für Tourismusbetriebe (UZTB)** siehe Seite 203.

Die Aufspaltung in der Bundesregierung zeigt sich dadurch, dass bei den Verleihungen sowohl Vertreter/-innen des Wirtschafts- als auch des Umweltministeriums anwesend sind.

Die Schwierigkeit der Koordination im Bereich Tourismuspolitik wird daran ersichtlich, dass in den einzelnen Bundesländern eigene Umweltgütesiegel bestehen.

Das **Bundesministerium für Verkehr, Innovation und Technologie (BMVIT)** ist zuständig für die Bereiche des öffentlichen Verkehrs. Gerade der Ausbau der Eisenbahn, öffentliche Busnetze in den Tourismusregionen und die Entwicklung von Verkehrsverbunden zeigen die Aufsplitterung der Zuständigkeiten.

www.bmvit.gv.at

Die Maßnahmen des Steuersparpaketes der Bundesregierung hinsichtlich der Finanzierung der Kuraufenthalte wurden in den Medien heftig diskutiert. Zuständig sind das **Bundesministerium für Finanzen (BMF)** und das **Bundesministerium für Gesundheit (BMG).**

www.bmf.gv.at

Arbeits- und sozialrechtliche Fragen wie z. B. Arbeitszeitregelungen liegen im Bereich der Zuständigkeit des **Bundesministerium für Wirtschaft, Familie und Jugend (BMWFJ)** und des Bundesministeriums für Gesundheit.

www.bmg.gv.at

Im Bundesministerium für Wirtschaft, Jugend und Familie ist eine Sektion für Tourismus und historische Objekte eingerichtet, welche die Interessen der Branche wahren. Die Aufgaben erstrecken sich z. B. auf die aktuellen Anliegen der Tourismuspolitik, die Gewerbeordnung oder die Wahrnehmung der Interessen hinsichtlich der Förderungsinstrumente für Tourismusbetriebe. Das Wirtschaftsministerium ist auch Mitglied beim Verein der Österreich Werbung. Dies ist hinsichtlich der Finanzierung und der internationalen Tätigkeit der Österreich Werbung von Bedeutung.

www.bmwfj.gv.at

Für Fragen der schulischen Bildung ist das **Bundesministerium für Unterricht, Kunst und Kultur (BMUKK)** zuständig.

www.bmukk.gv.at

Im **Regierungsprogramm der Bundesregierung** für die XXIV. Gesetzgebungsperiode finden sich unter Punkt 5 Tourismus und Freizeitwirtschaft folgende Feststellungen zur Tourismus- und Freizeitwirtschaft:

- Ziel der Tourismuspolitik ist es, den erfreulichen Aufwärtstrend auch für die nächsten Jahre abzusichern. Die Bundesregierung schafft die dafür erforderlichen Rahmenbedingungen, um die Erfolgsgeschichte unseres Landes in der Tourismus- und Freizeitwirtschaft weiterzuschreiben. Eine enge strategische Abstimmung mit den Bundesländern ist Grundvoraussetzung.
- Die **Sicherung von Wettbewerbsfähigkeit und Wachstum des Tourismusstandorts Österreich** ist die zentrale Herausforderung für die Tourismuspolitik. Als Leitlinie hierfür soll die Tourismusstrategie 2015 des WIFO dienen; diese Tourismusstrategie 2015 ist laufend zu evaluieren und anzupassen.
- Die **Sicherung der Wettbewerbsfähigkeit setzt eine bedarfsorientierte Finanzierung der Tourismuswirtschaft** voraus. Sowohl die geänderten volkswirtschaftlichen Rahmenbedingungen als auch der Klimawandel sind neben anderen Faktoren Grund dafür, dass Tourismusförderungen einer Evaluierung in Richtung Zielgenauigkeit unterzogen werden sollen. Besonderes Augenmerk ist den Bereichen Innovation und immaterielle Investitionen sowie der zunehmenden Bedeutung von Destinationen zu widmen.
- Um in Zeiten der Finanzkrise ein für Unternehmen und Mitarbeiter/-innen deutliches Signal für den für Österreich so wichtigen Freizeit- und Tourismussektor zu setzen, werden folgende Maßnahmen gesetzt:
  - **Verdoppelung des Haftungsrahmens der ÖHT** (Österreichische Hotel- und Tourismusbank) von 250 auf 500 Millionen Euro
  - **Erhöhung der Top-Tourismusförderung** während der nächsten zwei Jahre jeweils um 20 %
- Diese Maßnahmen dienen sowohl einer offensiven Krisenvermeidung als auch einer kontinuierlichen Weiterentwicklung des für Österreich so wichtigen Wirtschafts- und Beschäftigungssektors. Außerdem wird in Hinblick auf die künftigen Herausforderungen besonderes Augenmerk auf die Verbesserung und Förderung der Eigenkapitalstruktur der Unternehmungen der heimischen Freizeit- und Tourismuswirtschaft gesetzt.
- Die **Kooperation zwischen Österreich Werbung und Landestourismus-Organisationen** ist die Ausgangsbasis für eine noch stärkere innovative internationale Marktbearbeitung. Voraussetzung dafür ist unter anderem eine Optimierung der innerösterreichischen Tourismusstrukturen sowie eine ausreichende finanzielle Ausstattung. Vor diesem Hintergrund soll auch – in Abstimmung mit der Wirtschaftskammer Österreich als zweitem Vereinsmitglied der Österreich Werbung (ÖW) neben dem Bund – in einem Gesamtkonzept eine Erhöhung der derzeitigen Mitgliedsbeiträge der Österreich Werbung geprüft werden.

(Quelle:www.oevp.at/Common/Downloads/Regierungsprogramm2008-2013.pdf)

Folgende Schwerpunktprogramme sind im Bundesministerium für Wirtschaft, Familie und Jugend gelaufen:

Strategisches Schwerpunktprogramm 1 (2000–2004) DMMA – Destinations Management Monitor Austria

Im Auftrag der Sektion Tourismus im Bundesministerium für Wirtschaft und Arbeit wurde der „DMMA – Destinations Management Monitor Austria" im Jahr 2000 gestartet und lief unter der Begleitung eines internationalen Expertenteams bis 2004.

Das Projekt wurde vom Bundesministerium für Wirtschaft, Sektion Tourismus und historische Objekte, gefördert und hatte die ehrgeizige Aufgabe, die **regionale Tourismuslandschaft in Österreich neu zu strukturieren und einen Professionalisierungsschub zu bewirken.**

Ziel war es, die Anzahl der international orientierten und wettbewerbsfähigen österreichischen Tourismusregionen zu messbaren Erfolgen zu führen.

---

www.dmma.at

❗ Ein wesentliches Ziel des Projektes DMMA war es, die herkömmlichen Tourismusverbände in professionelle Management-Gesellschaften umzuwandeln und ein leistungsfähiges Managementsystem zu schaffen.

Die Entwicklungsarbeit fand im Wesentlichen zu vier Schwerpunktthemen statt:
- Marken- und Produktentwicklung
- DMC und Organisationsentwicklung
- CRM – Beziehungsmanagement und Incoming
- Destinationsdiskurs & Innenkommunikation

Aktuelle **Schwerpunkte des Vereins Destinations Management Monitor Austria** im Bereich des Destinationsmanagements sind:
- Kerngeschäftsmanagement
- Markenmanagement
- Multi-Channel-Vertrieb und Vermarktung
- Qualitätsmanagement
- Innovations- und Kompetenzmanagement
- Strategisches Management

Ziel ist, starke Regionen zu entwickeln, die Marken darstellen und als solche auch beim Marktauftritt erfolgreich sind.

e-business-Initiative des BMWA (heute BMWFJ)

Im Mai 2000 beschloss die österreichische Bundesregierung im Ministerrat ein eigenes Programm für den Bereich der Informations- und Kommunikationstechnologien (ITK): **e-Austria**.

Im Rahmen der **„e-business-Initiative des BMWA"** wurden für den Bereich Tourismus Maßnahmen erarbeitet, die im Jänner 2001 von Herrn Bundesminister Dr. Bartenstein präsentiert wurden. Die Erarbeitung und die folgende Bewertung der Maßnahmen erfolgten in der **Arbeitsgruppe „e-tourism"**.

Allen interessierten Personen und Institutionen wurde die Möglichkeit geboten, Vorschläge via Internet zu unterbreiten, die in gleicher Weise wie die von den Arbeitsgruppenteilnehmerinnen/Arbeitsgruppenteilnehmern entwickelten Maßnahmen bewertet werden.

Die Bewertung ergab vier Maßnahmen:
- Initiierung eines Zentrums für e-Tourismus
- Definition einer Tourismus-Schnittstelle für den österreichischen Tourismus
- Das elektronisches Gästeblatt
- Eine PR-Initiative für e-Tourismus

Zukunftsstrategie Kulturtourismus Austria 2010+ des Bundesministeriums für Wirtschaft, Familie und Jugend

Folgende neue Projektvorhaben wurden schriftlich zur Diskussion gestellt:
- Internationales Brokeringsystem für neue Kultur- und Kulturtourismuskampagnen
- Österreich als interkulturelle Bühne Mitteleuropas
- Angebotsinnovationsstrategien für das historische Erbe und für neue Gästezielgruppen
- Marketinginnovationen: e-Marketing und Special-Interest-Marketing
- Qualitäts- und Internationalisierungsplattform **Culture Tour Austria**

(Quelle: www.culturetour.at)

Internationalisierungsstrategien für Museen des BMWFJ

Dieses Konzept ist ein Teil der Plattform Culture Tour Austria. Museen wurden als wichtiger Teil des touristischen Angebotes erkannt und werden auch dementsprechend gefördert.

Ein Großteil der Maßnahmen zur touristischen Inwertsetzung von Museen sind Initiativen, die jedes Museum für sich im eigenen Haus umsetzen und initiieren muss.

DMC = Datenverarbeitungs- und Management-Consulting GmbH. Die Gruppe DMC Österreich berät namhafte Unternehmen und Regierungsbehörden im In- und Ausland in sämtlichen Bereichen, die das IT-Umfeld (Informationstechnologieumfeld) betreffen oder berühren.

CRM = Customer-Relationship-Management (Kundenbeziehungsmanagement) oder Kundenpflege bezeichnet die konsequente Ausrichtung eines Unternehmens auf seine Kundinnen/Kunden und die systematische Gestaltung der Kundenbeziehungsprozesse.

Multi-Channel-Marketing oder Mehrkanalvertrieb ist der strategische Ansatz des Handels und der Dienstleister/-innen, die Kundinnen/Kunden (privat oder gewerblich) auf mehreren verschiedenen Wegen gleichzeitig zu erreichen. Dabei geht es um den Vertrieb bzw. die Distribution der Leistung (Leistungsfluss), aber auch um die Kommunikation mit den Kundinnen/Kunden durch unterschiedliche Medien und Werbeträger (Informationsfluss).

Brokeringsystem = Aufbau eines Vermittlersystems für den kulturtouristischen Bereich, in dem die Informationen, die reiseauslösend sind, gebündelt werden, um Kontakte zum Spezialpublikum herzustellen und die Kontakte im Tourismusbereich aufzubauen.

Culture Tour Austria will dort unterstützen, wo gemeinsame Initiativen sinnvoll sind und Synergien zielführende Ergebnisse erwarten lassen. Bei der Umsetzung und Finanzierung hängt es jedoch von den einzelnen Partnerinnen/Partnern ab, ob und in welcher Form Handlungsfelder nutzbar gemacht werden.

In den folgenden **drei Handlungsfeldern** sind **zwölf Maßnahmen** der möglichen Zusammenarbeit zwischen Museen, Institutionen, touristischen Leistungsträgern und Multiplikatoren zusammengefasst.

Handlungsfelder und Maßnahmen der Kooperation		
Marketingplattform Internationalisierung ▼	**Qualitätsoffensive im Museum** ▼	**Angebotskooperation** ▼
vier Maßnahmen ▪ Inforelais ▪ Databroking ▪ Manual ▪ Marketingplattform	**fünf Maßnahmen** ▪ Workshops ▪ Evaluierung ▪ Vermittlung ▪ Dienstleistung ▪ Symposium	**drei Maßnahmen** ▪ Themenkooperationen ▪ Museumspass ▪ Tor zur Region

Databroking = Bereitstellung und Vermittlung von Daten unter Benützung aller möglicher Quellen, wie z. B. Internet oder Datenbanken.

(Quelle: Culture Tour Austria)

1.3 Die Tourismusverbände
Historische Entwicklung

Die Ursprünge der Tourismusverbände sind im 19. Jahrhundert zu suchen. Der beginnende Massentourismus in den Sommerfrischeregionen führte zur Gründung von **Fremdenverkehrs- und Verschönerungsvereinen.**

Dies waren Selbsthilfeorganisationen der Gastrominnen/Gastronomen. Unterstützt wurden sie von den Gemeinden. Aufgabe dieser Vereine war die **Errichtung der touristischen Infrastruktur** (Parkanlagen, Wanderwege, Rastbänke etc.) Bald kamen die Organisation von **Veranstaltungen** und die Herausgabe einer **Gästezeitung** dazu.

Um überregionale Kooperationen zu ermöglichen, wurden **Regions- und Landesverbände** gegründet.

Erst durch den Aufschwung der Tourismuswirtschaft nach 1945 entwickelten sich die **lokalen und regionalen Informationsbüros** mit Ganztagskräften und hauptamtlichen Tourismusdirektorinnen/Tourismusdirektoren. Ihre Aufgabe war und ist es, Informationen über die Beherbergungsbetriebe zu geben. Es werden keine Zimmer vermittelt, sondern völlig neutral die Informationen über freie Kapazitäten weitergegeben.

In der jüngeren Vergangenheit wurden verstärkt **Marketingaufgaben** wahrgenommen:
▪ Erstellen von Werbematerial
▪ Messeauftritte
▪ Auftritte im Internet

Auf Landesebene bestehen **neun Landestourismusverbände,** welche die Vertretung auf den internationalen Märkten wahrnehmen. Die Entwicklung und Koordination der überregionalen Vorteils- und All-inclusive-Karten sind Aufgaben der Tourismusverbände.

Auch treten die Tourismusverbände als **Veranstalter** auf. Die Salzburger Land Tourismus GmbH organisiert beispielsweise den „Salzburger Bauernherbst". Die **Koordination der regionalen Angebote** zu einem schlagkräftigen gemeinsamen Produkt obliegt ebenfalls den Landesverbänden. Als Beispiel kann der **Weinherbst** in **Niederösterreich** angeführt werden.

Gegenwärtig werden die ehemals als Vereine organisierten Verbände zu Gesellschaften umgestaltet. Dies ermöglicht den Auftritt als Unternehmen mit allen Vorteilen und Risiken.

Die Österreich Werbung

Die Österreich Werbung ist Österreichs **nationale Tourismusorganisation.** Sie finanziert sich aus öffentlichen Mitteln und aus Erlösen aus dem Verkauf von Marketing-Leistungen an die österreichische Tourismuswirtschaft. Die Bandbreite der Aktivitäten reicht von klassischer Werbung für das Tourismusland Österreich über Medienkooperationen, Produktion von Themen-Prospekten, Organisation von Messen und Verkaufsplattformen bis zu Schulungen für die Reisbüro- und Veranstaltungsbranche. Für die österreichischen Tourismusanbieter/-innen stellt die Österreich Werbung maßgescheiderte Marketingmaßnahmen, abgestimmt auf ihre jeweilgen Bedürfnisse und Marktchancen, zur Verfügung.

Herzstück der Gästeinformation ist neben dem „Urlaubsservice der Österreich Werbung", dem größten Tourismus-Callcenter Österreichs, das Internetportal www.austria.info. Auf Österreichs größter Tourismus-Plattform im Internet sind Informationen und Angebote aus ganz Österreich gebündelt.

Eigentümer der Österreich Werbung sind zu 75 % die Republik Österreich und zu 25 % die Wirtschaftskammer Österreich. Präsident/-in ist der amtierende Wirtschaftsminister/ die amtierende Wirtschaftsministerin.

Im Geschäftsjahr 2010 standen 52,2 Millionen Euro an Budgetmitteln zur Verfügung, die sich aus Beiträgen des Bundes, der Wirtschaftskammer und Subventionen der Länder ergaben. Die Marketingkosten verhielten sich zu den Managementkosten 60 % zu 40 %. Weltweit beschäftigte die Österreich Werbung ca. 230 Mitarbeiterinnen und Mitarbeiter.

Die Österreich Werbung betreibt Außenstellen in Europa, den USA, Indien, China, Dubai, Japan und Australien.

? Wie heißt der derzeit amtierende Präsident des Vereins der Österreich Werbung?

→ Nähere Informationen zur **Österreich Werbung** (z. B. Marketingaktivitäten und -strategien) finden Sie auf den Seiten 157 und 166 sowie auf www.austriatourism.com

1.4 Wirtschaftskammer Österreich

Die Wirtschaftskammer Österreich vertritt die Interessen von rund 400 000 der österreichischen Unternehmen.
- Sie ist die starke Stimme der Wirtschaft und setzt sich für eine zukunftsorientierte und wirtschaftsfreundliche Politik ein.
- Sie ist moderner Dienstleister und bietet maßgeschneiderte Services an.
- Sie unterstützt mit ihrem Know-how österreichische Unternehmen im Exportbereich und trägt gemeinsam mit ihren Bildungseinrichtungen dazu bei, die Wettbewerbsfähigkeit der heimischen Wirtschaft zu stärken.

Die Bundessparte Tourismus und Freizeitwirtschaft in der Wirtschaftskammer Österreich vertritt mit den acht Fachverbänden die Interessen ihrer über 90 000 gewerbeberechtigten Mitgliedsbetriebe und bietet eine breite Palette an Serviceleistungen. **Tourismuspolitisch** wird die Sparte bei arbeits- und sozialrechtlichen sowie finanz- und steuerrechtlichen Fragen aktiv.

Service-Kontakt zu Ihrer Wirtschaftskammer

www.wko.at

1.5 Länder

Tourismusgesetze

Die **Gesetzgebung** im Bereich Tourismuswirtschaft ist Angelegenheit der **Bundesländer.** Somit gibt es in Österreich **neun Tourismusgesetze.** Diese Landesgesetze bestimmen die Organisationsformen und die Rahmenbedingungen des Tourismus in den einzelnen Bundesländern. Dabei gibt es erhebliche Unterschiede.

Das **Tiroler Landesgesetz** sieht die Gründung von regionalen Tourismusverbänden flächendeckend im Land vor. Alle Betriebe, die aus dem Tourismus Nutzen ziehen, sind verpflichtet Abgaben zu leisten.

? Beschaffen Sie sich beim Amt der Landesregierung das Tourismusgesetz Ihres Bundeslandes! Werten Sie es hinsichtlich der Organisationsstruktur und der Finanzierung der Tourismusverbände aus!

Niederösterreich-Werbung GmbH
www.noe.co.at

Tirol Werbung GmbH
www.tirol.at

Oberösterreich Tourismus
www.oberoesterreich.at
Oberösterreich-Touristik GmbH
www.touristik.at

Vorarlberg Tourismus GmbH
www.vorarlberg-tourism.at

WienTourismus
www.wien-tourismus.at

Burgenland Tourismus
www.burgenland.info

SalzburgerLand Tourismus GmbH
www.salzburgerland.com

Kärnten Tourismus
www.kaernten.at

Steirische Tourismus GmbH
www.steiermark.com

Rechtsinformationssystem
www.ris.bka.gv.at

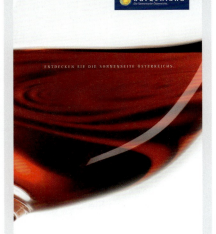

In **Vorarlberg** ist es den Gemeinden überlassen, sich zu Tourismusgemeinden zu erklären, wenn der Tourismus als wichtiger Wirtschaftszweig erkannt wird.

Auch sind historisch bedingte Unterschiede dieser Gesetze zu beobachten. Stammt das erste Tiroler Tourismusgesetz aus der Zwischenkriegszeit, so ist das erste burgenländische in den neunziger Jahren des zwanzigsten Jahrhunderts beschlossen worden. Der Vorarlberger Tourismusverband wurde schon 1893 gegründet.

Die meisten Tourismusgesetze sehen vor, dass die Gemeinden in verschiedene Stufen der **Tourismusintensität** eingeteilt werden. Je nach Stufe sind die Abgaben der Betriebe zu bemessen.

Beispiel burgenländisches Tourismusgesetz

Die rechtliche Grundlage des Tourismus im Burgenland ist das **burgenländische Tourismusgesetz 1992 i. d. g. F.** Hier werden einerseits die Organisationsstruktur (Landesverband, Regionalverbände, örtliche Tourismusverbände) und andererseits die finanziellen Mittel (Ortstaxe, Tourismusabgaben für Ferienwohnungen, Tourismusförderungsbeitrag) geregelt.

Ausgenommen vom burgenländischen Tourismusgesetz sind die beiden Kurorte Bad Sauerbrunn und Bad Tatzmannsdorf **(hier gilt das burgenländische Kur- und Heilvorkommengesetz).**

Ziel des Gesetzes ist die Stärkung des Tourismus im Burgenland. Die Stärkung des Tourismus umfasst alle Maßnahmen, die geeignet sind, den Zustrom und Aufenthalt von Gästen im Burgenland zu fördern. Durch den Tourismus sollen positive Auswirkungen insbesondere auf die Kultur, Landwirtschaft, das Gewerbe und den Handel erreicht werden.

Zur Umsetzung dienen die örtlichen und regionalen Tourismusverbände und der Landesverband „Burgenland Tourismus".

Die **Gemeinden** des Landes werden in **vier Ortsklassen** eingeteilt. Die Zuordnung der Gemeinden zu den einzelnen Ortsklassen hat durch Verordnung der Landesregierung nach Anhörung der Wirtschaftskammer Burgenland, des Vorstandes des Landesverbandes „Burgenland Tourismus" (§ 17) und der Gemeinden zu erfolgen. Dabei ist auf die **Anzahl der Nächtigungen** sowie auf das örtliche **Aufkommen an Getränkesteuer** im Durchschnitt der Jahre 1993 bis 1997 Bedacht zu nehmen.

Dem Landesverband „Burgenland Tourismus" gehören die örtlichen Verbände und die Regionalverbände als Pflichtmitglieder an. Der Landesverband ist eine Körperschaft öffentlichen Rechts und hat seinen Sitz in Eisenstadt.

Die **Aufgaben des Landesverbandes** sind die Wahrnehmung der gemeinsamen Interessen der Tourismusverbände, die Festlegung von Richtlinien, die Beratung der Tourismusverbände und die Errichtung einer Geschäftsstelle.

Die **Organe des Landesverbandes** „Burgenland Tourismus" sind die Tourismuskonferenz, der Vorstand, die Präsidentinnen/Präsidenten und die Rechnungsprüfer/-innen. Die Geschäftsstelle wird einem/einer fachlich geeigneten Tourismusdirektor/-in unterstellt.

Aufgabe ist die Werbung für das gesamte Bundesland. Die Mittel werden durch Landes- und Gemeindebeiträge aufgebracht.

Von Bedeutung für die Tourismuswirtschaft ist der Natur- und Landschaftsschutz, der sich ebenfalls im Bereich der Landesgesetzgebung befindet.

(Quelle: www.burgenland.at/media/file/697_Tourismusgesetz_1992.pdf)

Tourismuskonzepte und Leitbilder

Die Landesregierungen entwickeln **Landestourismuskonzepte.** Sie sollen die Grundlage für die räumliche und wirtschaftliche Entwicklung im Bereich der Tourismuswirtschaft sein. Dies wird umso wichtiger, da die gegenwärtige Urbanisierung des alpinen und ländlichen Raumes zu einem maßvollen Umgang mit den natürlichen Ressourcen gemahnt. Die Diskussionen über neue Erschließungen wie im Bereich der Wilden Krimml im Gerlostal oder im Tiroler Pitztal zeigen diese Interessenkonflikte auf.

? Beschaffen Sie sich das Tourismuskonzept Ihres Bundeslandes! Erarbeiten Sie die Grundsätze und berücksichtigen Sie dabei speziell die ökologische Orientierung des Konzeptes!

Beispiel Vorarlberger Tourismusleitbild 2010+

Sehr früh wurde diese Entwicklung in Vorarlberg erkannt. Dieses Bundesland befindet sich im Naherholungsbereich der süddeutschen Städte. Der Tourismus führt zu einer erhöhten Verkehrskonzentration im Rheintal, besonders an Sonntagen im Winter.

Schon in den frühen 70er-Jahren begannen sich die Bewohner/-innen der Alpenregionen über die rasante Entwicklung des Tourismus Gedanken zu machen. Auch die Landespolitik war nicht untätig und trug mit großräumigen Regionalstudien der Entwicklung Rechnung.

1973 wurden alle Gletscher in Vorarlberg unter Naturschutz gestellt. Dies ist der Grund dafür, dass es in Vorarlberg keinen Sommerskibetrieb gibt.

Über die Landesgrenzen hinaus bekannt wurde das **Montafonkonzept** als Ergebnis der Studie zur Begrenzung der wirtschaftlichen Entwicklung im Montafon Ende der Siebzigerjahre. Es führte schon zu einer begrenzten und ökologisch orientierten Entwicklung. Schon 1978 wurde von der Landesregierung in Bregenz ein Tourismuskonzept beschlossen. 1992 entstand ein modernes Landeskonzept, das im Vorarlberger Tourismusleitbild 2010+ weiterentwickelt wurde.

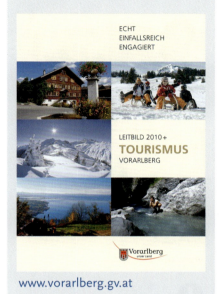

www.vorarlberg.gv.at

Qualität in ihren aktuellen Spielarten, Umwelt- und Sozialverträglichkeit, Vernetzung und damit **gemeinsame Verantwortung** sowie **quantitative Begrenzungen** sind die Prinzipien des Tourismuskonzeptes der Vorarlberger Landesregierung, das die Grundlage der Vorarlberger Tourismuspolitik darstellt.

Das Konzept orientiert sich an der Nachhaltigkeit. Dies bedeutet, dass mit den landschaftlichen, wirtschaftlichen und sozialen Ressourcen optimal umgegangen wird.

(Quelle: www.vorarlberg.at/pdf/vorarlbergertourismusleit.pdf)

Die touristischen Leitlinien des Vorarlberger Tourismuskonzeptes 2010+
- Wohlstand für das ganze Land
- Hohe Lebens- und Umweltqualität
- Landschaftliche Vielfalt
- Erlebnisraum Vorarlberg
- Innovative Tourismusunternehmer/-innen
- Management von Freizeitmobilität
- Gastlichkeit und Tourismusgesinnung

Beispiel Kursbuch Tourismus Niederösterreich 2010

Im **Kursbuch Tourismus Niederösterreich 2010** ist die Leitidee unter Berücksichtigung des Megatrends Kultur: Lebenskultur pur – Niederösterreich ist das Land des Genießens und der Lebenskultur – für Österreich und den ostmitteleuropäischen Zentralraum.

Die **Kernkompetenzen im Tourismus Niederösterreich** sind:
- Kultur
- Kulinarik und Wein
- Gesundheit
- Natur- und Bewegungsräume

Um die Ziele des Leitbildes regional umsetzen zu können, wurden für die einzelnen Tourismusregionen regionale Angebotsleitlinien entwickelt.

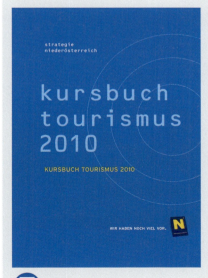

Das aktuelle **Kursbuch Tourismus Niederösterreich** können Sie unter www.noe.gv.at downloaden.

www.mostviertel.info

❓ Besorgen Sie sich die regionalen Leitbilder und Konzepte Ihrer Region! Werten Sie diese aus und vergleichen Sie die Ziele mit der Realität!

www.donau.com

❗ Das Geheimnis des Erfolges dieser Regionen liegt in der Verbindung von Kultur, Wein, Kulinarik, Aktivurlaub und Radfahren.

Panorama von Bad Kleinkirchheim

Beispiel Tourismusregion Mostviertel
Folgende Empfehlungen zu den Angebotsschwerpunkten im Mostviertel wurden formuliert:
- Das Thema Most soll touristisch besser aufbereitet und vermarktet werden (Mostheurige, Mostgalerie, Mostmuseen, Gastronomie, Urlaub auf dem Bauernhof).
- Angebote für Familien mit Kindern in Verbindung mit Radfahren, Reiten und Naturerlebnissen.
- Bergwandern und Naturerlebnisse im Mostviertel sollen stärker zum Thema gemacht werden (Themenwege, Pilgerwege – Via Sacra).
- Das alpine und das nordische Skiangebot soll qualitativ verbessert werden (Erneuerung der Liftanlagen, Errichtung von Beschneiungsanlagen).
- Das Reiten als touristisches Angebot soll verstärkt werden (Reitwege und -anlagen).
- Das Radwegangebot soll mit den Objekten der Industriekultur an der Eisenstraße verknüpft werden.
- Für die beiden bedeutenden Tourismusgemeinden in der Region Mostviertel, Lackenhof am Ötscher und Göstling an der Ybbs/Hochkar wird eine Familienspezialisierung empfohlen.

Die Moststraße, der Kulturpark Eisenstraße und regionale Konzepte, wie im Pielachtal sind das Ergebnis dieser nachhaltigen Tourismuskonzpete im Mostviertel. Die Zielgruppen des Mostviertel Tourismus sind
- Genießer,
- Familien,
- Radfahrer/-innen,
- Bergabenteurer/-innen,
- Pilger/-innen und Sinnsucher/-innen.

Die **Donau Niederösterreich Tourismus GmbH** ist für das Marketing im Raum der Niederösterreichischen Donau verantwortlich. Die Regionen Wachau–Nibelungengau–Kremstal, Tullner Donauraum–Wagram und Auland–Carnuntum sind die Destinationen.

1.6 Regionen und Gemeinden

Das Land schafft die Rahmenbedingungen, die Durchführung der Tourismuspolitik liegt jedoch in der Hand der Regionen und Gemeinden.

Tourismuspolitik ist in erster Linie **Regional- und Kommunalpolitik.**

Durch die Kleinräumigkeit Österreichs entstehen Bruchlinien, da sich der Gast nicht an Verwaltungsgrenzen hält, aber die Gemeinde- und Regionalverbandseinteilung schon. Dies zeigt sich besonders im Salzkammergut. Die Tourismusregion Salzkammergut ist auf drei Bundesländer verteilt. Es existieren daher drei verschiedene Regionalverbände.

Positive Ausnahmen sind die Tourismusverbände **Turracher Höhe** und **Katschberg.** Dies sind länderübergreifende örtliche Verbände.

Ebenso verhält es sich beim **Tourismusverband Obertauern,** der sich über zwei Gemeinden erstreckt. In diesen Regionen hat die Gemeinsamkeit gesiegt.

Die Gemeinde hat die Aufgabe, die **Infrastruktur** zu errichten. Dies betrifft Entsorgungs- und Versorgungseinrichtungen, Freizeiteinrichtungen und Aufstiegshilfen. Auch die örtliche Verkehrsplanung ist Aufgabe der Gemeinde.

In **Saalbach-Hinterglemm** wurden durch die Gemeinde Tunnellösungen zur Verkehrsberuhigung finanziert.

In **Serfaus** in Tirol baute die Gemeinde mit Unterstützung des Landes eine U-Bahn unter dem Ort, die kleinste unterirdische Luftkissenbahn der Welt.

Besonders von Bedeutung ist in Tourismusgemeinden die **Flächenwidmungs- und Bebauungsplanung.** In Lech am Arlberg wurde zum Beispiel seit langer Zeit das Bauland nicht mehr ausgedehnt. Damit konnte die Exklusivität gesichert werden.

In vielen Gemeinden treffen die Interessen der Tourismusunternehmer/-innen und die Interessen der nicht vom Tourismus lebenden Bevölkerung aufeinander. Beispiel: In **Traunkirchen** entfallen 50 % der Übernachtungen auf ein Unternehmen.

http://bergbahn.serfaus-fiss-ladis.at

Regionale und örtliche Tourismusverbände

In den Tourismusgemeinden werden **Tourismusverbände** eingerichtet. Die Organe der örtlichen und regionalen Verbände sind beispielsweise laut burgenländischem Tourismusgesetz die Vollversammlung, die Obfrau/der Obmann, der Vorstand und zwei Rechnungsprüfer/-innen.

Diese Verbände schließen sich zu **Regionalverbänden** zusammen. In Gemeinden mit mehr als 100 000 Übernachtungen (z. B. Podersdorf und Bad Tatzmannsdorf) werden gemeinsam mit den Gemeinden Geschäftsstellen eingerichtet, die von einer hauptberuflichen Geschäftsführerin/einem hauptberuflichen Geschäftsführer geleitet werden.

Aufgaben des Verbandes
- Tourismuswerbung
- Teilnahme an und Organisation von Tourismusveranstaltungen
- Betreuung der Gäste
- Kooperation mit den Mitgliedern des Verbandes

? Wählen Sie eine Tourismusgemeinde und erforschen Sie die Bauvorhaben bezüglich der touristischen Infrastruktur! Wie werden sie finanziert?

? Besuchen Sie die Gemeindeverwaltung in Ihrer Gemeinde! Befragen Sie die Verantwortlichen hinsichtlich des Gemeindesteueraufkommens!

Welche Bedeutung haben die Einnahmen aus der Tourismuswirtschaft?

Destinationsmanagement

Unter **Destination** wird der **Bewegungsraum der Touristinnen/Touristen** verstanden. Dieser Raum kennt keine Grenzen und darf sich nicht an administrativen Grenzen orientieren. Dies spricht gegen die traditionelle Organisation der Tourismusverbände. Eine weitreichende Kooperation der Tourismusverbände muss zur Bildung von Destinationen führen.

Verstärkt muss an eine verkaufsorientierte Aufbereitung der Angebote gedacht werden, die sofort buchbar sind. Neben die traditionelle Werbung müssen auch der Verkauf und die Zusammenarbeit mit den Reiseveranstalterinnen/Reiseveranstaltern und Reisebüros treten.

Geschäftsfelder
- Erstellen von Leistungsbündeln für ausgewählte Gästegruppen
- Entwicklung einer eigenständigen Attraktivität
- Bearbeitung eines genügend großen Nachfragemarktes
- Erreichen einer hohe Eigenständigkeit im Marketingmix
- Definieren der vorhandenen Konkurrenz

Die Marketingmittel sollen so eingesetzt werden, dass eine möglichst hohe Marktwirkung entsteht.

Anforderungen an Destinationen
- Gut koordinierte Angebots- und Dienstleistungsketten, die aufeinander abgestimmt sind. Eine Destination besteht aus Anreise, Ankunft, Unterkunft, Region, Verpflegung, Abreise.
- Profilierbare Marken, die positioniert werden können.
- Möglichst große Unabhängigkeit von politischen Einflüssen.
- Qualifiziertes und kompetentes Management.
- Qualitätssicherungssystem.
- Ausreichende Mittel zur Aufgabenerfüllung.

Das österreichische Tourismusangebot braucht mehr starke, wettbewerbsfähige Einheiten für den internationalen und globalen Markt. Die klein- und mittelbetrieblichen Strukturen des österreichischen Tourismus werden in Zukunft im internationalen Verdrängungswettbewerb nur bestehen können, wenn es gelingt, die Vermarktungsbemühungen Einzelner durch Kooperationen zu ergänzen.

Destinationen sind international wettbewerbsfähige, strategisch gemanagte Angebots- und Entwicklungseinheiten für den internationalen Markt. Sie bieten dem Gast stimmige Ferienwelten und können den mit seiner Urlaubsform verbundenen Wünschen voll entsprechen.

(Aus: Bratl Hubert, Schmidt Franz: Destination Management, Wien)

Tourismuspolitik

Volle Konzentration auf Destination

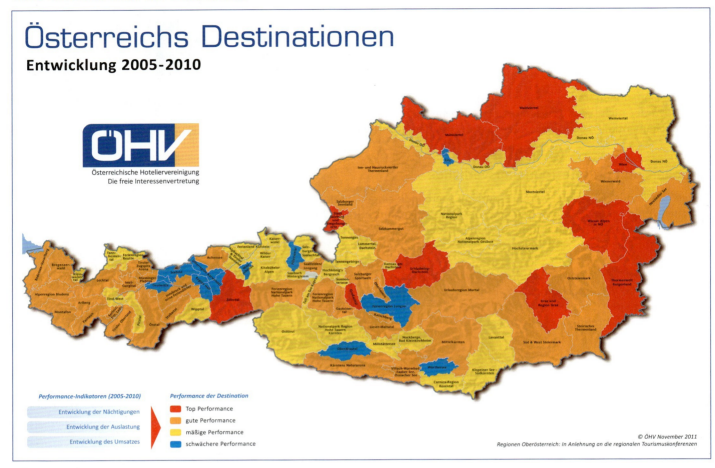

(© www.oehv.at)

? Stellen Sie anhand der Fremdenverkehrsstatistik des Österreichischen Statistischen Zentralamtes eine Rangfolge der Orte nach der Nächtigungszahl in Ihrem Bundesland zusammen! Fassen Sie diese zu Destinationen zusammen!

Dies erfordert eine minimale Größe von Kooperationsgruppen. Je nach Größe entstehen national, international oder global agierende Gruppen.

- **National Players:** Diese bearbeiten den Inlandsmarkt und sollen mindestens 300 000 Übernachtungen aufweisen.
- **International Players:** Im eigenen Land und im näheren Ausland wird agiert. Mindestens 600 000 Übernachtungen müssen erreicht werden.
- **Global Players:** Es werden alle Märkte, auch in Übersee, bearbeitet. Die Mindestgröße beträgt eine Million Übernachtungen.

Beispiele aus Österreich
Vorarlberg
In Vorarlberg wurde dieses Konzept schon durchgeführt. Die Bildung von Destinationen wird in Vorarlberg gefördert. Der Landesverband übernimmt die globalen Aktivitäten.

Auf der regionalen Ebene sind **sechs Destinationen** entstanden. Vier große Regionen weisen über eine Million Übernachtungen auf und sind somit schlagkräftige Organisationen geworden:
- Alpenregion Bludenz (Bodensee-Vorarlberg, Biosphärenpark Großes Walsertal, Bregenzerwald)
- Kleinwalsertal
- Arlberg
- Montafon

Die kleineren Destinationen haben weniger als eine Million Übernachtungen. Die **Ortsverbände** und die **Informationsstellen** sind bestehen geblieben und sind für das **Innenmarketing** und die **Gästebetreuung** zuständig.

Die **Destination** betreibt ein Informationsbüro und ist zur Gänze für das **Außenmarketing** (z. B. Messeteilnahmen) und die Werbung zuständig. Auch wird die Destination zur **Buchungszentrale.**

Dies führte zu einer Professionalisierung und zu einer konzernmäßigen Führung der Tourismuswerbung.

Lungau
Auch im Lungau haben 15 Tourismusverbände den Verein **Ferienregion Lungau** gegründet. Auf Basis der Großregion werden Angebote entwickelt und Marketingkonzepte erstellt. Auch die Werbemittelproduktion und die PR-Arbeit der Region werden von der neuen Organisation übernommen.

Tirol
In Tirol wird eher vorsichtig vorgegangen. Es soll nicht Bewährtes zerschlagen werden. Die Entwicklung von Regionen und Destinationen muss sich auf evolutionärem Weg ergeben. Daraus entstanden 20 Topdestinationen, die in Summe die Marke Tirol bilden.

Burgenland
Im Burgenland wurde die **Neusiedler See Tourismus GmbH** von 24 Gemeinden gegründet. Ziel ist es, flexiblere Leistungspakete zu schnüren, eigene Produkte auf den Markt zu bringen und eine höhere Wertschöpfung in der Region zu erreichen.

Oberösterreich
In Oberösterreich wurde neben dem Landesverband eine **Oberösterreich Touristik GmbH** gegründet. Dadurch wird der Verkauf von Leistungen wie in einem Reisebüro möglich. Aus den 168 nicht marktfähigen Tourismusverbänden ohne Reisebürokonzession müssen einige wenige wirkungsvolle regionale Einheiten entstehen.

Sechs Marken, wie Salzkammergut oder Donau, verfügen über ein eigenes Budget von je ca. 100.000 Euro. Die Zukunft könnte eine weitere Straffung mit sich bringen. Vielleicht bleibt das Bundesland als Destination über oder es entstehen grenzüberschreitende Destinationen.

> **?** Besorgen Sie sich das Informationsmaterial einer Destination in Vorarlberg und einer Region mit traditioneller Verbandsorganisation! Vergleichen Sie die Angebotskataloge und erarbeiten Sie die wesentlichen Unterschiede!

www.neusiedlersee.com

🎯 Ziele erreicht?

1. Welche Zuständigkeiten fallen in den Bereich des Bundes?
2. Welche Aufgaben hat die Österreich Werbung?
3. Welche Aufgaben hat ein Landestourismusgesetz? Wie wird es umgesetzt?
4. Warum werden die Gemeinden in Klassen eingeteilt?
5. Erläutern Sie die Aufgaben des Destinationsmanagements!
6. Welche Aufgaben haben die örtlichen Tourismusverbände im Konzept des Destinationsmanagements?

2 Finanzierung

2.1 Ortstaxe und Tourismusförderungsbeitrag

Ortstaxe

Die **Ortstaxe** ist eine Gemeindeabgabe und wird von den Unterkunftsgeberinnen/ Unterkunftsgebern einbehalten und an die Gemeinde abgeführt. Berechnet wird die Ortstaxe pro Person pro Nacht. Sie beträgt in Lech/Arlberg 2,00 Euro. In Salzburg wird maximal 1,10 Euro pro Person eingehoben. Tourismusgemeinden wie Lech am Arlberg gehören nach dem Gemeindesteueraufkommen pro Kopf zu den reichsten Gemeinden Österreichs.

Tourismusförderungsbeitrag

Der **Tourismusförderungsbeitrag** wird in Tourismusgemeinden von allen Betrieben eingehoben. Bemessungsgrundlage ist der Nettojahresumsatz im Sinne des Umsatzsteuergesetzes. Es wird nach **Beitragsgruppen** und der **Ortsklasse** unterschieden. Die Beitragsgruppen definieren die Bedeutung des Tourismus für das Unternehmen. Touristische Unternehmen zahlen mehr Beitrag. Die Abgabe beträgt zwischen 0,5 und 1,5 Promille des Umsatzes.

Im **Burgenland** werden die Einnahmen aus dieser Abgabe zwischen dem Landesverband, den Regionalverbänden und dem örtlichen Tourismusverband aufgeteilt. Im **steirischen Tourismusgesetz** heißt der Tourismusförderungsbeitrag **Interessentenbeitrag.**

Die eingegangenen Interessentenbeiträge sind unter Abzug der Einhebungsvergütung von 8 % von der Gemeinde dem Tourismusverband zur Gänze zu übermitteln.

Zwecks Erfüllung regionaler Aufgaben haben die Tourismusverbände aus den Einnahmen der Interessentenbeiträge an den Regionalverband, dem sie angehören, einen finanziellen Beitrag von mindestens 20 % zu leisten.

2.2 Förderung der Tourismuswirtschaft

Förderungsmittel der Länder

Um die gestellten Ziele zu erreichen, stehen in den Bundesländern **Landesförderungsmittel** zur Verfügung. Gefördert werden die Betriebe, denen die Hauptaufgabe der Strukturverbesserung zukommt, und die Regionen und Gemeinden, die das Gesamtprodukt Tourismus prägen.

Da der Tourismus einen hohen regionalwirtschaftlichen Stellenwert hat, wird in allen Bundesländern die Branche von der öffentlichen Hand intensiv gefördert.

Im ländlichen Raum kann der Tourismus zur Erhaltung der bäuerlichen Struktur und zur Festigung der regionalen Identität führen. Dies bedarf aber einer behutsamen Entwicklung des regionalen touristischen Angebotes.

Die gewährten Förderungen müssen leitbild- und tourismuskonzeptkonform sein, um einen Strukturwandel sicherzustellen.

Um der Tourismuswirtschaft gerecht zu werden, müssen die in der strategischen Landkarte definierten Ziele und die dahinter stehenden Maßnahmen und Prozesse mittels finanzieller Unterstützung der Projekt- und Leistungsträger/-innen forciert werden.

? Ermitteln Sie von je einer Gemeinde jedes Bundeslandes die Höhe der Ortstaxe. Welche Unterschiede sind feststellbar? Vergleichen Sie Ihre Ergebnisse in der Klasse und interpretieren Sie sie.

? Befragen Sie Unternehmer/-innen innerhalb und außerhalb der Tourismusbranche über ihre Leistungen zum Tourismusförderungsbeitrag!

Beratung und Einreichung
Amt der NÖ Landesregierung, Abteilung Wirtschaft, Tourismus und Technologie
www.noe.gv.at/Wirtschaft-Arbeit/Wirtschaft-Tourismus-Technologie.html

Das Land Steiermark betreibt mit der Landesholding die Kurbäder in der steirischen Thermenregion und ist auch Eigentümer der Seilbahngesellschaften in Schladming und Haus im Ennstal.

Die Einzelbetriebsförderung betrifft die Zuschüsse zu Darlehen und **Annuitäten,** Stützung von Leasingraten, Gewährung von Subventionen und die Übernahme von Bürgschaften bei Investitionen.

> **Annuitäten** = Gesamtrückzahlungsrate eines Kredits pro Jahr inklusive Kapitaltilgung und Zinsen.

Beispiel Kärntner Impulsprogramm

Das **Kärntner Impulsprogramm** für die Förderung des Tourismus fördert Bemühungen zur Qualitätsverbesserung und zur Innovation. Gefördert werden Investitionen in das Sachanlagevermögen, wie Baukosten oder technische Geräte, und immaterielle Investitionen, wie strategische Planungskosten.

Des Weiteren können ausgabenwirksame Marketingkosten anerkannt werden, soweit sie 15 % der förderbaren Projektkosten nicht übersteigen. Bei Appartements muss darüber hinaus die Aufrechterhaltung einer hotelmäßigen Dienstleistung gewährleistet sein. Der 1993 gegründete **Kärntner Wirtschaftsförderungs Fonds (KWF)** gewährt der Förderwerberin/dem Förderwerber ein zinsbegünstigtes, endfälliges Darlehen im Ausmaß von 50 % der förderbaren Kosten, maximal 500.000 Euro für einen Zeitraum von fünf Jahren. Der Fixzinssatz beträgt 0,5 % p. a.

> www.kwf.at
>
> ❗ **KWF-Coachingprogramm – Unternehmensnachfolge im Tourismus**
> Ziel dieses KWF geförderten Coachingprogramms ist die behutsame emotionale und fachliche Unterstützung für Übergeber/-innen und Übernehmer/-innen von Familienbetrieben im Tourismus.

Spezielle Förderprogramme stehen im Bereich der Tourismuswirtschaft für Investitionen und Betriebsansiedelungen sowie für Gründer/-innen, Jungunternehmer/-innen und Nachfolge zur Verfügung.

Die Tourismusqualitätsoffensive unterstützt Qualitätsverbesserungen im mittleren Beherbergungssegment. 2- und 3-Stern-Betriebe sollen bei Modernisierungs- und Verbesserungsinvestitionen unterstützt werden.

Beispiel Förderaktion Software Tourismus in Niederösterreich

Im Rahmen der **Förderaktion Software Tourismus** werden Unternehmen der gewerblichen Wirtschaft, Tourismus- und Freizeitunternehmen sowie sonstige Einrichtungen, die Maßnahmen zur Stärkung des Tourismus und der Freizeitwirtschaft setzen,
- bei der Verbesserung der strategischen und zielgruppenorientierten Ausrichtung,
- bei der Initiierung von Kooperationen,
- bei der Erhöhung des touristischen Know-hows sowie
- bei der Verbesserung des Marktauftrittes und der Marktbearbeitung

Unterstützungen gewährt.

> Nähere Informationen zur **Förderaktion Software Tourismus** in Niederösterreich finden Sie unter
> www.noe.gv.at/Wirtschaft-Arbeit/Wirtschaft-Tourismus-Technologie/Foerderungen/software_im_tourismus.html

Die Förderung erfolgt durch nicht rückzahlbare Zuschüsse. Eine Kofinanzierung durch Mittel aus dem Europäischen Fonds für Regionale Entwicklung (EFRE) ist möglich und ist insbesondere von folgenden **Qualitätskriterien** abhängig:
- Übereinstimmung mit dem Kursbuch 2010
- Innovationsgrad des Projektes
- Kooperation mit regionalen Akteurinnen/Akteuren und Angeboten
- Übereinstimmung mit strategischen Geschäftsfeldern

> ❓ Welche Tourismusförderungsaktionen gibt es in Ihrem Bundesland?

EU-Regionalförderung

Seit dem Beitritt zur Europäischen Union stehen auch die **Regionalförderungsmittel aus Brüssel** zur Verfügung. Dies betrifft besonders das Burgenland als Ziel-1-Gebiet und die Ziel-5b-Gebiete. Im Burgenland werden und wurden die Anlagen in Stegersbach und in Lutzmannsburg mit Mitteln der Europäischen Union finanziert.

Problematisch ist allerdings das **Prinzip der Kofinanzierung.** Die Förderung der EU ist nur möglich, wenn Bund und Land ebenfalls in der Höhe der Förderung durch die EU den Projekten unter die Arme greifen. Aus budgetären Gründen kann die österreichische Förderung oft nicht gewährt werden. Es wird bereits an einer Änderung der Modalitäten gearbeitet. In Zukunft soll die Förderung durch die EU auch ohne Landesmittel möglich sein.

Tourismuspolitik

> ❓ Beschaffen Sie sich die Richtlinien der Förderungen durch die Europäische Union und Unterlagen über die gegenwärtigen Projekte bei der Landesregierung Ihres Bundeslandes! Präsentieren Sie sie im Unterricht!

Im Rahmen des Niederösterreichischen Wirtschafts- und Tourismusfonds werden in der Förderperiode von 2009 bis 2013 Investitionen, Kooperationen sowie die Fassaden- und Außengestaltung gefördert.

Im Bereich der Investitionen können die Förderwerber/-innen, kleine und mittlere Unternehmen, Gemeinden, Vereine, Privatzimmervermieter/-innen und Großunternehmen, wenn diese die Betriebsstätte in einem nationalen Regionalfördergebiet haben, gefördert werden. Erstinvestitionen, die real Ausgaben ergeben, werden gefördert. 40 % der förderbaren Kosten in der Höhe von mindestens 4.000 und maximal 400.000 Euro werden gefördert. Die Kredite laufen je nach Höhe über sechs oder zehn Jahre. Die Rückzahlungsbeträge sind gleichbleibend vierteljährlich zu entrichten.

Förderprogramme auf Bundesebene

Top Tourismusförderung der Bundesregierung 2007 bis 2013
Sie wird über die Österreichische Hotel- und Tourismusbank (ÖHT) abgewickelt.

Förderziele
- Verbesserung des touristischen Angebotes
- Stärkung der Innovationskraft
- Forcierung des Ganzjahrestourismus
- Ausgleich von Betriebsgrößennachteilen
- Sicherung und Schaffung von Beschäftigung
- Erleichterung der Kapitalaufbringung

Was wird gefördert?
- Qualitätsverbesserung, Betriebsgrößenoptimierung, Angebotsdiversifizierung und Innovation
- Errichtung und Verbesserung von touristischen Infrastruktureinrichtungen
- Investitionen von zwischen- und überbetrieblichen Kooperationen
- Schaffung oder Verbesserung von Personalunterkünften
- Umwelt- bzw. sicherheitsbezogene Einrichtungen
- Ankauf von Betrieben zur Betriebsgrößenoptimierung und zum Ausbau zu Personalunterkünften

Wie wird gefördert?
- **Eigen- oder Risikokapital:** Einmalzuschuss in Höhe von 5 % der förderbaren Investitionskosten (bei Infrastrukturprojekten 7,5 %), maximal von 2 Millionen Euro.
- **Investitionskredit durch die Kreditwirtschaft:** Einmalzuschuss in Höhe von maximal 5 % der förderbaren Investitionskosten (bei Infrastrukturprojekten 7,5 %), maximal von einem Investitionsvolumen bis 1 Million Euro.
- **Investitionskredit durch die ÖHT:** 2 % Zinsenzuschuss auf zehn Jahre (bei Infrastrukturprojekten 3 %) auf einen Kredit der ÖHT in Höhe von maximal 70 % (bei Neubauten 50 %) der förderbaren Investitionskosten (gilt ab einem Investitionsvolumen von 1 Million Euro).

Obergrenze
Das geförderte Finanzierungsvolumen ist mit 2 Millionen Euro begrenzt. Eine Aufstockung bis 4 Millionen Euro durch die Bundesländer ist möglich.

(Quelle: www.oeht.at/page/page.php#MISS_redak3/Finanzierung_und_Foerderung)

Beispiel Förderung der alpinen Infrastruktur
(früher Schutzhüttensanierungsprogramm)

Das Bundesministerium für Wirtschaft, Familie und Jugend unterstützt im Rahmen dieses Programms nach Maßgabe der vorhandenen Budgetmittel den Verband alpiner Vereine Österreichs – kurz VAVÖ genannt – als Dachverband der österreichischen alpinen Vereinigungen durch die Gewährung von Darlehen und Beihilfen für Hütten, Wege, Jugendheime und Geschäftsstellen.

> ❗ Anlaufstelle für die angeführten Initiativen ist die **Österreichische Hotel- und Tourismusbank GmbH (ÖHT),** eine Spezialbank zur Finanzierung und Förderung von Investitionen im Tourismus. Ihre Ziele sind:
> - Verbesserung der Wettbewerbsfähigkeit und Sicherung der Beschäftigung,
> - Unterstützung der Gründung von Tourismusunternehmen.

www.oeht.at

Förderziel
Sicherung von Investitionsmaßnahmen zur umweltgerechten Adaptierung von für den Tourismus bedeutenden alpinen Schutzhütten in Bergregionen.

Förderbar sind hierbei der Öffentlichkeit zugängliche Objekte der Mitgliedervereine des VAVÖ, die in die Kategorie Alpine Schutzhütte fallen, sowie zugehörige Wege und Steige, wenn sie über mindestens zehn Schlafplätze für Gäste verfügen, wenn die Erreichbarkeit der Schutzhütten eine Gehzeit von mindestens einer halben Stunde erfordert bzw. wenn sie mindestens einen Kilometer von der nächsten Aufstiegshilfe entfernt sind.

Förderbare Vorhaben
Maßnahmen zur umweltgerechten Verbesserung bei Energie, Trinkwasser- und Güterversorgung, Abwasser und Abfallentsorgung, Umbau bzw. Sanierungsarbeiten unter Berücksichtigung ökologischer Vorgaben auch von Waschräumen sowie WC-Anlagen und sonstige Maßnahmen in ökologisch sensiblen Gebieten, umweltgerechte Sanierung von Biwaks.

Mitgliedsvereine des VAVÖ
- Österreichischer Alpenverein
- Naturfreunde Österreich
- Österreichischer Touristenklub
- Österreichische Bergsteigervereinigung
- Österreichischer Alpenklub
- Alpine Gesellschaft Haller
- Alpine Gesellschaft Krummholz
- Alpine Gesellschaft Preintaler
- Akademischer Alpenklub Innsbruck
- Alpine Gesellschaft Peilsteiner
- Slowenischer Alpenverein
- Alpine Gesellschaft Reißtaler

 Ziele erreicht?

1. Was ist der Tourismusförderungsbeitrag?
2. Wie wird der Tourismusförderungsbeitrag bestimmt?
3. Erstellen Sie einen Katalog der Förderungsmöglichkeiten für die Tourismuswirtschaft!
4. Warum wurde eine spezielle Tourismusförderung ins Leben gerufen?
5. Welche Förderinstrumente gibt es auf Bundesebene?

 Projekt

1. Entwickeln Sie ein Rollenspiel zum Thema Förderung des Tourismus in Ihrer Wohngemeinde!
2. Orientieren Sie sich an den lokalen Gegebenheiten und lassen Sie diese in die Planung einfließen!
3. Verteilen Sie die Rollen der Bürgermeisterin/des Bürgermeisters, der Tourismusdirektorin/des Tourismusdirektors, der Bankdirektorin/des Bankdirektors, der Tourismusberaterin/des Tourismusberaters, der Tourismusunternehmerin/des Tourismusunternehmers etc.
4. Stellen Sie die Interessengegensätze dar und versuchen Sie zu einer Lösung zu kommen!

Stichwortverzeichnis

A

Abenteuertourismus 197, 198
ACV 98
Adalbert Stifter 117
Adolf Loos 74
Aficionado 58
Akademietheater 93
Alban Berg 42
Albertina 111
Allianz der Zehn 158, 167
Allonge 71
Almwirtschaft 147
Alpenregion Bludenz 224
Alpenzoo Innsbruck 80
Alpines Klettern 201
Altruistisch 207
Ambraser Schlosskonzerte 95
Amplitude 125
Andy Warhol 110
Annuitäten 227
Anton Bruckner 53
Anton Webern 42
Anzengruber, Ludwig 34
Appetizer 60
Arabischer Tourismusmarkt 169
Archäologischen Park Carnuntum 211
Arlberg 224
Arnold Schönberg 42
Ars Electronica Center 87, 195
Arthur Schnitzler 34
Attergaulokalbahn 67
Außenmarketing 225
Ausstellungen 70
Austria. Art, Architecture & Design 169
Austria Center Vienna 98
Austria. Destination Summit 2010 168
Austria Imperialis 50
Autograf 95

B

Babenberger 70
Bad Blumau 139
Bad Gastein 10, 11
Bad Gleichenberg 140
Bad Hall 187
Bad Ischl 10, 12, 120, 187
Bad Kleinkirchheim 147
Bad Radkersburg 140
Bad Schallerbach 187
Bad Tatzmannsdorf 141
Bad Tatzmannsdorfer Kur 141
Bad Waltersdorf 141
– –, Kulturhaus 143
Bahnmuseen 69
Bahnwanderweg 124
Barockkarner 149
Barockkirche 152
Barockstraßen 47
Barockzeit 12, 31
Bartholomäberg 152
Bauch, Hermann 129
Bäuerliche Küche 39
BAWAG Foundation 109
Bearbeitung der Fernmärkte 168
Bebauungsplanung 223
Beinhaus 120
Benchmarking 159
Benessere in Austria 187
Besucherzahlen von Sehenswürdigkeiten 19
bewusstmontafon 153
Biblia pauperum 31
Biedermeierzeit 123
Bielerhöhe 151
Bier 40
Biermuseen 41
Biermuseum 130
Bierreisen 41
Bierseminare 59, 60
Bierviertel 58
Bildungsreisen 190
Billigurlaube 180
Biobewegung 40
Biosphärenpark Großes Walsertal 153
Blaudruckerei 83, 137
Blaufränkischland 135
BMF 215
BMG 215
BMLFUW 215
BMUKK 215
BMVIT 215
BMWFJ 215
Bodenständige Küche 39
BÖG 178
Bösendorfer 43
Brauchtum 80
Brauereien, Mühlviertler 58
Bregenzer Festspiele 42, 86
Bregenzerwald 202
Brettner, Erich 59
Brokeringsystem 217
Bruckner, Anton 53
Brucknerfest 42, 87
Brucknerorchester Linz 95
Brunnen 30
Buchungszentrale 225
Bund 215
Bund österreichischer Gastlichkeit 178
Bundeslade 8
Bundesministerien 215
Bundesmuseen, österreichische 111
Bundestheater 91
Bundestheaterholding 91
Bungeejumping 198
Burgenland, Destinationen 225
–, Freiluftaufführungen 87
Burgenländisches Freilichtmuseum Bad Tatzmannsdorf 76
– Tourismusgesetz 220
Burgenland Tourismus 220
Burgruine Aggstein 26
Burgtheater 34, 93
Business Seminare 168

C

Canyoning 201
Carinthischer Sommer 42, 86
CD 161
Centennium 46
Christkindlmärkte 38, 45
CI 161
Cirque de Soleil 208
Club 760 144
Club der norischen Wirte 56
Club Innsbruck Card 156
Cluster 214
Comédie Française 35
Commedia dell'Arte 34
Congress 183
Congress Center, Grazer 98
Corporate Design 161
Corporate Identity 161
CRM 217
Culture Tour Austria 217

D

Dachmarken 162
Dachsteinrieseneishöhlen 118
Dampfbummelzüge 67
Dampfeisenbahn 67
Databroking 218
Dehio 10
Denkmäler 29
Denkmalpflege 140
De Paula Gaheis, Franz 9
Design Center 197
Destination 104
Destinationen, Österreichs 224
Destinationsmanagement 223
Destinations Management Monitor Austria 216
Devotionalien 8

Die ideale Ökotouristin/der ideale Ökotourist 200
Direct Mailing 167
Direktbuchung mit Tiscover 171
Distributionspolitik 113
DMC 217
DMMA 216
Donaufestival 87
Donau Niederösterreich Tourismus GmbH 222
Donauradweg 192
Drachenfliegen 198
Dreiländereck 215

E

EAZA 79
e-business-Initiative 217
E-Commerce 170
Ecotourism Society 200
Edutainment 208
Ehrengräber 30
Einzelmarken 162
Eisenbahngeschichte 67
Eisenbahnmuseen 67, 68
Eisenbahnsysteme 67
Elektromobile 206
Elli Riehls Puppenwelt 74
Emotionen 159
Erlebniswelt 110
–, multimediale 73
– Prater 208
– Salzbergwerk 210
ERP 107
ETC 113
EU-Regionalförderung 227
Europäische Union 214
Europas erstes Baby- und Kinderhotel 188
European Association of Zoos and Aquaria 79
European Recovery Program 107
European Travel Commission 113
EurothermenResorts 187
Evaluierung 218
Event, Begriff 102
Eventmanagement 102
Eventmarketing 102
Eventorganisation 104
Events 180, 183
–, Beispiele 106
–, Unterscheidung nach dem Thema 103
–, Unterscheidung nach der Größe 104
Eventtourismus 102, 193
Eventwerkstatt 105

F

Fachmessen 99
Fahnenschwingermuseum 136
Fallschirmspringen 198
Familientherme 134, 139
Familientourismus 188
Färberei 83
Farkas, Karl 87
Fassadengestaltung 31
FC Tirol 172
Fédération Internationale de Ski 107
Felix Mitterer 34
Fellner, Ferdinand 93
Felsenbühne Staatz 131
Ferdinand Fellner 93
Ferdinand Georg Waldmüller 117
Fernsehfilme 173
Festivals 46
Festivals in Österreich 86
Festschloss Hof 61
Festspiele, Bregenzer 86
–, moderne 85
–, Mozart 85
–, Reichenauer 85
–, Salzburger 85
Festwochen der alten Musik 95
Festwochen, Wiener 113
FIS 107
Fischwasser Österreich 166
Flächenwidmungsplanung 223
Flohmärkte 38
Flügelaltar in St. Wolfgang 120
Flussfahrten 201
Folkfestival 131
Förderaktion Software Tourismus in Niederösterreich 227
Förderprogramme auf Bundesebene 228
Förderung der alpinen Infrastruktur 228
Förderungsmittel der Länder 226
Forum Stadtpark 88
Fossilienwanderweg 75
Fotosafaris 201
Franchising 210
Frankenburger Würfelspiel 84
Franz de Paula Gaheis 9
Franz Grillparzer 34
Franz Lehár 117
Franz Liszt 136
Freilichtbühne Silbertal 152
Freilichtmuseen 76, 77
Freiluftaufführungen 87
Freithof 149
Freizeitparks 207
Freizeitwirtschaft 214
Fremdenverkehrsvereine 218
Friedensreich Hundertwasser 139
Friedhöfe 30
Friedhof, jüdischer 136
Friedrich Gauermann 117
Friedrich von Gentz 117
Fritz Grünbaum 87
Frühbucherbonus 163
Frühmesshaus 152
Fundraiser 78
Fürst Clemens Wenzel Metternich 117
Fußball-Europameisterschaft 2008 106
Fußwallfahrten 8

G

Galerien 96
Gargellen 150
Gaschurn 150
GaST 205
Gasteiner Konvention 11
Gästezeitung 218
Gasthausbrauereien 40
Gastlichkeit 177
Gastronomie 214
Gauermann, Friedrich 117
Gauermann, Jacob 117
Gault Miliau 40
Gebäudeensemble 27
Geinberg 186
Gemeinden 46
Gemeinschaft autofreier Schweizer Tourismusorte 205
Gemeinschaftsmarken 162
General Cultural Tourists 49, 50
Generali Foundation 109
Georgi-Ritt 82
Georg Trakl 32
Gesellschaft der Musikfreunde 95
Gesundheitshotels 187
Gesundheitstourismus 185
Getränkesteuer 214, 220
Gewinn- und Renditenmaximierung 161
Gidon Kremer 95, 135
Gletscherwelt 150
Globalisierung 20
Global Player 208, 224
Glöcklerlauf in Ebensee 119
Gmundner Keramik 120
Gotikstraßen 47
Gourmet 56
Grand Hotel de l'Europe 11
Grazer Congress Center 98
Grazer Opernhaus 93
Graz, Messe Congress 98
–, Styriarte 87
–, Vereinigte Bühnen 93

Grillparzer, Franz 34
Großstädte 180
Großveranstaltungen, sportliche 106
Großvinotheken 56
Gruppenreisen 181
Gurkthalbahn 68
GUS 194
Gustav Klimt 117

H

Hagmoar 82
Hallstatt 67, 120
Hallstattkultur 116
Hanswurst 34, 81
Hartmann, Mathias 93
Haubenrestaurants 40
Hauser Exkursionen 200
Haydn-Festspiele 42
Header 185
Health & Spa Austria 187
Heilbäder 186
Heilwasser-Quellen 139
Heimito von Doderer 32
Heizhaus Strasshof 69
Herbert von Karajan 85
Heurigenlieder 43
Heurigenschenken 41
Hightech 100
Himmelkeller 132
Hinweistafeln an Gebäuden 25
Hirtenmuseum 130
Historismus 88
Hochofenmuseum Bundschuh 145
Hochromantik 42
Hoffmann, Josef 74
Hofkammer 116
Hofmobiliendepot 74
Homepage 155
Hotellerie 214
Houserunning 198
Hugo von Hofmannsthal 34
Hundertwasser, Friedensreich 139
Hüttenberg 57

I

ICCA 183
Ikone 80
Illkraftwerke 150
Image 46, 159
Imagebildung 109
Imagestärken 168
Incentive 183
Incoming-Tourists 59
Indikator 205
Individuelle Reisen 181
Inforelais 218

Infrastruktur 222
Initialisierung 46
Innsbruck, Alpenzoo 80
– Card 176
–, Landestheater 93
Innsbrucker Festwochen der alten Musik 95
Inn-Stadt 182
In situ 76
Instrumentarium 60
Instrumentensammlung der Habsburger 43
Interessentenbeitrag 226
International Congress and Convention Association 183
Internationale Küche 40
Internationale Puppentheatertage 131
Internationales Kammermusikfest Lockenhaus 95, 135
Internationale Tourismusbörse 164, 167
Internationalisierung 20
Internationalisierungsstrategien für Museen 217
International Players 224
International Union for the Conservation of Nature 62
Internet-Angebote der Österreich Werbung zum Thema Kultur 171
Ischgl – Erfolg mit Eventmarketing 108
ITB 164, 167
IUCN 62, 200

J

Jagdtourismus 201
Jakobitag 82
Jakobsweg 8
Jazzfestival in Wiesen 42, 87
Jedermann 35, 85
Jeunesse dorée 123
Jeunesse – Musikalische Jugend Österreichs 90
Johann Krahuletz 75
Johann Nestroy 34
Josef Hoffmann 74
Joseph Kyselak 9
Jüdischer Friedhof 136

K

Kabarett 87
Kabarettboom 87
Kabarett Niedermeier 94
Kaffeehäuser 178
Kaffeehausliteraten 33
Kaiserliches Festschloss Hof 61
Kaiservilla 120

Kajak 198
Kammerhof 120
Kammermusik 95
Kammermusikfest Lockenhaus, internationales 95, 135
Kar 144
Karajan, Herbert 85
Karlbad 149
Karl Farkas 87
Karl Ritter von Ghega 122
Karner 149
Kärnten Card 177
Kärnten Tourismus 220
Kärntner Freilichtmuseum 76
– Heimatwerk 148
– Impulsprogramm 227
– Kasnudeln 149
– Nationalparkgesetz 147
– Nockberge 147
– Radmarathon 148
– Wirtschaftsförderungs Fonds 227
Käseerlebniswelt 209
KäseStrasse Bregenzerwald 153
Katarakt 66
Kaufentscheidung 159
Kellergasse in Falkenstein 129
– in Hadres 129
–, Kronberger 132
Kellergassen 41, 128
Kellerlabyrinth 132
Kellertheater 35
Kennzeichen der perfekten Gastlichkeit 177
Kinderführungen in Museen 90
Kinder- und Jugendtheater Next Liberty 93
Kinderweltmuseum Schloss Walchen 89
Kirchen, romanische 130
Kirche von Schöngrabern 31
Klagenfurt, Stadttheater 93
Klangwolke 87, 195
Kleine historische Städte 18, 140
Kleinere Städte 182
Kleinkunstbühnen 35
Kleinoscheg, Max 13
Kleinwalsertal 224
Klettern, alpines 201
Klimt, Gustav 117
Klischee 23
Klischees 157, 168
Kobersdorfer Schlossspiele 135
Kofinanzierung 227
Kombinationskarten 111
Komfort 156
Kommunalpolitik 222
Kommunikationspolitik 113, 164

Konditorei Zauner 120
Kongress 183
–, Standards 184
–, Veranstalter/-innen 184
–, Wiener 96
Kongresse 96
Kongressmesse 99
Kongressstadt 182
Kongressstädte Österreichs 184
Kongresstourismus 183
Kongresszentrum 184
Kongresszentrum Hofburg 184
– Wiener Hofburg 98
Konzerthausgesellschaft, Wiener 95
Krahuletz, Johann 75
Krahuletz-Museum 75
Kranzel 148
Kräuterkochkurse 59, 60
Kraxe 82
Kreativwochen 151
Kremer, Gidon 95, 135
Krimmler Hexenspiel 81
Kristallwelten in Wattens 209
Kronberger Kellergasse 132
Kronprinz-Rudolf-Bahn 67
Küche, bäuerliche 39
–, bodenständige 39
–, internationale 40
KUGA 136
Kulinarische Qualitätsinitiativen 56
Kulturbesuch 180
Kulturhauptstadt 181
Kulturlandschaft 26
Kulturlandschaftsschutzgebiete 63
Kulturmanagement 102
Kulturna Zadruga 136
Kulturpark Eisenstraße-Ötscherland 211
Kulturpark Kamptal 75, 211
Kulturtransfer 70
Kunstforum Montafon 153
Kunsthalle Wien 113
Kunsthistorische Museum 29, 73, 111
Kunst in der Landschaft 30
Künstlerhaus, Wiener 88
Kunstmärkte 45
Kunstmuseum, Lentos 96
Kuraufenthalt, klassischer 185
Kurkonzerte 43
Kurorte 186
Kursbuch Tourismus Niederösterreich 2010 221
Kurtheater in Reichenau 124
Kuruzzen 136
Kurzlebigkeit von Trends 207
Kustos 78
KWF 227

L

Labyrinth 132
Lackenbach 136
Länder 219
–, Förderungsmittel 226
Landesausstellungen 29, 46, 52, 70
Landesausstellung, niederösterreichische 211
Landesförderungsmittel 226
Landesgesetz, Tiroler 219
Landestheater 93
Landestourismuskonzepte 221
Landestourismusverbände 218
Landesverbände 218
Landgasthöfe 178
Langenlois 130
Last-Minute-Angebote 163
Laubsägestil 117
Lech am Arlberg 206
Lehár, Franz 117
Lehár-Villa 120
Leipziger Messe 99
Leitbilder 159, 160, 221
Lentos Kunstmuseum 96, 196
Leopold Museum 113
Liftkarten 206
Liftkartengarantie 206
Linsenangerdorf 27
Linz09 196
Linz, Brucknerorchester 95
–, Card 2010 176
–, Eventtourismus 195
–, Landestheater 93
Liszt, Franz 136
Literaturpfade 54
Living Museum 72
Logistik 183
Loipersdorf, Therme 138
Loos, Adolf 74
Ludwig Anzengruber 34
Luftkissenbahn 223
Lungau 144
–, Bergwerke und Hochöfen 146
–, Museen 145
–, politische Gliederung 144
–, Samsonumzüge 145
–, Sommersport 145
–, Verkehrserschließung 144
–, Wintersport 145
Lungauer Landschaftsmuseum 145
Lungau-Takt 205
Lungo-Skipass 145

M

Magna Mater Austriae 9
Magna Racino 208
Mahnmal gegen Krieg und Faschismus 29
Majolika 75
Management 102
Manual 218
Mariazell 8, 9
Mariazellerbahn 68
Marionettentheater Schloss Schönbrunn 90
Markenbildung 172
Markenfamilien 162
Markenimitation 162
Markenkonzept 172
Markenpolitik 162
Marketing 113, 155
Marketingaktivitäten der Österreich Werbung 166
Marketingaufgaben 218
Marketing im Internet 170
Marketinginstrumente 161
–, Distributionspolitik 164
–, Erstellung des Leistungsprogramms 162
–, Kommunikationspolitik 164
–, Markenpolitik 162
–, Merchandising 162
–, Preisdifferenzierung 163
–, USP 162
–, Yieldmanagement 164
Marketingmix 160
Marketingplan für China 168
Marketingplattform 218
Marketingstrategien, Planung 160
Marke Tirol 172
Marke „Urlaub in Österreich" 158, 172
Marke Wien 163
Marterln 30
Max Reinhardt 85
Mäzen 73, 94
Medical Spas 186
Medical Wellness 186
Mediumevents 104
Meeting 183
Meeting Planner's Guide 97
Megaevents 104
Mehlspeisen, Wiener 39
Mehrkanalvertrieb 217
Mehrmarken 162
Menagerie 78
Merchandising 48, 59, 74, 79, 162
Message 72
Messe Congress Graz 98
Messe, Leipziger 99

Stichwortverzeichnis

Messen 99
Messe Wien Exibition & Congress Center 99
Messe Wien Exibition & Congress Center, Übersichtsplan 100
Millennium 46
Minievents 104
MiniTMW 112
Minopolis 209
Mitgliedsvereine des VAVÖ 229
Mitterer, Felix 34
Modellbahnanlagen 69
Modellbahnparadies Faak am See 69
Moderne Festspiele 85
Mödling, Puppen- und Spielzeugmuseum 89
Mondseer Freilichtmuseum Rauchstubenhaus 76
Montafon 150, 224
–, Heimatmuseum 152
–, Kunstforum 153
–, Kunstgewerbe 153
–, Mountain-Beach-Naturerlebnispark 151
–, Museen 152
–, politische Gliederung 150
–, Sommerangebot 151
–, touristische Entwicklung 151
–, Verkehrserschließung 150
–, Volksmusiktage 153
–, Vorarlberg isst … 153
–, Wintersport 151
Montafonerbahn 151
Montafoner Bergbaumuseum Silbertal 152
Montafoner Sommerkonzerte 152
Montafonkonzept 151, 221
Montanlehrpfad 146
Moorheilbad Harbach 204
Moosburg 55
Mosaiktechnik 31
Mostviertel 222
Mostwanderwege 202
Mountain-Beach-Naturerlebnispark 151
Mountainbiking 202
Mozarteumorchester Salzburg 95
Mozart-Festspiele 85
Mühlviertler Brauereien 58
Mühlviertler Weberstraße 50
Multi-Channel-Marketing 217
Multimediale Erlebniswelt 73
Multimedialisierung 73
MUMOK 113
Murtalbahn 67, 68, 144
Museen 73
–, Kinderführungen 90
–, Kombinationskarten 111
Museum Alte Textilfabrik 49
Museum Carnuntium in Bad Deutsch-Altenbur 211
Museum für Ur- und Frühgeschichte in Asparn 130
Museum für Volkskunde 130
Museum Kulturerbe Hallstatt 120
Museumsbahnen 67
Museumsdorf Niedersulz 131
Museumsfahrten 67
Museumsführer Österreich 73
Museumskonzept, interaktives 112
Museumsmanagement 110
Museumspädagogik 70
Museumspass 218
MuseumsQuartier Wien 112
Museumsshop 74
Musikalische Jugend Österreichs 90
Musikfestivals 42
Musikhochschulen Österreichs 43
Musikveranstaltungen 45, 96

N

Nachhaltiger Tourismus 200
Nationalpark Donau-Auen 65
– Gesäuse 66
– Hohe Tauern 64
– Kalkalpen 65
– Neusiedler See – Seewinkel 65
– Nockalmgebiet 147
– Nockberge 66, 148
– Thayatal 65
Nationalparkgesetz, Kärntner 147
Nationalparks 62
– in Österreich 64
– international 63
National Player 224
Naturidyll-Hotels 166
Naturküche 40
Naturpark Geschriebenstein 134
Naturrodelbahnen 148
Neckenmarkt 136
Nestroy, Johann 34
Neusiedler See Tourismus GmbH 225
Nicolai, Otto 94
Niederösterreichische Landesausstellung 71, 211
Niederösterreichisches Theaterfest 87
Niederösterreichische Tonkünstler 95
Niederösterreich, Käseerlebniswelt 209
–, Landestheater 93
–, Weinherbst 218
–, Weinstraße 57
Niederösterreich-Werbung GmbH 220
Nimbus 173

Nockalmstraße 149
Nockberge 147
–, Brauchtumspflege 148
–, Kärntner 147
–, kulinarische Besonderheiten 149
–, Sehenswürdigkeiten 149
Nomadismus 20
Norische Region, Gemeinden 57
Norische Wirtegemeinschaft 56
Nostalgiebetriebe 37
Nostalgiefahrten 67

O

Oberösterreich, Destinationen 225
–, Erlebniswelt Salzbergwerk 210
–, Thermenregionen 186
Oberösterreich Tourismus 220
Oberösterreich-Touristik GmbH 220
Odeon 94
ÖHT 107, 228
Ökotourismus 200
ÖLA 158
Olympische Spiele 104
Önologisch 58
Operettenfestspiele 87
– in Mörbisch 42
Opernhaus, Grazer 93
Orchester 43, 94
Ortsklasse 226
Ortstaxe 226
Ortsverbände 225
Osmanen 134
Osterfestspiele 85
Ostermärkte 38
Österreich, Bahnmuseen 69
–, Destinationen 224
–, Festivals 86
–, Freizeitparks 208
–, Kongressstädte 184
–, Museumsführer 73
–, Musikveranstaltungen 96
–, Radwege 192
–, Themenparks 208
Österreichische Bundesmuseen 111
Österreichische Eisenstraße 49
Österreichische Hotel- und Tourismusbank GmbH 107, 228
Österreichische Romantikstraßen 51
Österreich Werbung 29, 157, 219
– –, Basisdienstleistungen 158
– –, der Öffentliche Leistungsauftrag 158
– –, Eigentümer 219
– –, Marketingaktivitäten 158
– –, strategische Schwerpunkte 157
– – und Sport 173

Ötscherlandexpress 68
Otto Nicolai 94
Otto Wagner 74
Otto-Wagner-Kirche 31
Outdoor-Activities 75
ÖW 157

P

Pacher, Michael 120
Palazzo 209
Papiermühle Mörzinger 49
Paragleiten 198
Partenen 150
Passionsspiele 84
Paula Grogger 32
Personenbezogene Preisdifferenzierung 163
Peter Rosegger 33
Peter-Rosegger-Kulturstraße 54
Peter Turrini 34
Pferdeeisenbahn 67, 68
Pferdesportpark 208
Pflasterspektakel 196
Philharmoniker 42
–, Wiener 94
Picture yourself in Austria 169
Pilgerwege in Österreich 8
Piringsdorf 136
Plaketten 25
Prangstangentragen 145
Prater 208
Pratercard 209
Praterresolution 209
Preisdifferenzierung 163
–, personenbezogene 163
–, räumliche 163
–, zeitliche 163
Preisvergünstigungen 175
Premiere 93
Presshäuser 129
Primärinvestitionen 192
Privattheater 94
Product-Placement 73, 164, 173
Produktpolitik 113
Prospekt 180
Public Relations 164
Puppentheatertage, internationale 131
Puppen- und Spielzeugmuseum Mödling 89

Q

Qualität 161
Qualitätskriterien 189, 227
Qualitätstourismus 14, 151, 183
Quellmarkt Deutschland 167
Quellmarkt Nordamerika 169

R

Rabattkarten 175
Radiosymphonieorchester Wien 95
Radstädter Tauernpass 144
Radtouren 191
Radtourismus 191
Radwanderpass 192
Radwanderungen 133
Radwanderwege 143
– des Weinviertels 127
Radwege, Ausbau 192
– in Österreich 192
Rafting 145, 198
Ranggeln am Hundstein 82
Rätselrallyes 61
Rauchstubenhaus 76
Rauriser Schnabelperchten 82
Rechtsinformationssystem 220
Reduktion des Verkehrs in Wintersportorten 206
Regionalförderungsmittel 227
Regionalpolitik 222
Regionalverbände 223
Regionen 46
Regionsverbände 218
Reichenau, Festspiele 85
–, Kurtheater 124
Reinhardt, Max 85
Reisen, individuelle 181
Reliquien 8
Renaissancestraßen 47
Ressource 45
Restaurants 178
Riegersburg 52
Ringkämpfe 148
Rocketbungee 198
Romantikhotels 51
Romantikstraßen 47
–, österreichische 51
Ronacher Theater 93
Roseggermuseum in Krieglach 54
Rosentaler Dampfbummelzüge 68

S

Sallegger Moar 76
Salzbergwerk 210
Salzburg, Bräuche 81
–, Eventtourismus 195
–, Festspielhaus 86
–, Landestheater 93
–, Mozarteumorchester 95
Salzburger Festspiele 35, 42, 85
– Freilichtmuseum 76
– Marionettentheater 34
– Spielzeugmuseum 89
SalzburgerLand Tourismus GmbH 220

Salzkammergut 12, 67, 115, 225
–, altes Brauchtum 119
–, geografischer und historischer Abriss 116
–, Sommerfrische 117
–, verkehrsgeografische Situation 118
Salzkammergutlokalbahn 67
Salzkammergutradweg 118
–, Karte 119
Salzprinzen 117
Salzstadt 182
SAMO 205
Samson 145
Sanfte Mobilität 156, 205
Schafbergbahn 67, 118
Schaubetriebe 182
Schengener Abkommen 214
Schiachperchten 81
Schildalm im Tiroler Lechtal 27
Schlank & Schön in Österreich 187
Schloss Albeck 149
Schloss Ambras 95
Schlossbrauerei Weinberg 58
Schlösserstraße 51, 143
–, Burgen und Schlösser 52
Schloss Herberstein 52
Schloss Moosham 146
Schloss Ort 119, 120
Schloss Parz 70
Schloss Schallaburg 71
Schloss Schönbrunn Kultur- und Betriebsgesmbh 74
– –, Marionettentheater 90
Schloss Walchen, Kinderweltmuseum 89
Schluchting 201
Schlüsselindikator 205
Schmalspurbahnen 68
Schmankerlkochkurse 60
Schnabelperchten, Rauriser 82
Schnapsseminare 60
Schnitzler, Arthur 34
Schönberg, Arnold 42
Schönbrunn, Tiergarten 78
Schönperchten 81
Schottwien 59
Schrammelmusik 43
Schruf, Toni 13
Schruns 150
Schubertiade in Hohenems 42
Secession 88
Semmering 13, 121
–, Bahnwanderweg 124
–, geografischer und historischer Abriss 121
–, Sommerfrische 122
–, touristisches Angebot 123

Semmeringbahn 122
Semmeringstil 123
Serfaus 223
Sgraffitotechnik 31
Shopping 181, 185
Sicard von Sicardsburg 92
Siemens 109
Silberbergwerk Ramingstein 146
Silbertal 152
Silvretta-Hochalpenstraße 150, 151
Silvrettastausee 150
Simpl 87
Sinfoniewanderweg 53
Sinterkeramik 137
Skiweltmeisterschaften 2013 in Schladming 107
Snob 58
Sommerakademie 55
Sommerfrische 12
Sonnenland Mittelburgenland 133
– –, Kunsthandwerk 136
– –, Museen und Gedenkstätten 136
– –, politische Gliederung 133
– –, Veranstaltungen 135
– –, Verkehrserschließung 133
Sonnentherme Lutzmannsburg-Frankenau 134
Sound of Music 159
Souvenirs 38
SPA 139
Spaziergänge 181
Specific Cultural Tourists 49
Spielstätten Orpheum 93
Spielzeugmuseen 89
Spielzeugmuseum, Salzburger 89
Spondylose 138
Sponsoring 76, 79, 109, 164
Sportliche Großveranstaltungen 106
Sportsponsoring 172
Staatsoper, Wiener 92
Städte, kleinere 182
Städtereisen 181
Städtetourismus 21, 180
Stadtführer 61, 180
Stadttheater 93
Stadtverwaltung 184
Stand-by-Tarife 163
Stegersbach 139
Steiermark-Joker 175
Steiermark, Schoko-Laden-Theater 210
Steiermark, Styrassic Park 210
Steirisch-burgenländische Thermenregion 138
– – –, Museen 143
– – –, Radwanderwege 143
– – –, Sehenswürdigkeiten der Region 143

Steirische Eisenstraße 48
Steirischer Herbst 86
Steirische Tourismus GmbH 220
St. Georgen, Viehopfer 82
Stifter, Adalbert 117
Stift Geras 37, 55
Stift Klosterneuburg 130
Stift Lilienfeld 70
St. Martins Therme & Lodge 142
Stoob 37, 137
Strudlhofstiege 32
St. Veit an der Glan 57
St. Wolfgang 8, 120
Styrassic Park 210
Styriarte Graz 87
Substituieren 47
Subventionen 94
Südbahnhotel auf dem Semmering 123
Südmährerhof 131
Sujet 74
Supranational 214
Sustainable Tourism 200
SWOT-Analyse 56
Symphoniker 42
–, Wiener 94
Symposium 218
Synergieeffekt 46, 207
Synergien 173
Szenario 45

T

Tamburizzakapellen 43
Taschenfeitel 83
Tattermandl 149
Täufermuseum 131
Taurachbahn 144
Technisches Museum Wien 68, 112
Teddybärenmuseum, Wiener 89
Tektonik 125
Temperaturumkehr 144
Testimonial 167
Theater an der Wien 34, 91
Theater der Jugend 90
Theater, experimentelle 35
Theaterfest, niederösterreichisches 87
Theater für Kinder 89
Theatergruppe Westliches Weinviertel 132
Theater in der Josefstadt 34, 94
Theater Vorarlberg 93
Theatervorstellungen 45
Themenkooperationen 218
Themenparks 207
Themenradfahren 134
Themenstraßen 47
Themenwege 53

Themenzoos 80
Therme Loipersdorf 138
Thermen 186
Thermenregion Bad Hall 187
– Bad Ischl 187
– Bad Schallerbach 187
– Geinberg 186
Thermenregionen in Oberösterreich 186
Thermenstadt 182
Thermenvielfalt 142
Thomas Bernhard 34
Thonet, Michael 74
Tiergarten Schönbrunn 78
Tierpark Herberstein 79
Tierpatenschaften 79
Tirol, Destinationen 225
–, Kristallwelten in Wattens 209
–, Logo 172
–, Werbung 172
Tiroler Landesgesetz 219
Tirol Werbung GmbH 220
Tiscover 171
T-MONA 158
Tonkünstler, niederösterreichische 95
Top Tourismusförderung der Bundesregierung 2007 bis 2013 228
Tourismusbetriebe mit österreichischem Umweltzeichen 204
Tourismusförderungsbeitrag 226
Tourismusgesetz, burgenländisches 220
Tourismusgesetze 219
Tourismusgesinnung 177
Tourismusintensität 220
Tourismuskonferenz 214
Tourismuskonzepte 221
Tourismus, nachhaltiger 200
Tourismusorganisation, nationale 219
Tourismusregion Mostviertel 222
Tourismusverbände 218
–, örtliche 223
–, regionale 223
Tourismuswirtschaft 214
Touristik Union International 17
Traditionsbühnen 34
Transfer 70
Transmissionsriemen 72
Transport 156
Trebesing 188
Trend 160
Trendsportarten 202
Tresterer 81
Tresterertanz 82
Tschagguns 150
Tschauner Bühne 34
Tschuschenkapelle 43

TUI 17
Tunnelmaut 144
Turrini, Peter 34
Twitter 167

U

Umwegrentabilität 86, 184
Umweltschutzgedanke 191
Umwelttechnologie 100
Umweltzeichen für Tourismusbetriebe 203
UNESCO 24, 83
UNESCO-Welterbe-Signet 25
Unikat 37
Unique Selling Proposition 162
United Nations Educational, Scientific and Cultural Organization 24
Universal-Kultur 207
UNO-City 97
Unternehmensziele, Entwicklung 160
UNWTO 113
Urgeschichtliches Freilichtmuseum Asparn an der Zaya 76
Urlaub nach Drehbuch 174
Urlaubsspezialisten 158, 165
–, Angebotsgruppen 165
USP 162
Utensilien 82
UZTB 203

V

VAVÖ 229
Venturecapital 207
Veranstaltungen 95
Veranstaltungsorganisation 102
Vereine 45
Vereinigte Bühnen Graz 93
Verkaufsförderungsinstrumente 164
Verkehrsmittel, öffentliche 156
Verkehrsmuseum Historama 68
Vermuntstausee 150
Vernetzung 157
Verschönerungsvereine 218
Via Artis 53
Via Sacra 9
Via Salis 53
Viehopfer in St. Georgen 82
Vienna Classic Online Ticket Office 91
Vienna Sightseeing Tours 181
Vierbergewallfahrt 8
Virtuell 208
VKI 203
Völkertafel 23
Volksmusik 43
Volksspiele 84
Volkstheater 34

Vorarlberg, Destinationen 224
Vorarlberger Tourismusleitbild 2010+ 221
Vorarlberg isst ... 153
Vorarlberg, Theater 93
Vorarlberg Tourismus GmbH 220
Vorfluter 125
Vorortelinie in Wien 68
Vorteilskarten 175, 185
Vulgoname 81

W

Wachau 130
Wagner, Otto 74
Waldheimat 54
Waldmüller, Ferdinand Georg 117
Waldviertler Textilstraße 49
– Webereimuseum 49
Walk-in-Gäste 197
Wallfahrt 8
Wallfahrtskirche St. Leonhard bei Tamsweg 146
Wallfahrtsort 120
Walther von der Vogelweide 32
Wandern 201
Warhol, Andy 110
Wasserscheibenschießen am Prebersee 145
Webauftritt 57
Webern, Anton 42
Weberzeilen 49
Webseiten, Grundlagen der Erstellung 170
Wein 40
Weinakademien 59
Weinfeste 40
Weinidylle 20
Weinkeller, historische 130
Weinlandmuseum 130
Weinradweg, Rivaner 127
Weinseminare 40
Weinstraßen 47
Weinstraße Niederösterreich 57
Weinverkostungen 40
Weinviertel 125
–, Freilichtanlagen 130
–, Kellergassen 128
–, Museen 130
–, politische Gliederung 126
–, Radwanderwege 127
–, Veranstaltungen 131
–, Verkehrserschließung 126
Wellness 185
Wellness-Hotels 187
Weltausstellungen 99, 104
Welterbe 24
Weltkulturerbe 122

Weltnaturschutzunion 62
Werbewert 175
Werbung 109, 164
Werder 10
Werfenweng 205, 206
Wertesystem 160
Wertewandel 160
White Water Tourism 201
Wien-Card 113
Wiener Festwochen 42, 86, 113
Wiener Hofburg 41
– –, Kongresszentrum 98
Wiener Kongress 96
– Konzerthausgesellschaft 95
– Konzerthaus, Sponsoren 109
– Kultureinrichtungen, Marketing 113
– Künstlerhaus 88
– Mehlspeisen 39
– Philharmoniker 94
– Rätselrallye 62
– Secession 88
– Spaziergänge 181
– Staatsoper 42, 92
– Strudlhofstiege 32
– Symphoniker 94
– Teddybärenmuseum 89
– Werkstätten 38
– Zentralfriedhof 30
Wien, Eventtourismus 193
–, MuseumsQuartier 112
–, Radiosymphonieorchester 95
–, Tanzquartier 113
–, Technisches Museum 112
–, Themen- und Freizeitparks 208
WienTourismus 220
Wintersportorte, Reduktion des Verkehrs 206
Wirtschaftskammer Österreich 219
Wirtschaftskooperationen 79
Workshop 135, 218
World Tourism Organization 113
WTO 113

Y

Yieldmanagement 164

Z

Zahnradbahnen 68
Zdarsky, Matthias 13
Zeitliche Preisdifferenzierung 163
Zielgruppen 161
Zielgruppenkonflikte 202
Zoo Schmiding 80
Zötlmuseum 83
Zukunftsstrategie Kulturtourismus Austria 2010+ 217

Literaturverzeichnis

Amt der Kärntner Landesregierung (www.ktn.gv.at): Auszug aus der Homepage (Förderungen), 2010

Amt der Niederösterreichischen Landesregierung (www.noe.gv.at): Auszug aus der Homepage (Software im Tourismus; Kursbuch Tourismus 2010)

Amt der Vorarlberger Landesregierung (www.vorarlberg.gv.at): Auszug aus der Homepage (Vorarlberger Tourismusleitbild 2010+)

Andel, Adolf: Die steirische Eisenstraße, Leoben 1983

Arbeit/Mensch/Maschine. Der Weg in die Industriegesellschaft. Katalog zur oberösterreichischen Landesausstellung 1987, hrsg. v. Kropf, Rudolf, Linz 1987

Asparn/Zaya. Museum für Ur- und Frühgeschichte, hrsg. v. Amt der niederösterreichischen Landesregierung, Wien 1976

Bad Gleichenberg Tourismus (www.bad-gleichenberg.at): Auszug aus der Homepage, 2010

Bauer, Werner T.: Wiener Friedhofsführer, Wien 1991

Baumgartner, Senta; Pruckner, Othmar: Die Gegend hier herum ist herrlich, Wien 1996

Beckel, Lothar; Koren, Johannes: Österreich aus der Luft, Innsbruck 1989

Bodzenta, Erich; Stiglbauer, Karl; Seidel, Hans: Österreich im Wandel, Wien – New York 1984

Brandstätter, Christian; Schaumberger, Hans: Tore – Fenster – Giebel. Bildzeugnisse österreichischer Kultur, Wien 1990

Brauneis, Walter: Die Schlösser im Marchfeld, Wien – St. Pölten 1981

Bruckmüller, Ernst: Sozialgeschichte Österreichs, Wien 1985

Bundesministerium für Unterricht, Kunst und Kultur (www.bmukk.gv.at): Auszug aus der Homepage (Kulturbericht 2008), 2010

Burgenland Tourismus (www.burgenland.info): Auszug aus der Homepage (Mit dem Winzerkönig reisen ...), 2010

Club-Reiseführer Wien, München 1995

Compress VerlagsgesmbH & Co KG (www.wieninternational.at): Auszug aus der Homepage (Messen & Kongresse), 2010

Das Österreichische Umweltzeichen (www.umweltzeichen.at): Auszug aus der Homepage, 2010

Das Wiental und seine Sommerfrischen, Wien 1904

Dawid, Maria; Egg, Erich: Der Österreichische Museumsführer, Innsbruck 1985

Der Standard, 13. Dezember 2002

Die Eroberung der Landschaft: Semmering – Rax – Schneeberg. Katalog der niederösterreichischen Landesausstellung, Schloss Gloggnitz, hrsg. v. der NÖ Landesregierung, Wien 1992

Die O.Ö. Landesillustrierte, Nr. 2/2010

DiePresse.com, 2. Juni 2009, 21. April 2009, 13. Juli 2009, 1. September 2009, 16. Februar 2010

Dreyer, Axel (Hrsg.): Kulturtourismus, Oldenburg Verlag, München Wien 1996.

Falters Reiseführer: Der Wienerwald, Wien 1996

Festspiele Reichenau GmbH (Hrsg.): Festspiele Kunst & Künstler in Reichenau. Die erste Dekade 1988–1998

Freilichtmuseum Bad Tatzmannsdorf, hrsg. v. -Kurbad Tatzmannsdorf AG, Bad Tatzmannsdorf o. J.

Gatermann, Birgit: Kunstführer Wien, Wien 1992

Gästeinformation Bad Tatzmannsdorf (www.bad.tatzmannsdorf.at): Auszug aus der Homepage, 2010

Grieser, Dietmar: Eine Liebe in Wien, St. Pölten – Wien 1989

Gutkas, Karl: Kulturatlas Österreich, St. Pölten 1994

Heindl, Bernhard (Hrsg.): Textil-Landschaft Mühlviertel, Linz 1992

Heindl, Gottfried: Das Salzkammergut und seine Gäste, Edition Atelier, Linz 1993

Heldenplatz. Eine Dokumentation, hrsg. v. Burgtheater, Wien 1989

Heuberger, Valeria: Unter dem Doppeladler. Die Nationalitäten der Habsburger Monarchie, Wien – München 1997

Horowitz, Michael: Helmut Qualtinger, Wien 1987

ICCA – International Congress and Convention Association (www.iccaworld.com): Auszug aus der Homepage, 2010

Innsbruck Tourismus (www.innsbruck.info): Auszug aus der Homepage (Innsbruck Card), 2010

Interessensgemeinschaft Kärnten Card Betriebe (www.kaerntencard.at): Auszug aus der Homepage (Kärnten Card), 2010

Jeunesse – Musikalische Jugend Österreichs (www.jeunesse.at): Auszug aus der Homepage, 2010

Kenyeres, Peter; Jasser, Manfred: Kultur der Kellergasse. Heft 4/5 Schriftenreihe -„Das Weinviertel", Mistelbach 1980

Kinderhotels Europa (www.kinderhotels.com): Auszug aus der Homepage, 2010

Kinderweltmuseum Schloss Walchen. In: Walchener Blätter 2/1986

Kitzbüheler Alpen Marketing GmbH (www.kitzalps.com): Auszug aus der Homepage (Auf den Spuren der Filmstars in den Kitzbüheler Alpen), 2010

Kleine Zeitung GmbH & Co KG (www.kleinezeitung.at), 28. Mai 2009

Knaurs Kulturführer in Farbe. Wien und Umgebung, München 1991

Kos, Wolfgang: Über den Semmering, Kulturgeschichte einer künstlichen Landschaft, Wien 1994

Kramer Dieter: Aus der Region. Für die Region. Konzepte für einen Tourismus mit menschlichem Maß, Wien, o. J.

Kulturlandschaft. Das begehbare Buch Österreichs, Mayer & Comp, AUSTRIA NOSTRA, Wien 1995

Kutschera, Volker: Spielzeugmuseum, Sammlung Folk Salzburg. In: Museum, Braunschweig 1983

KWF Kärntner Wirtschaftsförderungs Fonds (www.kwf.at): Auszug aus der Homepage, 2010

Kyselak, Joseph; Gehmacher, Ernst: Zu Fuß durch Österreich, Wien 1982

Landesgesetzblatt für das Burgenland: Gesetz vom 30. Jänner 1992. Über die Organisation und Förderung des Tourismus im Burgenland (Burgenländisches Tourismusgesetz 1992)

Landesverband Tourismus Vorarlberg: 100 Jahre Landesverband für Tourismus in Vorarlberg 1893–1993, Bregenz 1993

Lichtenberger, Elisabeth: Österreich, Wissenschaftliche Buchgesellschaft Darmstadt 1997

Lungau Information: Lungau Familienurlaub im kleinen Paradies, Sommererlebnis Lungau, Tamsweg 1998

Magistrat der Stadt Wien (www.wien.gv.at): Auszug aus der Homepage (Statistik/Gästeübernachtungen), 2010

Magistrat Linz (www.linz.at): Auszug aus der Homepage (Linz,Card; Linz09), 2010

Matzka, Christian: Beiträge zu Kulturtourismus, Jahresbericht der HBLTW 13

Messe Wien Exhibition & Congress Center (www.messe-congress.at): Auszug aus der Homepage, 2010

Meyers Konversationslexikon 1908

Montafon Tourismus GmbH (www.montfon.at): Auszug aus der Homepage, 2010

Museumsdorf Niedersulz (www.museumsdorf.at): Auszug aus der Homepage, 2010

MuseumsQuartier Wien (www.mqw.at): Auszug aus der Homepage, 2010

Nationalparks Austria (www.nationalparks.or.at): Auszug aus der Homepage, 2010

Neuenfels Heinz: Mein Altaussee. Essay aus der Serie „Daheim & daneben", Schriftsteller über ihre Stadt, Weltwoche vom 29. Oktober 1998

Oberösterreich Tourismus (www.oberoesterreich-tourismus.at): Auszug aus der Homepage (Medical Wellness, Gesundheitsurlaub 2015), 2010

Österreichische Hotel- und Tourismusbank GmbH (www.oeht.at): Auszug aus der Homepage (Finanzierung und Förderung), 2010

Österreich Lexikon in zwei Bänden, Hrsg.: Bamberger Richard und Maria; Bruckmüller Ernst; Gutkas Karl; Wien 1996

Österreich Werbung (www.austria.info/at; www.austriatourism.com): Auszug aus der Homepage (Jahresbericht 2008; Mission und Strategie der Österreich Werbung; Die Marke „Urlaub in Österreich"; Öffentlicher Leistungsauftrag (ÖLA); Marketing nach Maß – Individuelle Dienstleitungen; Tourismus in Zahlen; ÖW Organisation; ÖW Weltweit; Touristische Organisationen [Urlaubsspezialisten Österreich]; Forschungsschwerpunkte [T-MONA]; Wien/Treble Cone, 22. 8. 2008), 2010

Pöttler, Victor Herbert: Österreichisches Freilichtmuseum. Alte Volksarchitektur aus der bäuerlichen Welt von einst. Schriften und Führer des österreichischen Freilichtmuseums Stübing bei Graz, Nr. 3

Radtouren in Österreich (www.radtouren.at): Auszug aus der Homepage, 2010

Reischenböck, Horst Erwin: Salzburg, Gedenkstätten der Musik, hrsg. v. Stadtverein Salzburg, Salzburg 1991

Reiter's Resort Stegersbach (www.stegersbach.at): Auszug aus der Homepage, 2010

Schmidl, Adolph: Wiens Umgebungen auf zwanzig Stunden im Umkreise, achter Band, Wien 1839, Reprint Wien Archiv-Verlag 2002

Schönbrunner Tiergarten GmbH (Hrsg.): Schönbrunner Tiergarten, Wien 1996

Smeral, Egon: Tourismus 2005, Ueberreuter Verlag, Wien 1994

Sommer und Winter in Niederösterreich. Ortslexikon für den Niederösterreichischen Fremdenverkehr. Niederösterreichischer Landesverband, Wien 1933

Statistik Austria (www.statistik.at): Tourismusstatistik vom 09. 04. 2010

Stein Kulturfahrplan 1970

Steirische Tourismusgesellschaft: Symposium Krise oder Strukturbereinigung in der Tourismuswirtschaft, Pichl an der Enns 1996

St. Martins Therme & Lodge (www.stmartins.at): Auszug aus der Homepage, 2010

Strafinger Tourismusmanagement & Reisebüro GmbH (www.schlankundschoen.at): Auszug aus der Homepage („Schlank & Schön in Österreich"), 2010

Tauriska-Magazin: Beilage der Salzburger Nachrichten, hrsg. v. Verein zur Förderung eigener Kultur und Regionalentwicklung in der Region Nationalpark Hohe Tauern, Verlag TAURISKA

Tiscover GmbH (www.tiscover.at): Auszug aus der Homepage, 2010

Tourismuswirtschaft Austria International (www.tai.at): 2009 – Jüngste Entwicklung im Österreich-Tourismus lässt trotzdem Zuversicht zu, 30. Oktober 2009

Tourismusverband Bad Blumau (www.bad-blumau.com): Auszug aus der Homepage, 2010

Tourismusverband Bad Radkersburg (www.badradkersburg.at): Auszug aus der Homepage, 2010

Tourismusverband Bad Waltersdorf (www.badwaltersdorf.com): Auszug aus der Homepage, 2010

Tourismusverband Loipersdorf (www.loipersdorf.at): Auszug aus der Homepage, 2010

tourist austria.

travel express.

Union of International Associations (www.uia.be): International meetings and conferences

Vernissage. Die Zeitschrift zur Ausstellung. Das kaiserliche Hofmobiliendepot, hrsg. v. Burkert, Hans ua, Heidelberg, o. J.

Vienna Convention Bureau, WienTourismus (www2.vienna.convention.at): Auszug aus der Homepage (Wiener Kongress-Statistik), 2010

Vorarlberger Tourismusverband: Destinationsmanagement in Vorarlberg

Waitzbauer, Harald: Erlebnis Nationalpark Hohe Tauern. Kunst- und Kulturführer, Salzburg 1993

Webhotels Pühringer & Simeaner OG (www.webhotels.at, www.thermen.at): Auszug aus der Homepage (Thermen in Oberösterreich), 2010

Weinviertel Tourismus GmbH (www.weinviertel.at): Auszug aus der Homepage (Radtouren/der Rivaner), 2010

Wiener Konzerthaus: Konzerthausnachrichten November 1998, Wien 1998

Wiener Tourismusverband (www.wien-tourismus.at): Auszug aus der Homepage (Statistik & Marktforschung; Marketing), 2010

Wutzel, Otto: Handwerksherrlichkeit. Das Handwerk in Vergangenheit und Gegenwart. Trauner Verlag, Linz 1992

Zippe, Herbert: Bildband zur Geschichte Österreich

Bildnachweis

Seite 8:	Wolfgangsee Tourismus Gesellschaft mbH, 5360 Wolfgangsee; © Donau Niederösterreich Tourismus GmbH/ Christian Bogner, 3620 Spitz/Donau
Seite 9:	Fotolia
Seite 11:	Niederösterreichisches Ortslexikon, Wien 1933, Seite 260; Tourismusverband Bad Ischl, 4820 Bad Ischl; Konrad Rauscher, 5630 Bad Hofgastein
Seite 12:	Über den Semmering, Seite 122; Kaiservilla Besichtigungsbetriebs Ges.m.b.H, 4820 Bad Ischl
Seite 13:	Über den Semmering, Seite 152
Seite 14:	© Österreich Werbung/J. Mallaun, 1040 Wien
Seite 15:	© Österreich Werbung, Bild 1 Fankhauser, Bild 2 Bartl, 1040 Wien; Tourismusverband Bad Waltersdorf, 8271 Bad Waltersdorf
Seite 16:	Salzburger Festspiele, 5020 Salzburg, © Klaus Lefebvre
Seite 17:	Homepage www.tui-deutschland.de
Seite 18:	Tourismusverband Schärding, 4780 Schärding
Seite 19:	OÖ. Werbung GmbH, 4041 Linz; © TV-Linz/Horny; © Österreich Werbung, Bild 1 Bartl, Bild 2 Mallaun, 1040 Wien
Seite 20:	Idylle, das Urlaubsmagazin des Südburgenlandes, Ausgabe 1/2010
Seite 21:	© Österreich Werbung/Wiesenhofer, 1040 Wien
Seite 22:	© Österreich Werbung/Wiesenhofer, 1040 Wien
Seite 23:	Völkertafel, Steiermark, frühes 18. Jahrhundert, © by Kunstverlag Wolfrum, Wien 1
Seite 24:	© OÖ. Werbung GmbH/Himsl (Kinder), 4041 Linz; © OÖ. Tourismus/Erber (Berge); Homepage www.volksblatt.li (Burg)
Seite 25:	Österreichische UNESCO-Kommission, 1010 Wien; © Österreich Werbung/Wiesenhofer, 1040 Wien
Seite 26:	Donau Niederösterreich Tourismus GmbH, 3620 Spitz/Donau
Seite 27:	© Österreich Werbung/Trumler, 1040 Wien; Tore – Fenster – Giebel, Bild Nr. 7; Osttirol Werbung GmbH, 9900 Lienz, © Elisabeth Meirer-Gaggl; Google Maps
Seite 28:	Die Schlösser im Marchfeld, Seite 13
Seite 29:	Kunsthistorisches Museum mit MVK und ÖTM Wissenschaftliche Anstalt öffentlichen Rechts, 1010 Wien; Museum Moderner Kunst Stiftung Ludwig Wien, 1070 Wien; Dr. Peter Diem, 1180 Wien
Seite 30:	Friedhöfe Wien GmbH, 1010 Wien; © Österreich Werbung/Bohnacker, 1040 Wien; Galerie Gut Gasteil, Johannes und Charlotte Seidl, 2640 Prigglitz
Seite 31:	Galerie Gut Gasteil, Johannes und Charlotte Seidl, 2640 Prigglitz; Homepage Wikimedia Commons, © Welleschik; Fotolia
Seite 32:	© Österreich Werbung/Mallaun, 1040 Wien; Die österreichische Romantikstraße, Umschlagfoto, hrsg.v. Arbeitsgemeinschaft „Die österreichische Romantikstraße", 4400 Steyr; MA 29 – Brückenbau und Grundbau, Öffentlichkeitsarbeit, 1160 Wien
Seite 33:	© Österreich Werbung/ Diejun, 1040 Wien; Moriz Jung. Café Heinrichhof. WW-Karte No 486. Aus: „Kaffeehaus ist überall. Ansichtskarten der Wiener Werkstätte", Edition Christian Brandstätter Wien; Café Hawelka, 1010 Wien
Seite 34:	Theatergruppe Altenberg, 4203 Altenberg; Homepage http://austria-lexikon.at, J. A. Stranitzky als Hanswurst; Original Wiener Stegreifbühne vormals Tschauner Betriebsges.m.b.H., 1160 Wien
Seite 35:	Salzburger Festspiele, 5020 Salzburg, © Hermann und Clärchen Baus; Homepage www.w4hoftheater.co.at
Seite 36:	Kurier-Karikatur, 11. Oktober 1988, D. Zehentmayr
Seite 37:	Siegfried Damm, 9020 Klagenfurt; Marktgemeinde Stoob, 7344 Stoob
Seite 38:	WOKA LAMPS VIENNA, 1010 Wien (Logo und Truhe); © Österreich Werbung/Niederstrasser, 1040 Wien; Mag. Wolfgang Kraml, 4020 Linz
Seite 39:	© Österreich Werbung/Wiesenhofer, 1040 Wien
Seite 40:	GaultMillau, 1030 Wien; © Österreich Werbung/Wiesenhofer, 1040 Wien
Seite 41:	Brauerei Schnaitl GmbH & Co KG, 5142 Eggelsberg; Zwölf Apostelkeller, Vindobona Betriebsführung Ges.m.b.H., 1010 Wien
Seite 42:	© Österreich Werbung/Diejun, 1040 Wien; Arnold Schönberg Center, 1030 Wien; Seebühne Mörbisch, 7072 Mörbisch am See
Seite 43:	Terry Linke, Wiener Philharmoniker, 1010 Wien; © Österreich Werbung/Kalmar, 1040 Wien; Homepage www.boesendorfer.com
Seite 44:	© Österreich Werbung/Udo Bernhart, 1040 Wien
Seite 45:	© Helmut Lackinger/ 3390 Melk; © Mag. Florian Schulte, 3500 Krems/Donau
Seite 47:	ARGE Weinstraße Niederösterreich, 3100 St. Pölten, © Wolfgang Simlinger
Seite 48:	Homepage www.unileoben.ac.at; Die steirische Eisenstraße, vordere innere Umschlagklappe (der Sackzieher; Orte und Objekte)
Seite 49:	Museum alte Textilfabrik, 3970 Weitra; Stadtmuseum Waidhofen an der Thaya, 3830 Waidhofen an der Thaya, © Andreas Biedermann; Homepage www.papiermuehle.at
Seite 50:	Webfabrik Haslach, 4170 Haslach
Seite 51:	© Österreich Werbung, Bild 1 Markowitsch, Bild 2 Jezierzanski, 1040 Wien; Verband „Die Schlösserstrasse", 8223 Stubenberg am See

Bildnachweis

Seite 52:	Verband „Die Schlösserstrasse", 8223 Stubenberg am See (Karte); © Österreich Werbung/Herzberger, 1040 Wien; Schloss Herberstein OHG, 8222 St. Johann bei Herberstein
Seite 53:	Hotel Seevilla, Maislinger-Gulewicz GmbH & Co KG, 8992 Altaussee; Anton Bruckner Centrum, 4052 Ansfelden
Seite 54:	Tourismusverband Peter Roseggers Waldheimat, 8670 Krieglach
Seite 55:	Kunst & Kultur Seminarhotel Geras GmbH & Co KG, 2093 Geras
Seite 56:	Mag. Wolfgang Kraml, 4020 Linz
Seite 57:	Stefan Zoltan, 9073 Klagenfurt-Viktring; Gemeinde Diex, 9103 Diex; Stadtgemeinde St. Veit an der Glan, 9300 Sankt Veit an der Glan
Seite 58:	Brauerei Hofstetten, 4113 St. Martin
Seite 59:	Brauerei Hofstetten, 4113 St. Martin (Logo und Merchandisingartikel); Stift Schlägl, 4160 Schlägl; Schlossbrauerei Weinberg, 4292 Kefermarkt; Braucommune in Freistadt, 4240 Freistadt; Bierbuschenschank Eder-Bräu, 4292 Kefermarkt; Thor Bräu, 4100 Ottensheim; BRETTNER brauerei und Bier-Seminare, 2641 Schottwien
Seite 60:	© Österreich Werbung, Bild 1 Diejun, Bild 2 Trumler, 1040 Wien
Seite 61:	Marchfeldschlösser Revitalisierungs- und Betriebsges.m.b.H., 2294 Schlosshof; Himbeere PR & Events, 1150 Wien
Seite 62:	Himbeere PR & Events, 1150 Wien
Seite 63:	© Österreich Werbung/Popp G., 1040 Wien
Seite 64:	© Österreich Werbung/Diejun, 1040 Wien
Seite 65:	© Österreich Werbung, Bild 1und 3 Popp G., Bild 2 Diejun, 1040 Wien
Seite 66:	© Österreich Werbung, Bild 1und 2 Graner H.P., Bild 3 Jezierzanski, 1040 Wien
Seite 67:	Club 760 – Verein der Freunde der Murtalbahn, 8850 Murau
Seite 68:	© OÖ. Werbung GmbH/Himsl, 4041 Linz
Seite 69:	Eisenbahnmuseum Strasshof, 2231 Strasshof an der Nordbahn, © J. Sturm
Seite 70:	Homepage www.landesausstellung.com
Seite 72:	Arbeit/Mensch/Maschine, Katalog zur Ausstellung, vordere Umschlagseite
Seite 74:	Schloss Schönbrunn Kultur- und Betriebsges.m.b.H/Lois Lammerhuber, 1130 Wien; Elli Riehl Puppenwelt, 9541 Einöde
Seite 75:	Tourismus-Information Eggenburg, 3730 Eggenburg, © Rita Newman
Seite 76:	Stiftung Österreichisches Freilichtmuseum, 8114 Stübing
Seite 77:	GesundheitsRessort Bad Tatzmannsdorf, 7431 Bad Tatzmannsdorf
Seite 78:	Schönbrunner Tiergarten GmbH, 1130 Wien
Seite 79:	Schönbrunner Tiergarten GmbH, 1130 Wien; Steirischer Landestiergarten GmbH, 8223 Stubenberg am See; Homepage www.eaza.net
Seite 80:	Alpenzoo, 6020 Innsbruck; Homepage www.zooschmiding.at
Seite 81:	Zeller Tresterer, 5700 Zell am See
Seite 82:	Zeller Tresterer, 5700 Zell am See, © Hermann Schmiderer; Tourismusverband Rauris, 5661 Rauris; Josef Pirchner, 5660 Taxenbach; Homepage www.meinsalzburg.com
Seite 83:	Joseph Koó, 7453 Steinberg
Seite 84:	Homepage www.passio.at; Homepage www.wuerfelspiel.at
Seite 85:	Festspiele Reichenau, 2651 Reichenau/Rax; Salzburger Festspiele, 5020 Salzburg, © Clärchen Baus-Mattar & Matthias Baus
Seite 86:	Salzburger Festspiele, 5020 Salzburg, © Clemens Kois; © Bregenzer Festspiele GmbH/Karl Forster, 6900 Bregenz
Seite 87:	Steirische Kulturveranstaltungen GmbH, 8010 Graz; OÖ. Werbung GmbH, 4041 Linz, ©TV Linz/S'P'S; Kabarett Simpl, 1010 Wien
Seite 88:	Künstlerhaus k/haus, 1010 Wien; Fotolia
Seite 89:	Kinderwelt Schloss Walchen, 4870 Vöcklamarkt; Homepage www.teddybear.org; Spielzeug Museum, Bürgerspital, 5020 Salzburg
Seite 90:	Theater der Jugend, 1070 Wien; Marionettentheater Schloss Schönbrunn, 1130 Wien; Jeunesse – Musikalische Jugend Österreichs, 1030 Wien
Seite 91:	© Österreich Werbung/Wiesenhofer, 1040 Wien
Seite 92:	Homepage Wikimedia Commons, © Andrew Bossi; © Österreich Werbung/Bartl, 1040 Wien
Seite 93:	Fotolia; Burgtheater, 1010 Wien, © Georg Soulek; Landestheater Niederösterreich, 3100 St. Pölten, © Gerald Lechner; Grazer Spielstätten GmbH, 8020 Graz
Seite 94:	Terry Linke, Wiener Philharmoniker, 1010 Wien; Wiener Symphoniker, 1060 Wien
Seite 95:	© Österreich Werbung/Viennaslide, 1040 Wien; Homepage http://konzerthaus.at; Innsbrucker Festwochen der Alten Musik GmbH, 6020 Innsbruck
Seite 96:	© OÖ. Werbung GmbH/Weissenbrunner, 4041 Linz; Bildband zur Geschichte Österreichs, Seite 146
Seite 97:	© Österreich Werbung/Popp G., 1040 Wien
Seite 98:	Homepage www.hofburg.com; Homepage www.acv.at; Homepage www.mcg.at
Seite 99:	Homepage www.messezentrum-salzburg.at; Homepage www.kaerntnermessen.at; Homepage www.messecongress.at
Seite 100:	Homepage www.messecongress.at
Seite 101:	© Österreich Werbung/Fankhauser 1040 Wien
Seite 103:	Homepage www.ischgl.com; Homepage www.mcg.at; Narzissenfest, 8990 Bad Aussee;

Bildnachweis

Oberösterreich Werbung GmbH, 4041 Linz,
© rubra;
© Österreich Werbung/Diejun, 1040 Wien;
Homepage www.kuerbisfest.at
Seite 104: Homepage www.pflasterspektakel.at
Seite 105: Homepage www.eventwerkstatt.at
Seite 106: Fotolia
Seite 108: Homepage www.ischgl.com
Seite 109: Homepage http://konzerthaus.at
Seite 110: Homepage www.amazon.at;
Andy Warhol, Mercedes-Benz 300 SL Coupé, 1954, Siebdruck, Acryl auf Leinwand | silkscreen, acrylic on canvas, 1986, Daimler Kunst Sammlung | Daimler Art Collection Stuttgart/Berlin ©The Andy Warhol Foundation for the Visual, Arts.Inc./VBK, Wien 2010
Seite 111: © Österreich Werbung/Diejun, 1040 Wien
Seite 112: Technisches Museum Wien, 1140 Wien;
MuseumsQuartier Wien Errichtungs- u. BetriebsgesmbH, 1070 Wien
Seite 113: MuseumsQuartier Wien Errichtungs- u. BetriebsgesmbH, 1070 Wien, © Lisi Specht
Seite 114: © Österreich Werbung/Himsl, 1040 Wien
Seite 115: Salzkammergut Tourismus-Marketing GmbH, 4820 Bad Ischl;
Verband Blaufränkisch Mittelburgenland, 7311 Neckenmarkt;
Ferienregion Lungau, 5582 St. Michael;
Steirisches Thermenland, 8263 Großwilfersdorf;
AlpenSZENE Montafon – Montafon Tourismus GmbH, 6780 Schruns;
© OÖ. Werbung GmbH/Stankiewicz, 4041 Linz
Seite 116: Traunsee Touristik GmbH Nfg. & Co KG, 4810 Gmunden;
© OÖ. Tourismus/Weissenbrunner, 4041 Linz
Seite 117: © OÖ. Werbung GmbH, 4041 Linz
Seite 118: © OÖ. Werbung GmbH/Höfer, 4041 Linz
Seite 119: © Radtouren in Österreich, 4041 Linz
© OÖ. Werbung GmbH, Bild 1 Weissenbrunner, Bild 2 Heilinger, 4041 Linz;
Tourismusbüro Ebensee, 4802 Ebensee/Traunsee;
© Fotoclub Ebensee
Seite 120: Tourismusverband Bad Ischl, 4820 Bad Ischl;
© OÖ. Tourismus/Weissenbrunner, 4041 Linz;
OÖ. Werbung GmbH, 4041 Linz, ©Toscana Congress Gmunden;
© OÖ. Tourismus/Wiesenhofer, 4041 Linz
Seite 121: © OÖ. Werbung GmbH/EOS-Enzlmüller, 4041 Linz
Seite 122: Homepage http://de.academic.ru;
© Erich Kodym, 2680 Semmering
Seite 123: Über den Semmering, Seite 144;
Oesterreichische Alpenvereinsjugend, 6020 Innsbruck
Seite 124: Die Eroberung der Landschaft, Seite 299;
Homepage www.semmeringbahn.at
Seite 125: Homepage www.weinstrasse.co.at (Karte);
Weinviertel Tourismus GmbH, 2170 Poysdorf;
© Österreich Werbung/Diejun, 1040 Wien
Seite 126: © Österreich Werbung/Bohnacker, 1040 Wien
Seite 127: Weinviertel Tourismus GmbH, 2170 Poysdorf;
© Österreich Werbung/Mayer, 1040 Wien

Seite 128: © Österreich Werbung/Wiesenhofer, 1040 Wien;
ARGE Weinstraße Niederösterreich, 3100 St. Pölten, © Christian Fischer
Seite 129: ARGE Weinstraße Niederösterreich, 3100 St. Pölten
© Martkgemeinde Falkenstein, Rudi Weiss (Bild Mitte);
ARGE Weinstraße Niederösterreich, 3100 St. Pölten, © Barbara Krobath (Bild 1 Randspalte, Kellergasse Jetzelsdorf);
© Österreich Werbung/Diejun, 1040 Wien
Seite 130: © Österreich Werbung/Trumler, 1040 Wien;
Homepage www.urgeschichte.at
Seite 131: Weinviertler Museumsdorf Niedersulz Errichtungs- und Betriebs GmbH, 2224 Niedersulz;
StadtGemeinde Mistelbach, 2130 Mistelbach
Seite 132: Homepage www.felsenbuehne-staatz.at, © Harald Schillhammer;
Museum Himmelkeller, 2123 Kronberg
Seite 133: Homepage http://de.academic.ru (Karte);
Tourismusverband Blaufränkisch Mittelburgenland, 7361 Lutzmannsburg, © Tom Lamm
Seite 134: Tourismusverband Blaufränkisch Mittelburgenland, 7361 Lutzmannsburg, © Tom Lamm;
Sonnentherme BetriebsgesmbH, 7361 Lutzmannsburg
Seite 135: Tourismusverband Blaufränkisch Mittelburgenland, 7361 Lutzmannsburg, © Tom Lamm;
Homepage www.kobersdorf.at;
Homepage www.kammermusikfest.at
Seite 136: Homepage www.kammermusikfest.at;
Tourismusverband Blaufränkisch Mittelburgenland, 7361 Lutzmannsburg (Franz-Liszt-Zentrum Raiding), © Ulrich Schwarz;
KUGA, 7304 Großwarasdorf;
Marktgemeinde Neckenmarkt, 7311 Neckenmarkt
Seite 137: Gemeinde Piringsdorf, 7371 Piringsdorf;
Joseph Koó, 7453 Steinberg;
Tourismusverband Blaufränkisch Mittelburgenland, 7361 Lutzmannsburg, © Tom Lamm
Seite 138: Archiv Burg Riegersburg, 8333 Riegersburg;
Thermalquelle Loipersdorf Gesellschaft m.b.H. & Co KG, 8282 Loipersdorf
Seite 139: Rogner Bad Blumau, 8283 Bad Blumau;
© Reiter's Resort Stegersbach GmbH, 7551 Stegersbach
Seite 140: Bad Gleichenberg Tourismus, 8343 Bad Gleichenberg;
Tourismusverband Bad Radkersburg & Radkersburg Umgebung, 8490 Bad Radkersburg
Seite 141: Tourismusverband Bad Waltersdorf, 8271 Bad Waltersdorf;
© Österreich Werbung/H.Wiesenhofer, 1040 Wien;
Verein Regionalmarketing für Bad Tatzmannsdorf, 7431 Bad Tatzmannsdorf
Seite 142: Verein Regionalmarketing für Bad Tatzmannsdorf, 7431 Bad Tatzmannsdorf;
Therme Seewinkel Betriebsgesellschaft m.b.H., 7132 Frauenkirchen
Seite 143: Homepage www.schloesserstrasse.com;
Tourismusverband Bad Waltersdorf, 8271 Bad Waltersdorf, © Josef Lederer

Bildnachweis

Seite 144: Bergbahnen Lungau GmbH & CoKG, 5570 Mauterndorf 416;
Seite 144: Club 760 – Verein der Freunde der Murtalbahn, 8850 Murau
Seite 145: Tarifverbund Lungau-Katschberg-Obertauern, 5562 Obertauern;
Katschbergbahnen GmbH, 9863 Katschberg;
TVB Thomatal;
Wolfgang Hojna-Leidof, 5582 St. Michael;
Ferienregion Lungau, 5582 St. Michael
Seite 146: © T. Wilczeck;
TVB Ramingstein
Seite 147: Bad Kleinkirchheimer Tourismus Marketing GmbH, 9546 Bad Kleinkirchheim
Seite 148: Bad Kleinkirchheimer Tourismus Marketing GmbH, 9546 Bad Kleinkirchheim;
Marktgemeinde Weitensfeld im Gurktal, 9344 Weitensfeld
Seite 149: Bad Kleinkirchheimer Tourismus Marketing GmbH, 9546 Bad Kleinkirchheim;
Mag. Wolfgang Kraml, 4020 Linz
Seite 150: © Silvretta Montafon Bergbahnen AG; 6791 St. Gallenkirch (Karte);
AlpenSZENE Montafon – Montafon Tourismus GmbH, 6780 Schruns
Seite 151: AlpenSZENE Montafon – Montafon Tourismus GmbH, 6780 Schruns (Gargellen, Gaschurn, Wanderin/Wanderer);
Homepage www.vorarlberg.travel;
Homepage www.mountainbeach.at
Seite 152: AlpenSZENE Montafon – Montafon Tourismus GmbH, 6780 Schruns;
Freilichtbühne Silbertal, 6780 Silbertal
Seite 153: AlpenSZENE Montafon – Montafon Tourismus GmbH, 6780 Schruns;
Kunstforum Montafon, 6780 Schruns;
Vorarlberg Tourismus GmbH, 6850 Dornbirn;
© Christa Branz
Seite 154: © Österreich Werbung, 1040 Wien
Seite 155: Homepage www.sonnenland.at
Seite 156: © Österreich Werbung, 1040 Wien;
Innsbruck Tourismus, 6021 Innsbruck
Seite 157: © Österreich Werbung/ Rogner Bad Blumau, 1040 Wien;
© Österreich Werbung, 1040 Wien
Seite 158: © Österreich Werbung, 1040 Wien
Seite 159: Homepage www.salzburg.info
Seite 162: Homepage www.musicalvienna.at
Seite 163: Homepage www.erstplatzboerse.com
Seite 165: Homepage www.naturidyll.com
Seite 166: Homepage www.naturidyll.com;
© Österreich Werbung/Wiesenhofer, 1040 Wien
Seite 171: Homepage www.austria.info;
Homepage www.tiscover.com
Seite 172: Homepage www.tirolwerbung.at
Seite 173: Homepage www.kitzalps.com/© Archiv: Kitzbühel Tourismus;
© Österreich Werbung, 1040 Wien
Ferienregion Traunsee – Salzkammergut, 4810 Gmunden

Seite 174: Kitzbüheler Alpen Marketing GmbH, 6370 Kitzbühel;
© SOKO Kitzbühel, beoFilm Bernd Schuller
Seite 175: Planai-Hochwurzen-Bahnen GmbH, 8970 Schladming;
Niederösterreich-Werbung GmbH, 3100 St. Pölten
Seite 176: Tourismusverband Linz, 4020 Linz;
Homepage www.innsbruckphoto.at
Seite 177: Interessensgemeinschaft Kärnten Card Betriebe, 9020 Klagenfurt;
Gastlichkeit & Co - Weiterbildungs- und Betriebsberatungsges.m.b.H., 4060 Leonding
Seite 178: Homepage www.boeg.at
Seite 179: © Österreich Werbung/Viennaslide, 1040 Wien
Seite 180: Tourismusverband Schärding, 4780 Schärding
Seite 181: Homepage www.linz09.at;
Vienna Sightseeing Tours, 1040 Wien;
Verein Wiener Spaziergänge, 1010 Wien
Seite 182: © Österreich Werbung/Trumler, 1040 Wien
Seite 183: © Österreich Werbung/Diejun, 1040 Wien
Seite 184: Wiener Kongresszentrum Hofburg Betriebsges.m.b.H., 1014 Wien
Seite 185: Homepage www.thermenland-urlaub.at
Seite 186: TBG Thermenzentrum Geinberg BetriebsgmbH, 4943 Geinberg
Seite 187: EurothermenResorts, 4701 Bad Schallerbach;
schlank und schön in österreich, 9523 Landskron
Seite 188: Homepage www.kinderhotels.com;
Gasteiner Heilstollen, 5645 Böckstein;
Babyhotel Trebesingerhof Neuschitzer Gmbh & CoKg, 9852 Trebesing
Seite 191: Homepage www3.daserste.de, © dpa Deutsche Presse-Agentur GmbH, 20148 Hamburg
Seite 192: © OÖ. Werbung GmbH/Heilinger, 4041 Linz;
© OÖ. Tourismus/Weissenbrunner, 4041 Linz
Seite 193: Donau Niederösterreich Tourismus GmbH, 3620 Spitz/Donau, © Steve Haider;
ÖBB-Personenverkehr AG, 4020 Linz
Seite 194: © Österreich Werbung/Bartl, 1040 Wien
Seite 195: © Österreich Werbung/Trumler, 1040 Wien;
Tourismus Salzburg GmbH, 5020 Salzburg;
© OÖ. Werbung GmbH/Bohnacker, 4041 Linz;
© TV Linz/Röbl, 4020 Linz;
Ars Electronica Linz GmbH, 4040 Linz
Seite 196: Homepage www.pflasterspektakel.at, © Stadt Linz;
OÖ Werbung GmbH, 4041 Linz, ©Kutzler/Wimmer;
Homepage www.linz09.at
Seite 197: © Design Center Linz, 4020 Linz;
© Österreich Werbung/Himsl L., 1040 Wien
Seite 198: © Österreich Werbung, Bild 1 Himsl L., Bild 2 Sochor, 1040 Wien
Seite 199: © Österreich Werbung/J. Mallaun, 1040 Wien
Seite 200: Homepage www.hauser-exkursionen.de
Seite 201: © Österreich Werbung, Bild 1 Diejun, Bild 2 Fankhauser, 1040 Wien;
Donau Niederösterreich Tourismus GmbH, 3620 Spitz/Donau, © Rudi Weiss
Seite 202: © Österreich Werbung, Bild 1 Himsl L., Bild 2 Wiesenhofer, 1040 Wien
Seite 203: Homepage www.naturidyll.com
Seite 204: Homepage www.moorheilbad-harbach.at

Bildnachweis

Seite 205: Tourismusverband Werfenweng, 5453 Werfenweng; Ferienregion Lungau, 5582 St. Michael
Seite 206: GaST Gemeinschaft autofreier Schweizer Tourismusorte; © Österreich Werbung/OEW-Bildarchiv, 1040 Wien
Seite 208: Homepage www.magnaracino.at
Seite 209: © Österreich Werbung/Diejun, 1040 Wien; Homepage www.minopolis.at; Die Käsemacher Käseproduktions- und VertriebsgmbH, 3830 Waidhofen/Thaya; Swarovski Kristallwelten, 6112 Wattens, © A. Jasiutyn
Seite 210: Homepage www.salzwelten.at; Homepage www.styrassicpark.at
Seite 211: Homepage www.zotter.at; Homepage www.eisenstrasse.info; Homepage www.carnuntum.co.at; © Österreich Werbung/Diejun, 1040 Wien
Seite 213: © Österreich Werbung/Diejun, 1040 Wien
Seite 215: Bundesministerium für Land- und Forstwirtschaft, Umwelt und Wasserwirtschaft, 1012 Wien; Homepage www.bmvit.gv.at; Bundesministerium für Finanzen, 1030 Wien; Bundesministerium für Gesundheit, 1030 Wien; Bundesministerium für Wirtschaft, Familie und Jugend, 1011 Wien; Bundesministerium für Unterricht, Kunst und Kultur, 1014 Wien
Seite 219: Wirtschaftskammer Österreich, 1045 Wien
Seite 220: Homepage www.burgenland.info
Seite 221: Homepage www.vorarlberg.gv.at; Homepage www.noe.gv.at
Seite 222: © Donau Niederösterreich Tourismus GmbH, Bild 1 Steve Haider, Bild 2 Tom Lamm, 3620 Spitz/Donau; Bad Kleinkirchheimer Tourismus Marketing GmbH, 9546 Bad Kleinkirchheim
Seite 223: Seilbahn Komperdell GmbH, 6534 Serfaus
Seite 224: Österreichische Hoteliervereinigung, 1010 Wien; Homepage www.kleinwalsertal.com
Seite 225: Homepage www.neusiedlersee.com
Seite 228: Homepage www.oeht.at
Seite 229: Homepage www.vavoe.at

Danksagung

Besonders bedanken möchten wir uns bei folgenden Tourismusverbänden, Firmen, Vereinen und ihren engagierten Mitarbeiterinnen/Mitarbeitern sowie bei zahlreichen Privatpersonen, die durch ihre Fachbeiträge bei der Entstehung dieses Buches geholfen haben:

Ferienregion Lungau, 5582 St. Michael; Frau Johanna Draxl, Frau Sibylle Kollmann

STAMA Veranstaltungs- und Stadtmarketing GesmbH, 9300 Sankt Veit an der Glan; Frau Silke Perdacher-Kleber

Sonnentherme BetriebsgesmbH, 7361 Lutzmannsburg; Herrn Hans Peter Filz

Tourismusverband Blaufränkisch Mittelburgenland, 7361 Lutzmannsburg; Frau Silvia Kovacs, Frau Mag. (FH) Michaela Tesch

Regionalentwicklung kärnten:mitte, 9300 St. Veit/Glan; Dr. Gabriele Meßner-Mitteregger, Frau Annemarie Bodner

Himbeere PR & Events, 1150 Wien; Herrn Mario Stoiber

Gemeinde Diex, 9103 Diex; Frau Margarethe Primusch

Steirisches Thermenland, 8263 Großwilfersdorf; Frau Barbara Thaler

Bergbahnen Lungau GmbH & CoKG, 5570 Mauterndorf; Frau Karin Bayer

Wolfgangsee Tourismus Gesellschaft mbH, 5360 Wolfgangsee; Herrn Hans Wieser

Tourismusverband Peter Roseggers Waldheimat, 8670 Krieglach; Frau Kerstin Flieser

Tourismusverband Bad Ischl, 4820 Bad Ischl; Frau Elisabeth Riener, Herrn Siegfried Lemmerer

Tourismusmanagement Burgruine Aggstein, 3392 Schönbühel; Frau Christine Jäger

Österreich Werbung, 1040 Wien; Herrn Michael Wieland, Frau Mag. (FH) Manuela Mödlhammer

Burgtheater Pressebüro, 1010 Wien; Frau Mag. Angelika Loidolt

Tourismusverband Schärding, 4780 Schärding; Frau Sandra Kobleder

Kunsthistorisches Museum mit MVK und ÖTM Wissenschaftliche Anstalt öffentlichen Rechts, 1010 Wien; Frau Edyta Kostecka

MA 29 – Brückenbau und Grundbau, Öffentlichkeitsarbeit, 1160 Wien; Herrn Ing. Mag. Kurt Wurscher

Club 760 – Verein der Freunde der Murtalbahn, 8850 Murau; Herrn Wolfgang Hojna-Leidolf

Kaiservilla Besichtigungsbetriebs Ges.m.b.H, 4820 Bad Ischl

Wiener Philharmoniker, 1010 Wien; Frau Terry Linke

Kur- und Tourismusverband Bad Gastein, 5640 Bad Gastein; Frau Christine Bergant

Compress VerlagsgesmbH & Co KG, 1080 Wien; Frau Mag. Elisabeth Hundstorfer-Riedler

Golf- und Thermenresort Stegersbach GmbH, 7551 Stegersbach

Arnold Schönberg Center, 1030 Wien; Frau Eike Fess

Brauerei Schnaitl GmbH & Co KG, 5142 Eggelsberg; Frau Sabrina Russinger

Marktgemeinde Stoob, 7344 Stoob; Frau E. Hrabec, Herrn Krug Jochen

Bad Gleichenberg Tourismus, 8343 Bad Gleichenberg; Frau Mag. Monika Hödl

NÖ Festival-Ges.m.b.H, 3500 Krems/Donau; Herrn Mag. Florian Schulte

Thermalquelle Loipersdorf Gesellschaft m.b.H. & Co KG, 8282 Loipersdorf; Frau Mag. (FH) Tanja Stolz

Therme Seewinkel Betriebsgesellschaft m.b.H., 7132 Frauenkirchen; Herrn Markus Pfeffer, Herrn Harald Dirnbacher

Schloß Schönbrunn Kultur- und Betriebsges.m.b.H., 1130 Wien; Frau Mag. Michaela Gold

OÖ. Werbung GmbH, 4041 Linz; Herrn Günther Höfer

Schönbrunner Tiergarten GmbH, 1130 Wien; Herrn Patrick Quatember

Alpenzoo, 6020 Innsbruck; Frau Christa Eberle

ARGE Weinstraße Niederösterreich, 3100 St. Pölten, Frau Andrea Zehetner

Österreichische UNESCO-Kommission, 1010 Wien; Frau Dr. Mona Mairitsch

Schloss Herberstein OHG, 8222 St. Johann bei Herberstein; Frau Monika Erlacher

Steirischer Landestiergarten GmbH, 8223 Stubenberg am See; Frau Michaela Frewein, Frau Christa Buchberger

Herrn Stefan Zoltan, 9073 Klagenfurt-Viktring

Elli Riehl Puppenwelt, 9541 Einöde; Frau Elfriede Berger

Stadtmuseum Waidhofen an der Thaya, 3830 Waidhofen an der Thaya; Frau Mag. Sandra Sam

Tourismusverband Bad Waltersdorf, 8271 Bad Waltersdorf; Frau Karin Lang; Frau Marlies Fiedler

Herrn Dr. Peter Diem, 1180 Wien

Stiftung Österreichisches Freilichtmuseum, 8114 Stübing; Herrn Mag. Egbert Pöttler

Tourismusverband Bad Blumau, 8283 Bad Blumau; Frau Sonja Brünner

Tourismusverband Riegersburg, 8333 Riegersburg; Frau Agnes Zotter

Stift Schlägl, 4160 Schlägl

Friedhöfe Wien GmbH, 1010 Wien; Frau Andrea Rauscher

Museum Moderner Kunst Stiftung Ludwig, 1070 Wien; Frau Mag. Michaela Zach

Galerie Gut Gasteil, 2640 Prigglitz; Frau Charlotte Seidl

GaultMillau, 1030 Wien; Herrn Paul Golger

Eisenbahnmuseum Strasshof, 2231 Strasshof an der Nordbahn

Tourismusverband Rauris, 5661 Rauris; Frau Dr. Marina Breycha

Salzburger Festspiele, 5020 Salzburg; Frau Johanna Leiner

Spielzeug Museum, Bürgerspital, 5020 Salzburg; Frau Mag. Tanja Petritsch

Bregenzer Festspiele, 6900 Bregenz; Frau Barbara Hingsamer

Marionettentheater Schloss Schönbrunn, 1130 Wien; Frau Christine Hierzer

Schlossbrauerei Weinberg, 4292 Kefermarkt; Frau Waltraud Leitner

Steirische Kulturveranstaltungen GmbH, 8010 Graz; Frau Claudia Tschida

Kabarett Simpl, 1010 Wien; Herrn Richard Kitzmüller

Theater der Jugend, 1070 Wien; Frau Mag. Barbara Dallheimer, Herrn Mag. Matthias Göttfert

Theatergruppe Altenberg, 4203 Altenberg; Herrn Ing. Peter Schaumberger

Grazer Spielstätten GmbH, 8020 Graz; Herrn Christoph Thoma

Künstlerhaus k/haus, 1010 Wien; Frau Mag. Nadine Wille

Landestheater Niederösterreich, 3100 St. Pölten; Herrn Mag. Rupert Klima

Jeunesse – Musikalische Jugend Österreichs, 1030 Wien; Frau Mag. Iris Blumauer

Innsbrucker Festwochen der Alten Musik GmbH, 6020 Innsbruck; Frau Mag. (FH) Christina Niederwanger

Austria Center Vienna IAKW – AG, 1220 Wien

Messe Congress Graz Betriebsgesellschaft m.b.H., 8010 Graz

Messezentrum Salzburg GmbH, 5020 Salzburg

Klagenfurter Messe, 9021 Klagenfurt

Messe Wien Exhibition & Congress Center, Reed Messe Wien GmbH, 1021 Wien

Schloss-Spiele Kobersdorf, 7000 Eisenstadt

Kinderwelt Schloss Walchen, 4870 Vöcklamarkt; Frau Franca Levassor

Herrn Joseph Koó, Frau Miriam Schwack, 7453 Steinberg

KUGA, 7304 Großwarasdorf; Frau Mag. Gesa Buzanich

Brauerei Hofstetten, 4113 St. Martin; Herrn Peter Krammer

Braucommune in Freistadt, 4240 Freistadt; Frau Bettina Mairwöger

BRETTNER brauerei und Bier-Seminare, 2641 Schottwien; Frau Christine Doppelreiter-Brettner

Kunst & Kultur Seminarhotel Geras GmbH & Co KG, 2093 Geras; Frau Christina Stumvoll, Herrn Helmuth Lackinger

Stadtgemeinde Grieskirchen, 4710 Grieskirchen; Herrn Walter Zauner

Passionsspiele St. Margarethen, 7062 St. Margarethen

Marktgemeinde Neckenmarkt, 7311 Neckenmarkt; Herrn Ewald Handler

Gesellschaft der Musikfreunde in Wien, 1010 Wien; Herrn Thomas Mittermayer

Gemeinde Piringsdorf, 7371 Piringsdorf; Herrn Michael Wolfgeher

Tourismusverband Bad Radkersburg & Radkersburg Umgebung, 8490 Bad Radkersburg; Frau Dorli Weberitsch

Marktgemeinde Wullersdorf, 2041 Wullersdorf; Herrn Josef Thürr

Festspiele Reichenau, 2651 Reichenau/Rax; Frau Ilona Pinkel-Kovacsics

Museum alte Textilfabrik, 3970 Weitra; Frau Ilona Zeman

GesundheitsRessort Bad Tatzmannsdorf, 7431 Bad Tatzmannsdorf; Herrn Bernhard J. Kager

Tourismusverband Paznaun – Ischgl, 6561 Ischgl; Herrn Josef Kurz

Narzissenfest, 8990 Bad Aussee; Frau Bernadette Barth

Museum Himmelkeller, 2123 Kronberg; Herrn Hannes Bauch

Zeller Tresterer, 5700 Zell am See; Herrn Christian Posch

MuseumsQuartier Wien Errichtungs- u. BetriebsgesmbH, 1070 Wien; Frau Mag. Irene Preißler, Frau Anita Kasper

WOKA LAMPS VIENNA, 1010 Wien; Herrn Wolfgang Karolinsky

Salzkammergut Tourismus-Marketing GmbH, 4820 Bad Ischl; Frau Mag. Regina Scheutz

Tourismusbüro Ebensee, 4802 Ebensee am Traunsee; Herrn Gerhard Spengler

Oesterreichische Alpenvereinsjugend, 6020 Innsbruck; Frau Hanna Moser

Verband Blaufränkisch Mittelburgenland, 7311 Neckenmarkt; Frau Heidi Artner

Urgeschichtemuseum Niederösterreich, 2151 Asparn/Zaya; Frau MMag. Renate Heger

Herrn Erich Kodym, 2680 Semmering

Bad Kleinkirchheimer Tourismus Marketing GmbH, 9546 Bad Kleinkirchheim; Frau Brigitte Nagl

Albertina, 1010 Wien; Frau Anja Priewe

Marktgemeinde Weitensfeld im Gurktal, 9344 Weitensfeld; Frau Michelle Wintschnig

Oberösterreich Tourismus, 4041 Linz; Herrn Mag. Philipp Ausserweger

Weinviertler Museumsdorf Niedersulz Errichtungs- und Betriebs GmbH, 2224 Niedersulz; Frau Mag. Irene Prohaska

Herrn Konrad Rauscher, 5630 Bad Hofgastein

Weinviertel Tourismus GmbH, 2170 Poysdorf

Danksagung

Technisches Museum Wien, 1140 Wien; Frau Mag. Barbara Hafok

Herrn Siegfried Damm, 9020 Klagenfurt

Bierbuschenschank Eder-Bräu, 4292 Kefermarkt; Frau Margit Ehrensperger

Thor Bräu, 4100 Ottensheim; Herrn Ingomar Laska

Verband „Die Schlösserstrasse", 8223 Stubenberg am See; Herrn Obmann Dr. Karl Vetter von der Lilie, Frau Manuela Gruber

Kunstforum Montafon, 6780 Schruns; Herrn Peter Düngler

Vorarlberg Tourismus GmbH, 6850 Dornbirn; Frau Miriam Berkmann

Freilichtbühne Silbertal, 6780 Silbertal; Herrn Ewald Netzer, Herrn Peter Netzer

Strafinger Tourismusmanagement und Reisebüro GmbH, 9523 Landskron/Villach; Frau Gertrude Ortner

Innsbruck Tourismus, 6021 Innsbruck; Frau Mag. Catrin Haas

Interessensgemeinschaft Kärnten Card Betriebe, 9020 Klagenfurt; Frau Birgit Lauritz

Niederösterreich-Werbung GmbH, 3100 St. Pölten; Herrn Stefan Grubhofer

OÖ Thermenholding GmbH, 4701 Bad Schallerbach; Frau Doris Bachmann

Steirische Tourismus GmbH, 8042 Graz; Frau Nicole Heiling, Frau Mag. Margot Bachbauer

Tourismusverband Linz, 4020 Linz; Frau Carina Auinger

Gasteiner Heilstollen, 5645 Böckstein; Frau Eva Lenz

Planai-Hochwurzen-Bahnen GmbH, 8970 Schladming; Frau Mag. Christine Witting

Ferienregion Traunsee – Salzkammergut, 4810 Gmunden; Herrn Tourismusdirektor Andreas Murray

Kitzbüheler Alpen Marketing GmbH, 6370 Kitzbühel; Frau Katharina Szücs

Kitzbühel Tourismus, 6370 Kitzbühel; Herrn Mag. Stefan Pühringer, Herrn Peter Perktold

Babyhotel Trebesingerhof Neuschitzer Gmbh & CoKg, 9852 Trebesing; Herrn Siggi Neuschitzer, Frau Katharina Rainer

ÖBB-Personenverkehr AG, 4020 Linz; Herrn Bernhard Kriechbaum

Die Käsemacher Käseproduktions- und VertriebsgmbH, 3830 Waidhofen/Thaya; Herrn Stefan Müllner, Herrn Thomas Jungreithmayr

Swarovski Kristallwelten, 6112 Wattens; Frau Mag. Marina Konrad

Wirtschaftskammer Österreich, 1045 Wien; Abteilung Marketing & Kommunikation

Vienna Sightseeing Tours, 1040 Wien; Herrn Direktor Franz Zwölfer

Wiener Kongresszentrum Hofburg Betriebsges.m.b.H., 1014 Wien

Donau Niederösterreich Tourismus GmbH, 3620 Spitz/Donau

Österreichische Hoteliervereinigung, 1010 Wien; Herrn Thomas Reisenzahn

Tourismusverband Werfenweng, 5453 Werfenweng; Frau Verena Buchebner

Seilbahn Komperdell GmbH, 6534 Serfaus; Herrn Reinhard Walch

GaST Gemeinschaft autofreier Schweizer Tourismusorte; Frau Susi Zentner (Braunwald-Klausenpass Tourismus AG)

Bundesministerium für Wirtschaft, Familie und Jugend, 1010 Wien; Herrn Dr. Harald Hoyer

Bundesministerium für Finanzen, 1030 Wien; Frau Mag. (FH) Teresa Ritter, Herrn Johannes Pasquali

Bundesministerium für Unterricht, Kunst und Kultur, 1014 Wien; Herrn MR Johannes Raunig

Bundesministerium für Gesundheit, 1030 Wien; Herrn Ulrich Maier

Bundesministerium für Wissenschaft und Forschung, 1014 Wien

Bundesministerium für Verkehr, Innovation und Technologie, 1030 Wien

Bundesministerium für Land- und Forstwirtschaft, Umwelt und Wasserwirtschaft, 1012 Wien

Ars Electronica Linz GmbH, 4040 Linz

StadtGemeinde Mistelbach, 2130 Mistelbach; Herrn Christoph Gahr

Original Wiener Stegreifbühne, 1160 Wien; Frau Mag. Ewa Kaja

Thermen-Marketing Burgenland Gesellschaft m. b. H., 7400 Oberwart; Frau Sonja Janisch

Verein Regionalmarketing für Bad Tatzmannsdorf, 7431 Bad Tatzmannsdorf; Frau Mag. (FH) Verena Eberhardt

Zwölf Apostelkeller, Vindobona Betriebsführung Ges.m.b.H., 1010 Wien; Herrn Mag. Heinz Reiter

Café Hawelka, 1010 Wien; Herrn Amir Hawelka

Wirtschaftskammer NÖ, Sparte Tourismus und Freizeitwirtschaft, 3100 St. Pölten; Frau Mag. Jasmin Filzwieser

Anton Bruckner Centrum, 4052 Ansfelden; Herrn Wolfgang Pfeiffer

Webfabrik Haslach, 4170 Haslach; Herrn Willi Hackl

Tourismus-Information Eggenburg, 3730 Eggenburg; Frau Christine Dafert

Amt der Oberösterreichischen Landesregierung, Direktion Kultur, 4021 Linz; Herrn Roland Pichlbauer

Ranggelverein Taxenbach, 5660 Taxenbach; Herrn Josef Pirchner

Österreichische Hotel- und Tourismusbank GmbH, 1011 Wien; Herrn Mag. Heimo Thaler

Gastlichkeit & Co - Weiterbildungs- und Betriebsberatungsges.m.b.H., 4060 Leonding; Herrn Kurt H. Steindl, MBA